常総学院高等学校

〈収録内容〉

2024 年度 ………………一般・併願型推薦（数・英・理・社・国）

2023 年度 ………………一般・併願型推薦（数・英・理・社・国）

2022 年度 ………………一般・併願型推薦（数・英・理・社・国）

2021 年度 ………………一般・併願型推薦（数・英・理・社・国）

2020 年度 ………………一般・併願型推薦（数・英・理・社）

2019 年度 ………………一般・併願型推薦（数・英・理・社）

⇒ 

※データのダウンロードは 2025 年 3 月末日まで。
※データへのアクセスには、右記のパスワードの入力が必要となります。 ⇒ 830399

〈合格最低点〉

※学校からの合格最低点の発表はありません。

本書の特長

実戦力がつく入試過去問題集

- ▶ 問題 …………… 実際の入試問題を見やすく再編集。
- ▶ 解答用紙 …… 実戦対応仕様で収録。
- ▶ 解答解説 …… 詳しくわかりやすい解説には、難易度の目安がわかる「基本・重要・やや難」の分類マーク つき（下記参照）。各科末尾には合格へと導く「ワンポイントアドバイス」を配置。採点に便利な配点つき。

入試に役立つ分類マーク 

基本 確実な得点源！
受験生の 90%以上が正解できるような基礎的、かつ平易な問題。
何度もくり返して学習し、ケアレスミスも防げるようにしておこう。

重要 受験生なら何としても正解したい！
入試では典型的な問題で、長年にわたり、多くの学校でよく出題される問題。
各単元の内容理解を深めるのにも役立てよう。

やや難 これが解ければ合格に近づく！
受験生にとっては、かなり手ごたえのある問題。
合格者の正解率が低い場合もあるので、あきらめずにじっくりと取り組んでみよう。

合格への対策、実力錬成のための内容が充実

- ▶ 各科目の出題傾向の分析、合否を分けた問題の確認で、入試対策を強化！
- ▶ その他、学校紹介、過去問の効果的な使い方など、学習意欲を高める要素が満載！

解答用紙ダウンロード 解答用紙はプリントアウトしてご利用いただけます。弊社ＨＰの商品詳細ページよりダウンロードしてください。トビラのＱＲコードからアクセス可。

UD FONT 見やすく読みまちがえにくいユニバーサルデザインフォントを採用しています。

常総学院高等学校

生徒の能力を最大限に引き出す 3つのコースで自己実現

■普通科
生徒数　1643名
〒300-0849
茨城県土浦市中村西根1010
☎029-842-8771
常磐線土浦駅　スクールバス
常磐線荒川沖駅　スクールバス15分
つくばエクスプレスつくば駅　スクールバス15分

URL	https://www.joso.ac.jp/high

社会貢献を果たすリーダーの育成を目指して

常総学院では、社会に貢献するリダーの育成を教育目標とし、真のエリートを育てるために、育てたい能力JOSOCoreSkillと育てたい資質JOSO未来Skillを掲げている。建学以来の伝統を礎に、一方で時代の変化にも対応できる能力の育成を行う。魅力的な特色のあるコースを用意し、皆さんの思い描く夢を具現化していく。

学習施設、体育施設いずれ劣らぬ充実ぶり

校地は約9万4千平方メートルの広さ。中学校・高校校舎、体育館、グラウンド（サッカー場、ラグビー場）などがある。図書館は蔵書3万冊を所有し、夜7時45分まで利用可能。ラウンジは、生徒たちの歓談の場として利用され、放課後は勉強を教え合う姿が見られる。昼食は完全給食。

生徒に合った学習環境と探究活動

生徒の目的に合わせたコース制を導入している。特進選抜コースと進学選抜コースの2つのコースがある。特進選抜コースは難関国公立大学入試に対応したカリキュラムと指名制希望制の特別講座を実施。東京大学ならびに医学部医学科を中心とする超難関大学合格に向けて、入学試験での成績最上位者30名を選抜した「エクセレントクラス」を令和2年より新設。進学選抜コースは難関私立大学や国公立大学への合格を目指すプログレスと生徒個々が専門性を持ち、有名大学への進学を目指すフロンティアに分かれていて、受験時に選択することができる。

放課後実施の特別講座

甲子園優勝の野球部など部活動が盛ん

多様な行事が1年間を彩る。1年次に林間学校、2年次に台湾修学旅行を行う。

運動系は全国大会、関東大会で好成績を収める強豪ぞろいで、インターハイには水泳部が36回連続、野球部は春・夏合わせて25回甲子園出場を果たしている。文化系では吹奏楽部が全国大会に23回出場中14回金賞を受賞している。

［運動系］硬式野球部、剣道部、水泳部、男子バドミントン部、女子バドミントン部、サッカー部、男子バレーボール部、女子バレーボール部、ラグビー部、パワーリフティング部、男子バスケットボール部、女子バスケットボール部、応援指導部、チアリーダー部、弓道部、硬式テニス部、ゴルフ部、卓球部、陸上部、ソフトボール部、ダンス同好会

［文化系］吹奏楽部、デジタルファブリケーション部、International Communication Club、演劇部、クッキング部、軽音楽部、JRC部、写真部、書道部、フォークソング部、美術部、科学部、競技かるた部、文芸同好会

数多くの大会で活躍する高い実績

地元国立大を中心に高い進学実績

卒業生の91.0％が現役で4年制大学に進学を決めている。地元の筑波・茨城のほか、東大・京大などの最難関国公立大、慶應・早稲田・上智・青山・立教などの難関私立大への合格も多い。

在校生から受験生へのひとこと

常総学院には、生徒が自ら考え、お互いの意見を主張しあえる授業がたくさんあります。探究学習や放課後の特別講座、進路講演会など、自分の興味や目標に向かって深く追求できる環境も整っています。また、学校行事の規模が大きく大変盛り上がるので、生徒達が行事にかける思いが非常に強く、やりがいを感じることができます。是非、私たちと一緒に最高の高校生活を送りましょう。

2024年度入試要項

試験日　1/9（推薦）
1/16（一般・併願型推薦）

試験科目　国・数・英＋面接（推薦）
国・数・英・理・社（一般・併願型推薦）

2024年度	募集定員	受験者数	合格者数	競争率
推薦	290	190	188	1.0
一般・併願推薦	310	3132	2824	1.1

※併願型推薦入試は千葉県受験者

過去問の効果的な使い方

① **はじめに**　入学試験対策に的を絞った学習をする場合に効果的に活用したいのが「過去問」です。なぜならば，志望校別の出題傾向や出題構成，出題数などを知ることによって学習計画が立てやすくなるからです。入学試験に合格するという目的を達成するためには，各教科ともに「何を」「いつまでに」やるかを決めて計画的に学習することが必要です。目標を定めて効率よく学習を進めるために過去問を大いに活用してください。また，塾に通われていたり，家庭教師のもとで学習されていたりする場合は，それぞれのカリキュラムによって，どの段階で，どのように過去問を活用するのかが異なるので，その先生方の指示にしたがって「過去問」を活用してください。

② **目的**　過去問学習の目的は，言うまでもなく，志望校に合格することです。どのような分野の問題が出題されているか，どのレベルか，出題の数は多めか，といった概要をまず把握し，それを基に学習計画を立ててください。また，近年の出題傾向を把握することによって，入学試験に対する自分なりの感触をつかむこともできます。

過去問に取り組むことで，実際の試験をイメージすることもできます。制限時間内にどの程度までできるか，今の段階でどのくらいの得点を得られるかということも確かめられます。それによって必要な学習量も見えてきますし，過去問に取り組む体験は試験当日の緊張を和らげることにも役立つでしょう。

③ **開始時期**　過去問への取り組みは，全分野の学習に目安のつく時期，つまり，9月以降に始めるのが一般的です。しかし，全体的な傾向をつかみたい場合や，学習進度が早くて，夏前におおよその学習を終えている場合には，7月，8月頃から始めてもかまいません。もちろん，受験間際に模擬テストのつもりでやってみるのもよいでしょう。ただ，どの時期に行うにせよ，取り組むときには，集中的に徹底して取り組むようにしましょう。

④ **活用法**　各年度の入試問題を全問マスターしようと思う必要はありません。できる限り多くの問題にあたって自信をつけることは必要ですが，重要なのは，志望校に合格するためには，どの問題が解けなければいけないのかを知ることです。問題を制限時間内にやってみる。解答で答え合わせをしてみる。間違えたりできなかったりしたところについては，解説をじっくり読んでみる。そうすることによって，本校の入試問題に取り組むことが今の自分にとって適当かどうかが，はっきりします。出題傾向を研究し，合否のポイントとなる重要な部分を見極めて，入学試験に必要な力を効率よく身につけてください。

数学

各都道府県の公立高校の入学試験問題は，中学数学のすべての分野から幅広く出題されます。内容的にも，基本的・典型的なものから思考力・応用力を必要とするものまでバランスよく構成されています。私立・国立高校では，中学数学のすべての分野から出題されることには変わりはありませんが，出題形式，難易度などに差があり，また，年度によっての出題分野の偏りもあります。公立高校を含め，ほとんどの学校で，前半は広い範囲からの基本的な小問群，後半はあるテーマに沿っての数問の小問を集めた大問という形での出題となっています。

まずは，単年度の問題を制限時間内にやってみてください。その後で，解答の答え合わせ，解説での研究に時間をかけて取り組んでください。前半の小問群，後半の大問の一部を合わせて50%以上の正解が得られそうなら多年度のものにも順次挑戦してみるとよいでしょう。

英語

英語の志望校対策としては，まず志望校の出題形式をしっかり把握しておくことが重要です。英語の問題は，大きく分けて，リスニング，発音・アクセント，文法，読解，英作文の5種類に分けられます。リスニング問題の有無(出題されるならば，どのような形式で出題されるか)，発音・アクセント問題の形式，文法問題の形式(語句補充，語句整序，正誤問題など)，英作文の有無(出題されるならば，和文英訳か，条件作文か，自由作文か）など，細かく具体的につかみましょう。読解問題では，物語文，エッセイ，論理的な文章，会話文などのジャンルのほかに，文章の長さも知っておきましょう。また，読解問題でも，文法を問う問題が多いか，内容を問う問題が多く出題されるか，といった傾向をおさえておくことも重要です。志望校で出題される問題の形式に慣れておけば，本番ですんなり問題に対応することができますし，読解問題で出題される文章の内容や量をつかんでおけば，読解問題対策の勉強として，どのような読解問題を多くこなせばよいかの指針になります。

最後に，英語の入試問題では，なんと言っても読解問題でどれだけ得点できるかが最大のポイントとなります。初めて見る長い文章をすらすらと読み解くのはたいへんなことですが，そのような力を身につけるには，リスニングも含めて，総合的に英語に慣れていくことが必要です。「急がば回れ」ということわざの通り，志望校対策を進める一方で，英語という言語の基本的な学習を地道に続けることも忘れないでください。

国語

国語は，出題文の種類，解答形式をまず確認しましょう。論理的な文章と文学的な文章のどちらが中心となっているか，あるいは，どちらも同じ比重で出題されているか，韻文(和歌・短歌・俳句・詩・漢詩)は出題されているか，独立問題として古文の出題はあるか，といった，文章の種類を確認し，学習の方向性を決めましょう。また，解答形式は，記号選択のみか，記述解答はどの程度あるか，記述は書き抜き程度か，要約や説明はあるか，といった点を確認し，記述力重視の傾向にある場合は，文章力に磨きをかけることを意識するとよいでしょう。さらに，知識問題はどの程度出題されているか，語句(ことわざ・慣用句など)，文法，文学史など，特に出題頻度の高い分野はないか，といったことを確認しましょう。出題頻度の高い分野については，集中的に学習することが必要です。読解問題の出題傾向については，脱語補充問題が多い，書き抜きで解答する言い換えの問題が多い，自分の言葉で説明する問題が多い，選択肢がよく練られている，といった傾向を把握したうえで，これらを意識して取り組むと解答力を高めることができます。「漢字」「語句・文法」「文学史」「現代文の読解問題」「古文」「韻文」と，出題ジャンルを分類して取り組むとよいでしょう。毎年出題されているジャンルがあるとわかった場合は，必ず正解できる力をつけられるよう意識して取り組み，得点力を高めましょう。

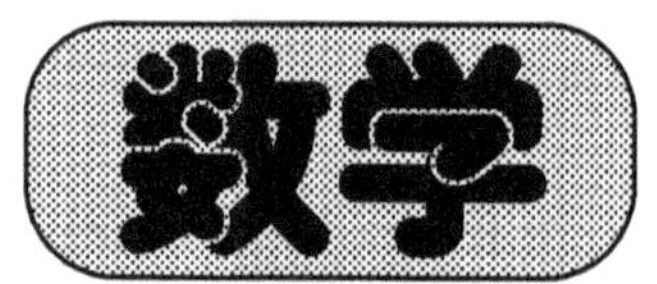

出題傾向の分析と合格への対策

●出題傾向と内容

本年度の出題数は，大問で6題，小問にして20題であった。

出題内容は，1・2が数と式，因数分解，方程式，数の性質，データ整理などの小問群，3が座標平面上の確率，4が平面図形，5が図形と関数・グラフの融合問題，6が空間図形の問題であった。

中学の全分野から幅広く出題されている。図形と関数・グラフの問題は毎年出題されている。標準的な問題と言えるが，慎重に考える必要がある問題も多い。

学習のポイント

中学数学全体の基礎をしっかりと固め，パターン的な応用問題も解けるようにして，得点力を上げよう。

●2025年度の予想と対策

中学数学全般から出題されるので，幅広い基礎力とそれを応用する力が必要である。平面図形に関する問題と，関数・グラフとの融合問題が特に重点的に出題されている。また，近年，作図が出題される傾向にある。

平面図形では，相似を使って比を求めたり，求めにくい面積を他の図形の関係におきかえたり，という発想が必要になってくるので，いろいろなパターンの問題を解いて，慣れておく必要がある。

▼年度別出題内容分類表 ……

出題内容			2020年	2021年	2022年	2023年	2024年
数と式	数の性質		○	○	○		○
	数・式の計算		○		○	○	○
	因数分解		○				○
	平方根		○				○
方程式・不等式	一次方程式		○			○	
	二次方程式		○			○	○
	不等式				○		
	方程式・不等式の応用			○			○
関数	一次関数		○	○	○	○	○
	二乗に比例する関数		○	○	○	○	○
	比例関数		○				
	関数とグラフ		○	○	○	○	○
	グラフの作成						
図形	平面図形	角度	○	○	○	○	
		合同・相似	○	○	○	○	○
		三平方の定理				○	○
		円の性質	○	○	○	○	○
	空間図形	合同・相似	○	○		○	○
		三平方の定理	○		○		○
		切断		○			
	計量	長さ	○	○	○	○	○
		面積			○	○	○
		体積	○	○		○	○
	証明		○	○	○	○	○
	作図		○	○	○		
	動点						○
統計	場合の数				○		
	確率		○	○	○	○	○
	統計・標本調査		○	○	○	○	
融合問題	図形と関数・グラフ		○	○		○	○
	図形と確率						○
	関数・グラフと確率					○	○
	その他						
その他							

常総学院高等学校

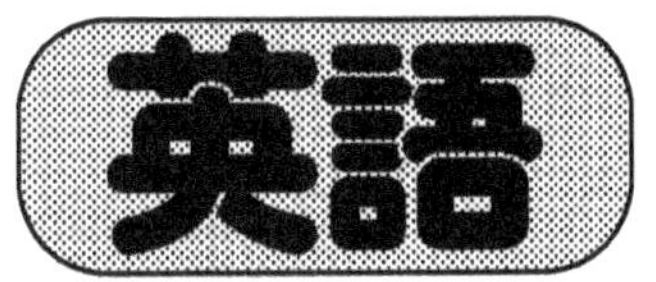

英語　出題傾向の分析と合格への対策

●出題傾向と内容

本年度は，条件英作文がなくなり語句整序問題になり，それ以外は昨年と同様の出題構成がとられた。聞き取りテスト，長文読解問題4題，語句整序問題の6題の出題だった。

読解問題は，付随して出題されている文法問題も含めて，どれも基本を理解していれば十分対応できる内容で，量的にもそれほど長いものはない。しかし，一部に構文や資料の正確な読み取りが必要な問題もあり，苦労した受験生も多かったものと思われる。聞き取りテストは本格的なものであり，条件英作文とともに普段からの準備が結果を大きく左右したものと思われる。

学習のポイント

リスニングは本格的な内容で配点も大きい。音声教材を利用してメモを取りながら英語を理解する練習を積んでおこう。

●2025年度の予想と対策

本年度は昨年とほぼ同様の出題であったが，27年度に大きな変化があった以上，来年度の変更も充分あり得る。

もっとも出題形式の変化＝難易度の上昇ではない。難易度自体は現行同様，教科書の範囲を大きく逸脱することはないであろう。特に文法については基本レベルで充分足りる。まずは教科書を確実に習得し，そのあと問題集で実戦的な練習を積んでいこう。

ただ，聞き取りテストについては，30点と配点も大きく，若干難度の高いものへの対策も必要となるだろう。試験で焦ることのないよう入念に準備しておきたい。

▼年度別出題内容分類表 ……

	出題内容	2020年	2021年	2022年	2023年	2024年
話し方・聞き方	単語の発音					
	アクセント					
	くぎり・強勢・抑揚					
	聞き取り・書き取り	○	○	○	○	○
語い	単語・熟語・慣用句					
	同意語・反意語					
	同音異義語					
読解	英文和訳(記述・選択)					
	内容吟味	○	○	○	○	○
	要旨把握	○	○	○	○	○
	語句解釈					
	語句補充・選択	○	○	○	○	○
	段落・文整序			○	○	○
	指示語					
	会話文	○	○	○	○	○
文法・作文	和文英訳					
	語句補充・選択	○				
	語句整序	○				○
	正誤問題					
	言い換え・書き換え	○				
	英問英答	○	○	○	○	○
	自由・条件英作文	○	○	○	○	
文法事項	間接疑問文					
	進行形	○				
	助動詞	○				○
	付加疑問文					
	感嘆文					
	不定詞	○		○		○
	分詞・動名詞				○	
	比較	○	○		○	○
	受動態	○	○			
	現在完了				○	
	前置詞					
	接続詞			○		○
	関係代名詞					

常総学院高等学校

出題傾向の分析と 合格への対策

●出題傾向と内容

問題は大問が6題，小問が35題程度である。試験時間は50分であり，ほとんどが基本問題で，理科の4分野から幅広く出題され，出題分野に偏りはない。

大問1題が各分野からの小問集合式の問題であり，もう1題は実験や観察に基づく問題で，他の4題が理科の各分野からの出題であった。簡単な計算問題や記述式の問題も含まれ，バランスのとれたよい問題である。理科全般の基礎的な知識があるかどうかが問われている。

実験や観察の仕方についての問題も出題される。実験の基本操作やその操作の目的などは知っておきたい。

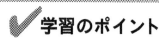

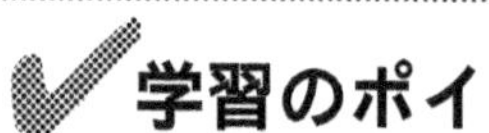

苦手分野をつくらないよう，理科の4分野の知識を広く身につけるようにしよう。

●2025年度の予想と対策

教科書を中心とした学習を行うこと。学習の過程で，理解不足な分野はしっかりと理解するようにしておこう。各分野から偏りなく出題されるので，苦手分野を作らないことが大切である。また，問題数が多めなので，時間配分に気を使いたい。

具体的には，教科書やワークレベルの問題を多く解き，基礎的な計算や重要語句などをしっかりと覚えることが大切。計算問題の出来が合否を大きく左右するので，標準レベルの計算問題はしっかり解けるように練習しておきたい。

さらに，実験や観察を題材にした問題にも慣れておきたい。実験器具の扱い方などは，十分理解しておくように。

▼年度別出題内容分類表 ……

	出題内容	2020年	2021年	2022年	2023年	2024年
第一分野	物質とその変化		○			
	気体の発生とその性質		○	○		○
	光と音の性質	○			○	
	熱と温度				○	
	力・圧力	○	○	○		○
	化学変化と質量	○		○	○	○
	原子と分子					
	電流と電圧			○		○
	電力と熱					
	溶液とその性質					
	電気分解とイオン	○	○		○	○
	酸とアルカリ・中和		○	○		
	仕事				○	
	磁界とその変化		○		○	
	運動とエネルギー		○		○	
	その他	○				○
第二分野	植物の種類とその生活		○	○		
	動物の種類とその生活			○	○	○
	植物の体のしくみ	○	○	○	○	○
	動物の体のしくみ				○	
	ヒトの体のしくみ	○	○			○
	生殖と遺伝	○	○			
	生物の類縁関係と進化					
	生物どうしのつながり		○			
	地球と太陽系	○		○		○
	天気の変化	○	○		○	○
	地層と岩石		○		○	○
	大地の動き・地震	○		○		
	その他					

常総学院高等学校

出題傾向の分析と 合格への対策

●出題傾向と内容

大問は4題で小問数は40問程度。分野別ではほぼ均等と例年通りである。

地理は地形図や気候，産業など。いずれも地図やグラフが多用されている。

歴史は分野別にそれぞれの時代の特色がテーマとなっている。

公民は社会のしくみや経済活動などがテーマで，憲法や人権，経済生活などから出題。

学習のポイント

地理：統計資料のチェックをしよう。
歴史：分野史ごとのまとめをしよう。
公民：時事問題への対応も忘れずに。

●2025年度の予想と対策

来年度の出題も内容的には本年度と同様で大きな変化はないものと予想される。例年通り資料の読み取りが多いのでそれに対する対策と，本年度みられた記述問題への対応が合否を大きく分けるものと意識するべきであろう。

地理は常に地図帳を利用するとともに最新のデータで統計資料を確認しよう。世界の国々についてのチェックも怠らないこと。歴史は時代の流れを確認したら必ず分野ごとのチェックをしよう。様々な史料にも十分注意を払っておきたい。公民は用語をしっかりと理解すること。ニュースなどで分からない言葉が出てきたら必ず調べて理解する習慣をつけよう。

▼年度別出題内容分類表 ……

出題内容			2020年	2021年	2022年	2023年	2024年
地理的分野	(日本)	地形図	○	○	○	○	○
		地形・気候・人口	○	○	○	○	○
		諸地域の特色		○	○	○	○
		産業	○	○	○	○	○
		交通・貿易			○	○	○
	(世界)	人々の生活と環境		○			
		地形・気候・人口	○	○	○	○	○
		諸地域の特色	○	○	○	○	
		産業		○	○	○	○
		交通・貿易	○	○		○	○
	地理総合						
歴史的分野	(日本史)	各時代の特色					
		政治・外交史	○	○	○	○	○
		社会・経済史	○	○	○	○	○
		文化史	○	○	○	○	○
		日本史総合					
	(世界史)	政治・社会・経済史	○	○	○	○	○
		文化史					
		世界史総合					
	日本史と世界史の関連		○	○	○	○	○
	歴史総合						
公民的分野	家族と社会生活		○	○			
	経済生活		○		○	○	○
	日本経済						
	憲法（日本）		○	○	○	○	○
	政治のしくみ		○	○	○	○	○
	国際経済		○		○	○	○
	国際政治		○	○			
	その他						
	公民総合						
各分野総合問題							

常総学院高等学校

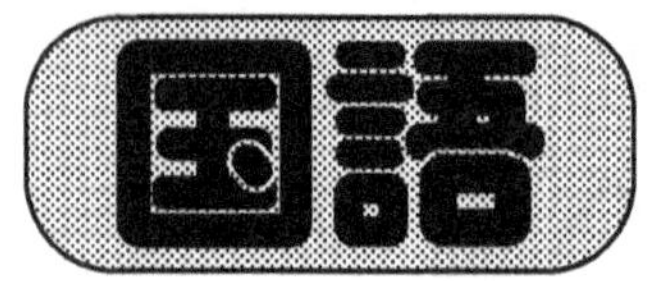

出題傾向の分析と合格への対策

●出題傾向と内容

本年度は，小説の読解問題1題，古文の読解問題1題，共通するテーマを持つ二つの論説文の読解とその内容について発表するためのスライドの整序と空欄補充，漢字の読み書き，書写，漢文の訓読，熟語の構成についての出題の計4題の出題であった。

現代文の読解問題では，選択肢が紛らわしいものが多いため，あいまいな読み取りでは正答は得られない。文脈にそって，内容を正確に把握することが要求されている。

古文は「治拾遺物語」からの出題。登場人物の技態にからめて主題などが問われた。

作文は出題されなかったが，表現を整理する記述問題が2題出題された。

学習のポイント

まずは，語彙力を強化しよう！　語句の意味を正確にとらえて，読解の手がかりとし，選択肢の中から正答を選び出そう。

●2025年度の予想と対策

論説文は，文章はそれほど長くはないが，筆者の用いている語句や表現に注意して，筋道を立てて文章を理解することが必要である。読解の際に，難解な表現は自分なりの言葉に置き換えて理解する練習を積むことも一つの方法だ。

文学的文章は，登場人物の会話やしぐさ，さりげない情景描写から，人物の心情や人物像について理解を深められるようにしたい。

古文は，注釈を参考にして，省略されている主語を補いながら，文脈を丁寧にたどる練習をすること。主題をとらえる練習もしておこう。基本的な古語の意味や文法の知識もしっかり覚えておくことも大切である。

文法など国語の基本的知識も確認しておきたい。

▼年度別出題内容分類表 ……

出題内容			2020年	2021年	2022年	2023年	2024年
内容の分類	読解	主題・表題	○	○		○	○
		大意・要旨	○	○	○	○	○
		情景・心情	○	○	○	○	○
		内容吟味	○	○	○	○	○
		文脈把握	○	○	○	○	○
		段落・文章構成					
		指示語の問題					
		接続語の問題	○	○		○	○
		脱文・脱語補充	○	○	○	○	○
	漢字・語句	漢字の読み書き	○	○	○	○	○
		筆順・画数・部首	○	○	○		
		語句の意味			○		
		同義語・対義語					
		熟語		○			○
		ことわざ・慣用句					
	表現	短文作成					
		作文(自由・課題)	○	○	○		
		その他				○	
	文法	文と文節					
		品詞・用法	○	○	○		
		仮名遣い	○	○		○	○
		敬語・その他	○			○	
	古文の口語訳						
	表現技法						
	文学史						
問題文の種類	散文	論説文・説明文	○	○	○	○	○
		記録文・報告文					
		小説・物語・伝記	○	○	○	○	○
		随筆・紀行・日記					
	韻文	詩					
		和歌(短歌)	○	○			
		俳句・川柳					
	古文		○	○	○	○	○
	漢文・漢詩						○

常総学院高等学校

2024年度 合否の鍵はこの問題だ!!

数 学 3(2)，4，5(2)，6

3(2)① 等しい辺について3通りの場合を調べる。

4・6 図形の定理や公式は使いこなせるようにしておく。

5(2) 座標に文字aが含まれるのでやや計算しにくいが，条件1と2からaの値を決めるところがポイントである。

◎ 出題傾向は変わらないので，基礎を固めたら，過去の出題例をよく研究しておきたい。

英 語 5

長文の分量が比較的多いため，素早く読んで処理できるようにしておきたい。その中でも5の文章は比較的長い問題であった。また，内容吟味の問題や英問英答，語句補充問題など，多岐にわたる出題形式であったため，事前に設問に目を通しておかないと，時間がかかってしまったかもしれない。

長文読解問題を解く際には，以下の点に注意をして取り組もう。

① 設問に目を通し，英文は事前に日本語訳しておく。特に英問英答の疑問文は必ず和訳をしよう。
② 段落ごとに読み進める。
③ 英文を読むときには，きちんと日本語訳をしながら読む。
④ その段落に問題となる部分があれば，その場で読んで解く。

使われている英文自体は公立高校の入試と同レベルである。したがって，教科書に出てくる英単語や熟語，英文をきちんと身につけるようにしたい。その上で，さまざまな問題集や過去問を用いて読解のスピードを早くする練習を重ねよう。

理 科　2(2)・(4)，6(2)

大問が6題で，小問集合1題，実験・観察の問題が1題のほか，各分野から1題ずつの出題であった。問題レベルは全般的には標準的である。教科書の内容を偏りなく広く理解しておくことが大切である。

今回合否を分ける鍵となった問題として，2(2)・(4)と6(2)を取り上げる。浮力の問題と蒸留実験の問題である。

2(2)　物体を水に浮かせた場合の浮力の大きさは，物体が押しのけた水の重さに相当する。(2)では物体の重力が3.0Nであり，物体Aの底面と水面との距離を変えると浮力が徐々に大きくなる。物体Aの重力からばねばかりにかかる力を引いたものが浮力の大きさである。距離が2.0cmのとき，浮力の大きさは3.0－2.7＝0.3(N)になる。距離が8.0cm以上では物体Aが全て水に浸かるので，浮力の大きさは一定になる。

2(4)　物体Bを水に浸けて距離が2.0cmになるとき，Bのうち5.0×6.0×2.0＝60(cm^3)が水に浸かる。これはAのときの2倍の体積となり，浮力も0.6Nになる。そのため，ばねばかりの値は3.0－0.6＝2.4(N)になる。距離が8.0cmの時は，Bの全てが水に浸かっているので浮力もAの時と同じになり，ばねばかりの値も同じになる。基本的な内容の問題であるので，確実に全問正解したい問題であった。

6(2)では，エタノール水溶液から沸点の違いを利用してエタノールを取り出す実験が題材である。4つの試験管のうちエタノールを最も多く含むものを見つけるには，それぞれの密度を比較すればよい。質量を体積で割ると密度が求まる。求めた密度から，図2を用いてエタノールの質量パーセント濃度が最も高いものを選ぶと試験管Aになる。実験では，はじめ沸点が水より低いエタノールが多く出てくる。その後，徐々に水の量が増えてくる。試験管Cの密度が1.0g/cm^3でこのとき水だけが出てくるため，それまでにエタノールがほとんど除かれていると考えられる。

今年度も難しい計算問題はなかったが，50分の試験で大問が6題なので時間配分に気を配りながら問題を解くことが重要である。物理・化学分野からの出題がやや多いように思われるが，出題は広い範囲に及ぶので理科全般の基礎知識をしっかりと習得するようにしよう。

社 会　2 2(2)

本校では，基本的な知識事項の丸暗記だけでは対応できない「思考力」や「読み取り力」が試される問題が出題される。自分自身で持っている知識を活用したり，まとまった分量のリード文や資料データを読解することが求められている。このような力は一朝一夕では身につかないものなので，日々の継続的なトレーニングの積み重ねが不可欠となってくる。設問が変わってもしっかり対応できるような汎用性の高い力をつけることができるかが大切になってくる。

22(2)の設問は，以上のような出題傾向を象徴している問題であり，過去問演習等で対策してきた受験生とそうでない受験生とではっきり差がつくことが予想される。形式に慣れていないと試験本番で焦ってしまう可能性がある。この設問は，「第一次世界大戦」に関する問題であるが，一定時間内に正確にできるかどうかがポイントとなってくる。「スピード」と「慎重さ」がともに求められる設問となる。本校の社会の問題は全体的に設問数が多く，この問題に必要以上に時間を割いてしまうと，制限時間切れになってしまう危険性もある。

この設問の配点自体が他の設問と比べて高いということはないが，合格ラインに到達するためにはこのような問題で確実に得点することが求められ，「合否を左右する設問」といっても過言ではない。

国 語 二(五)，三(四)

記述問題にはさまざまなパターンがあるが，表現の整理をする設問は受験生が最も苦手とする形式である。主語・述語が対応していない文や，修飾関係が整っていないいわゆる「ねじれた文」を整理するパターン。また，項目を整理して簡潔にまとめるパターンなどである。表現の整理を適切にできるかどうかが合否の鍵になる。

二(五)は，修飾関係を改めて重複する言葉を整理するパターンである。修飾関係を入れ替えることによって文を簡潔にする。この設問は文字数が指定されているが，それが難度を高くしていると同時に，ではどう整理すればよいかという解法の手がかりにもなっている。「優れた」「優れている」という語句の重なりも考えあわせる必要がある。

三(四)は，項目の整理である。人工知能は「膨大なデータに基づいて文章を自動作成できる」という特徴をもっている。その特徴を生かして「新聞記事や顧客向けレポート」を書くことは，人工知能が人間に代わってできることである，というのが文章【Ⅱ】の要旨である。この要旨をとらえて項目を整理した文を書けばよい。

表現の整理はある程度の練習を積まないとすぐにはできない。ふだんから文章を読むときに，文の組み立てや表現のよしあしについても考えてみる習慣をつけ，自分でも書いてみるという練習をしておこう。

大切なことはメモしておこうネ！

T・G

2024年度

★★★★★★★★★★★★★★★★★★★★★★★

入　試　問　題

2024年度

常総学院高等学校入試問題

【数　学】（50分）〈満点：100点〉

1 次の問いに答えなさい。

（1） 次の①～④の計算をしなさい。

① $5-3\times 2$

② $7(x-3y)-2(4x-9y)$

③ $12ab^3\times 6a^2b\div(3ab)^2$

④ $\sqrt{112}-\dfrac{21}{\sqrt{7}}$

（2） $x^2-8x+16$を因数分解しなさい。

2 次の問いに答えなさい。

（1） 下の**図**は，ある中学校の3年生男子20人について，ハンドボール投げの記録を調査し，ヒストグラムに表したものである。例えば，記録が8m以上12m未満の生徒は2人いることがわかる。

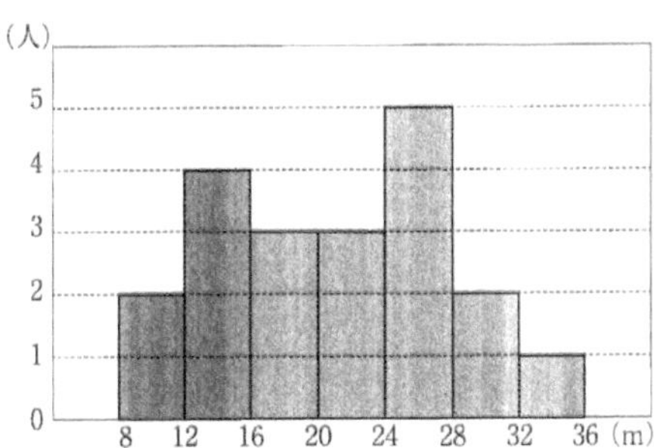

図

図に対応する箱ひげ図として最も適切なものを，次の**ア**～**エ**の中から1つ選んで，その記号を書きなさい。

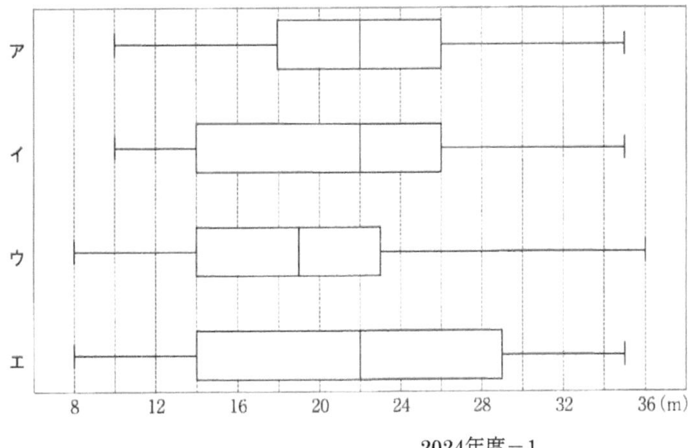

（2） $3<\sqrt{6n}<5$をみたす自然数nは何個あるか求めなさい。

（3） xについての2次方程式$x^2-2x+a=0$がある。この2次方程式の解の1つが$1+\sqrt{5}$であるとき，aの値ともう1つの解を求めなさい。

（4） 文具店で，1冊90円のノートAと1冊150円のノートBをそれぞれ何冊か買うことにした。代金の合計は1500円になる予定であったが，間違えてAとBの冊数を逆にして買ったため，代金の合計が予定より120円少なくなった。

このとき，実際に買ったノートAをx冊，ノートBをy冊として連立方程式をつくると，次のようになる。ただし，消費税は考えないものとする。

$$\begin{cases} \boxed{\text{ア}}=1500 \\ \boxed{\text{イ}}=1500-120 \end{cases}$$

このとき，上の［ア］，［イ］に当てはまる式をそれぞれ書きなさい。

3 下の**図1**において，A(0, 6)，B(6, 0)とする。1から6までの目のある大小2個のさいころを同時に1回投げ，大きいさいころの出た目の数をa，小さいさいころの出た目の数をbとし，P(a, b)とする。例えば，大きいさいころは1の目が出て，小さいさいころは2の目が出たとき，**図1**のように点Pをとる。

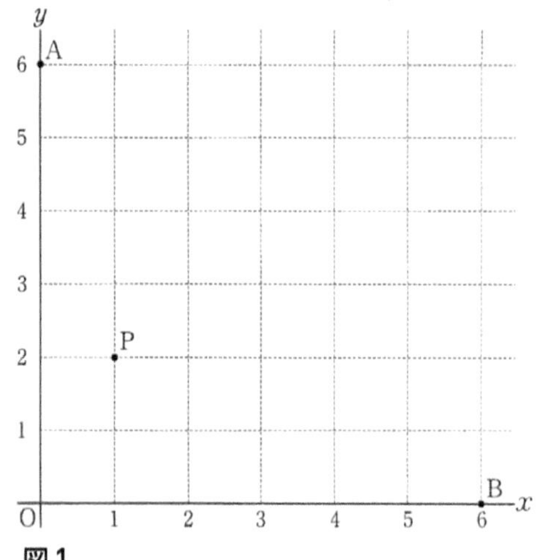

図1

このとき，次の(1)，(2)の問いに答えなさい。

ただし，それぞれのさいころにおいて，1から6までのどの目が出ることも同様に確からしいとする。

（1） 点Pが直線AB上にある確率を求めなさい。

（2） 次のページの**図2**のように，点Oと点P，点Aと点P，点Bと点Pをそれぞれ結んで，△AOPと△BOPをつくる。このとき，原点Oから点(1, 0)までの長さと原点Oから点(0, 1)までの長さをそれぞれ1cmとする。

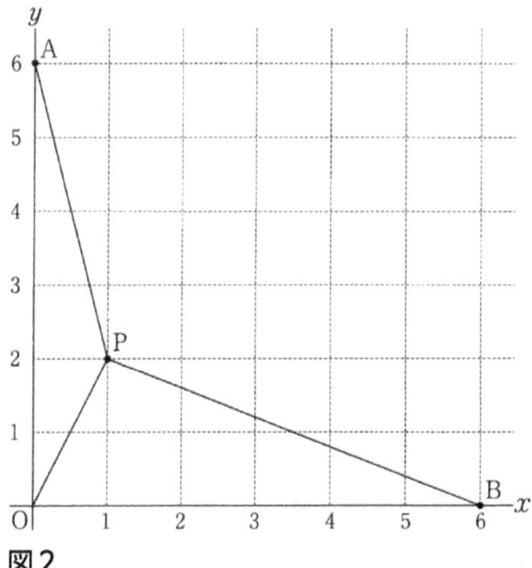

図2

① △AOPが二等辺三角形になる確率を求めなさい。

② △AOPの面積が△BOPの面積より6cm²大きくなる確率を求めなさい。

4 右の**図1**のように，タブレット端末の画面に，半径が6cm，中心角が60°のおうぎ形が表示されている。$\overset{\frown}{AB}$上の2点A，Bと異なる点をPとおき，線分OPと線分ABとの交点をCとする。点Pは$\overset{\frown}{AB}$上を動かすことができ，太郎さんと花子さんは点Pを動かしながら，図形の性質や関係について調べている。

このとき，次の(1)，(2)の問いに答えなさい。

ただし，円周率はπとする。

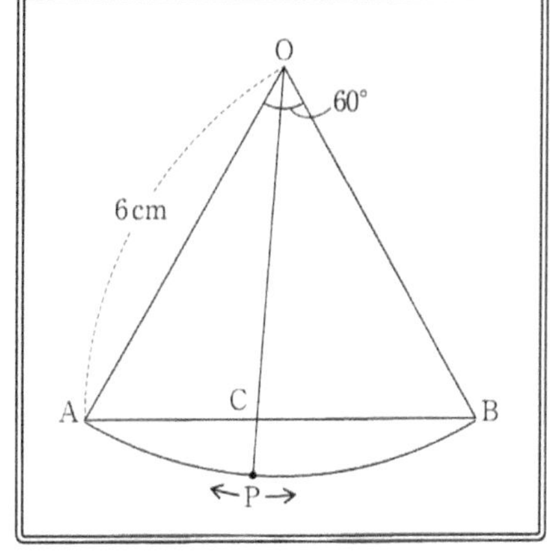

図1

(1) 太郎さんは，下の**図2**のように，∠BOC＝45°となるように点Pを動かした。

このとき，$\overset{\frown}{AP}$の長さを求めなさい。

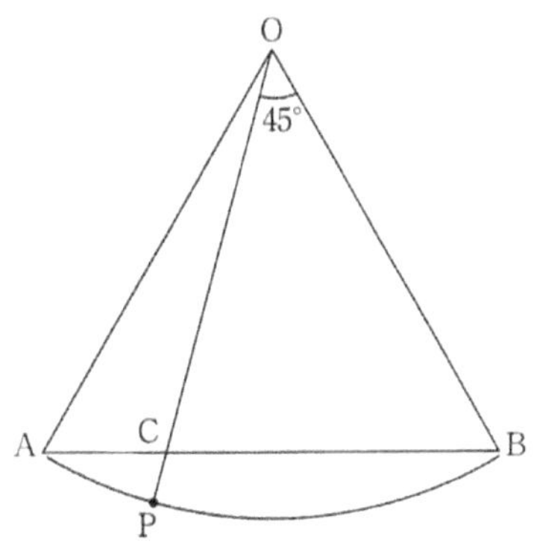

図2

（２） 下の**図３**のように，△OCDが正三角形となり，線分OBと線分CDが交点を持つように点Dを定める。また，そのときの交点をEとする。

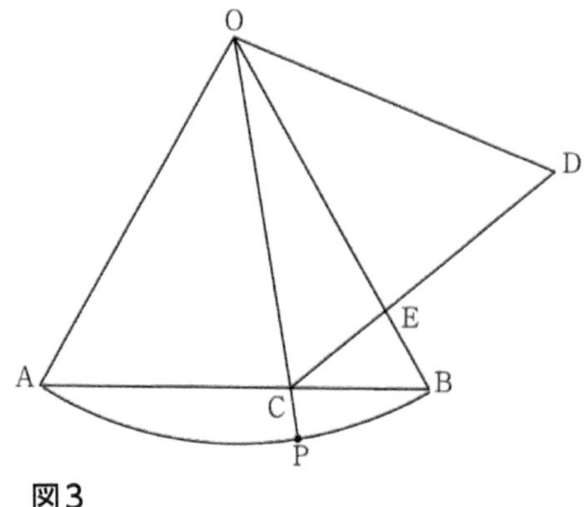

図３

① 花子さんは，点Pを動かしても△OACと△CBEはいつでも相似であることに気づき，次のように証明した。［ア］～［ウ］に当てはまる最も適切なことがらを答え，証明を完成させなさい。ただし，同じ記号には，同じことがらが入る。

〈証明〉
△OACと△CBEにおいて，
OA＝OB，∠AOB＝60°より，△OABは正三角形だから，
［ア］＝∠CBE＝60°…①
三角形の［イ］は，
［イ］と隣り合わない２つの内角の和と等しいから，
∠OCB＝∠AOC＋［ア］
＝∠AOC＋60°…②
△OCDは正三角形だから，
∠OCB＝∠BCE＋∠OCD
＝∠BCE＋60°…③
②，③より，∠AOC＝∠BCE …④
①，④より，［ウ］がそれぞれ等しいので，
△OAC∽△CBE

② AC＝4cmのとき，△OCEの面積を求めなさい。

5 次のページの**図１**において，mは関数$y=ax^2$$(a>0)$のグラフである。$m$上の点で，$x$座標が２の点をA，$x$座標が３の点をBとする。
このとき，次の（１），（２）の問いに答えなさい。
ただし，原点Oから点(1, 0)までの長さと原点Oから点(0, 1)までの長さはそれぞれ1cmとする。

（1） ① 点Aのy座標が2であるとき，aの値を求めなさい。

② 次の文章の［Ⅰ］，［Ⅱ］に当てはまる式の組み合わせを，下の**ア**～**エ**の中から1つ選んで，その記号を書きなさい。

> 関数$y=ax^2$において，xの値が2から3まで増加するときの変化の割合は［Ⅰ］であり，これは直線ABの傾きと等しい。
> また，aの値を1とすると，直線ABの式は$y=$［Ⅱ］となる。

ア ［Ⅰ $2a$ Ⅱ $2x$ ］
イ ［Ⅰ $3a$ Ⅱ $3x-2$ ］
ウ ［Ⅰ $5a$ Ⅱ $5x-6$ ］
エ ［Ⅰ $5a$ Ⅱ $5x+14$］

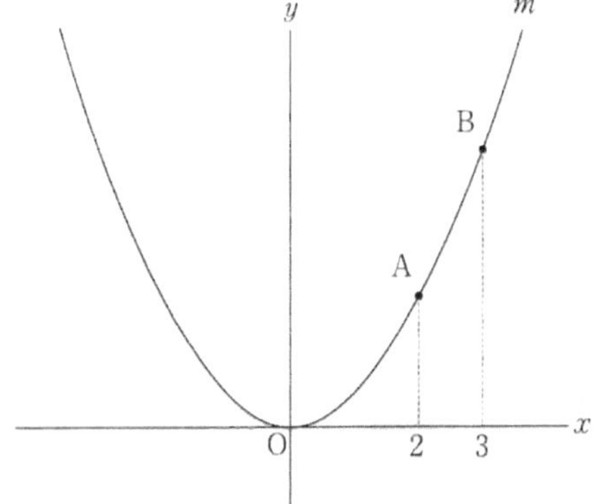

図1

（2） 右の**図2**のように，m上の点で，x座標が-1の点をCとし，線分BC上にある点をPとする。

このとき，次の**［条件1］**と**［条件2］**の両方を満たす点Pのx座標を求めなさい。

［条件1］ 点Pのy座標は4である。
［条件2］ △OAPの面積は2cm^2である。

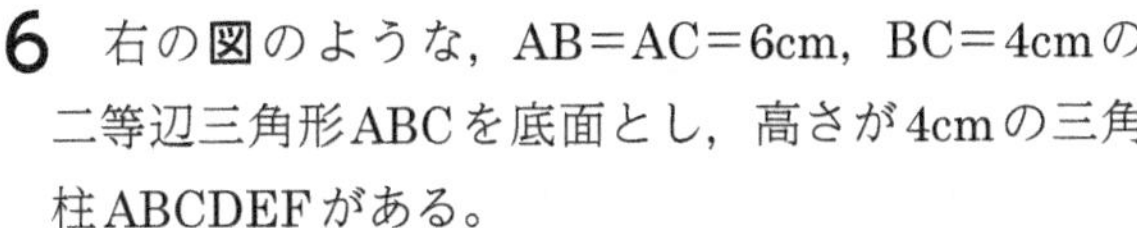

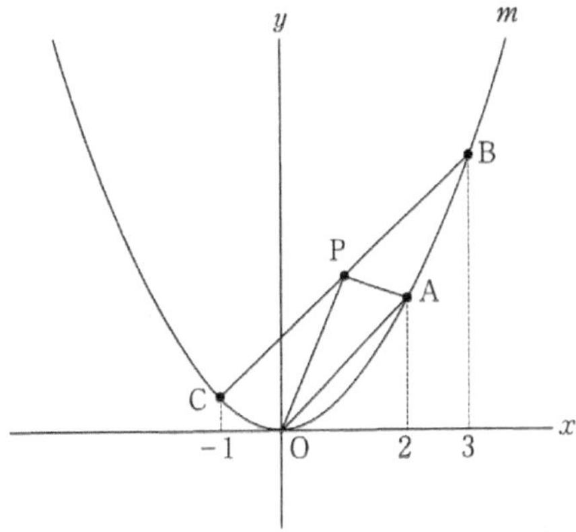

図2

6 右の**図**のような，AB＝AC＝6cm，BC＝4cmの二等辺三角形ABCを底面とし，高さが4cmの三角柱ABCDEFがある。

辺AC上にAP：PC＝1：2となる点Pをとり，点Pを通り面ADEBに平行な平面が辺BC，DF，EFと交わる点をそれぞれQ，R，Sとする。

このとき，次の（1）～（3）の問いに答えなさい。

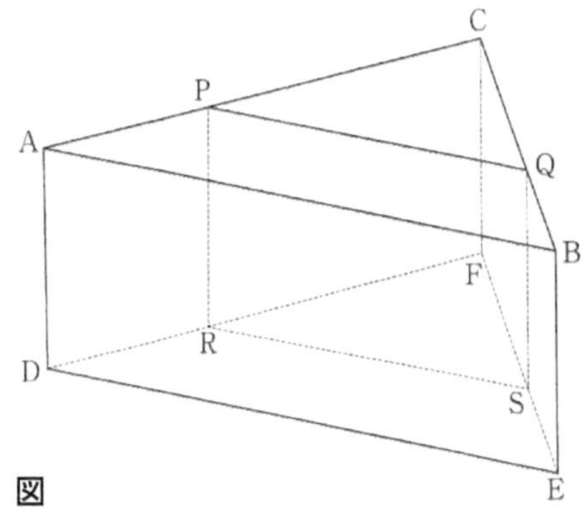

図

（1） 三角柱ABCDEFの体積を求めなさい。

（2） 辺の長さや角度の関係について，正しいものを次の**ア**～**エ**の中から**すべて**選んで，その記号を書きなさい。

ア PQ＝PR　**イ** 3PQ＝2PR　**ウ** ∠QPR＝∠BQP　**エ** PQ⊥PR

（3） 点Pから面ADEBに引いた垂線の長さを求めなさい。

【英　語】（50分）〈満点：100点〉

1　次の（1）～（4）は，放送による問題です。それぞれの放送の指示にしたがって答えなさい。

（1）　これから，**No.1**から**No.5**まで，5つの英文を放送します。放送される英文を聞いて，その内容に合うものを選ぶ問題です。それぞれの英文の内容に最もよく合うものを，**ア**，**イ**，**ウ**，**エ**の中から1つ選んで，その記号を書きなさい。

No. 1

No. 2

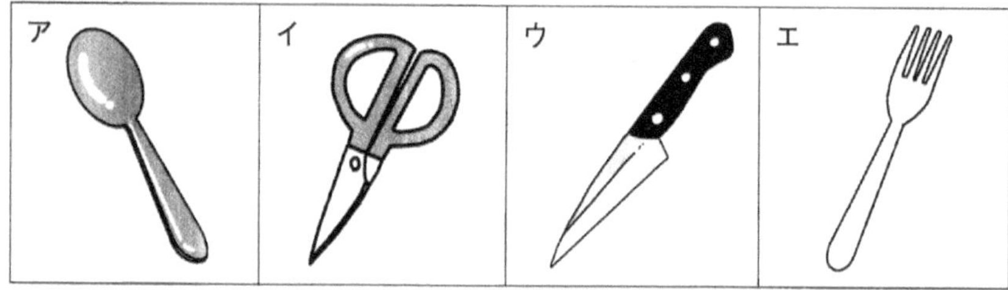

No. 3

No. 4

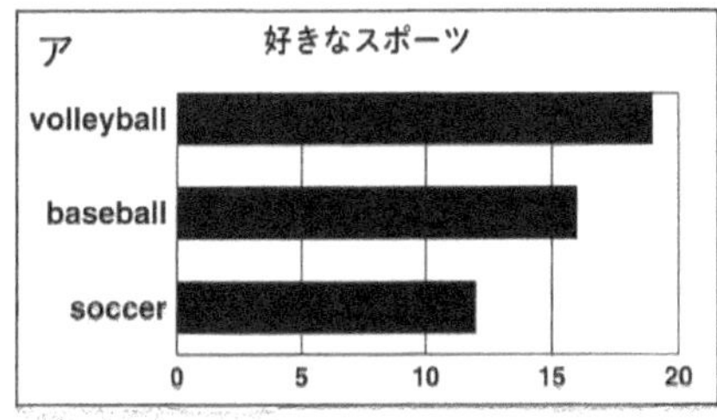

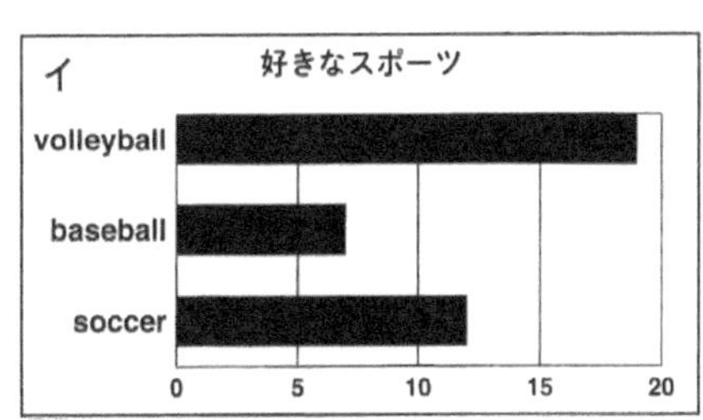

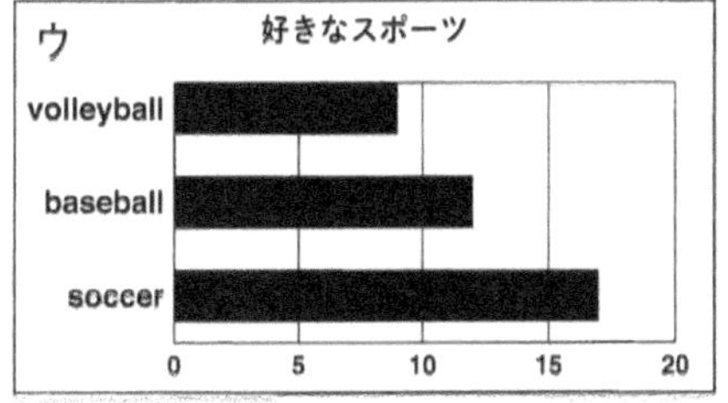

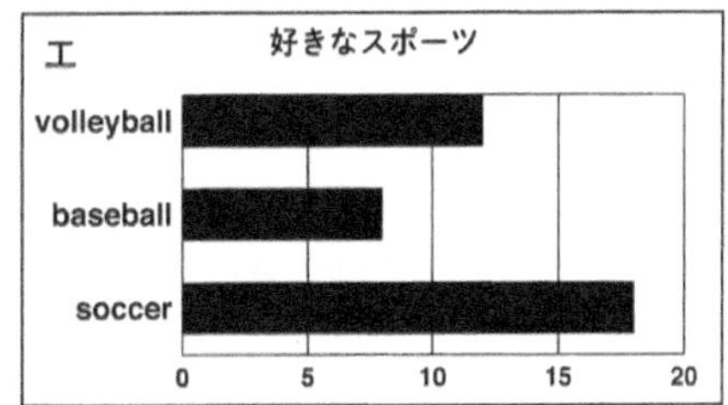

No. 5

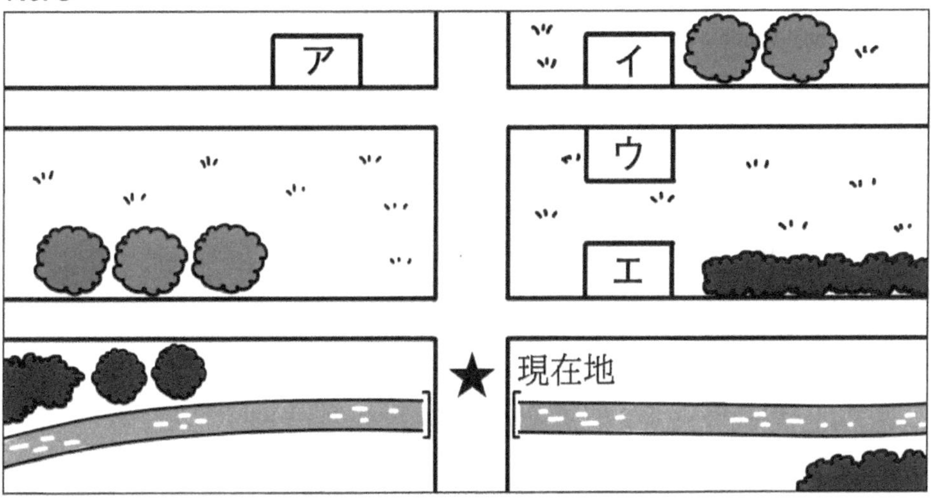

（2） これから，**No.1** から **No.4** まで，4つの対話を放送します。それぞれの対話のあとで，その対話について1つずつ質問します。それぞれの質問に対して，最も適切な答えを，**ア**，**イ**，**ウ**，**エ**の中から1つ選んで，その記号を書きなさい。

No. 1

ア Four thirteen.
イ Four thirty.
ウ Five thirteen.
エ Five thirty.

No. 2

ア She'll make some cakes for her family.
イ She'll stay home and relax.

ウ　She'll enjoy sports with her friends.

エ　She'll watch a tennis match on TV.

No. 3

ア　It's Wednesday.

イ　It's Thursday.

ウ　It's Friday.

エ　It's Saturday.

No. 4

ア　He didn't know Kaori's birthday.

イ　He had to leave the party early.

ウ　He was late for Kaori's party.

エ　He couldn't go to Kaori's party.

（3）　これから，留学生のルーシー(Lucy)と高校生のショウタ(Shota)の対話を放送します。そのあとで，その内容について，**Question No.1**と**Question No. 2**の2つの質問をします。それぞれの質問に対して，最も適切な答えを，**ア**，**イ**，**ウ**，**エ**の中から1つ選んで，その記号を書きなさい。

No. 1

ア　His uncle in London gave him a present.

イ　His family will spend their summer in London.

ウ　He is going to visit his uncle in London.

エ　He just found an interesting website about London.

No. 2

ア　She has never been to London.

イ　She is going to stay in London this winter.

ウ　She gave Shota's uncle a lot of information about her holidays.

エ　She visited London last winter.

（4）　中学2年の生徒たちに，先生が校外学習の予定について説明しています。これからその説明を放送します。その内容について，次の①，②の問いに答えなさい。

①　この校外学習で中学生たちが訪れる場所を，訪れる順に並べかえて，記号で答えなさい。

②　次の質問の答えになるように，(　　　)に適切な**英語1語**を書きなさい。

How many hours will the students be at the city theater?

—They will be there for (　　　) hours.

これで，放送による聞き取りテストを終わります。続いて，問題**2**に進みなさい。

<リスニングテスト放送台本>

ただいまから1番の，放送による聞き取りテストを行います。問題は，（1）～（4）までの四つです。放送中メモを取ってもかまいません。

それでは（1）の問題から始めます。

（1） これから，No. 1からNo. 5まで，5つの英文を放送します。放送される英文を聞いて，その内容に合うものを選ぶ問題です。それぞれの英文の内容に最もよく合うものを，**ア**，**イ**，**ウ**，**エ**の中から1つ選んで，その記号を書きなさい。

それぞれの英文は，2回放送します。

No.1

My father is washing the dishes.

No.2

You'll need this when you cut an apple.

No.3

We're enjoying cycling around the lake now. We'll go home in twenty minutes.

No.4

Soccer is more popular than baseball, and volleyball is the most popular sport in our class.

No.5

A: Excuse me. Could you tell me the way to the Clock Museum?

B: Sure. Go down the street and turn right at the second corner. You can see it on your left.

これで，（1）の問題を終わります。

次に，（2）の問題に移ります。

（2） これから，No. 1からNo. 4まで，4つの対話を放送します。それぞれの対話のあとで，その対話について1つずつ質問します。それぞれの質問に対して，最も適切な答えを，**ア**，**イ**，**ウ**，**エ**の中から1つ選んで，その記号を書きなさい。

対話と質問は，2回放送します。

No.1

A: Excuse me. What time does the zoo close today?

B: It usually closes at five on weekdays, but it is Sunday today, so it will close at five thirty.

A: OK. We can stay here for an hour. Thank you.

Question: What time is it now?

No.2

A: Mika, do you have any plans for the weekend?

B: I'll enjoy making some cakes. That always helps me relax.

A: Mina and I are going to play tennis tomorrow afternoon. Would you like to join us?

B: Tennis? That sounds great. I'd like to do that!

Question: What will Mika do tomorrow afternoon?

No.3

A: Meg, you look a little tired this morning.

B: I've been very busy this week, Dad. I had a test on Monday and Thursday. On Tuesday, I had to finish my history report. And today I'm going to write a speech in English class.

A: You need some time to relax.

B: Don't worry. Tomorrow is Saturday, so I'll sleep a lot.

Question: What day is it today?

No.4

A: Kaori, I'm sorry I could not come to your birthday party. I had a terrible headache.

B: That's all right, Bill. How are you feeling today?

A: I'm feeling better, thanks. Here is a birthday present for you. I hope you'll like it.

B: Oh, Bill, thank you!

Question: Why is Bill sorry?

これで(2)の問題を終わります。

次に，(3)の問題に移ります。

(3) これから，留学生のルーシー(Lucy)と高校生のショウタ(Shota)の対話を放送します。そのあとで，その内容について，Question No. 1とQuestion No. 2の2つの質問をします。それぞれの質問に対して，最も適切な答えを，**ア**，**イ**，**ウ**，**エ**の中から1つ選んで，その記号を書きなさい。

対話と質問は，2回放送します。

Lucy : Shota, you look happy. What happened?

Shota : I just got an e-mail from my uncle in London.

Lucy : Oh, does your uncle live in London?

Shota : Yes, he and his wife have lived there for three years. He says I can stay at his house for a week this summer.

Lucy : That sounds great. Are you going alone?

Shota : Yes. It's my first trip abroad, so I can't wait.

Lucy : I spent my holidays in London last winter. It has a lot of famous places to visit.

Shota : My uncle says so, too. He gives me a lot of information about London.

Questions:

No. 1 Why does Shota look happy?

No. 2 What do we learn about Lucy?

これで(3)の問題を終わります。

次に，(4)の問題に移ります。

(4) 中学2年の生徒たちに，先生が校外学習の予定について説明しています。これからその説明を放送します。その内容について，次の①，②の問いに答えなさい。

OK, everyone. Let's enjoy our field trip today. It's 9:30 now. Our bus will soon arrive at the city history museum. A lot of pictures and paintings will show us the history of our city there. Then we'll visit the science center. At the science center, we can talk with scientists. At 2:00 p.m., our bus will arrive at the city theater, but before that, we'll have lunch at Hikari Park until 1:30 p.m. At the city theater, we'll enjoy a famous musical. We'll leave the theater at 4:00 and come back to school at 4:30.

これで，放送による聞き取りテストを終わります。続いて問題2に進みなさい。

2 高校生のみゆき(Miyuki)が留学生のアンディ(Andy)とファストフード(fast food)について話をしています。次の会話文を読んで，下の(1)，(2)の問いに答えなさい。

Andy : Miyuki, do Japanese people love fast food?

Miyuki : Yes, of course. I know Americans love fast food such as hamburgers and fried chicken, but Japanese people like it, too. My parents say eating too much fast food is not good for our ①(h　　), but I often visit my favorite hamburger shop.

Andy : When I came to Japan, I was ②(s　　) to see many hamburger shops near the station. I didn't know there were so many.

Miyuki : Actually, Japan has its own ③(t　　) fast food.

Andy : I've ④(hear) about it. You mean Japanese fast food such as *udon* and *soba*, right?

Miyuki : You're right. They have long histories. *Gyudon*, *okonomiyaki*, and *kaiten-zushi* are also ⑤(call) Japanese fast food. They are all becoming very popular around the world.

Andy : I've never ⑥(be) to a *kaiten-zushi* restaurant. I want to try all kinds of Japanese fast food before I leave Japan.

(1) 会話文が完成するように，文中の①～③の(　　)内に，最も適切な英語を，それぞれ1語ずつ書きなさい。なお，答えはすべて(　　)内に示されている文字で書き始めるものとします。

(2) 会話文が完成するように，文中の④～⑥の(　　)の中の語を，それぞれ1語で適切な形に直して書きなさい。

3 次の(1)，(2)の問いに答えなさい。

(1) 次の英文は，新聞記事の一部です。この記事が伝えている内容として最も適切なものを，次のア～エの中から1つ選んで，その記号を書きなさい。

Every year, wide areas of *rainforests are *disappearing in many parts of the world. They are cut down or burned to build houses and roads. Rainforests are very important because they *help regulate the *global climate. Also, about half of all the living things on the Earth live in rainforests. If they continue to disappear, that will change the Earth's environment. Scientists must look for ways to protect forests from more *destruction.

* rainforest 熱帯雨林　disappear 消滅する　help regulate ～ ～を正常にするのに役立つ　global climate 地球の気候　destruction 破壊

ア Rainforests will continue to disappear because people need more money.

イ Rainforests are very important for the Earth's environment.

ウ Scientists are studying how many plants and animals live in the rainforests.

エ Rainforests are good places to watch wild animals.

（2） 次の英文中の□には，下の**ア**～**ウ**の3つの文が入ります。意味の通る英文になるように，**ア**～**ウ**の文を並べかえて，記号で答えなさい。

Today, we can learn a lot of things on the Internet. For example, when you write a report on a topic, just try *searching for some keywords on the Internet. □ By using the Internet, you can save a lot of time and energy for choosing that for writing your report.

＊ search for～ ～を検索する

ア Of course, from the list, you'll have to choose the information you really need.

イ Then, you'll get a long list of results in a moment.

ウ However, if you try to get the same information from books and magazines, you will spend hours or weeks.

4 高校生のヒデ(Hide)とアメリカからの留学生のティナ(Tina)が，市立歴史博物館のウェブサイトを見ながら話をしています。下の対話文を読んで，（1），（2）の問いに答えなさい。

Tina : My friends say your big sister works at City History Museum. Is that true?

Hide : Yes. She has worked as a *curator at the museum for two years.

Tina : Oh, that means she knows all about the events and the *exhibitions at the museum.

Hide : That's right. Actually, she sometimes introduces many things to（ ① ）as a tour guide. Are you going to visit the museum?

Tina : Yes. The museum's website says that they are holding a special exhibition about the history of *rice farming. The topic sounds very interesting.

Hide : I didn't know you were interested in rice farming.

Tina : Actually, rice has become my favorite food since I came to Japan. I eat rice for dinner every evening.

Hide : I'm happy to hear that you love rice, Tina. I just found the floor map on the museum's website.（ ② ）.

Tina : Thank you. It shows they are holding two special exhibitions now. The rice farming exhibition is in（ ③ ）on the second floor.

Hide : The other special exhibition is about the history of *natto*.

Tina : That sounds interesting, too. It's in Special Exhibition Room 4 on the third floor. （　　）（　　）（　　）the two special exhibitions *on display?

Hide : One special exhibition is on display until March 24. The other is until（ ④ ）.

Tina : It's March 12 today, so I'll visit the museum Saturday afternoon this week. I can enjoy the two special exhibitions（ ⑤ ）. Hide, would you like to come with me?

Hide : Sure. How about 1:30 p.m.? I hope I can introduce my big sister Yukari to you then.

Tina : Oh, that's great. I'm looking forward to meeting her.

＊ curator（博物館・美術館などの）学芸員　　exhibition 展示(物)
rice farming 米つくり　　on display 展示されて

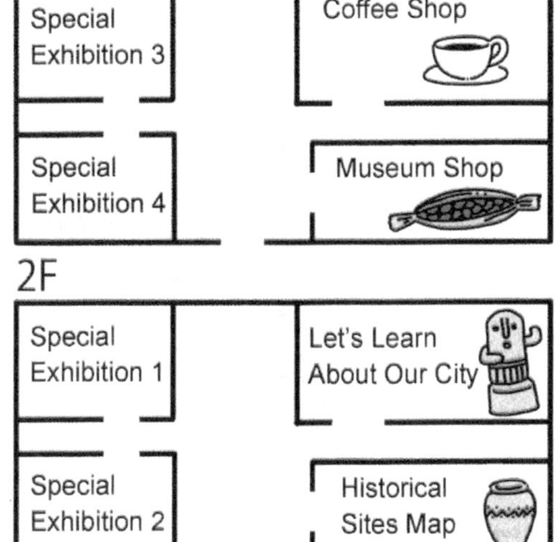

This Month's Special Exhibitions

•The History of Rice Growing in Ibaraki
Period : From February 23 (Friday)
to March 24 (Sunday)
Location : 2F Special Exhibition 2

•The History of Natto Making
Period : From March 9 (Saturday)
to March 31 (Sunday)
Location : 3F Special Exhibition 4

Museum Hours : 9:30 a.m. - 5:00 p.m.
(*Last admission 4:30 p.m.)
Closed : Every Monday

＊ last admission 入館は~時まで

(1) 対話文中の(①)~(⑤)に入る最も適切なものを，**ア**~**エ**の中から1つ選んで，その記号を書きなさい。

① **ア** singers **イ** visitors **ウ** players **エ** speakers

② **ア** Here is the map **イ** You don't need it
ウ It shows rice farming **エ** Look at the exhibitions

③ **ア** Special Exhibition Room 1 **イ** Special Exhibition Room 2
ウ Special Exhibition Room 3 **エ** Special Exhibition Room 4

④ **ア** the beginning of February **イ** the end of February
ウ the beginning of March **エ** the end of March

⑤ **ア** on the same floor **イ** in the same room
ウ on the same day **エ** in the same exhibition

(2) 対話の流れに合うように，文中の□の( )に適切な英語を1語ずつ入れ，英文を完成させなさい。

5 高校生の由紀(Yuki)が英語の授業で自然災害(natural disasters)とどう向き合うかについて発表をしています。この英文を読んで，（1）～（5）の問いに答えなさい。

Since old *times, Japanese people have experienced natural disasters many times. They cannot be stopped because they come from nature. When a *typhoon is coming, weather reports show us which *course the typhoon can take. However, we cannot stop the typhoon. Also we cannot tell when and where the next earthquake will happen. Even the highest *technology cannot help us *avoid all these natural disasters.

Then what should we do to *prepare for natural disasters? First, we need to get the right information about them.

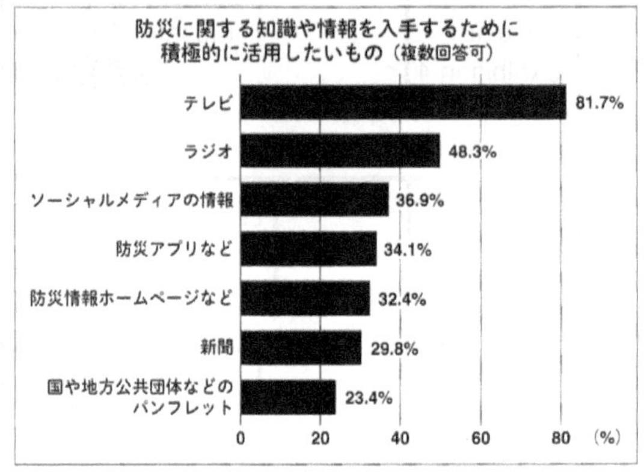

Look at the *graph. It shows the ways people want to use to get disaster information. According to the graph, many people want to use TV and radio for disaster information. More than 80 percent of people choose TV, and about 48 percent of people choose radio as a useful *source. On the other hand, the graph shows that many people are trying to get the information on the Internet. More than 35 percent of people think that *social media give them useful information.

It is also important for us to think of the things we can do now. [ア] For example, many cities have made *evacuation maps which show where to go in natural disasters such as big earthquakes. [イ] If we share the maps with our family or our neighbors, we can prepare for *emergencies. [ウ] If you can join an evacuation drill in your city, it will be better. [エ] Since old times, evacuation maps and drills have saved many people from natural disasters.

Nobody can know when and where a natural disaster will happen. Today, we experience many big natural disasters, but <u>we are too busy with our daily lives to think about them every day.</u> However, it is important to get the right information and *skills to prepare for natural disasters.

*			
times　時代	typhoon　台風	course　進路	technology　技術
avoid ～　～を避ける	prepare for ～　～に備える		
graph　グラフ	source　源	social media　ソーシャルメディア	
evacuation　避難	emergency　緊急事態	skill　技術，技能	

（1） 本文およびグラフの内容に合う文を，次の**ア**～**ク**の中から3つ選んで，その記号を書きなさい。

ア Weather reports tell us the course of typhoons, but we cannot stop the typhoons.

イ We can tell where the next earthquake will happen because we have high technology.

ウ People think newspapers are more useful than social media when they want disaster information.

エ Yuki says we shouldn't use the Internet more to get disaster information.

オ The graph shows young people are not interested in disaster information.

カ Many people think TV and radio help them get useful information in natural disasters.

キ By sharing evacuation maps with family members or neighbors, we can prepare for emergencies.

ク Yuki says she has joined evacuation drills many times before.

（2） 次の文は，文中の［ ア ］～［ エ ］のどこに入るのが最も適切か，記号で答えなさい。

Actually, we can do a lot of things to prepare for natural disasters.

（3） 次の①，②の文を，本文の内容と合うように完成させるには，［　　　］の中に，それぞれ下の**ア**～**エ**のどれを入れるのが最も適切か，記号で答えなさい。

① The right information helps us ［　　　］.

ア communicate better in our daily lives

イ decide when and where the next earthquake can happen

ウ survive natural disasters

エ join an evacuation drill

② The graph Yuki used in her speech shows ［　　　］.

ア how people try to get disaster information

イ what people should do when a natural disaster happens

ウ what people must do to avoid natural disasters

エ how people share disaster information with neighbors

（4） 下線部の内容を次の［　　　］のように表したとき，（　　　）に入る適切な英語を，1語ずつ書きなさい。

we (　　　) (　　　) (　　　) them every day because we are very busy with our daily lives.

（5） 次の質問の答えとなるように，（　　　）内に適切な英語を本文から抜き出して1語ずつ書きなさい。

① Yuki says we cannot avoid natural disasters.　Why does she think so?

Because they (　　　) (　　　) (　　　).

② How do evacuation maps help us?

They show us (　　　) (　　　) (　　　) in natural disasters.

6 大学生の由香(Yuka)とサム(Sam)が，海外旅行の予定について話し合っています。対話の流れに合うように，①～④の(　　　)内の英語を並べかえて，記号で答えなさい。ただし，それぞれ**不要な語(句)が1つずつ**あります。また，文の最初に来る文字も小文字にしてあります。

旅行プランA
パリ(Paris)7日間
400,000円
主な訪問先
エッフェル塔、凱旋門、
シャンゼリゼ通り、
ルーブル美術館、
オルセー美術館

旅行プランB
ローマ(Rome)7日間
400,000円
主な訪問先
コロッセオ(円形競技場)、
コンスタンティヌスの凱旋門、トレヴィの泉、
スペイン広場、サンタマリアマッジョーレ大聖堂

旅行プランC
パリ・ローマ(Paris and Rome)8日間
410,000円
主な訪問先
パリ：エッフェル塔、凱旋門、
ルーブル美術館、ベルサイユ宮殿
ローマ：コロッセオ(円形競技場)、
トレヴィの泉、スペイン広場

Sam : Yuka, have you decided how you're going to spend your summer vacation?

Yuka : Not yet, Sam. I'm planning to travel abroad. I want to go to Paris or Rome, but I can't ①(ア which イ decide ウ city エ choose オ to カ of).

Sam : *Both cities are great to visit. ②(ア is イ to ウ will エ be オ your first trip カ it) Europe?

Yuka : Yes, I've visited Australia before, but I've never traveled to Europe. Traveling to Europe is expensive. But this summer, I will go there.

Sam : I see. What do you want to do during your trip?

Yuka : Well ... I'm interested in history, so I want to visit some *historical sites. I want to try local foods, too.

Sam : Are you staying for about two weeks?

Yuka : No, for one week. I ③(ア visit イ Rome ウ I エ could オ the two cities カ wish) during my trip.

Sam : It may be *possible, Yuka. I just checked the Internet and found a plan. In this plan, you can visit both cities. Look.

Yuka : That sounds great. The travel *fee is just 10,000 yen higher than my original plan. If ④(ア longer イ travel plan ウ make エ I オ my カ shorter), I can enjoy traveling in the two cities.

* both 両方の　　historical site 史跡　　possible 可能な　　fee 料金

【理　科】（50分）〈満点：100点〉

1 次の(1)～(8)の問いに答えなさい。

(1) **図**のように，出しっぱなしにしている水道の水にセーターでこすったものさしを近づけると，水道の水が曲がった。このとき，水道の水を曲げた力を何というか，最も適切なものを，次の**ア**～**エ**の中から1つ選んで，その記号を書きなさい。

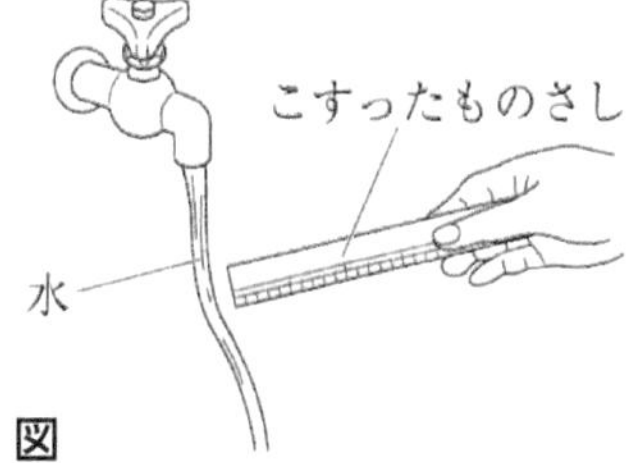

図

ア　摩擦力
イ　重力
ウ　弾性力
エ　電気の力

(2) 塩化ナトリウムに対して次の**操作1**，**操作2**を行った。その結果の組み合わせとして最も適切なものを，下の**ア**～**エ**の中から1つ選んで，その記号を書きなさい。

操作1：固体の塩化ナトリウムに電流が流れるかどうか調べる。
操作2：塩化ナトリウムの水溶液に電流が流れるかどうか調べる。

	操作1	**操作2**
ア	流れた	流れた
イ	流れた	流れなかった
ウ	流れなかった	流れた
エ	流れなかった	流れなかった

(3) ヒトの血液の成分について説明したものとして最も適切なものを，次の**ア**～**エ**の中から1つ選んで，その記号を書きなさい。

ア　白血球は，養分や二酸化炭素などの不要な物質を運ぶはたらきがある。
イ　血しょうは，酸素と結びついたり酸素を放したりしながら，酸素を全身に運ぶはたらきがある。
ウ　血小板は，出血したときに血液を固めるはたらきがある。
エ　赤血球は，体の中に入った細菌などをとらえるはたらきがある。

（4） **図**は，気温と飽和水蒸気量との関係を表したグラフである。点**A**～**D**はある空気の気温と含まれている水蒸気の量を表している。**A**～**D**の空気について説明したものとして最も適切なものを，下の**ア**～**エ**の中から1つ選んで，その記号を書きなさい。

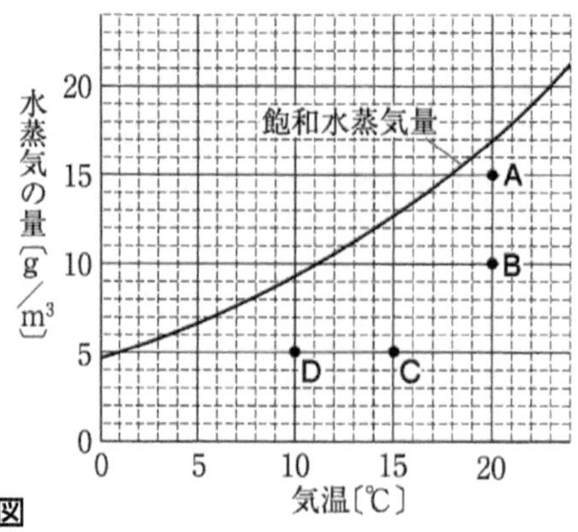

図

ア Aの空気は露点(ろてん)が最も高い。

イ Bの空気は湿度が最も小さい。

ウ Cの空気はさらに含むことのできる水蒸気の量が最も小さい。

エ Dの空気は含まれている水蒸気の量が最も大きい。

（5） 家庭用のコンセントから流れている電流について説明したものとして最も適切なものを，次の**ア**～**エ**の中から1つ選んで，その記号を書きなさい。

ア 向きや大きさが一定で変化しない直流である。

イ 向きや大きさが一定で変化しない交流である。

ウ きや大きさが周期的に変化する直流である。

エ 向きや大きさが周期的に変化する交流である。

（6） 電気分解装置を使ってうすい塩酸に電流を十分に流したとき，陽極と陰極に気体はどのように集まるか。最も適切なものを次の**ア**～**エ**の中から1つ選んで，その記号を書きなさい。

ア 陽極にも陰極にも同じ量の気体が集まる。

イ 陽極には気体がほとんど集まらないが，陰極には集まる。

ウ 陽極には気体が集まるが，陰極にはほとんど集まらない。

エ 陽極にも陰極にも気体はほとんど集まらない。

（7） 動物の分類について説明したものとして最も適切なものを，次の**ア**～**エ**の中から1つ選んで，その記号を書きなさい。

ア ネズミなどの哺乳類は，雌の体内で受精した後に卵が育ち，子としての体ができてから生まれる生まれ方でなかまをふやす。

イ イモリなどの両生類は，体の表面がうろこで覆われており，乾燥に強い。

ウ ヘビなどのは虫類は，陸上に殻のある卵をうみ，子が生まれると親が食物を与えるなどして育てるものが多い。

エ　ザリガニやバッタなどの節足動物は，陸上で生活するものは口や鼻から空気をとり入れて呼吸し，水中で生活するものはえらで呼吸する。

（8）　次の文は，北半球における北の空の星の動きについて説明したものである。文中の［あ］，［い］に当てはまる語と数値の組み合わせとして適切なものを，下の**ア**～**エ**の中から1つ選んで，その記号を書きなさい。

> 北斗七星とは，北半球において，北の空に見られるおおぐま座の一部である。ある日の午後6時に観察した北斗七星は，2か月後の午後8時に同じ場所で観察すると，北極星を中心に［あ］に［い］移動したように見える。

	あ	い
ア	時計回り	60°
イ	時計回り	90°
ウ	反時計回り	60°
エ	反時計回り	90°

2　太郎さんは水中の物体にはたらく力について調べるため，次の**実験**を行った。（1）～（4）の問いに答えなさい。

《実験》

【方法】

❶　**図1**のような物体**A**を用意し，空気中でばねばかりにつるしたところ，ばねばかりは3.0Nを示した。

❷　**図2**のように，物体**A**を**X**の面を上にして水中にゆっくりと入れていき，物体**A**の底面と水面との距離とばねばかりの値との関係を調べた。ただし，物体**A**の底面と水面との距離が10.0cmのとき，物体**A**は水槽（すいそう）の底にはついていなかった。

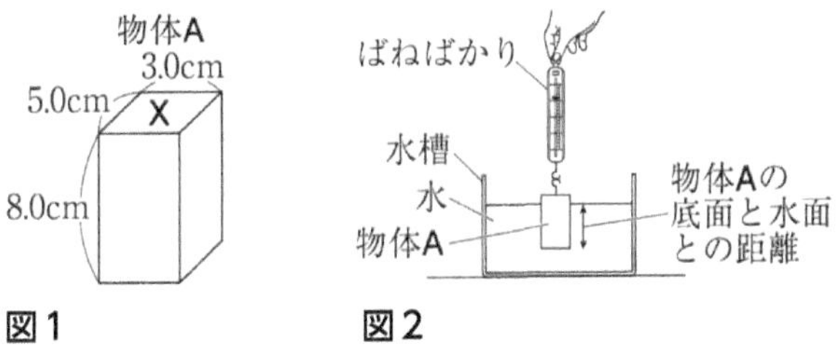

図1　**図2**

【結果】

物体**A**の底面と水面との距離〔cm〕	0	2.0	4.0	6.0	8.0	10.0
ばねばかりの値〔N〕	3.0	2.7	2.4	2.1	1.8	1.8

（1） ばねばかりで力の大きさをはかることができるのは，ばねののびが加えた力の大きさに比例するからである。この関係を何というか，書きなさい。

（2） **実験**で，物体**A**の底面と水面との距離と，物体にはたらく浮力との関係はどのようになっているか。解答用紙の**図3**に作図しなさい。

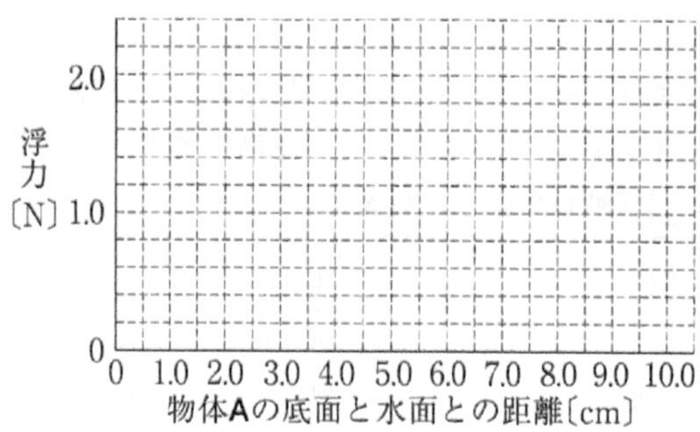

図3

（3） 次の文は，**実験の結果**について述べたものである。文中の あ ， い に当てはまる語句の組み合わせとして最も適切なものを，あとの**ア**～**エ**の中から1つ選んで，その記号を書きなさい。

> **実験**で，物体**A**の底面と水面との距離が8.0cm以上になると，ばねばかりの値は変化しなくなった。これは，物体にはたらく浮力は あ が大きくなるほど い が，物体**A**の底面と水面との距離が8.0cm以上になると， あ が変化しないからである。

	あ	い
ア	水中にある物体の質量	小さくなる
イ	水中にある物体の質量	大きくなる
ウ	水中にある物体の体積	小さくなる
エ	水中にある物体の体積	大きくなる

（4） **図4**のような物体**B**を空気中でばねばかりにつるしたところ，ばねばかりは3.0Nを示した。物体**B**の**Y**面を上にして水の中に入れていき，**実験**と同様の操作を行った場合，物体**B**の底面と水面との距離が2.0cmのとき及び，8.0cmのとき，ばねばかりの値はどのようになるか。その組み合わせとして最も適切なものを，次の**ア**～**エ**の中から1つ選んで，その記号を書きなさい。ただし，物体**B**を水の中に入れていったとき，物体**B**は水槽の底につかなかったものとする。

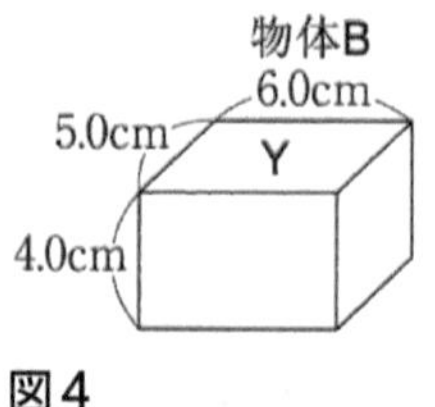

図4

	2.0cmのとき	8.0cmのとき
ア	2.7Nよりも小さい	1.8Nよりも小さい
イ	2.7Nよりも小さい	1.8Nである
ウ	2.7Nよりも大きい	1.8Nよりも小さい
エ	2.7Nよりも大きい	1.8Nである

3 太郎さんは，下の**図**のような装置を組み立てて酸化銅と炭素を用いた**実験１**を行い，物質が酸素を奪われる反応を調べた。(１)～(５)の問いに答えなさい。

《実験１》

【方法】

❶ 酸化銅4.0gと炭素の粉末0.5gをよく混ぜ合わせる。

❷ 酸化銅と炭素の粉末の混合物を右の**図**のような装置で加熱したところ，気体が発生したため試験管に集めた。

❸ 気体が発生しなくなったら加熱をやめ，気体を集めた試験管に石灰水を入れてよく振り，その変化を調べた。

❹ 加熱した試験管に残った物質を水の中に入れてかき混ぜた。水面に浮いた炭素の粉末を流した後，底に残った赤色の物質を取り出し，薬さじでこすってようすを調べた。

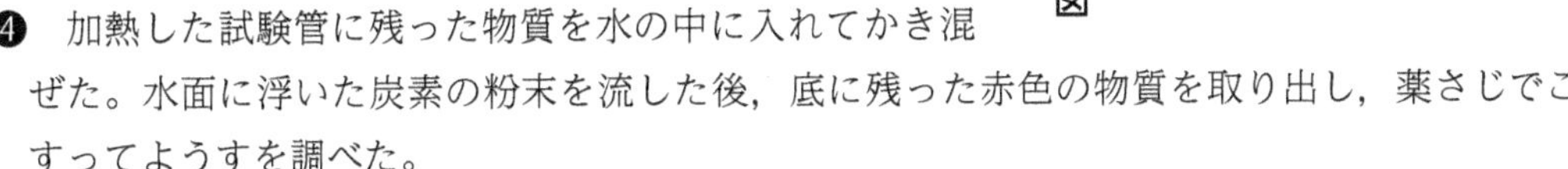

図

【結果】

	結果
❸	石灰水が白くにごった。
❹	赤色の物質には特有の光沢が現れた。

(１) **実験１**の❷で起こった化学変化に関する次の文中の［　　　］に当てはまる語を書きなさい。ただし，［　　　］には同じ語が入る。

物質が酸素と結びつく反応を酸化といい，物質が酸素を奪われる反応を［　　　］という。酸化と［　　　］は同時に起こっている。

(２) **実験１**の❷において，発生した気体は**図**の水上置換法以外の方法でも集めることができる。その方法と，その方法で集めることができる理由を述べたものとして最も適切なものを，次の**ア**～**エ**の中から１つ選んで，その記号を書きなさい。

ア 発生した気体は空気より密度が小さいので，上方置換法でも集めることができる。

イ 発生した気体は空気より密度が小さいので，下方置換法でも集めることができる。

ウ 発生した気体は空気より密度が大きいので，上方置換法でも集めることができる。

エ 発生した気体は空気より密度が大きいので，下方置換法でも集めることができる。

(３) **実験１**の❷で起こった化学変化を化学反応式で書きなさい。

(４) **実験１**からわかることについて説明した次の文中の［　**あ**　］～［　**う**　］に当てはまるものの組み合わせとして最も適切なものを，次のページの**ア**～**エ**の中から１つ選んで，その記号を書きなさい。

実験1では，[あ]が[い]に酸素を奪われた。このことから，銅と炭素のうち，酸素と結びつきやすいのは[う]である。

	あ	い	う
ア	酸化銅	炭素	銅
イ	酸化銅	炭素	炭素
ウ	炭素	酸化銅	銅
エ	炭素	酸化銅	炭素

(5) 太郎さんは，酸化銅と炭素はどのような割合で反応するのかを調べるために，**実験2**を行った。

《実験2》

【方法】

❶ 酸化銅4.0gと炭素の粉末0.1gをよく混ぜ合わせ，**図**と同じ装置で十分に加熱し，加熱した試験管に残った物質の質量を調べた。

❷ 炭素の粉末の質量を0.2g，0.3g，…と変えて同様の実験を行い，加熱した試験管に残った物質の質量を調べた。

【結果】

炭素の粉末〔g〕	0.1	0.2	0.3	0.4	0.5	0.6
試験管に残った物質〔g〕	3.73	3.47	3.20	3.30	3.40	3.50

実験2の結果から，酸化銅と炭素はどのような質量の割合で反応することがわかるか。最も簡単な整数の比で答えなさい。

4 花子さんは，土の中と水の中の微生物のはたらきについて調べるために，次の**実験**を行った。(1)～(4)の問いに答えなさい。

《実験》

【方法】

❶ 加熱殺菌したペトリ皿A，B，C，Dに，0.1%のデンプン溶液に寒天粉末を入れて固めたものを入れる(培地(ばいち)をつくる)。

❷ ペトリ皿Aには花壇の土をそのまま，ペトリ皿Bには花壇の土を十分に加熱したものをのせる。また，ペトリ皿Cには池の水をそのまま，ペトリ皿Dには池の水を十分に沸騰(ふっとう)させたものを数滴たらす。

❸ ペトリ皿A，B，C，Dにふたをし，数日間放置する。

❹ それぞれの表面全体にヨウ素液をたらして，培地の色の変化を観察する。

ペトリ皿	ペトリ皿A	ペトリ皿B
培地	花壇の土 デンプン培地	十分加熱した花壇の土
ペトリ皿	ペトリ皿C	ペトリ皿D
培地	池の水	十分沸騰させた池の水

【結果】 ヨウ素液を加えたときの色の変化の様子

ペトリ皿	ペトリ皿A	ペトリ皿B	ペトリ皿C	ペトリ皿D
変化の様子	青紫色に変化したが，土があった周辺は変化しなかった	全体が青紫色に変化した	青紫色に変化したが，水をたらした周辺は変化しなかった	全体が青紫色に変化した

(1) 微生物は，ほかの生物のふんや死がいなどの有機物をとりこみ，無機物にするはたらきに関わっている。このようなはたらきに関わる生物を，生態系の中では特に何というか，書きなさい。

(2) **実験**の❷で，土を加熱したり，水を沸騰させたのはなぜか。理由として最も適切なものを，次の**ア**～**エ**の中から1つ選んで，その記号を書きなさい。

ア 土や水の色を変化させるため。

イ 土や水の中の微生物を活発に活動させるため。

ウ 土や水の中の微生物を死滅させるため。

エ 土や水のpHを変化させるため。

(3) **実験**の**結果**について述べた次の文中の［あ］，［い］に当てはまるものの組み合わせとして適切なものを，次のページの**ア**～**エ**の中から1つ選んで，その記号を書きなさい。

> **実験**で，［あ］の結果を比較すると，土の中の微生物はデンプンを分解するはたらきをもつことがわかる。また，［い］の結果を比較すると，土の中の微生物と水中の微生物は同じはたらきをしていることがわかる。

	あ	い
ア	ペトリ皿Aとペトリ皿B	ペトリ皿Aとペトリ皿C
イ	ペトリ皿Aとペトリ皿B	ペトリ皿Cとペトリ皿D
ウ	ペトリ皿Aとペトリ皿C	ペトリ皿Aとペトリ皿C
エ	ペトリ皿Aとペトリ皿C	ペトリ皿Cとペトリ皿D

（4） 下の**図**は，生態系における炭素の循環を模式的に表したものである。下の**図**の**ア**～**オ**の矢印のうち，炭素が有機物として移動しているものには○を，無機物として移動しているものには×を書きなさい。

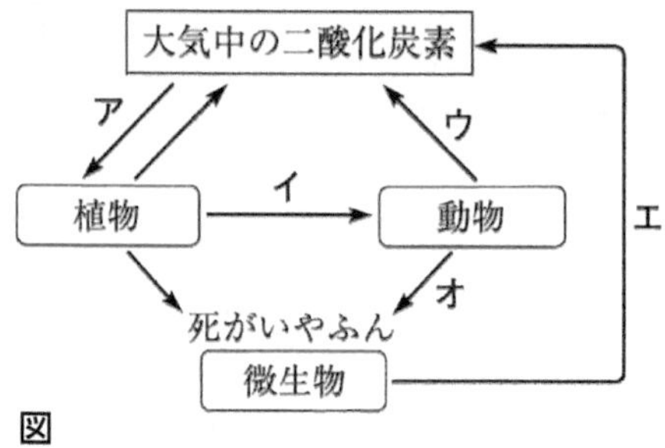

図

5 太郎さんと花子さんは，地層について話している。次の会話を読んで，（1）～（4）の問いに答えなさい。

太郎：**図1**は，私たちの住んでいる地域の地層のようすを模式的に表したものだよ。地層から過去にどのようなできごとがあったのかわかると聞いたけど，どの部分を見ればいいのかな。

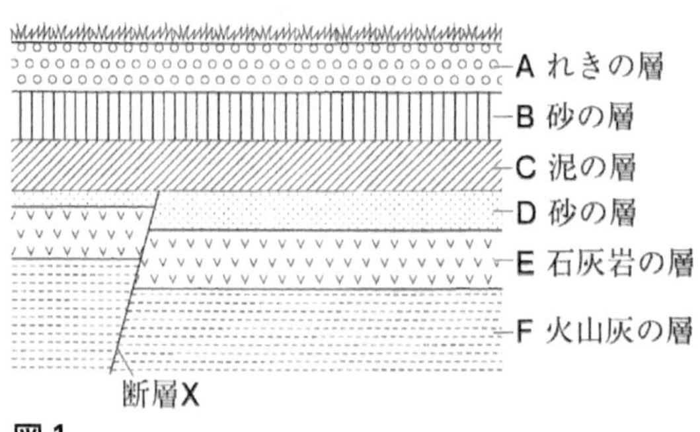

図1

花子：地層の積み重なり方や断層を見れば，ａ地層ができた順序や地層に加わった力のようすがわかるよ。また，れき・砂・泥の層の並び方から，その地域のｂ海岸からの距離がどのように変化したかがわかるよ。離れた場所にある地層を比べると，さらに詳しいことがわかるね。

太郎：でも，地層が一定の厚さで広がっていることってあまりないと聞いたよ。離れた場所にある地層を比べるには，どうすればいいのかな。

花子：c火山灰などの火山噴出物が堆積(たいせき)してできた［あ］の層や，［い］がある層を基準にすると，離れた地層が同時代にできたことを知る手がかりになるよ。［い］の例として，アンモナイトの化石が見つかった地層は，中生代に堆積したことがわかるよ。
太郎：なるほど。特徴的な地層を基準にするんだね。

（1） 文中の［あ］に当てはまるものとして最も適当なものを，次の**ア**～**エ**の中から1つ選んで，その記号を書きなさい。また，［い］に当てはまる語を**漢字4字**で書きなさい。
ア 凝灰岩(ぎょうかいがん)　**イ** 石灰岩　**ウ** チャート　**エ** 花こう岩

（2） 下線部**a**について，この地域の地層の過去について説明した文中の［う］，［え］に当てはまるものの組み合わせとして最も適切なものを，あとの**ア**～**エ**の中から1つ選んで，その記号を書きなさい。ただし，この地域で地層の逆転はなかったことがわかっている。

図1のA～Fの層のうち，最も古い時代に堆積した層は［う］の層である。また，断層Xができていることから，この地層には［え］が加わったと考えられる。

	う	え
ア	A	左右から押す力
イ	A	左右から引く力
ウ	F	左右から押す力
エ	F	左右から引く力

（3） 下線部**b**について，太郎さんはれき・砂・泥が水中でどのように堆積するのかを調べた。**図2**は，川のはたらきによって海まで運搬された土砂が，海底に堆積するようすを模式的に表したものである。堆積について説明した文中の［お］～［き］に当てはまるものの組み合わせとして正しいものを，次のページの**ア**～**カ**の中から1つ選んで，その記号を書きなさい。

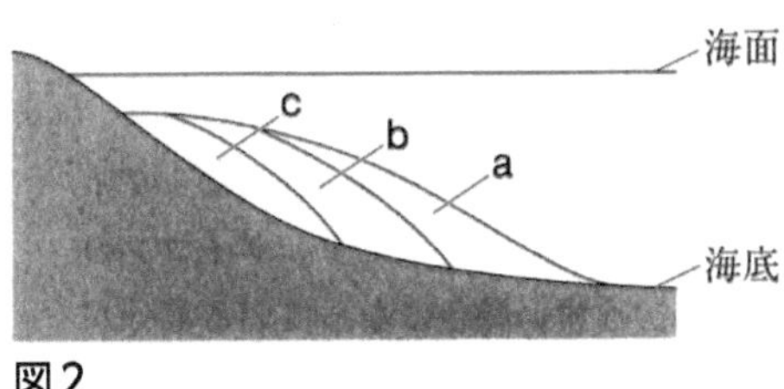

図2

川から海へ運搬されたれき・砂・泥が，**図2**の**a**～**c**のように分かれて海底に堆積すると考えると，れきが堆積している部分は［お］であり，泥が堆積している部分は［か］である。このことから，**図1**のA，B，Cの層が堆積していた当時，この地域は海岸からの距離がしだいに［き］と考えられる。

	お	か	き
ア	a	c	近くなっていった
イ	a	c	遠くなっていった
ウ	b	a	近くなっていった
エ	b	c	遠くなっていった
オ	c	a	近くなっていった
カ	c	a	遠くなっていった

（4） 下線部cについて，離れた場所にある地層を比べるときに，火山灰を含む地層を基準とする理由について説明した文中の［く］に当てはまる内容を，「地域」という語を用いて書きなさい。

> 火山灰は風によって遠くまで飛ばされやすく，同じ時期に［く］ため，火山灰を含む地層が離れた場所にあってもつながりのある地層だとわかるから。

6 次の（1），（2）の問いに答えなさい。

（1） 太郎さんは，調理実習で料理をつくったときのことについて，理科の先生と会話している。次の会話を読んで，下の①，②の問いに答えなさい。

太郎：今日の調理実習では，学校菜園で種子から育てたダイコンを使ってブリ大根をつくりました。学校菜園ではジャガイモも育てましたが，ダイコンとはちがって種子ではなく種イモを植えました。なぜでしょうか。

先生：a種子と種イモでは生殖の方法が異なり，種イモのほうが発芽する割合が大きくなって，収穫できる量も多くなるからです。

太郎：そうだったんですね。ダイコンを調理しているときに疑問に思ったのですが，ダイコンは根から葉がそのまま出ているように見えます。ダイコンには茎がないのでしょうか。

先生：いいえ，ダイコンにも茎はありますよ。図1は，ダイコンのつくりを模式的に表したものです。ダイコンの葉のつけ根のほうに，うすい緑色になっている部分がありますよね。ここがダイコンの茎になります。

図1

太郎：そうなのですね。この部分も根の一部だと思っていました。

先生：一見すると形に大きな違いがないので，そう思ってもしかたがありません。でも，よく見ると違いがわかりますよ。例えば，細い根が生えているかどうかで見分けることもできます。b白い部分には細い根が無数に生えていますが，緑色の部分には生えていません。

太郎：なるほど。確かにそうですね。調理実習を行っているときにもう一つ疑問がありました。みりんを加熱して，含まれるエタノールを気体にして取り除く「煮切り」という調理法を教わったのですが，みりんを加熱したとき，どうして水は気体にならずエタノールだけが気体になるのでしょうか。

先生：水よりもエタノールのほうが沸点が低いからです。しかし，水は常温でも少しずつ蒸発するので，エタノールだけが気体になるわけではないのですよ。
太郎：エタノールがどれくらいとり除かれるか調べる方法はありますか。
先生：みりんを加熱したときに出てきた液体を集め，その密度を調べればよいですよ。

① 下線部**a**について，種イモによる生殖の説明として最も適切なものを次の**ア**～**エ**の中から1つ選んで，その記号を書きなさい。

ア 有性生殖であり，収穫したイモは種イモと同じ形質をもつ。
イ 有性生殖であり，収穫したイモは種イモと異なる形質をもつ。
ウ 無性生殖であり，収穫したイモは種イモと同じ形質をもつ。
エ 無性生殖であり，収穫したイモは種イモと異なる形質をもつ。

② 下線部**b**について，植物の分類に関する説明として正しいものを次の**ア**～**エ**から1つ選んで，その記号を書きなさい。

ア 根のつくりから，ダイコンの茎の維管束は輪状になっているといえる。
イ 根のつくりから，ダイコンは被子植物の単子葉類であるといえる。
ウ 白い部分から生えている細い根は根毛である。
エ ダイコンと同じ根のつくりをもつ植物には，ユリがある。

（2） 花子さんと太郎さんは，みりんの煮切りで出ていくエタノールの量を調べる実験について相談している。次の会話を読んで，あとの①，②の問いに答えなさい。

花子：みりんを加熱して出てきた液体の密度を調べて，含まれるエタノールの量を調べるんだよね。
太郎：そうだよ。「煮切り」はみりんからエタノールをとり除く調理方法だから，出てきた液体には多くのエタノールが含まれるはずだよ。
花子：ではその仮定にもとづいて実験をしてみよう。

花子さんのノートの一部

○みりんやエタノールについて

・エタノールの密度は0.79g/cm^{3}であり，水の密度は1.00g/cm^{3}である。
・エタノール水溶液におけるエタノールの質量パーセント濃度と，水溶液の密度との関係をグラフで表すと**図2**のようになる。
・実験で使用するみりんに含まれている物質は，水とエタノールが大部分を占めているので，加熱して出てくる物質は，水とエタノールのみとする。

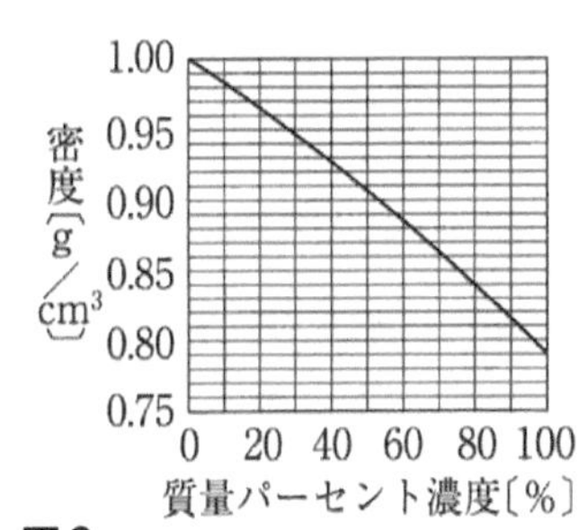

図2

《実験》

【方法】

❶　試験管A～Dを用意し，それぞれ$3cm^3$の位置に印をつける。

❷　枝付きフラスコにみりんを$20cm^3$入れ，図3のような装置で加熱し，出てきた液体を試験管Aに集める。

❸　試験管Aに印の位置まで液体が集まったら，試験管Bに変える。これを試験管Dに液体が集まるまでくり返す。

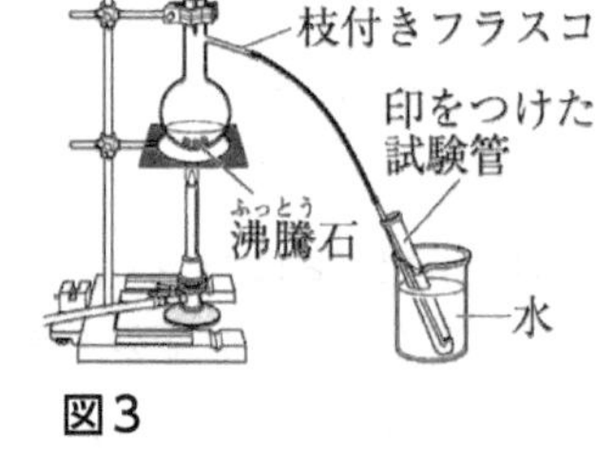

図3

❹　試験管A～Dの液体の質量と体積をそれぞれ測定する。

	試験管A	試験管B	試験管C	試験管D
質量〔g〕	2.54	2.81	2.98	3.01
体積〔cm^3〕	3.02	3.01	2.98	3.01

【結果と考察】

・含まれるエタノールの割合が最も高いのは，［あ］の液体であり，その割合は質量パーセント濃度で約［い］である。

・表の結果から，枝付きフラスコ内の液体からエタノールがほとんど取り除かれたのは，［う］を集めているときであると考えられ，試験管Dが集まったときの枝付きフラスコ内の液体の密度をX〔g/cm^3〕とすると，［え］となる。

①　文中の［あ］，［い］に当てはまる語と数値の組み合わせとして最も適切なものを，次のア～エの中から1つ選んで，その記号を書きなさい。

	あ	い
ア	試験管A	50%
イ	試験管A	80%
ウ	試験管D	50%
エ	試験管D	80%

②　文中の［う］，［え］に当てはまる語と式の組み合わせとして最も適切なものを，次のア～エの中から1つ選んで，その記号を書きなさい。

	う	え
ア	試験管B	$X=0.79g/cm^3$
イ	試験管B	$0.79g/cm^3 < X \leqq 1.00g/cm^3$
ウ	試験管C	$X=0.79g/cm^3$
エ	試験管C	$0.79g/cm^3 < X \leqq 1.00g/cm^3$

【社　会】（50分）〈満点：100点〉

1　次の**1**，**2**に答えなさい。

1　**資料1**は，経線と緯線（いせん）が直角に交わるように描かれた地図である。**資料1**を見て，下の(1)～(4)の問いに答えなさい。

資料1　世界地図

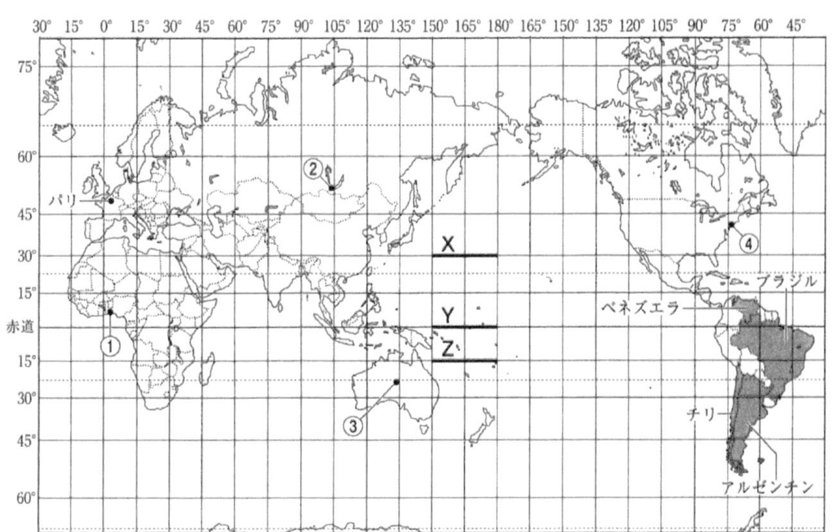

(1)　次のグラフは，**資料1**にある①～④のいずれかの都市の気温と降水量を示したものである。**資料1**にある②の都市に当てはまるグラフを，次の**ア**～**エ**の中から1つ選んで，その記号を書きなさい。

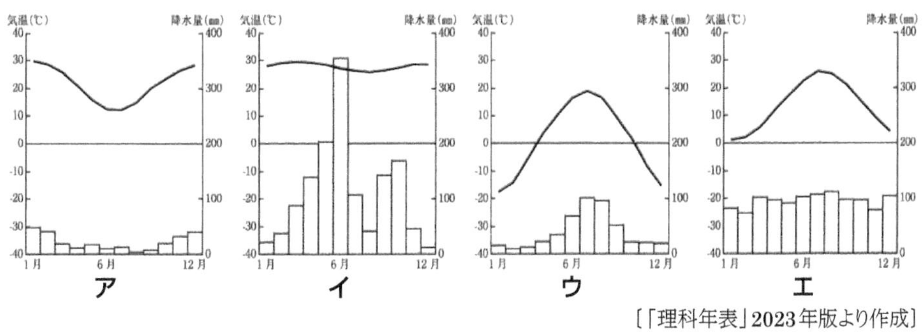

［「理科年表」2023年版より作成］

(2)　**資料1**のX～Zは地図上では同じ長さである。実際の距離（きょり）が長い順に並べかえたものとして最も適切なものを，次の**ア**～**カ**の中から1つ選んで，その記号を書きなさい。

ア　X→Y→Z　　**イ**　X→Z→Y　　**ウ**　Y→X→Z

エ　Y→Z→X　　**オ**　Z→X→Y　　**カ**　Z→Y→X

（3） **資料1**のパリが3月10日午後10時のとき東京は何月何日の何時か，書きなさい。その際，解答用紙の**午前・午後**のどちらかを◯で囲み，**算用数字**で書きなさい。ただし，標準時の基準となる子午線は，パリは東経15度，東京は東経135度とし，サマータイムは考えないこととする。

（4） **資料1**の南アメリカ州の［　　］で示した4か国(ベネズエラ，ブラジル，チリ，アルゼンチン)について，①～③の問いに答えなさい。

① 南アメリカ州の［　　］で示した4か国で，最も多くの人が信仰(しんこう)している宗教を，次の**ア**～**エ**の中から1つ選んで，その記号を書きなさい。

ア イスラム教　　**イ** キリスト教　　**ウ** ヒンドゥー教　　**エ** 仏教

② アルゼンチンについてまとめた**<ノート>**の［あ］に共通して当てはまる語を**カタカナ3字**で書きなさい。

<ノート>
アルゼンチンにはラプラタ川が流れ，その河口には［あ］とよばれる草原が広がっている。［あ］では，小麦の栽培(さいばい)や牛の放牧などが行われている。

③ **資料2**は**資料1**の［　　］で示した4か国についてまとめたものである。4か国について読み取ったものとして最も適切なものを，下の**ア**～**エ**の中から1つ選んで，その記号を書きなさい。

資料2

国名	人口(千人)	産業別国内総生産(百万ドル)			
		産業計	農林水産業	鉱工業	サービス業
ベネズエラ	28200	101680	5328	46254	16753
ブラジル	214326	1245644	81309	208259	617091
チリ	19493	232117	9770	64340	99486
アルゼンチン	45277	320408	26187	73664	126962

注)人口は2021年，その他は2020年。　［「世界国勢図会」2022/23年版より作成］

ア 4か国の中で人口が4000万人を上回っている国は，太平洋に面している。

イ ベネズエラ，チリ，アルゼンチンの産業別国内総生産の産業計をすべて合わせても，ブラジルの産業別国内総生産の産業計を上回らない。

ウ 4か国はすべて鉱工業の国内総生産がサービス業の国内総生産を下回っている。

エ 4か国の中で人口が最も少ない国は，産業別国内総生産の産業計も最も少ない。

2 日本や身近な地域について，次の(1)～(3)の問いに答えなさい。

（1） **資料3**は2020年の貿易額が5兆円以上の貿易港，**資料4**は**資料3**の貿易港の貿易額の推移を示したものである。**資料3**と**資料4**を読み取った次のページの**ア**～**エ**のうち，最も適切なものを1つ選んで，その記号を書きなさい。

資料3　主な貿易港

注）◎は2020年における貿易額が10兆円以上の貿易港，●は2020年における貿易額が5兆円以上10兆円未満の貿易港。

資料4　日本の主な貿易港の貿易額の推移（兆円）

貿易港	2010年	2020年
成田国際	20.2	23.0
東京	12.1	16.2
名古屋	12.7	14.7
横浜	10.3	9.9
関西国際	7.0	8.7
大阪	7.0	8.3
神戸	7.6	7.9
全国	128.2	136.4

〔「日本国勢図会」2022/23年版より作成〕

ア　2020年における貿易額が10兆円以上の貿易港は関東(かんとう)地方のみにある。

イ　2010年，2020年ともに貿易額が多い貿易港の順は同じである。

ウ　2010年の貿易額が2020年の貿易額を上回っている貿易港はない。

エ　2020年の貿易額が10兆円以上の貿易港の合計貿易額が全国の貿易額に占める割合は，50%以下である。

（2）**〔カード1〕**～**〔カード3〕**は**資料3**に示した貿易港のうち名古屋港，横浜港，関西国際空港について，それぞれの特徴をまとめたものである。**〔カード2〕**と**〔カード3〕**の［ い ］に共通して当てはまる語と，**〔カード1〕**にまとめた貿易港の名称の組み合わせとして最も適切なものを，下の**ア**～**カ**の中から1つ選んで，その記号を書きなさい。

〔カード1〕	**〔カード2〕**	**〔カード3〕**
騒音(そうおん)対策のため，沿岸から離(はな)れた場所につくられた。輸入額が1位の品目は，医薬品である。	伊勢湾(いせわん)の北端につくられた。中京(ちゅうきょう)工業地帯に位置し，［ い ］に関連するものの輸出額が多い。	江戸(えど)時代末に開港した。京浜(けいひん)工業地帯に位置し，輸出額が1位の品目は，［ い ］である。

ア　［ **い**　自動車　　**カード1**　関西国際空港 ］
イ　［ **い**　自動車　　**カード1**　名古屋港 ］
ウ　［ **い**　自動車　　**カード1**　横浜港 ］
エ　［ **い**　電子部品　　**カード1**　関西国際空港 ］
オ　［ **い**　電子部品　　**カード1**　名古屋港 ］
カ　［ **い**　電子部品　　**カード1**　横浜港 ］

（3） **資料5**は**資料3**に表した神戸港の周辺を示した地形図である。**資料5**を読み取った下の**ア**～**エ**について，正しいものには**○**を，誤っているものには**×**を書きなさい。

資料5

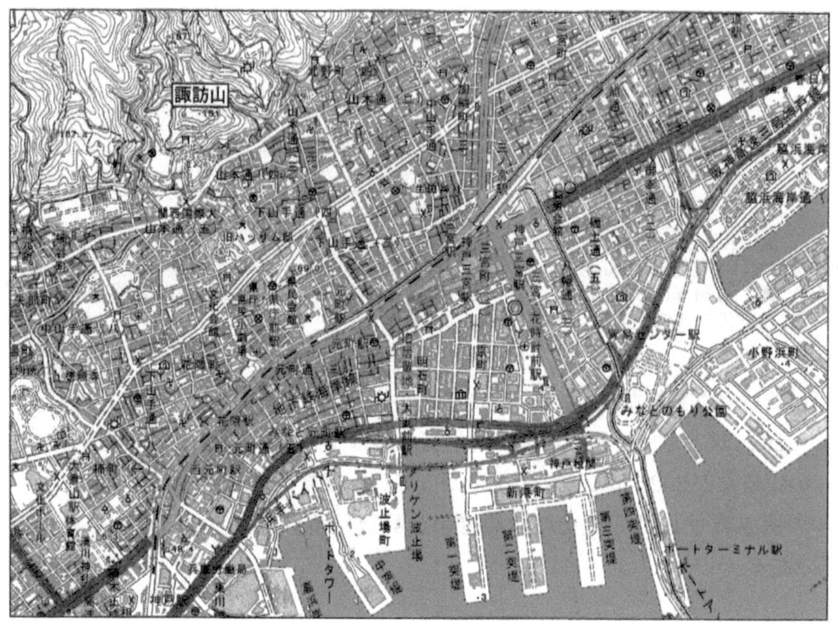

〔国土地理院発行2万5千分の1地形図より作成〕

ア　この地域には複数の鉄道の路線があるが，高速道路は通っていない。

イ　市役所の周辺には，郵便局や消防署がある。

ウ　諏訪山（すわやま）の山頂の標高は，100m以下である。

エ　市役所と区役所の地形図上の長さは約2cmであるため，実際の距離（きょり）は約1kmである。

2　社会科の授業で，「日本のそれぞれの時代にはどのような特色があるか」という課題で，班ごとにテーマを設定し，学習しました。次の**1**，**2**に答えなさい。

1　1班では，「日本の外交の歴史」というテーマを設定し，調べたことをまとめ，**〔カード1〕**～**〔カード4〕**を作成しました。次のページの(1)～(4)の問いに答えなさい。

〔カード1〕 中国に唐（とう）が成立すると，それ以降，日本は唐にたびたび使者を送った。8世紀には，唐から鑑真（がんじん）が来日した。	**〔カード2〕** 12世紀，<u>平清盛</u>（たいらのきよもり）は瀬戸内海の航路や港を整備し，宋（そう）と貿易を行った。日本は銅銭（どうせん）を大量に輸入した。
〔カード3〕 14世紀になると，中国では明（みん）が建国された。足利義満（あしかがよしみつ）は明との貿易を行い，大きな利益を得た。	**〔カード4〕** 17世紀に鎖国（さこく）が完成したが，18世紀後半になると，欧米（おうべい）の船が日本の近海に近づくようになった。

（1） 〔カード1〕の時代についてまとめた次の＜ノート1＞の[あ]に当てはまる語を**カタカナ**で書きなさい。

＜ノート1＞
〔カード1〕の時代につくられた正倉院には，聖武天皇ゆかりの品々が納められている。その宝物の中には，東西を結ぶ[あ]を通って唐に運ばれ，遣唐使が持ち帰った**資料1**のような工芸品がある。

資料1

（2） 〔カード2〕の下線部の人物が活躍した頃のできごとについて述べた文として最も適切なものを，次の**ア**～**エ**の中から1つ選んで，その記号を書きなさい。

ア 上皇が中心となって，院政を行った。
イ 律令政治を立て直すために，都が平安京に移された。
ウ 北朝と南朝の二つの朝廷が並び立ち，対立した。
エ 武士の慣習に基づいて，御成敗式目（貞永式目）が定められた。

（3） 幸司さんと咲良さんは，〔カード3〕の時代の貿易について調べる中で，**資料2**を見つけ，話し合いをしました。次の会話文中の[い]に共通して当てはまる語を**漢字2字**で書きなさい。

資料2

幸司：明は外国との貿易を制限し，朝貢形式による交易のみ許可したのは，[い]をおさえるためでもあるんだよ。
咲良：足利義満は，明の求めに応じて[い]を取り締まる一方で，明との貿易を開始したんだよね。
幸司：**資料2**には日本の貿易船にあたえられた許可証が示されているよ。
咲良：日本の貿易船はこの許可証を持参し，明の寧波に入港して，明が持つ原簿との照合を受けた上で，貿易が許されたんだ。
幸司：許可証を使うことで幕府の正式な貿易船と[い]を区別したんだね。

（4） 幸司さんは，〔カード4〕の時代の外交について興味をもち，調べていく中で，**資料3**と**資料4**を見つけ，＜ノート2＞にまとめました。＜ノート2＞の[う]，[え]に当てはまる語の組み合わせとして最も適切なものを，次のページの**ア**～**エ**の中から1つ選んで，その記号を書きなさい。

資料3　ペリー艦隊の日本への航路

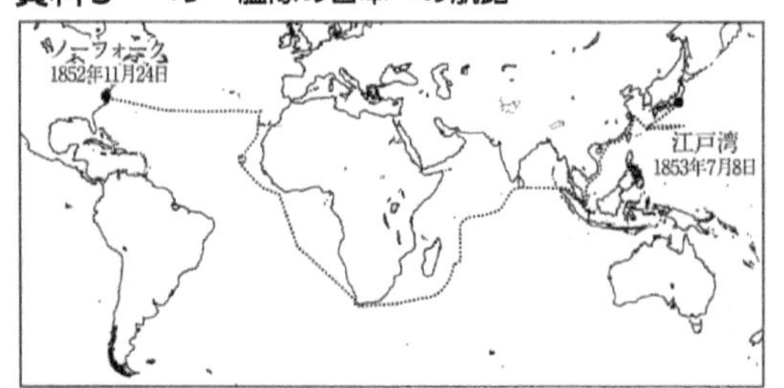

資料4　アメリカでのできごと

世紀	できごと
18	13植民地がイギリスから独立する
19	中国と修好通商条約を結ぶ 領土が西海岸に達する

<ノート2>

アメリカがペリーを派遣(はけん)し，日本へ開国をせまったのは，［ う ］岸まで領土を拡大したアメリカが，［ え ］後の中国との貿易を進めるため，船で［ う ］を横断する航路の利用を望み，航路の中継(ちゅうけい)地点として日本を利用したかったからである。

ア　［**う**　大西洋　**え**　アヘン戦争］　　**イ**　［**う**　太平洋　**え**　アヘン戦争］
ウ　［**う**　大西洋　**え**　辛亥革命(しんがい)］　　**エ**　［**う**　太平洋　**え**　辛亥革命］

2　2班では，「近代日本の戦争」というテーマを設定し，**〔カード5〕**～**〔カード7〕**を作成しました。下の(1)～(3)の問いに答えなさい。

〔カード5〕
1904年に日露(にちろ)戦争が始まると，日本海(にほんかい)海戦で勝利するなど，日本は戦いを有利に進めた。アメリカ大統領の仲立ちによりポーツマスで講和会議が開かれた。

〔カード6〕
1914年にオーストリアの皇太子夫妻が暗殺されると，同盟国と連合国に分かれて第一次世界大戦が始まった。連合国が勝利し，パリ講和会議が開かれた。

〔カード7〕
1941年に日本軍が真珠湾(しんじゅわん)のアメリカ軍基地を攻撃するとともに，マレー半島に上陸した。日本はアメリカ・イギリスに宣戦し，<u>太平洋戦争が始まった</u>。

(1)　①　**〔カード5〕**について話し合っている次の会話文中の［ お ］に共通して当てはまる語を**漢字**で書きなさい。

健人：日露戦争が起こる前，日本は［ お ］を結んだんだよね。なぜだろう。
里歩：ロシアは日清戦争後に中国で起こった義和団事件で満州(まんしゅう)に大軍を送ったんだ。事件後も満州に大軍をとどめ，満州を占領(せんりょう)し続けたんだよ。
健人：そうか。これに対して危機感をもった両国がロシアに対抗(たいこう)するために［ お ］を結んだんだね。
里歩：そして，ロシアとの開戦の世論が高まる中，日本政府は開戦にふみ切り，日露戦争が始まったんだよ。

② 1905年に開かれた講和会議で，日露戦争の講和条約であるポーツマス条約が結ばれた。ポーツマス条約で日本が獲得(かくとく)した領土として最も適切なものを，**資料5**の**ア**～**エ**の中から1つ選んで，その記号を書きなさい。

資料5 地図

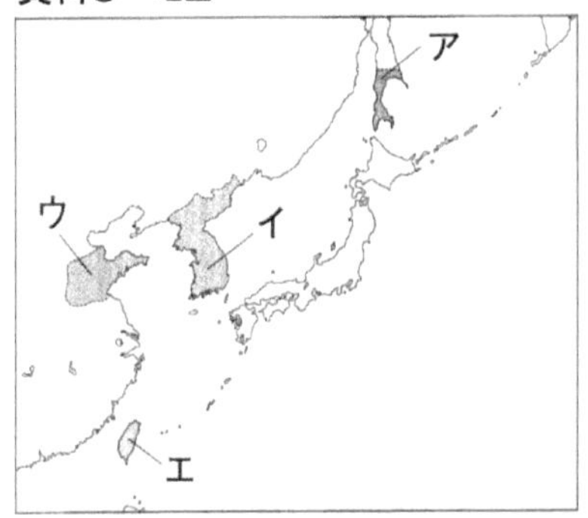

（2） ① 健人さんは，〔**カード6**〕について調べていく中で，**資料6**と**資料7**を見つけ，**<まとめ>**を作成しました。**資料6**と**資料7**を参考にして，**<まとめ>**の［か］～［く］に当てはまる語の組み合わせとして最も適切なものを，下の**ア**～**エ**の中から1つ選んで，その記号を書きなさい。

資料6 諸産業の生産額の変化

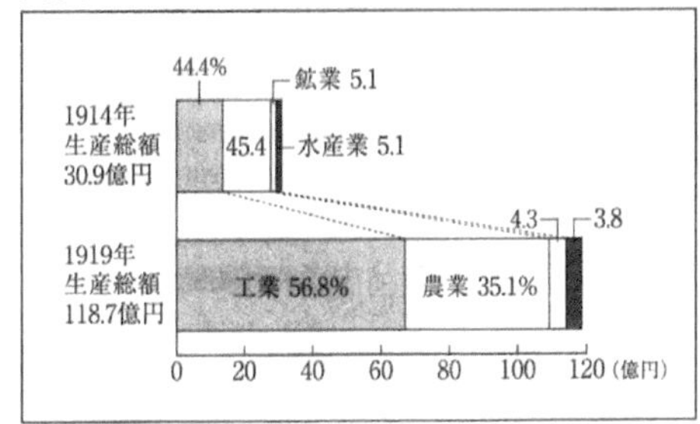

［「日本資本主義発達史年表」より作成］

資料7 米価の推移

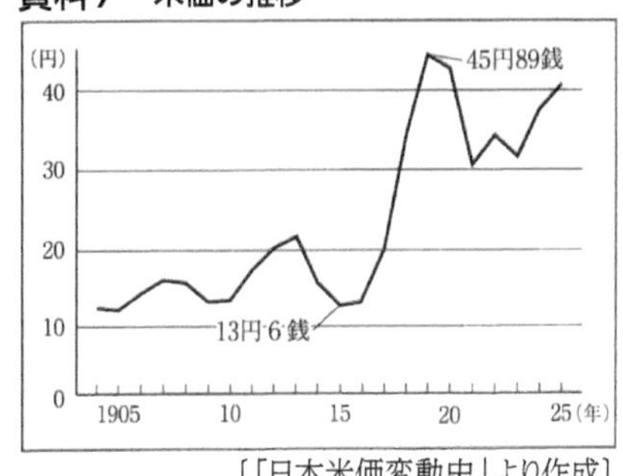

［「日本米価変動史」より作成］

<まとめ>

第一次世界大戦中には，日本の産業構造は［か］中心へと変化した。その理由は，第一次世界大戦の主戦場となった［き］からの輸入が途絶(とだ)え，連合国やアメリカなどへの日本の輸出が増加したからである。また，第一次世界大戦中に米価が［く］したことにより，米騒動(こめそうどう)が起こった。

ア ［**か** 工業 **き** ヨーロッパ **く** 高騰(こうとう)］
イ ［**か** 工業 **き** アジア **く** 高騰］
ウ ［**か** 農業 **き** ヨーロッパ **く** 下落］
エ ［**か** 農業 **き** アジア **く** 下落］

② 第一次世界大戦の講和会議で決定した内容として**適切でないもの**を，次の**ア**～**エ**の中から1つ選んで，その記号を書きなさい。

ア ドイツに莫大(ばくだい)な賠償金(ばいしょうきん)を課した。
イ ドイツが海外の植民地をすべて失った。
ウ 日本が中国にあるドイツの権益を引き継いだ。
エ 国際連盟(こくさいれんめい)へのドイツの加盟が決定した。

（3） **〔カード7〕**の下線部よりも前に起こったできごととして最も適切なものを，次の**ア**～**エ**の中から1つ選んで，その記号を書きなさい。

ア 日本への空襲が激しくなったことから，都市の小学生が農村に集団疎開した。

イ 兵力が不足したことから，徴兵を猶予されていた文科系の大学生などが召集される学徒出陣が行われた。

ウ 国家総動員法が制定され，政府は議会の承認を得ずに物資や労働力を戦争に動員できるようになった。

エ アメリカ軍が沖縄に上陸し，軍人だけでなく多くの民間人が激しい戦闘に巻きこまれた。

3 社会科の授業で，「現代の民主政治と経済はどのようになっているのだろうか」という課題でテーマを設定し，学習しました。次の**1～3**に答えなさい。

1 千晴さんは，「日本の政治のしくみ」というテーマを設定し，**資料1**と**資料2**をもとに，**＜まとめ1＞**を作成しました。下の(1)～(3)の問いに答えなさい。

資料1　日本の政治のしくみ

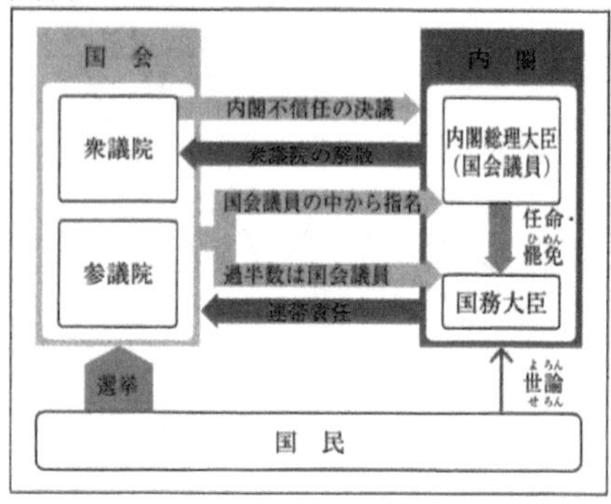

資料2　アメリカの政治のしくみ

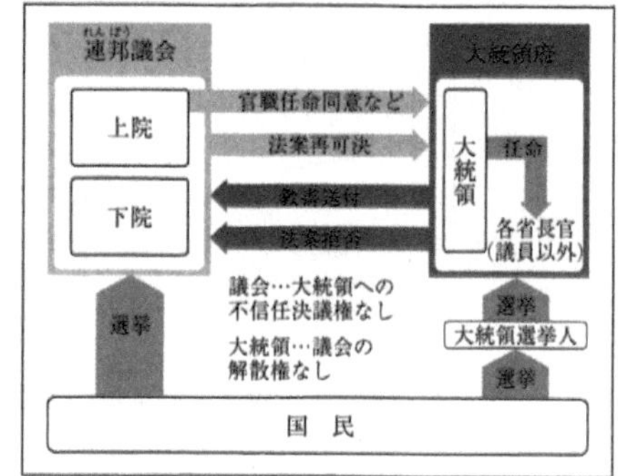

＜まとめ1＞

日本では**資料1**のように［　あ　］のしくみをとっており，内閣総理大臣は国会議員の中から国会の指名によって選ばれる。それに対してアメリカでは**資料2**のように大統領制のしくみをとっている。

（1） **＜まとめ1＞**の［　あ　］に当てはまる語を**漢字5字**で書きなさい。

（2） 内閣総理大臣の指名について，衆議院と参議院が異なった議決をした場合，どのような過程を経て最終的な議決となるか。最も適切なものを，次の**ア**～**エ**の中から1つ選んで，その記号を書きなさい。

ア 衆議院で再び議決が行われ，その結果が国会の議決となる。

イ 参議院で再び議決が行われ，その結果が国会の議決となる。

ウ 両院協議会が開かれるが，それでも意見が一致しない場合は，衆議院の議決が国会の議決となる。

エ　両院協議会が開かれるが，それでも意見が一致しない場合は，参議院の議決が国会の議決となる。

（3）　アメリカの政治のしくみについて述べた文として**適切でないもの**を，次の**ア**～**エ**の中から1つ選んで，その記号を書きなさい。

ア　大統領は，連邦議会の議員とは別の選挙で選ばれる。

イ　大統領は，連邦議会を解散する権限をもたない。

ウ　連邦議会は，上院と下院からなる二院制を採っている。

エ　連邦議会は，大統領への不信任決議権をもつ。

2　俊介さんは，「日本国憲法」というテーマを設定し，**<まとめ2>**を作成しました。下の(1)～(3)の問いに答えなさい。

資料3　日本国憲法の改正の流れ

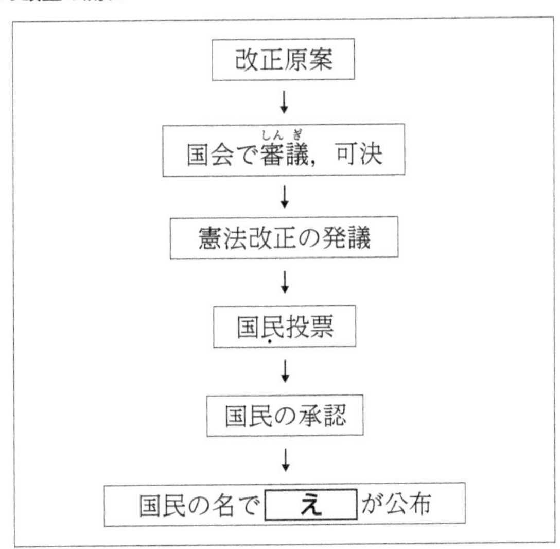

<まとめ2>

日本国憲法は，第98条で定められているように国の い であることから，改正に関しては**資料3**のように慎重な手続きが定められている。憲法改正の原案が国会に提出されると，衆議院と参議院で審議が行われる。各議院の う で可決されると，国会は国民に対して憲法改正の発議を行う。その後，国民投票が行われ，有効投票数の過半数が賛成の場合は，憲法が改正される。国民の承認を得ると， え が国民の名において憲法の改正を公布する。

（1）　**<まとめ2>**の い に当てはまる語を**漢字4字**で書きなさい。

（2）　**<まとめ2>**の う に当てはまる内容として最も適切なものを，次のページの**ア**～**エ**の中から1つ選んで，その記号を書きなさい。

ア　出席議員の3分の2以上の賛成　　イ　総議員の3分の2以上の賛成
ウ　出席議員の過半数の賛成　　エ　総議員の過半数の賛成

（3）　**資料3**と**<まとめ2>**の［え］に共通して当てはまる語として最も適切なものを，次の**ア**～**エ**の中から1つ選んで，その記号を書きなさい。

ア　内閣総理大臣　　イ　最高裁判所長官　　ウ　天皇　　エ　国務大臣

3　和也さんと由香さんは，「身近な経済」というテーマを設定し，話し合いをしました。これを読んで，下の(1)～(4)の問いに答えなさい。

和也：私たちは毎日多くの商品を購入(こうにゅう)しているね。
由香：そうだね。私たちは，商品を生産する企業(きぎょう)から直接商品を購入するのではなく，お店などの小売業者を通じて購入しているよね。商品が生産者から消費者に届くまでの道筋を［お］というね。
和也：最近では，小売業者が生産者から直接商品を仕入れるなど，［お］の合理化が進んでいるよ。
由香：企業は利潤(りじゅん)を追求することが求められるから，そのための工夫だね。
和也：そうだね。a株式会社では，株主の利益を確保することも求められるよ。また，現在の企業はb労働者の職場環境(かんきょう)の整備やc社会的責任(CSR)を果たすことも求められているよ。

（1）　会話文中の［お］に共通して当てはまる語を**漢字2字**で書きなさい。

（2）　下線部**a**の株式会社について述べた次の**ア**～**エ**の文について，正しいものには**○**を，誤っているものには**×**を書きなさい。

ア　株式会社の株主は，法人がなることはできず，個人に限ってなることができる。
イ　株式会社の利潤は，会社に残す分を除き，配当として株主に分配される。
ウ　株主は株主総会に出席し，取締役(とりしまりやく)の選任などの議決を行うことができる。
エ　株式会社が負債(ふさい)を抱えて倒産(とうさん)した場合，株主は出資した金額以上の負担を負う。

（3）　下線部**b**について，労働者の保護を目的とした法律として定められた，労働基準法に定められている内容として最も適切なものを，次の**ア**～**エ**の中から1つ選んで，その記号を書きなさい。

ア　満20歳(さい)に満たないものを就業させることはできない。
イ　女性であることを理由に賃金について男性と差別的な扱(あつか)いをしてはならない。
ウ　労働者は育児や介護(かいご)のために休業することができる。
エ　労働者は労働組合を結成することができる。

（4） 下線部cについて，企業が求められる社会的責任(CSR)として**適切でないもの**を，次の**ア**～**エ**の中から1つ選んで，その記号を書きなさい。

ア 企業の技術力を生かして，小学校で出前授業を行う。
イ 地域の環境を保全するために，海岸の清掃を実施する。
ウ 地域の文化財を保護するために，保存活動を支援する。
エ 人件費や地価の安い海外の国に工場を移転する。

4 次の**1**，**2**に答えなさい。

1 次の会話は，真衣さんと達也さんが，「自然災害」について話し合ったものです。これを読んで，下の(1)～(4)の問いに答えなさい。

> 真衣：日本は，世界の中でも降水量が多い国で，梅雨や台風が発生する時期に特に多くなるね。
> 達也：そうだね。梅雨や台風が発生する時期には高潮や洪水などの自然災害が起こることもあるね。
> 真衣：台風の通り道になりやすい沖縄では，伝統的な住居は家を石垣で囲ったり，屋根瓦をしっくいで止めたりしているね。
> 達也：昔からさまざまな対策が行われていたんだね。日本は風水害だけではなく，地震や火山活動による自然災害も起こりやすいよね。
> 真衣：自然災害はいつ起こるかわからないから，日ごろから備えておく必要があるね。
> 達也：そうだね。国は防災対策に使用する費用を地方公共団体に［　あ　］として提供することがあり，地方公共団体も防災に取り組んでいるよ。日本や世界各国でどのような自然災害が起こってきたのか，防災のためにどのような取り組みが行われてきたか調べてみようよ。

（1） 会話文中の［　あ　］に当てはまる語を**漢字5字**で書きなさい。

（2） 達也さんの話を聞き，真衣さんは火山活動について興味をもち，**<まとめ1>**を作成しました。**<まとめ1>**の［　い　］に当てはまる語を**カタカナ3字**で書きなさい。

> **<まとめ1>**
> 九州地方は，火山が多く見られる。桜島は特に活動が活発で，噴火のたびに周辺に火山灰を降らせている。また，九州南部には火山の噴出物が積もってできた［　い　］台地が広がっている。

（3） 達也さんは，江戸時代に起こった自然災害について調べました。次の**ア**～**エ**を年代の古い順に左から並べて，その記号を書きなさい。

ア 長雨などが原因で享保のききんが起こり，ききんへの対策として徳川吉宗はさつまいもの栽培を推奨した。

イ　冷害などが原因で寛永(かんえい)のききんが起こり，徳川家光(いえみつ)は大名に対して領地へおもむき，ききん対策をするよう指示した。

ウ　浅間山(あさまやま)の噴火などが原因で天明(てんめい)のききんが起こり，ききんの中，幕府への不満が高まり，田沼意次(たぬまおきつぐ)は老中を解任された。

エ　冷害などが原因で天保(てんぽう)のききんが起こり，幕府の対策が不十分であったことから，大阪で大塩平八郎(おおしおへいはちろう)が反乱を起こした。

（4）　達也さんは，地震について調べていくうちに，インドネシアで地震が多く起こっていることを知りました。次の**ア**～**カ**のうち，インドネシアについて述べた文として適切なものを**2つ**選んで，その記号を書きなさい。

ア　かつてスペインの植民地であったことから，現在もスペイン語が広く使われている。

イ　国民の多くがヒンドゥー教徒であり，地域によって異なる言語が使われている。

ウ　プランテーションでは，植物油などの原料となる油やしが栽培(さいばい)されている。

エ　1990年代頃から急速に工業化が進み，現在は「世界の工場」とよばれている。

オ　かつてヨーロッパ以外からの移民を制限する白豪(はくごう)主義政策が行われていた。

カ　東南(とうなん)アジアに属し，東南アジア諸国連合（ASEAN）に加盟している。

2　次の会話は，詩織さんと直人さんが，「エネルギー問題」について話し合ったものです。これを読んで，下の（1）～（3）の問いに答えなさい。

詩織：日本は化石燃料が乏(とぼ)しく，現在，a化石燃料のほとんどを海外から輸入しているね。日本のエネルギー供給はどのように変化してきたのかな。

直人：そうだね。かつては国内でも石炭や石油を採掘(さいくつ)していたのだけれど，現在ではほとんどを海外から輸入しているね。

詩織：1970年代に起こったb石油危機以降，日本では化石燃料の安定確保を図るために非常時に備えて石油を備蓄(びちく)したり，石油の代わりとなる再生可能エネルギーの開発を進めたりするなど，対策がとられるようになったよ。

直人：2011年の東日本大震災(だいしんさい)の際には，電力不足が起こり，各地で計画停電が実施(じっし)されたんだよね。

詩織：そうだね。東日本大震災後にはどのような対策がとられたのかな。

直人：日本のcエネルギー供給がどのように変化しているか調べてみよう。

（1）　下線部**a**について，**資料1**は日本の化石燃料の主な輸入相手国を示したものであり，［X］～［Z］には石炭，原油，液化天然ガスのいずれかが当てはまる。**資料1**の［X］に当てはまる資源の名称，［う］に共通して当てはまる国名の組み合わせとして最も適切なものを，次のページの**ア**～**カ**の中から1つ選んで，その記号を書きなさい。

資料1　日本の石炭，原油，液化天然ガスの主な輸入相手国

	X	Y	Z
1位	サウジアラビア	う	う
2位	アラブ首長国連邦	マレーシア	インドネシア
3位	クウェート	カタール	ロシア

（2021年）　　［「日本国勢図会」2022/23年版より作成］

ア［**X**　石炭　　**う**　オーストラリア］
イ［**X**　石炭　　**う**　アメリカ合衆国］
ウ［**X**　原油　　**う**　オーストラリア］
エ［**X**　原油　　**う**　アメリカ合衆国］
オ［**X**　液化天然ガス　　**う**　オーストラリア］
カ［**X**　液化天然ガス　　**う**　アメリカ合衆国］

（2）下線部**b**について，石油危機が起こるきっかけとなったできごととして最も適切なものを，次の**ア**～**エ**の中から1つ選んで，その記号を書きなさい。

ア　北朝鮮（きたちょうせん）が韓国（かんこく）に侵攻（しんこう）し，朝鮮戦争が起こった。
イ　イスラエルとアラブ諸国との間で第四次中東（ちゅうとう）戦争が起こった。
ウ　アメリカで同時多発テロ事件が起こり，アメリカがアフガニスタンを攻撃（こうげき）した。
エ　アメリカが北ベトナムへ爆撃（ばくげき）を行い，ベトナム戦争に介入（かいにゅう）した。

（3）下線部**c**について，詩織さんたちは**資料2**から**<まとめ2>**を作成しました。**<まとめ2>**の［え］，［お］，［か］に当てはまる語の組み合わせとして最も適切なものを，次のページの**ア**～**カ**の中から1つ選んで，その記号を書きなさい。

資料2　日本のエネルギー供給割合の推移

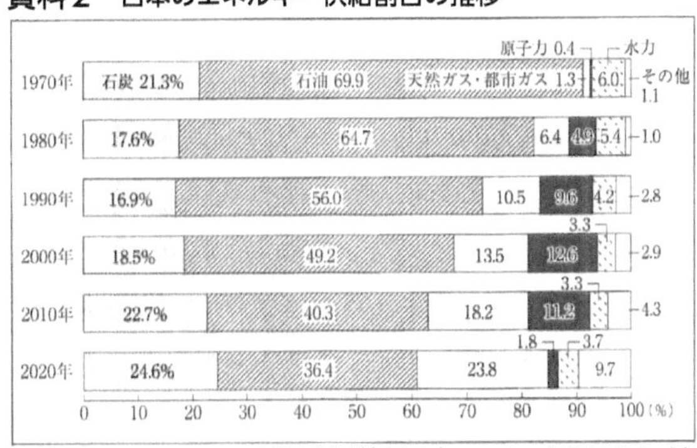

［「日本国勢図会」2022/23年版より作成］

<まとめ2>

1970年の日本におけるエネルギー供給量に占める石油の割合は［ え ］割程度であったが，その後は，減少傾向(けいこう)にある。また，石油危機以降，［ お ］の割合が増加していったが，2011年の東日本大震災後に大幅(おおはば)に減少した。2020年には，エネルギー供給量に占める割合が2割を超えるなど，近年，二酸化炭素の排出量(はいしゅつりょう)が比較的(ひかくてき)少ない［ か ］の割合が増加している。

ア ［え 4　お 原子力　か 水力］
イ ［え 4　お 石炭　か 水力］
ウ ［え 4　お 石炭　か 天然ガス・都市ガス］
エ ［え 7　お 原子力　か 水力］
オ ［え 7　お 石炭　か 天然ガス・都市ガス］
カ ［え 7　お 原子力　か 天然ガス・都市ガス］

四 次の㈠～㈢の問いに答えなさい。

㈠ 次の【Ⅰ】～【Ⅲ】を読んで、後の(1)と(2)の問いに答えなさい。

> **【Ⅰ】書き下し文**
>
> 聖を絶(た)ち智を棄(す)つれば、民利百倍す。仁を絶ち義を棄つれば、□。
>
> **【Ⅱ】訓読文（訓読するための文）**
>
> 絶(チ)レ聖ヲ棄(ツレバ)レ智ヲ、民利百倍ス。
> 絶(チ)レ仁ヲ棄(ツレバ)レ義ヲ、民復(かヘル)ニ孝(かう)慈(じ)ニ一。
>
> **【Ⅲ】現代語訳**
>
> 聖人や智者を絶ち棄てて用いなければ、人民の利益は大きく増す。仁や義という徳目を絶ち棄てれば、人は自然に孝行心を取り戻す。

(1) 【Ⅰ】の□に入る語句として最も適切なものを、次の**ア**～**エ**の中から一つ選んで、その記号を書きなさい。

ア 孝慈に復る民　　**イ** 孝慈に民復る
ウ 民復る孝慈に　　**エ** 民孝慈に復る

(2) 【Ⅰ】の――部「絶」のへんを行書で書いたものとして最も適切なものを、次の**ア**～**エ**の中から一つ選んで、その記号を書きなさい。

ア　　**イ**　　**ウ**　　**エ**

㈡ 次の(1)～(4)の――部について、漢字の部分の読みを平仮名で、片仮名の部分を漢字で書きなさい。

(1) 人心を掌握する。　　(2) 事前の確認を怠る。
(3) 重要な仕事をマカされる。　　(4) 審査をゲンミツに行う。

㈢ 「人造」という熟語の構成の説明として最も適切なものを、次の**ア**～**オ**の中から一つ選んで、その記号を書きなさい。

ア 二字が似た意味の漢字を重ねたもの。
イ 二字が対になる漢字を組み合わせたもの。
ウ 上の漢字が下の漢字を修飾しているもの。
エ 下の漢字が上の漢字の目的や対象を示すもの。
オ 主語と述語の関係にあるもの。

【Ⅳ】有美さんのグループの発表のスライド

ア

○ 解決のヒント

日本人の自然観

生命のない日常の事物にも生命がある

イ

○ 問題提起

人間の生活の中で役割が大きくなる機械

➡ 機械と人間の関係 をどう考えるか

ウ

○ ロボット差別

ロボットを心のどこかで見下している

AIが自動作成した詩は
「無価値で味気ない」

エ

○ AIのメリット

例）AIによるカウンセリング

・プライバシーが守られる［ F ］がある

・冷静で真剣で［ G ］対応が受けられる

オ

○ 日本と西洋の違い

工場生産へのロボットの導入に関して

日本＝心理的抵抗がない
西洋＝心理的抵抗がある

㈥ 【Ⅳ】のスライドは、【Ⅲ】の話し合いをもとに作成したものである。**発表の順番になるように、ア～オ**の記号を並び替えて書きなさい。

㈦ 【Ⅳ】の［ F ］と［ G ］に入る言葉を、【Ⅱ】をもとに考え、それぞれ三字で書きなさい。

有美　問題提起から入り、最後にメリットを示すという流れでよいですね。では、問題点について、どのように論じていきましょうか。

洋司　【Ⅰ】に着目すると、日本人の自然観は、ロボットや人工知能を受け入れていくためのヒントになると思います。

涼子　なるほど。私は、【Ⅰ】でのロボットに対する西洋の考え方は、【Ⅱ】での「ロボット差別」に通じている部分があると思いました。

有美　スライドの順番としては、ロボットに対する日本と西洋の違いが先で、日本人の自然観を後に示す流れのほうがよさそうですね。

三郎　その二つのスライドの間に「ロボット差別」を印象づけるスライドを挟み込めば、日本人の自然観が「ロボット差別」を解決するヒントになるという流れができると思います。

洋司　それはよい案ですね。【Ⅱ】の中で筆者は、人工知能にできることとして「カウンセリングを行う」ことの他に「　E　」ことや、「美しい詩を作る」ことなどの事例を紹介しているので、「ロボット差別」のスライドを発表するときに、反対意見として紹介するのはどうでしょうか。あと、人工知能は「ＡＩ」と表記した方が、スライドが簡潔になってよいと思います。

有美　そうですね。私もその意見に賛成です。話し合いをする中で、発表の流れも見えてきましたね。発表するのが楽しみですね。

(四)　【Ⅲ】の　E　に入る言葉を、【Ⅱ】の言葉を使い、三十字以上、四十字以内で書きなさい。（読点を含む。）

(五)　【Ⅲ】の――部の有美さんの発言は、話し合いの中でどのような役割を果たしているか。最も適切なものを、次の**ア**～**エ**の中から一つ選んで、その記号を書きなさい。

ア　相手の発言の根拠を確認する役割
イ　相手の発言の誤りを指摘する役割
ウ　話し合いの目的を意識させる役割
エ　話し合いの内容を整理する役割

の詩、そしてトルストイ風の詩）を掲載し、関係者を驚かせました。ただし現実には、新聞記事とは異なり、詩の受注はこれまで一度もないそうです。

これがポイントです。なぜヒトはＡＩに詩を注文しないのでしょうか。理由は「ロボットがデジタル演算で自動作成した詩なんて味気ない」といったところでしょう。

つまりヒトはロボットを心のどこかで馬鹿にし、見下しているのです。「ロボット差別」と呼ばれる現象です。歴史をひもとけば、植民地支配や奴隷はすべて、相手を「自分より劣った対象」と見下す差別心が根底にあります。ロボットの作った詩を（たとえヒトが創作したものと差がなくても）「味気ない」「無価値だ」と一方的に決めつけるのも同様で、ヒトの醜悪な偏見にほかなりません。

冒頭の問題に戻りましょう。人工知能によるカウンセリングの試みは、１９６０年代から始まっています。アイスランドの作家イルサ・シグルザルドッティルは、世界初の人工カウンセリングを受けた一人として有名です。彼女は「他人にプライベートを知られたくなかった」と述べています。相手が人間だと打ち明けにくいこともあるでしょう。人工知能ならば安心して自分のすべてを晒（さら）すことができます。さらに、何時間も会話を続けても、顔色を変えたり、イライラしたりせず、とことん悩み相談に付き合ってくれます。対応は常に冷静で、真剣で、そして誠実です。

（池谷裕二「脳はすこぶる快楽主義　パテカトルの万脳薬」による。）

※１　遡行＝さかのぼる。

※２　凌駕する＝上回る。

※３　ソネット＝十四行で書かれる詩。

【Ⅲ】グループでの話し合いの一部

有美	【Ⅰ】では、ロボットに対する日本と西洋の考え方の違いが強調されていましたね。
三郎	【Ⅱ】では、人工知能によるカウンセリングの話がとても印象に残りました。
有美	【Ⅰ】と【Ⅱ】の内容をうまく組み合わせて、発表のスライドの構成を考えていきましょう。
三郎	【Ⅱ】では、人工知能によるカウンセリングのメリットが強調されています。それを一番目のスライドにするのはどうでしょう。
涼子	でも、「ロボット差別」の問題を解決しなければ、メリットに到達できません。先に問題点について発表をしませんか。
洋司	そうですね。【Ⅰ】で提起されている「機械と人間の関係」という問題を論じたあとに、メリットを示すのがよいと思います。
三郎	そうですね。メリットを最後のスライドにしたほうが、前向きな形で発表を終えることができると思いました。

たりすることへの嫌悪感や反発が、ロボット導入を妨げる要因であるとしている。

エ 「静物」を「死んだ自然」と表現するフランスでは、創造主である神が創り出した世界において、人間とその他の被創造物とは明確に区別されているという考え方が、他の西洋諸国よりも根強く生き残っている。

(三) 有美さんは【Ⅰ】を読んで、「アニミズム的世界観に基づいている日本の事例」を次のようにまとめた。 D に入る最も適切な言葉を、【Ⅰ】から二十五字で抜き出して、その初めと終わりの三字を書きなさい。(読点を含む。)

> ○ アニミズム的世界観に基づいている日本の事例
> ・工場生産用のロボットに対する人間のような扱い方
> ・日常の道具類を D という「針供養」や「筆塚」などの風習
> ・日常生活でよく用いられる事物を生き物のように描いた絵画

【Ⅱ】

つらいことがありました。気力を失い、風景が色褪せて見えます。人生そのものに思い悩むようになり、メンタルクリニックに行きました。窓口で質問されます――「相談相手は人工知能がよろしいですか。それとも人間のカウンセラーがよろしいですか?」。

こんな場面で皆さんはどちらを選択しますか。「機械との会話では心の傷は癒やされない」「そもそもロボットに私の心が理解できるのか」。そう感じる方もいるでしょう。ところがハーバード大学のボハノン博士によれば、最近は人工知能のカウンセリングを選択する患者も少なくないそうです。7月の「サイエンス」誌で人工知能が大きく取り上げられました。その特集号で彼が担当した記事のタイトルは、ずばり「人造セラピスト」です。

少し視点を変えましょう。「カウンセリング」は、人間だけができる、人間ならではの仕事でしょうか。「人間らしさとは何か」を問うときに、逆に「機械で代替できるものは何か」という疑問から※1遡行してみることが肝心です。

類似した問題は別の分野でも問われています。たとえば今や、新聞記事や顧客向けレポート程度ならば、人工知能が書くことができます。なかでも膨大なデータに基づいて文章を自動作成できる経済やスポーツなどは得意分野です。

米国にはそうした自動作成の文章を提供するIT会社が複数あり、すでに年間10億本を超える新聞記事を配信しています。人工知能は1、2カ月もあれば、いかなる言語も習得が可能ですから、いずれ世界中に記事を配信できるようになるはずです。

ちなみに、カールスタッド大学のクラーウォール博士が、大学生を相手に新聞記事の鑑別テストを行ったところ、作成主が人間なのか人工知能なのかを、ほぼ判別できなかったそうです。

人工知能の専門家たちは、今年3月にニューヨーク・タイムズ紙に「これで驚いてはいけない。文豪を※2凌駕する※3ソネットを創作することもできる」と、二つの文体の異なる美しい人工詩(シェークスピア風

他、日常生活でよく用いられる事物がまるで生き物のようにぞろぞろと行列して歩いて行く様子が描かれている。※4衣桁（いこう）にかけられた袴（はかま）が行列に加わろうと身もだえしながらずり落ちて行く姿や、本来部屋のなかに鎮座しているはずの琴に足が生えてうごめいている様子は、いささか不気味であると同時に、どこかユーモラスな趣もあって、画家の遊び心を感じさせる。この異様な行列情景を描かせたものは、これらの事物もまた意志や感情を持った生きた存在だという思想である。江戸時代にはこの他にも、豆腐が人間になった「豆腐小僧」のような奇妙な化け物がいろいろ登場してくるが、西欧の絵画の歴史のなかには、このような例はまず思い浮かばない。創造主である神によって創り出された世界においては、人間とその他の被創造物とははっきりと区別されており、「死んだ自然」はあくまでも死んだままなのである。（中略）

動物や植物のみならず、生命のない日常の事物にも生命があると考える日本人のこのような自然観は、通常「アニミズム」と呼ばれる。それは遠い古代においてはさまざまの民族に共通して見られたものだったが、文明の進歩とともに次第に克服され、失われていったと考えられてきた。日本文化の特色の一つは、このような「アニミズム的世界観」が現代に至るまで生き続け、しかもそれが最先端の技術と矛盾なく共存している点にある。

（高階秀爾「日本人にとって美しさとは何か」による。）

※1　エンターテイメント＝娯楽。
※2　シンポジウム＝公開討論会。
※3　静物＝静止していて動かない物体。
※4　衣桁＝着物などを掛けておくための家具。

(一)　【Ⅰ】の A ～ C に入る言葉の組み合わせとして最も適切なものを、次の**ア**～**エ**の中から一つ選んで、その記号を書きなさい。

ア　A そして　B つまり　C また

イ　A しかし　B だから　C さらに

ウ　A しかも　B なぜなら　C ただし

エ　A あるいは　B でも　C たとえば

(二)　【Ⅰ】の内容に合っているものとして最も適切なものを、次の**ア**～**エ**の中から一つ選んで、その記号を書きなさい。

ア　チェコスロヴァキアの作家カレル・チャペックは「人間の仕事をする機械」としてのロボットを夢見たが、その後のテクノロジーの発達がもたらしたロボットの多くは、人間の娯楽に関連するロボットであった。

イ　テクノロジー文明の成果を駆使して生み出されたロボットは国境を越えた普遍的存在であるため、国や民族の歴史的、文化的条件に由来する差異に関わらず、ロボットとの付き合い方は、各国で共通している。

ウ　イタリアで開催された国際シンポジウムで、イタリア側の参加者は、機械が人間の代わりをしたり、人間の領域が機械に侵され

に言ってロボットとの付き合い方は、国により、民族によって必ずしも一様ではない。そこには、それぞれの国の歴史的、文化的条件に由来する差異が見られるからである。

私がこの問題を鮮明に印象づけられたのは、一九七〇年代、イタリアにおける「テクノロジーと文化」を主題とするある国際シンポジウム※2に参加したときのことであった。当時は工場生産へのロボットの導入が盛んに行なわれるようになって来た時期で、日本はその点に関して特に熱心で、実績もあげていた。シンポジウムの席上、イタリア側の参加者から、ロボットの導入を妨げる大きな要因の一つとして、労働者たちの心理的抵抗があるが、日本はこの問題にどのように対処しているかという設問が発せられた。この質問は、日本側の参加者を当惑させるのに充分であった。ロボットの登場によって自分たちの職場が奪われるかもしれないという不安なら理解できる。それは一般の労働問題と同じであって、労働者たちが仕事を失わないように対策を講じればよい。だがイタリア人たちの言う「心理的抵抗」というのは、機械が人間の代わりをすることへの嫌悪感、あるいは人間の領域が機械に侵されることに対する反発の感情で、そのためにイタリアの労働者は容易にロボットを受け入れようとはしないというのである。

イタリア側のこの質問に対して日本人参加者が当惑したのは、日本ではそのような「心理的抵抗」はまったくなかったからである。日本の労働者たちは、ロボットを何の抵抗もなく受け入れたばかりでなく、ロボットに「花子」とか「百恵ちゃん」などと名前をつけて親しみ、リボンの飾りをつけたりした。「百恵ちゃん」というのは、当時人気の高かった歌手の名前である。［A］機械の調子が悪いときには「今日は百恵ちゃんは機嫌が悪い」などと言い合っていた。［B］日本ではロボットは、当初から、人間と同じような仕事仲間として受け入れられてきたのである。

このことは、日本人が昔から、動物や植物はもちろん、生命のない日常の道具類も、人間と同じような心を持った「有情の存在」と考えてきた心性と無縁ではないであろう。

このような日本人のメンタリティの例の一つとして、現在でも日本の各地で広く行なわれている「針供養」を挙げることができる。これは裁縫の縫針に対して、平素の働きに感謝し、その労をねぎらうため、丁寧に紙に包んで休ませたり、不用になったものを豆腐やこんにゃくのような柔らかいものに刺して、神社に納める年中行事の一つである。［C］、使い古してもはや役に立たなくなった筆をきちんと墓に埋めて供養する「筆塚」も、全国の神社や寺によく見られる。日本人にとって、縫針や筆はただの生命のない道具ではなく、心を通わせることのできる仲間であって、したがって、不用になった場合も、そのまま捨ててしまわず、人間に対するのと同じように、しかるべきやり方で弔うという風習が現在に至るまで続いている。

フランス語では、「静物※3」のことを「死んだ自然（**nature morte**）」というが、日本人の伝統的な自然観では、自然のなかの森羅万象はすべて生命を持った存在であり、裁縫道具や筆記用具のように日常よく使う道具は、同時に心の友であり、仕事仲間でもある。このことは、最新テクノロジーによる道具であるロボットの場合も、例外ではない。

一六世紀中頃の《百鬼夜行絵巻》のなかに、唐傘、琴、着物その

世間の人は、宗輔公が蜂を飼うのは、役に立たない無益のことだと評していた。

←

五月頃、天皇の離宮である鳥羽殿で、蜂の巣が落ちて天皇の御前に蜂が飛び散る騒ぎがあった。

←

人々が逃げ回るなか、宗輔公は御前にあったびわの実を一ふさ取り、皮をむいて高く掲げた。

←

すると、全部の蜂がびわの実に集まって、飛び回らなくなった。

←

天皇は、「ちょうど良いときにいてくれたものだ」と感心して、宗輔公をお褒めになった。

〈感想〉

・人々が蜂を見て逃げ回る様子を想像するとおもしろかった。
・優れた技能や知識を持つ人は天皇に高く評価された人は優れている人について書かれている。
・自分が得意だと思えることを見つけたいと思った。

三

有美さんたちは、国語の授業で、【Ⅰ】と【Ⅱ】の文章を読み、グループごとに分かったことをスライドで発表することになりました。そのために【Ⅲ】の話し合いをして、【Ⅳ】のようにまとめました。後の㈠～㈦の問いに答えなさい。

（【Ⅰ】はページごとに上段から下段に続いている。）

【Ⅰ】

二〇世紀後半におけるテクノロジーの発達は、今から八十年ほど前にチェコスロヴァキアの作家カレル・チャペックが夢見た「人間の仕事をする機械」としてのロボットを、現実の存在とすることを可能ならしめた。それも、一般の人々のあいだで漠然とイメージされている金属の皮膚で覆われた人間というヒューマノイド型ロボットばかりでなく、人間のかたちとは似ても似つかないさまざまの産業用ロボットも登場してきた。その活躍の範囲も、大規模な工場生産の過程の一部を受け持つことから、老人や病人の世話を引き受ける介護ロボットや、ロボット・コンテストの例に見られるようなエンターテイメント[※1]系ロボットに至るまで、きわめて幅広い分野にわたっている。人間の生活にかかわるロボットの役割は、今後さらに大きくなって行くであろう。

それにともなって、ロボットと人間の関係をどのように考えるかという問題が浮上してきた。より一般的に、機械と人間の関係と言ってもよい。ロボットはテクノロジー文明の成果を駆使して生み出されたものであり、そのかぎりでは他の近代文明の所産と同じように国境を越えた普遍的存在であるが、そのロボットの利用の仕方、もっと端的

もとにありとか。（あるという）

※1　大般若の御読経＝大般若経の経典を読み上げる会。
※2　簀子＝庭よりも一段高い縁側。
※3　万歳楽＝曲名。
※4　八幡別当＝石清水八幡宮の長官。

(一)　①やうやうに　を現代仮名遣いに直して、すべて平仮名で書きなさい。

(二)　ア参る・イ変へて・ウ上りて・エ申しければ・オ吹きたりければ　の中で、主語が異なるものを一つ選んで、その記号を書きなさい。

(三)　②さればこそ　とあるが、誰のどのような気持ちを表しているか。最も適切なものを、次の**ア**～**エ**の中から一つ選んで、その記号を書きなさい。

ア　明暹の、堀河天皇が御読経に合わせて自在に笛を吹くことができると知って感動する気持ち。
イ　明暹の、堀河天皇が大般若の御読経の後に自分を呼び出した理由が分かって安心する気持ち。
ウ　堀河天皇の、明暹が笛の調子に合わせた適切な声域で経を読み上げたことに納得する気持ち。
エ　堀河天皇の、明暹が笛の調子とは関係なく一定の声域で読経を続けたことに感心する気持ち。

(四)　③賜びてけり　とあるが、堀河天皇がそのように行動した理由として最も適切なものを、次の**ア**～**エ**の中から一つ選んで、その記号を書きなさい。

ア　堀河天皇から渡された笛を、明暹が高価であると見抜いたことに感心したから。
イ　堀河天皇から渡された笛を、明暹がみごとに演奏したことに感心したから。
ウ　堀河天皇から渡された笛を、明暹が文句も言わずに吹いたことに感心したから。
エ　堀河天皇から渡された笛を、明暹が天皇に返そうとしたことに感心したから。

(五)　三郎さんは、**【Ⅰ】**とテーマが似ている話「鳥羽殿の蜂騒ぎ」を見つけ、**【Ⅱ】**のように、あらすじと感想をノートにまとめた。しかし、感想を読み返した際に、優れた技能や知識を持つ人は天皇に高く評価された人は優れている　の箇所の表現が適切ではないと思い、書き直すことにした。「人について書かれている。」につながるように、——部の言葉を使い、十五字以上、二十字以内で書きなさい。（読点を含む。）

【Ⅱ】三郎さんのノートの一部

〈「鳥羽殿の蜂騒ぎ」のあらすじ〉
たくさんの蜂を飼っていた宗輔公は、「蜂飼の大臣」と呼ばれていた。
↓

(四) 【Ⅰ】に③思いだしたら、余計に情けない気持ちになったとあるが、その理由として最も適切なものを、次の**ア**～**エ**の中から一つ選んで、その記号を書きなさい。

ア 将来をしっかりと見据えながら今の仕事に一生懸命に取り組んでいる天馬と、取るに足らない目先のことだけしか考えていない自分との差を痛感したから。

イ 実際には何の用もないのに声を掛けたことで、仕事の後に点検をしながら機械について勉強している天馬の時間を邪魔していたことに気がつき、反省したから。

ウ 母親にしかられないようにするために天馬を利用しようとした自分のずるい行動を非難され、天馬との距離がますます広がってしまったように感じたから。

エ 目標にむかって前進する天馬の話を聞き、夢のない自分のことをつまらない存在だと思う気持ちがふくれあがり、天馬に対する劣等感に押しつぶされそうだったから。

(五) 【Ⅰ】の内容や表現の説明として最も適切なものを、次の**ア**～**エ**の中から一つ選んで、その記号を書きなさい。

ア 複数の登場人物のユーモアのある言動を描くことで、気持ちの変化を表現している。

イ 会話のやりとりや登場人物の心の中を描くことで、揺れ動く気持ちを表現している。

ウ 時間の変化を描くことで、登場人物の間の微妙な人間関係の変化を表現している。

エ 全体を第三者の視点から描くことで、登場人物の人間関係を明確に表現している。

二

三郎さんは、国語の授業で【Ⅰ】の古典の文章を読みました。後の(一)～(五)の問いに答えなさい。

【Ⅰ】古典の文章

これも今は昔、堀河院(ほりかはゐん)(堀河天皇)の御時、奈良(なら)の僧どもを召して(招いて)、※1大般若(だいはんにや)の御読経(みどきやう)行はれけるに、明暹(みやうせん)この中に**ア**参る。その時に主上御笛を遊ばしけるが(天皇が笛をお吹きになったが)、①やうやうに調子を**イ**変へて吹かせ給(たま)ひけるに、明暹調子ごとに声違(たが)へず上げければ、主上あやしみ給ひて、この僧を召しければ、明暹ひざまづきて庭に候(さぶら)ふ。仰(おほ)せによりて、**ウ**上りて※2簀子(すのこ)に候ふに、「笛や吹く」と問はせおはしましければ、「かたのごとく仕(つかまつ)り候ふ」(一通りはたしなみます)と**エ**申しければ、「②さればこそ」とて、御笛賜(た)びて吹かせられけるに、※3万歳楽(ばんざいらく)をえもいはず**オ**吹きたりければ、御感ありて(感心なさって)、やがてその笛を③賜びてけり。件(くだん)の笛伝(つた)はりて、今※4八幡別当幸清(やはたのべつたう)が

【Ⅱ】感想の交流の一部

三郎　琴葉が帰宅前に工場の中をのぞいたのは、よっぽどお母さんの小言がいやだったのかな。
有美　それが一番の理由のようだね。でも、天馬のことが気になっていた部分もあると思うな。
洋司　そうだね。琴葉は天馬に親しみを抱いているし、工場にいるのが天馬一人である可能性が高いことを理解していたと思うよ。
三郎　なるほど。たしかにそうだね。でも、琴葉は、天馬との間に距離を感じてもいるよね。
洋司　それはどのあたりを読んで思ったの？
三郎　天馬が表に出てきてノートをとりだす場面から、琴葉がどう考えているか分かるように思うよ。
有美　そうだね。その後の、指のよごれの話になる場面には、もっと直接的な表現があるよ。
洋司　「②指先をじっと見つめた」という天馬の様子と、その様子を見たときの琴葉の気持ちも、二人の距離を感じさせるね。

(一)　【Ⅰ】に①また、雑用をおしつけられたんだ……とあるが、この時の琴葉の気持ちとして最も適切なものを、次のア～エの中から一つ選んで、その記号を書きなさい。

ア　丁寧に機械を点検する天馬の姿に感心する一方で、古い習慣に従う天馬に疑問を感じる気持ち。

イ　誰よりも長く働いている天馬をねぎらうのと同時に、天馬がまだ工場にいたことを喜ぶ気持ち。

ウ　まだ見習いである天馬の立場は分かるものの、暑い工場で残業させられていることに憤(いきどお)る気持ち。

エ　天馬が望んでしていることとは理解しながらも、働きづめの天馬をかわいそうだと思う気持ち。

(二)　【Ⅱ】にどう考えているか分かるとあるが、琴葉はこの場面でどのように考えているか。「と考えている。」につながるように、【Ⅰ】の言葉を使い、四十字以上、五十字以内で書きなさい。（読点を含む。）

(三)　【Ⅰ】と【Ⅱ】に②指先をじっと見つめたとあるが、この時の天馬の気持ちとして最も適切なものを、次のア～エの中から一つ選んで、その記号を書きなさい。

ア　自分の指先がよごれていることを心配してくれる琴葉の優しさに触れ、今まで琴葉の心遣いに気づかなかったことを反省する気持ち。

イ　自分の指先がよごれていることを指摘されたが、そのよごれが目標とする社長に近づいたことを象徴しているように思えて喜ぶ気持ち。

ウ　指先がよごれても技術が一向に身につかない自分とは違い、指先のよごれとともに数々の技術を身につけてきた社長のことを尊敬する気持ち。

エ　指先のよごれがとれないほど長く働いてきた社長の苦労を知り、自分の工場を持つという夢がかなう日はいつになるのかと不安に思う気持ち。

図、グラフ、数学、記号……。あたしにはさっぱりわからないけれど、どうやら仕事に関することらしいとだけは、かろうじてわかった。

「仕事が終わっても勉強？　熱心すぎやしない？」

たまには、息をぬけばいいのに。お父さんの悪口でも、グチでもいってくれれば……と思うけど、あたしじゃ相手にならないのかもしれない。

「毎日、新しい発見があるんだ。だから書きとめておかないと、もったいない」

そんなふうにいわれると、返す言葉もなかった。

ふと、天馬の指先に目が行った。機械油で黒くよごれている。

「天馬、手をよく洗ったほうがいいよ。そのうち、お父さんみたいに落ちなくなっちゃうよ」

お父さんの指は、お風呂から上がっても黒いままだ。軍手をしているにもかかわらず、染みこんだ機械油が、爪のあいだやしわの一本一本に入りこんでいる。お父さんは気にしていないようだけど、あたしはすごく気になる。そのせいで、小学校に上がるくらいから、手をつながなくなっていた。

天馬はノートを閉じると、はじめて気づいたというように、②指先をじっと見つめた。

「そっか。社長の指の油、とれないのか……」

なぜかうれしそうなその顔を、不思議に思う。

「ひとつの技術を身につけるにも、十年以上かかるっていわれてるんだ。オレも、早く社長みたいになりたいよ。そしたら、自分の工場をもって……」

胸がざわついた。

目標にむかって、つきすすむ天馬。

なんの夢もないあたし。

天馬はどんどん先に行ってしまう。ぜったいに追いつけない。あたしたちの距離は、永遠にちぢまらない……そのことが、なぜかさびしい。

「それより琴葉、オレに用？　どうして家に入らないんだ？」

いわれて、はっと思いだした。お母さんに、帰りがおそいとしかられそうだったから、天馬といっしょに入れば安全だろうともくろんだのだ。

③思いだしたら、余計に情けない気持ちになった。

「腹へった。早く帰ろう」

天馬は察したようにあたしの前に立つと、工場の隣の一軒家にむかった。

瓦屋根の古い和風の建物。そこに、お父さん、お母さん、裕太（※2 ゆうた）、あたし、そして天馬が住んでいる。

（工藤純子「てのひらに未来」による。）

※1　おもむろに＝ゆっくりと。

※2　裕太＝琴葉の弟。

【国語】（五〇分）〈満点：一〇〇点〉

一

三郎さんたちは、国語の授業で【Ⅰ】の文章を読み、【Ⅱ】のように感想の交流を行いました。後の㈠～㈤の問いに答えなさい。

（【Ⅰ】はページごとに上段から下段に続いている。）

【Ⅰ】授業で読んだ文章

中学二年生の琴葉（ことは）（あたし）の家は金属部品を加工する工場を営んでいる。天馬（てんま）は琴葉より三歳上の青年で、二年前から、工場で働きながら琴葉たちの家でいっしょに暮らしている。次の場面は、美術部に所属する琴葉が、部活動の帰りに親友のさよりと二人で寄り道をしたあとに帰宅したところである。

さよりと別れて時計を見たら、七時をすぎていた。

また、お母さんに小言をいわれる。

重い足取りで家の近くまで来ると、工場の窓から明かりがもれていた。錆（さ）びた扉から、そっと中をのぞいてみる。お父さんだったら、すぐににげるつもりだった。

「天馬……、まだいたの?」

顔を見て、ほっとする。

天馬が機械をひとつひとつのぞきこみながら、点検しているところだった。中に入りかけたあたしは、もわっとした空気にあわてて身をひいた。機械で熱くなった空気が行き場をなくして、工場の中がサウナのようになっている。

「①また、雑用をおしつけられたんだ……」

あたしは、同情するようにいった。

朝は始業前に行って機械の電源を入れ、夕方には機械の点検と掃除をする。日中だって、材料を用意したりはこんだり、ときには買いものなんかの雑用までたのまれて……それなのに、天馬は文句ひとついわない。

「ちがうよ。だれかにいわれたわけじゃない。オレはまだ、追い回しだから」

追い回し……古くさい言い方だ。

その昔、見習いは先輩のいうことをきいて、あっちこっち走りまわっていたらしい。だから、追い回しという。

直接教わったりせず、技術は見て盗めというのも、そのころの慣習だ。今の時代、そんなことをいったらだれもついてこないだろうと思うのに、天馬は進んでそれを受けいれているように見える。

「こうやって点検していると、機械の構造や細部がよくわかるんだ。作業をしているときは、そんな余裕もないからさ」

はじめは、優等生ぶっているだけだと思っていた。でもだんだんと、それが本心であるとわかってきて……。

手先が器用な天馬は、モノ作りそのものがあっているようで、金属を見つめる目は生き生きとしている。

天馬は電源を確認し、重い扉に鍵をかけると表に出てきた。

そして、※1おもむろに後ろポケットから丸めたノートをとりだすと、縁石にすわって何かを書きはじめる。わずかな明かりが照らすノートをのぞきこんだら、何やらびっしりと書いてあった。

大切なことはメモしておこうネ！

2024年度

解　答　と　解　説

《2024年度の配点は解答欄に掲載してあります。》

<数学解答>

1 (1) ① -1　② $-x-3y$　③ $8ab^2$　④ $\sqrt{7}$　(2) $(x-4)^2$

2 (1) イ　(2) 3個　(3) $a=-4$, $x=1-\sqrt{5}$　(4) ア $150x+90y$
イ $90x+150y$

3 (1) $\frac{5}{36}$　(2) ① $\frac{7}{36}$　② $\frac{1}{9}$

4 (1) $\frac{1}{2}\pi$ cm　(2) ① ア ∠OAC　イ 外角　ウ 2組の角　② $\frac{7\sqrt{3}}{3}$ cm²

5 (1) ① $a=\frac{1}{2}$　② ウ　(2) $\frac{3}{2}$

6 (1) $32\sqrt{2}$ cm³　(2) ア，エ　(3) $\frac{8\sqrt{2}}{9}$ cm

○配点○

1 各4点×5　2 (3)a 2点　x 3点　他 各5点×3((4)完答)
3 各5点×3　4 (2)①ア・ウ 各2点×2　イ 1点　他 各5点×2
5 (1)① 4点　② 5点　(2) 6点　6 (1) 4点　(2) 5点(完答)　(3) 6点
計100点

<数学解説>

基本 1 (正負の数，式の計算，平方根，因数分解)

(1) ① $5-3\times2=5-6=-1$　② $7(x-3y)-2(4x-9y)=7x-21y-8x+18y=-x-3y$

③ $12ab^3\times6a^2b\div(3ab)^2=\frac{12ab^3\times6a^2b}{9a^2b^2}=8ab^2$

④ $\sqrt{112}-\frac{21}{\sqrt{7}}=\sqrt{16\times7}-\frac{21\times\sqrt{7}}{\sqrt{7}\times\sqrt{7}}=4\sqrt{7}-3\sqrt{7}=\sqrt{7}$

(2) $x^2-8x+16=x^2-2\times x\times4+4^2=(x-4)^2$

基本 2 (データの整理，数の性質，二次方程式，連立方程式の利用)

(1) 第1四分位数は12m以上16m未満の階級に，中央値は20m以上24m未満の階級に，第3四分位数は24m以上28m未満の階級にそれぞれ含まれているから，最も適切な箱ひげ図はイである。

(2) $3<\sqrt{6n}<5$　$9<6n<25$　$1.5<n<4.1\cdots$　よって，これを満たす自然数nは，2，3，4の3個。

(3) $x^2-2x+a=0$に$x=1+\sqrt{5}$を代入して，$a=-(1+\sqrt{5})^2+2(1+\sqrt{5})=-(1+2\sqrt{5}+5)+2+2\sqrt{5}=-4$　もとの方程式は，$x^2-2x-4=0$　$x^2-2x=4$　$(x-1)^2=5$　$x-1=\pm\sqrt{5}$　$x=1\pm\sqrt{5}$　よって，もう1つの解は$x=1-\sqrt{5}$

(4) ノートAをy冊，ノートBをx冊買う予定だったので，$\underline{150x+90y}_{(ア)}=1500$　実際はノートAをx冊，ノートBをy冊買ったので，$\underline{90x+150y}_{(イ)}=1500-120$

3 (座標平面上の確率)

基本 (1) さいころの目の出方の総数は，$6\times6=36$(通り)　直線ABの式は$y=-x+6$だから，点Pが直線AB上にあるとき，$b=-a+6$　これを満たすa，bの値は，$(a,\ b)=(1,\ 5)$，$(2,\ 4)$，$(3,\ 3)$，$(4,\ 2)$，$(5,\ 1)$の5通りだから，求める確率は，$\frac{5}{36}$

重要 (2) ① AO=APのとき，これを満たすa，bの値は，$(a,\ b)=(6,\ 6)$の1通り。PA=POのとき，これを満たすa，bの値は，$(a,\ b)=(1,\ 3)$，$(2,\ 3)$，$(3,\ 3)$，$(4,\ 3)$，$(5,\ 3)$，$(6,\ 3)$の6通り。OA=OPのとき，これを満たすa，bの値はない。よって，求める確率は，$\frac{1+6}{36}=\frac{7}{36}$

② $\triangle AOP=\frac{1}{2}\times6\times a=3a$，$\triangle BOP=\frac{1}{2}\times6\times b=3b$より，$3a=3b+6$　$a=b+2$　これを満たすa，bの値は，$(a,\ b)=(3,\ 1)$，$(4,\ 2)$，$(5,\ 3)$，$(6,\ 4)$の4通りだから，求める確率は，$\frac{4}{36}=\frac{1}{9}$

4 (平面図形－計量と証明)

基本 (1) $\angle AOP=60^\circ-45^\circ=15^\circ$　$\overset{\frown}{AP}=2\pi\times6\times\frac{15}{360}=\frac{1}{2}\pi$ (cm)

基本 (2) ① $\triangle OAC$と$\triangle CBE$において，仮定より，$\underline{\angle OAC}_{(ア)}=\angle CBE=60^\circ$…①　三角形の$\underline{外角}_{(イ)}$は外角と隣り合わない2つの内角の和に等しいから，仮定より，$\overset{\frown}{DB}$の長さと$\overset{\frown}{CD}$の長さが等しい。等しい弧に対する円周角は等しいから，$\angle OCB=\angle AOC+\angle OAC=\angle AOC+60^\circ$…②　$\triangle OCD$は正三角形だから，$\angle OCB=\angle BCE+\angle OCD=\angle BCE+60^\circ$…③　②，③より，$\angle AOC=\angle BCE$…④　①，④より，$\underline{2組の角}_{(ウ)}$がそれぞれ等しいので，$\triangle OAC\backsim\triangle CBE$

重要 ② 1辺の長さがaの正三角形の高さは$\frac{\sqrt{3}}{2}a$で表せるから，$\triangle OAB=\frac{1}{2}\times6\times\frac{\sqrt{3}}{2}\times6=9\sqrt{3}$

$\triangle OAB:\triangle OBC=AB:BC=6:(6-4)=3:1$より，$\triangle OBC=\frac{1}{3}\triangle OAB=\frac{1}{3}\times9\sqrt{3}=3\sqrt{3}$

$\triangle OAC\backsim\triangle CBE$より，$AC:BE=OA:CB$　$BE=\frac{AC\times CB}{OA}=\frac{4\times(6-4)}{6}=\frac{4}{3}$より，$OE:OB=\left(6-\frac{4}{3}\right):6=7:9$　よって，$\triangle OCE=\frac{7}{9}\triangle OBC=\frac{7}{9}\times3\sqrt{3}=\frac{7\sqrt{3}}{3}$ (cm^2)

5 (図形と関数・グラフの融合問題)

基本 (1) ① A(2, 2)は$y=ax^2$上の点だから，$2=a\times2^2$　$a=\frac{1}{2}$

② 変化の割合は，$\frac{a\times3^2-a\times2^2}{3-2}=5a$　$a=1$のとき，A(2, 4)で，直線ABの式を$y=5x+b$とすると，点Aを通るから，$4=10+b$　$b=-6$　よって，$y=5x-6$　したがって，選択肢はウ

重要 (2) $A(2,\ 4a)$，$B(3,\ 9a)$，$C(-1,\ a)$　直線OAの傾きは，$\frac{4a-0}{2-0}=2a$，直線CBの傾きは，$\frac{9a-a}{3-(-1)}=2a$より，OA//CB　直線CBの式を$y=2ax+c$とすると，点Cを通るから，$a=-2a+c$　$c=3a$　よって，$y=2ax+3a$　$Q(0,\ 3a)$とすると，QP//OAだから，$\triangle OAP=\triangle OAQ$　$\triangle OAQ=\frac{1}{2}\times3a\times2=3a$　よって，$3a=2$　$a=\frac{2}{3}$　このとき，直線CBの式は，$y=\frac{4}{3}x+2$　点Pはこの直線上にあるから，$4=\frac{4}{3}x+2$　$x=\frac{3}{2}$

6 (空間図形)

重要 (1) AからBCにひいた垂線をAHとすると，$BH=\frac{1}{2}BC=\frac{1}{2}\times4=2$より，$AH=\sqrt{6^2-2^2}=4\sqrt{2}$　よって，求める三角柱の体積は，$\frac{1}{2}\times4\times4\sqrt{2}\times4=32\sqrt{2}$ (cm^3)

基本 (2) PQ//ABだから，平行線と比の定理より，$PQ:AB=CP:CA=2:(1+2)=2:3$　よって，$PQ=\frac{2}{3}AB=\frac{2}{3}\times6=4$　また，AD//PRだから，$PR=AD=4$　よって，PQ=PR　さらに，$AB\perp AD$だから，$PQ\perp PR$　したがって，正しい選択肢はアとエ

重要 (3) C，PからABにひいた垂線をそれぞれCI，PJとすると，$CI:PJ=CA:PA=3:1$　ここで，

$\triangle ABC=\frac{1}{2}\times AB\times CI$より，$\frac{1}{2}\times 6\times CI=8\sqrt{2}$　$CI=\frac{8\sqrt{2}}{3}$　よって，$PJ=\frac{1}{3}CI=\frac{8\sqrt{2}}{9}$(cm)

★ワンポイントアドバイス★

昨年と出題構成や難易度に変化はなく，取り組みやすい内容の問題が続く。ミスのないように慎重に解いていこう。

＜英語解答＞

1 (1) No. 1 エ　No. 2 ウ　No. 3 エ　No. 4 イ　No. 5 イ　(2) No. 1 イ　No. 2 ウ　No. 3 ウ　No. 4 エ　(3) No. 1 ウ　No. 2 エ
(4) ① イ→エ→ウ→ア　② two

2 (1) ① health　② surprised　③ traditional　(2) ④ heard　⑤ called　⑥ been

3 (1) イ　(2) イ→ア→ウ

4 (1) ① イ　② ア　③ イ　④ エ　⑤ ウ　(2) How long are

5 (1) ア，カ，キ　(2) ア　(3) ① ウ　② ア　(4) don't[can't／cannot] think about　(5) ① come from nature　② where to go

6 ① イ→ア→ウ→オ→エ　② ウ→カ→エ→オ→イ　③ カ→ウ→エ→ア→オ
④ エ→ウ→オ→イ→ア

○配点○

1(3)・(4)，3(1)，4(2)，5(1)～(3)　各3点×12　3(2)，5(4)・(5)　各4点×4
他　各2点×24　計100点

＜英語解説＞

1 リスニング問題解説省略。

基本 **2** (語句補充)

(全訳) アンディ：日本人はファストフードが好き？

みゆき　：もちろん。アメリカ人がハンバーガーやフライドチキンのようなファストフードが好きなのは知っているけど，日本人も好きだよ。私の両親はファストフードを食べ過ぎるのは①健康に良くないと言うけど，私はよくお気に入りのハンバーガーショップに行くんだ。

アンディ：日本に来た時，駅の近くに多くのハンバーガーショップがあるのを見て②驚いたよ。そんなに多いとは知らなかった。

みゆき　：実は，日本には独自の③伝統的なファストフードがあるんだ。

アンディ：④聞いたことがあるよ。うどんやそばのような日本のファストフードのことだよね？

みゆき　：その通り。長い歴史があるんだ。牛丼，お好み焼き，回転寿司も日本のファストフードと⑤呼ばれているよ。これらは世界中で非常に人気になりつつあるんだ。

アンディ：回転寿司のレストランに⑥行ったことがないな。日本を離れる前に，あらゆる種類の日本のファストフードを試してみたいよ。

(1) ① 文脈から「健康のために」という意味で用いられるので，「健康(health)」が適切。 ② アンディが駅の近くに多くのハンバーガーショップがあるのを見て驚いたことを表すので，「驚いた(surprised)」が適切。 ③ みゆきは日本のファストフードは長い歴史があると述べているので，「伝統的な(traditional)」が適切。

(2) ④ 前に have があるので<have ＋ 過去分詞>の現在完了の文にする。 ⑤ 前にbe動詞があるので<be動詞＋過去分詞>の受動態の文にする。 ⑥ have never been to～「一度も～に行ったことがない」

基本 3 （長文読解問題・説明文：要旨把握，文整序）

(1) （全訳） 毎年，世界の多くの地域で広範囲の熱帯雨林が消滅している。住宅や道路を建設するために，伐採されたり焼かれたりしている。熱帯雨林は，地球の気候を正常に保つのに役立つため，非常に重要だ。また，地球上の生物の約半分が熱帯雨林に生息している。もし熱帯雨林がこれ以上消え続けるならば，それは地球の環境を変えることになる。科学者は，森林をこれ以上の破壊から保護する方法を見つける必要がある。

この記事が伝えている内容は，地球上の気候や生物にとっての熱帯雨林の重要性である。

(2) （全訳） 今日，私たちはインターネット上で多くのことを学ぶことができる。例えば，ある話題についてレポートを書くとき，インターネット上でいくつかのキーワードを検索してみてほしい。イすると，すぐに長い結果のリストが得られる。アもちろん，リストから本当に必要な情報を選び出す必要がある。ウしかし，もし書籍や雑誌から同じ情報を得ようとするなら，数時間から数週間かかるだろう。インターネットを使用することで，レポートの作成にかかる時間やエネルギーを大幅に節約できる。

the は一度出た単語に使うので，イ「a long list」→ア「the list」の順になる。また，空所の後はインターネットを利用すると時間を節約できるとあるため，その前は本や雑誌から情報を得るのは時間がかかるという内容のウが最後になる。

4 （会話文：語句補充，適文補充）

（全訳） ティナ：友達が言っていたけど，お姉さんが市立歴史博物館で働いてるって本当？

ヒデ　：うん。彼女はもう2年間，その博物館で学芸員として働いてるよ。

ティナ：それはつまり，博物館のイベントや展示について全部知ってるってことだね。

ヒデ　：そうだね。実際，彼女は時々，ツアーガイドとして①訪問者に色々なことを紹介してくれるよ。博物館に行くつもり？

ティナ：うん。博物館のウェブサイトによると，今，米作りの歴史についての特別展示を開催しているって。その話題，とても興味深いな。

ヒデ　：米作りに興味があるなんて知らなかった。

ティナ：実は，日本に来てから，米が私のお気に入りの食べ物になったんだ。毎晩の夕食に米を食べているよ。

ヒデ　：ティナが米を好きだって聞いて嬉しいよ。ちょうど博物館のウェブサイトでフロアマップを見つけたんだ。②これが地図だよ。

ティナ：ありがとう。それによると，今，2つの特別展示を開催しているみたいだね。米作りの展示は2階の③第2特別展示室にあるんだ。

ヒデ　：もう1つの特別展示は納豆の歴史についてだよ。

ティナ：それも興味深いね。3階の第4特別展示室にあるよ。2つの特別展示はいつまで展示されてるの？

ヒデ　：1つの特別展示は3月24日まで。もう1つは④3月末までだね。

ティナ：今日は3月12日だから，今週の土曜日の午後に博物館を訪れるつもりだよ。その2つの特別展示を⑤同じ日に楽しめるね。ヒデも一緒にどう？

ヒデ　：もちろん。1時30分はどう？その時にはお姉さんのユカリを紹介できるといいな。

ティナ：それは素晴らしいね。彼女に会えるのを楽しみにしてるわ。

(1)　①　ツアーガイドとして紹介してくれるとあることから「訪問者(visitors)」が適切である。　②　ヒデがティナにフロアマップを見つけたことを伝えている文脈から「Here is the map」が適切である。　③　ティナが「米作りの展示は2階にある」と指摘しているので，ウェブサイトから「Special Exhibition Room 2」が適切である。　④　納豆の歴史は3月31日までなので，3月末まで展示されていると判断できる。　⑤　3月12日は火曜日で，3月16日土曜日に博物館を訪れるので，2つの展示を同時に楽しむことができる。

(2)　開催期間を尋ねているため，How long を用いた英文にすればよい。

5 (長文読解問題・物語文：内容吟味，要旨把握，英問英答)

(全訳)　古くから，日本人は何度も自然災害を経験してきた。自然から発生するため，止めることはできない。台風が来る時，天気予報は台風が取りうる進路を示してくれる。しかし，私たちは台風を止めることはできない。また，次の地震がいつどこで起こるかを予知することもできない。最高の技術でさえ，これらの自然災害を全て避ける手助けをすることはできない。

では，自然災害に備えるために私たちは何をすべきか？まず，それらについて正確な情報を得る必要がある。グラフを見てほしい。人々が災害情報を得たいと思っている方法を示している。グラフによると，多くの人々が災害情報のためにテレビやラジオを使いたいと思っている。80％以上の人々がテレビを選び，約48％の人々がラジオを有用な情報源として選んでいる。一方，多くの人々がインターネット上で情報を得ようとしている。35％以上の人々が，ソーシャルメディアが有用な情報を提供していると考えている。

私たちにとって大切なのは今できることを考えることだ。ア実際，私たちは自然災害に備えるために多くのことができる。例えば，多くの都市が大地震のような自然災害時にどこへ行くべきかを示す避難マップを作成した。もし私たちが家族や隣人とマップを共有すれば，緊急時に備えることができる。もしあなたが自分の街で避難訓練に参加することができれば，それが最善だ。古くから，避難マップと訓練は多くの人々を自然災害から救ってきた。

自然災害がいつどこで起こるかを知ることは誰にもできない。今日，私たちは多くの大規模な自然災害を経験しているが，日常生活に忙しすぎて毎日それらについて考えることはない。しかし，正確な情報と自然災害に備えるためのスキルを得ることは重要だ。

重要 (1)　ア「天気予報は台風の進路を教えてくれるが，私たちは台風を止めることはできない」　第1段落第4文参照。台風を止めることはできないため適切。　イ「私たちは高い技術を持っているので，次に地震が起こる場所を予知することができる」　第1段落第5文参照。地震がいつどこで起こるかわからないので不適切。　ウ「人々は災害情報を欲しい時に新聞をソーシャルメディアよりも役立つと考えている」　グラフよりソーシャルメディアの情報の方が活用したい割合が高いので不適切。　エ「由紀は私たちが災害情報を得るためにインターネットをより多く使うべきではないと言っている」　インターネットを使うべきではないという記述はないため不適切。　オ「グラフは若者が災害情報に興味がないことを示している」　グラフから若者の興味について示していることは読み取れないので不適切。　カ「多くの人々はテレビとラジオが自然災害の有用な情報を提供すると考えている」　第3段落第3文参照。テレビやラジオから情報を得る人が多いので適切。　キ「家族や隣人と避難マップを共有することで，緊急事態に備えることができる」　第4段落第3文参照。避難マップの共有は緊急事態に役立つと述べられているので適切。　ク「ユキは以前に避難訓練に何度も参加したと言っている」　由紀の体験については述べられていないため不適切。

(2)　自然災害に備えるためにする多くのことの具体例がアの後に書かれている。

(3)　①　正確な情報を得ることで私たちは生き残ることができる。　②　グラフは人々が災害情報をどのように得ようとしているかを示している。

(4)　<too ~ to…>「～すぎて…できない」となるので，can't(don't) think about が適切。

(5)　①「なぜ自然災害を避けることができないと思ったか？」　第1段落第2文参照。自然から発生するためである。　②「避難マップはどのように役立つのか？」　第4段落第2文参照。避難マップはどこに行くべきかを示してくれる。

6 （語句整序問題：不定詞，助動詞，仮定法，接続詞，比較）

（全訳）　サム：由香，夏休みどうやって過ごすか決めた？

由香：まだよ，サム。海外旅行を計画しているの。パリかローマに行きたいんだけど，①どの都市を選ぶか決められないの。

サム：どちらの都市も訪れるのに素晴らしいよ。②ヨーロッパへの初めての旅行なの？

由香：うん，以前にオーストラリアには行ったことがあるけど，ヨーロッパには行ったことがないの。ヨーロッパ旅行は高いけど，この夏は行くわ。

サム：なるほど。旅行中に何をしたいの？

由香：えっと…私は歴史に興味があるから，いくつかの歴史的な場所を訪れたいの。そして，地元の食べ物も試したいな。

サム：2週間ぐらい滞在するの？

由香：いいえ，1週間よ。③旅行中に2つの都市を訪れることができればいいのに。

サム：可能かもしれないよ、由香。インターネットで調べたところ，1つのプランを見つけたよ。このプランでは，両方の都市を訪れることができるよ。見て。

由香：それは素晴らしいわ。旅行費用は私の元のプランよりも10,000円高いだけよ。④もし旅行プランを少し長くすることができれば，2つの都市での旅行を楽しむことができるわ。

重要　①　(~, but I can't) decide which city to choose(.)　<which ＋名詞＋ to ～>「どの…を～すべきか」

②　Will it be your first trip to (Europe?)　will を用いた文の疑問文は<Will ＋主語＋動詞>の語順になる。

重要　③　(I) wish I could visit the two cities (during my trip.)　<I wish ＋主語＋過去形～>「～ならいいのに」という仮定法過去の文である。

④　(If) I make my travel plan longer(,~)　サムが提案してくれたプランは1日長いのでlonger を用いればよい。

★ワンポイントアドバイス★

英作文問題が語句整序問題に変わった以外は，ほぼ同じ出題傾向である。過去問や公立高校の問題を解いて，出題形式に慣れるようにしたい。

<理科解答>

1 (1) エ　(2) ウ　(3) ウ　(4) ア　(5) エ　(6) イ　(7) ア
(8) エ

2 (1) フックの法則　(2) 右図　(3) エ
(4) イ

3 (1) 還元　(2) エ　(3) $2CuO + C \rightarrow 2Cu + CO_2$
(4) イ　(5) 酸化銅：炭素＝40：3

4 (1) 分解者　(2) ウ　(3) ア
(4) ア ×　イ ○　ウ ×　エ ×
オ ○

5 (1) あ ア　い 示準化石　(2) ウ　(3) オ
(4) 広い地域に堆積する[分布する]

6 (1) ① ウ　② ア　(2) ① イ　② イ

浮力〔N〕
2.0
1.0
0
0 1.0 2.0 3.0 4.0 5.0 6.0 7.0 8.0 9.0 10.0
物体Aの底面と水面との距離〔cm〕

○配点○

1 各3点×8　2 各4点×4　3 (5) 4点　他 各3点×4
4 (2) 3点　(4) 各1点×5　他 各4点×2
5 (4) 4点　他 各3点×4　6 各3点×4　計100点

<理科解説>

重要 **1** (総合問題―小問集合)

(1) 水の分子は極性を持っているので，こすった物差しに発生した静電気が近づくと反発力が発生して曲げられる。

(2) 塩化ナトリウムはイオンでできる物質である。イオンでできる物質は固体ではイオンの移動ができないので電気を流さないが，水に溶けたり，高温にして液体状態にあるとイオンの移動が可能になり電流が流れる。

(3) アは血しょうのはたらき，イは赤血球のはたらき，エは白血球のはたらきである。

(4) 水蒸気が水滴に変わる温度を露点という。Aの露点は18℃付近で最も高い。Bの湿度は58%であるが，Dの湿度は54%程度なのでDの方が低い。Cはさらに含むことのできる水蒸気の量が最も多い。含まれている水蒸気の量が最も多いのはAである。

(5) 家庭用のコンセントに流れている電流は，向きや大きさが周期的に変わる交流である。

(6) 陽極では塩素が陰極では水素が発生するが，塩素は水に溶けるのでほとんど集まらず水素が陰極に集まる。

(7) イはハ虫類の説明である。ウは鳥類の説明である。ザリガニはエラ呼吸，バッタは体の側面にある気門と呼ばれる穴から空気を取り入れる。

(8) 星は北半球では北極星を中心にして反時計回りで動いているように見える。同じ時刻で観察すると1か月で30°移動し，1日のうちでは1時間あたり15°移動する。2か月後の午後8時には，$30 \times 2 + 15 \times 2 = 90°$移動したように見える。

2 (力・圧力―ばね・浮力)

基本 (1) ばねののびが加えた力の大きさに比例するという法則は，フックの法則と呼ばれる。

重要 (2) 浮力は3.0Nからその時のばねばかりの値を差し引いた値になる。これを縦軸にしてグラフを書く。

重要 (3) 物体Aの高さが8.0cmなので，距離が8.0cm以上になるとそれ以上浮力は大きくならないので，グラフは横軸に平行になる。

(4) 浮力の大きさは，物体が押しのけた水の重さに相当する。距離が2.0cmのとき浮力の大きさは物体Aの時より大きくなり，ばねばかりの値は2.7Nより小さくなる。8.0cmの時は浮力がAと同じなので，ばねばかりの値も同じになる。

3 (化学変化と質量―酸化銅の還元反応)

基本 (1) 物質から酸素が奪われる反応を還元反応という。

基本 (2) 発生する気体は二酸化炭素であり，空気より密度が大きく下方置換法で捕集できる。

重要 (3) 酸化銅の化学式はCuOである。これと炭素が反応して，CuとCO_2が発生する。両辺の各元素の数が等しくなるように係数を付ける。

基本 (4) 酸化銅から酸素が奪われているので，炭素の方が銅より酸素と結びつきやすい。

(5) 炭素粉末の質量が0.3gまでは，反応後の試験管に残る物質の質量変化は等しい。0.3g以降は0.1gずつ増えている。これは，0.3gまでは加えた炭素が全て反応するが，それ以降は未反応の炭素が残ることを意味する。よって，0.3gの炭素と4.0gの酸化銅がちょうど反応し，試験管に残ったのが0.32gの銅であった。これより，反応する酸化銅と炭素の割合は4.0：0.3＝40：3となる。

重要 4 (生物どうしのつながり―食物連鎖)

基本 (1) 他の生物の糞や死がいなどを分解して，有機物を無機物に変える働きをする生物を分解者という。

(2) 土を加熱したり，水を煮沸させるのは，その中に含まれている微生物を死滅させるためである。

(3) 土の中の微生物の働きを比較するには，ペトリ皿AとBを比べる。微生物が生きているものと死滅したもので比較できる。微生物が同じはたらきをしていることは，AとCの比較からわかる。

(4) アでは植物が二酸化炭素を取り入れて光合成をおこなっている。イでは植物がつくりだした有機物を動物が食べる。ウ，エは動物や微生物が呼吸によって二酸化炭素を放出する。オは動物の排泄物や死がいを微生物が分解する。

重要 5 (地層と岩石―地層)

基本 (1) 火山灰でできる地層は凝灰岩を含む。その地層ができた年代を推定する手がかりとなる化石を示準化石という。

(2) 基本的に地層は下側にあるものの方が年代が古い。断層Xは上側の地層(断層の左側)がずれ上がった形になっている。このような断層を逆断層といい，両側から強い押す力がかかった時にできる。

(3) 粒が大きくて重いれきは河口の近くに堆積し，軽い泥は遠くまで運ばれて堆積する。泥の層Cができたころは海岸から遠い所であったが，徐々に近くになりれきが堆積した。

(4) 火山灰は遠く広く運ばれるため，広い地域に堆積する。それでその地層ができた時期が同じとわかる。

6 (植物の体のしくみ・実験・観察―植物・蒸留実験)

基本 (1) ① 種イモによる生殖は無性生殖であり，無性生殖では子供の遺伝的性質は親と同じになる。

重要 ② ダイコンの根は太い主根と細い側根からできるので，ダイコンは双子葉植物である。双子葉植物の茎の維管束は輪状に分布している。

(2) ① 試験管A～Dの密度をそれぞれ求めると，A：0.84　B：0.93　C：1.00　D：1.00となる。エタノールの質量パーセント濃度が大きいほど密度は小さくなるので，エタノールの割合が一番多いのは試験管Aである。その質量パーセント濃度は図2より約80%とわかる。
② 試験管AからDまでに密度が徐々に大きくなるのは，含まれるエタノールは少なくなっていくからである。Cではほとんど水になっているので，Bを集めているときにほとんどエタノールが取り除かれていた。Dが集まったときの枝付きフラスコ内の液体は，大半が水でいくらかエタノールが残っているとしても密度は0.79g/cm^{3}より大きい。

★ワンポイントアドバイス★

基本問題が大半なので，基礎知識をしっかりと身につけるようにしたい。物理や化学の分野からの出題が多い。計算問題は問題集などで類題の練習をしておくこと。

＜社会解答＞

1 1 (1) ウ (2) エ (3) 3月11日午前6時 (4) ① イ ② パンパ
③ イ 2 (1) エ (2) ア (3) ア × イ ○ ウ × エ ×

2 1 (1) シルクロード (2) ア (3) 倭寇 (4) イ 2 (1) ① 日英同盟
② ア (2) ① ア ② エ (3) ウ

3 1 (1) 議院内閣制 (2) ウ (3) エ 2 (1) 最高法規 (2) イ (3) ウ
3 (1) 流通 (2) ア × イ ○ ウ ○ エ × (3) イ (4) エ

4 1 (1) 国庫支出金 (2) シラス (3) イ→ア→ウ→エ (4) ウ・カ
2 (1) ウ (2) イ (3) カ

○配点○

1 1(1)・(4)① 各2点×2 2(3) 4点(完答) 他 各3点×6 2 各3点×9
3 1(1)・2(1)・3(3)・(4) 各3点×4 3(2) 4点(完答) 他 各2点×5
4 1(1)・(2) 各2点×2 1(3)・(4) 各4点×2(各完答) 他 各3点×3
計100点

＜社会解説＞

1 (地理－世界地理，日本の貿易港)

基本 1 (1) ①がイ，③がア，④がエとなる。
(2) 緯度が小さいほど距離が長くなる。
(3) 東京とパリの経度の差は135－15＝120(度)である。経度の差15度で1時間の時差が発生するので，両都市の時差は，120÷15＝8(時間)となる。また，パリよりも東京の方が時間が進んでいる。
(4) ① 南米大陸は元々スペインやポルトガルの植民地であった。 ② パンパは季節による
重要 温度，水分条件の変化が大きく，四季の景観の変化が著しい。 ③ ア 「太平洋」が不適。ウ 「すべて」が不適。 エ 「産業計も最も少ない」が不適。

重要 2 (1) ア 「関東地方のみ」が不適。 イ 「順は同じ」が不適。 ウ 「貿易港はない」が不適。
(2) 中京工業地帯・京浜工業地帯には国内を代表する自動車メーカーの拠点がある。また，「カ

ード1」は「沿岸から離れた場所」という文言を手がかりにしたい。

(3) ア 「高速道路が通っていない」が不適。 ウ 「100m以下」が不適。「151」という数値に注目する必要がある。 エ 「約1km」が不適。

2 (日本と世界の歴史－古代～近代)

1 (1) シルクロードは19世紀に命名され,「絹の道」とも称されている。

(2) イは8世紀末, ウは14世紀半ば, エは13世紀前半の出来事である。

基本 (3) 倭寇は北九州, 瀬戸内海沿岸の漁民, 土豪が中心であった。

(4) 太平洋はアメリカと日本の間に位置している。また, アヘン戦争は1840年, 辛亥革命は1911年に勃発した。

2 (1) ① 日英同盟は1902年に締結された。 ② アは樺太, イは朝鮮半島, ウは山東半島, エは台湾となる。

重要 (2) ① 第一次世界大戦中, 日本は大戦景気に沸き, 船成金も生まれた。 ② ドイツが国際連盟に加盟したのは1926年である。

(3) ウは1937年, ア・イ・エは太平洋戦争勃発後の出来事である。

3 (公民－現代の民主政治と経済)

1 (1) 議院内閣制は, 内閣が議会に対して責任を負い, その存立が議会の信任に依存する制度である。

基本 (2) ア 「衆議院の優越」の内容と合致しない。 イ・エ 「参議院」が不適。

(3) エ 不信任決議権を持たない。

2 (1) 憲法の最高法規性は裁判所の持つ違憲審査権によって具体的に保障されている。

重要 (2) 出席議員ではなく総議員である。出席議員の3分の2以上は衆議院における法案の再可決に必要な票数である。

(3) 憲法の改正の公布は天皇の国事行為の一つである。

3 (1) 流通の合理化にはデジタル化も大いに関わっている。

基本 (2) ア 「法人が～」が不適。 エ 「出資した金額以上」が不適。

(3) ア 「満20歳」が不適。 ウ・エ 明記されている内容がそれぞれ労働基準法ではない。

(4) 経営の効率化の一環で行われることで, CSRには該当しない。

4 (総合問題－自然災害を起点とした問題)

1 (1) 国庫支出金は使途が特定されおり, 地方交付税交付金は使途が特定されていない。

基本 (2) シラス台地は鹿児島県の約半分と宮崎県の約20%にわたる広大な面積に広がっている。

重要 (3) アは18世紀前半, イは17世紀前半, ウは18世紀後半, エは19世紀前半の出来事である。

(4) ア 「スペイン」ではなくオランダである。 イ 「ヒンドゥー教」ではなくイスラム教である。 エ 「世界の工場」が不適。 オ 「白豪主義政策」が不適。

2 (1) Yが液化天然ガス, Zが石炭である。

基本 (2) アは1950年, ウは2001年, エは1965年の出来事である。石油危機は1973年に起こった。

重要 (3) え 資料2の「69.9%」に着目したい。 お 東日本大震災後に大幅に減少している点を踏まえたい。 か 「脱炭素」という切り口とも関連させたい。

★ワンポイントアドバイス★

資料の読み取り問題も一定程度あるので, 日頃から出題傾向に合わせたトレーニングを積んでおこう。

<国語解答>

一 (一) エ　(二) (例) 天馬に，父親の悪口でもグチでもいって息ぬきをしてほしいが，自分では天馬の相手にならないのかもしれない　(三) イ　(四) ア　(五) イ

二 (一) ようように　(二) イ　(三) ウ　(四) イ　(五) (例) 優れた技能や知識を天皇に高く評価された

三 (一) ア　(二) ウ　(三) (初め)人間に　(終わり)で弔う　(四) (例) 膨大なデータに基づいて文章を自動作成し，新聞記事や顧客向けレポートを書く　(五) エ
(六) イ→オ→ウ→ア→エ　(七) F (例) 安心感　G (例) 誠実な

四 (一) (1) エ　(2) ア　(二) (1) しょうあく　(2) おこた(る)
(3) 任(される)　(4) 厳密　(三) オ

○配点○

一 (二) 10点　他 各4点×4
二 (一)・(二) 各4点×2　(五) 6点　他 各5点×2
三 (一) 3点　(四) 10点　(七) 各2点×2　他 各4点×4
四 (二) 各2点×4　他 各3点×3　計100点

<国語解説>

一 (小説－情景・心情，内容吟味)

(一) 直後に「あたしは，同情するように言った」とある。同情とは，かわいそうだと思う気持ちである。

重要 (二) どのような事柄について，「琴葉がどう考えているか」ということをつかむ。三郎は「琴葉は，天馬との間に距離を感じてもいる」と発言している。天馬のノートをのぞいた琴葉は「たまには，息をぬけばいいのに。お父さんの悪口でも，グチでも言ってくれれば……と思うけど，あたしじゃ相手にならないのかもしれない」と考えている。(一)と関連させて，働きづめの天馬に同情はしても，自分では天馬の相手にはならないだろうと距離を感じているのである。

やや難 (三) 直後に，天馬の「そっか。社長の指の油，とれないのか……」という会話があり，「なぜかうれしそうなその顔を，不思議に思う」という琴葉の気持ちが説明されている。指の油のよごれが「目標とする社長に近づいたことを象徴しているように思えて」，天馬は喜んでいるのである。「象徴」は，目に見えない物事を，形のある目に見えるもので端的に表すこと。社長と同じ指の油のよごれが，天馬が社長に近づいたことを表しているのである。

(四) (三)でとらえた天馬の気持ちを知った琴葉が，天馬と自分とを比べてどのように感じているかを読み取る。「胸がざわついた。目標に向かって，つきすすむ天馬。なんの夢もないあたし」とあり，天馬と自分との差を感じている。そして，そのような「あたしたちの距離は，永遠にちぢまらない」とさびしさを感じている。さらに，母親にしかられないようにするために天馬を利用しようとした自分を情けなく思っているのである。イ「実際には何の用もないのに」，ウ「自分のずるい行動を非難され」が誤り。エの「天馬に対する劣等感」は描かれていない。

(五) 【I】の文章は「あたし」という一人称で語られていて，天馬との会話のやりとりで「あたし」が思ったことや気持ちの揺れ動きが描かれている。　ア 「ユーモアのある言動」は描かれていない。　ウ 時間の大きな変化はない。また，登場人物は「あたし」と天馬の二人で「微妙な人間関係の変化」は描かれていない。　エ 「あたし」という一人称で，「あたし」の視点から

描かれている。

二 (古文－主題，内容吟味，文脈把握，仮名遣い)

〈口語訳〉 これも今は昔，堀河天皇の御代に，奈良の僧たちを招いて，大般若の御読経を行われた折，明暹もこの(僧の)中に参っていた。その時に，堀河天皇が笛をお吹きになったが，さまざまに調子を変えて(天皇が)お吹きになられたが，明暹は調子ごとに声(の調子)を間違えずに経を読み上げたので，天皇は不審に思われて，この僧を招かれたところ，明暹はひざまずいて庭に控えていた。天皇の仰せに従い，(明暹が庭から)上がって簀子に控えていると，「笛は吹くか」と(天皇が)お尋ねになったので，「一通りはたしなみます」と(明暹が)申し上げると，「やはりそうか」と，御笛をお渡しになってお吹かせになったところ，(明暹が)万歳楽を言いようもなく立派に吹いたので，感心なさって，すぐにその笛をお与えになった。その笛は伝わって，今は石清水八幡宮の別当幸清のもとにあるという。

基本 (一) 「やうやう」は，ローマ字表記をすると「yauyau」となり，「au」は「Ô」と発音するので現代仮名遣いでは「yôyô」となるので「ようように」。

やや難 (二) 「変へて」の主語は天皇。他は明暹。

(三) 明暹が天皇の吹く笛の調子に合わせて，調子ごとに声(の調子)を間違えずに経を読み上げたので，天皇が明暹に笛の心得はあるのかと尋ねた。すると明暹は「一通りはたしなみます」と答えたので，天皇は「やはりそうか」と納得したのである。

(四) (明暹が)万歳楽を言いようもなく立派に吹いたので，感心したのである。

重要 (五) 「人について書かれている」につながるのであるから，どのような人が天皇に高く評価されたのかという内容で表現を改めればよい。══の箇所の「優れた技能や知識をもつ人」という表現を使って「天皇に高く評価された優れた技能や知識を持つ」とすると21字になってしまって条件に合わない。そこで，修飾関係を入れ替える。また，══の箇所の文字数は30字で「優れた」「優れている」という語句が重なっている。これも整理して「優れた技能や知識を天皇に高く評価された」とすれば，19字に収まる。

三 (論説文－要旨，内容吟味，文脈把握，接続語の問題，脱文・脱語補充)

基本 (一) A 空欄Aの前後は，ロボットに対して「心理的抵抗」を持たない日本人の具体的な様子を挙げている。名前をつける例のあとに，「機嫌が悪い」という言葉でロボットの調子の悪さを表現する例が付け加えられている。累加の「そして」が入る。 B 名前をつけたりロボットに機嫌という言葉を用いたりする行為を，「人間と同じような仕事仲間として受け入れられてきた」と要約して説明している。説明・補足の「つまり」が入る。 C 日常の道具類と心を通わせる日本人のメンタリティの例として「針供養」や「筆塚」を並べて説明している。並立の「また」が入る。

やや難 (二) ウの内容は第三段落に述べられている。 ア 第一段落に，「産業用ロボットも登場してきた」とあること，「介護ロボット」の説明があることと合わない。 イ 第二段落に，「ロボットとの付き合い方は，国により，民族によって必ずしも一様ではない」とあるのと合わない。
エ 「創造主である神が～」以下の説明は【Ⅰ】の文章中にはない。

(三) 「針供養」や「筆塚」についての説明は第六段落にあり，「人間に対するのと同じように，しかるべきやり方で弔うという風習」とある。

重要 (四) 人工知能にできることは第四段落に，「新聞記事や顧客向けレポート程度ならば，人工知能が書くことができます」とある。そして，そのなかでもとくに「膨大なデータに基づいて文章を自動作成できる経済やスポーツなどは得意分野です」と述べている。人口知能にできるのは「膨大なデータに基づいて文章を自動作成」すること，「新聞記事や顧客向けレポート程度など」を書くことである。

(五) 有美さんの発言を読んでいくと，有美さんは司会を担当していることがわかる。話し合いの議題は「発表のスライドの構成」である。出席者の発言を受けて，傍線部では話し合いの内容を整理する役割をしている。

(六) 傍線部に「問題提起から入り，最後にメリットを示すという流れ」とあるので，初めにイ，終わりにエである。さらに有美さんは「スライドの順番としては，ロボットに対する日本と西洋の違いが先で，日本人の自然観を後に示す流れ」と発言している。したがって，イ→オ→ア→エとなる。さらに，三郎さんが「その二つのスライド(オ→ア)の間に『ロボット差別』を印象づけるスライドを挟み込めば，日本人の自然観が『ロボット差別』を解決するヒントになるという流れ」と発言している。従って，イ→オ→ウ→ア→エの順番になる。

(七) AIによるカウンセリングのメリットは，最後の段落に説明されている。「他人にプライベートを知られたくなかった」とあるので，AIならば，「プライバシーが守られる安心感がある」のである。また，「対応は常に冷静で，真剣で，そして誠実です」とあるので，「冷静で真剣で誠実な対応が受けられる」のである。

四 (漢字の読み書き，熟語，漢文)

(一) (1) 「民 復二 孝 慈一」は一二点が使われているので，二字以上上に返って読む。まず，返り点のない「民」を読む，次に一点のある「孝慈」を読む，最後に二点のある「復」を読む。「民孝慈に復る」となる。 (2) 「絶」は，いとへん。アが行書のいとへん。 イ のぎへん。 ウ こめへん。 エ ごんべん。

基本 (二) (1) 「掌握」は，物事を自分の思い通りに動かせるようにすること。「掌」の意味は，てのひら。「合掌」「車掌」などの熟語がある。「握」の訓は「にぎ‐る」。「把握」「一握」などの熟語がある。 (2) 「怠る」は，いいかげんにするの意味。「怠」には「なま‐ける」の訓もある。音は「タイ」。「怠慢」「怠惰」などの熟語がある。 (3) 「任」のつくりは，上の横棒が長い。訓は「まか‐す・まか‐せる」。音は「ニン」。「任務」「責任」などの熟語がある。 (4) 「厳密」は，手落ちのないように細かいところまで厳しく行う様子。「厳」の訓は「きび‐しい」。「厳格」「威厳」などの熟語がある。「密」は同音で形の似た「蜜」と区別する。「綿密」「親密」などの熟語がある。

やや難 (三) 「人造」を訓読みすると「人が造る」となる。「人が(主語)造る(述語)」の関係である。

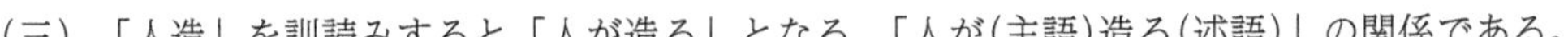

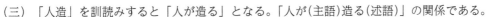

★ワンポイントアドバイス★

小説は，場面の様子をふまえて心情や人物の関係をとらえながら読もう。表現の特徴を考えよう。古文は，どんな出来事について書いているのか，内容を正しくとらえよう。論説文は，二つの文章の筆者の考えや主張をつかんだうえで，生徒がどのように理解しているかをとらえよう。

大切なことはメモしておこうネ！

T.G

2023年度

★★★★★★★★★★★★★★★★★★★★★★★★

入　試　問　題

2023年度

常総学院高等学校入試問題

【数　学】（50分）　＜満点：100点＞

1　次の問いに答えなさい。

(1)　次の①～④の計算をしなさい。

①　$-8+3-4$

②　$(\sqrt{2}+1)^2-\sqrt{8}$

③　$2a^2b \div 4a^2 \times 8b$

④　$7(a+b)-\frac{1}{3}(6a-3b)$

(2)　2次方程式 $(x+4)(x-6)=3x$ を解きなさい。

2　次の問いに答えなさい。

(1)　1次方程式 $5x+a=7-ax$ の解が $x=3$ であるとき，a の値を求めなさい。

(2)　食塩水が300 gずつ入っている2つのビーカーA，Bがあり，ビーカーAに入っている食塩水の濃度は2％，ビーカーBに入っている食塩水の濃度は5％である。

いま，それぞれのビーカーから食塩水を何 gかずつ取り出し，取り出した食塩水を混ぜて，4％の食塩水300 gをつくりたい。

ビーカーA，Bから取り出す食塩水の重さを求めるために，ビーカーAから取り出す食塩水を x g，ビーカーBから取り出す食塩水を y gとして連立方程式をつくると，次のようになる。

$$\begin{cases} \boxed{\quad ア \quad} = 300 \\ \boxed{\quad イ \quad} = 300 \times 0.04 \end{cases}$$

このとき，上の $\boxed{ア}$，$\boxed{イ}$ に当てはまる式を，それぞれ書きなさい。

(3)　1から6までの目のある大小2つのさいころを投げて，大きいさいころの出た目の数を a，小さいさいころの出た目の数を b とする。このとき，関数 $y=ax+b$ のグラフが点 $(-1,\ 2)$ を通る確率を求めなさい。

ただし，それぞれのさいころにおいて，1から6までのどの目が出ることも同様に確からしいものとする。

(4)　次のページの図のように関数 $y=x^2$ のグラフがある。このグラフ上の点で，x 座標が -2 である点をA，x 座標が3である点をBとする。点Cの座標は $(2,\ 0)$ である。また，y 軸上にあり，y 座標が2より大きい点をDとする。

△ACBの面積と△ACDの面積が等しくなるとき，点Dの座標を求めなさい。

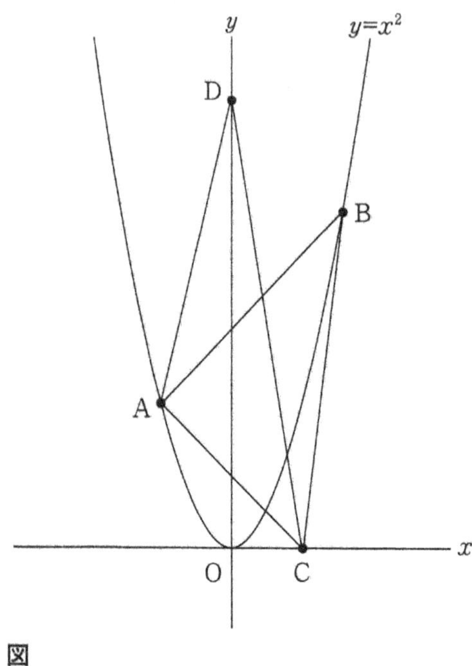

図

3 平面上に，線分ABを直径とする円Oがあり，２点C，Dは弧AB上にA，C，D，Bの順に並び，弧AC，弧CD，弧DBの長さはすべて等しい。点Pは２点C，Dをふくまない方の弧AB上を，2点A，Bとは一致しないように動かすことができる。線分BC，BD，BP，DPを引き，線分BCと線分DPとの交点をQとする。

次の**図１**～**図３**は，点Pをいろいろな位置に動かして調べたときのようすがわかるコンピュータの画面である。このとき，太郎さんと花子さんは，**図１**～**図３**のようにコンピューターソフトを使って，点Pを動かしながら，図形の性質や関係について調べている。このとき，あとの⑴～⑶の問いに答えなさい。

⑴　下の**図１**のとき，△PDB∽△BDQであることを証明しなさい。

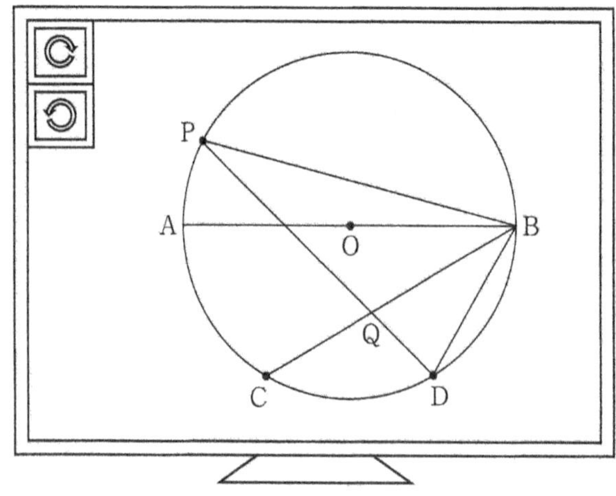

図１

(2) 太郎さんは，点Pを動かすと，∠PQBの大きさが変わることに着目した。
下の**図2**のように，弧APの長さと弧BPの長さが等しくなるとき，∠PQBの大きさを求めなさい。

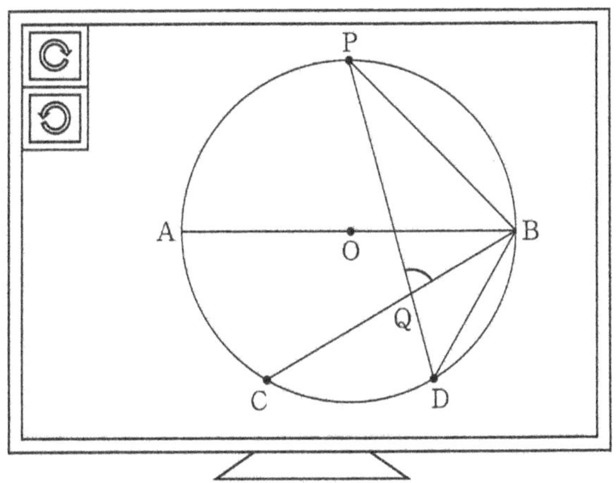

図2

(3) 花子さんは，下の**図3**のように，直線ABを対称の軸として点Dと線対称な位置にくるように，点Pを動かした。
円Oの半径が2㎝であるとき，線分PQの長さを求めなさい。

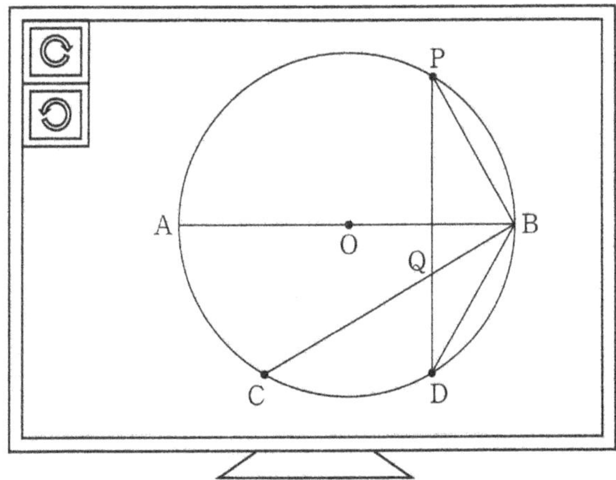

図3

4 右の**図1**のように，2つの水そうA，Bがあり，水そうAには排水管P，水そうBには排水管Qがついている。水そうA，Bにはそれぞれ120L，60Lの水が入っており，排水管P，Qを開くと，水そうの中からそれぞれ毎分一定の割合で水が出ていく。また，排水管Pから出た水はすべて水そうBに入る。

あるとき，排水管P，Qを同時に開いた。10分後に水そうBが空になったと同時に排水管Qを閉じた。その後，水そうBに水がたまったので排水管Qを開くと，排水管P，Qを同時に開いたときから30分後に水そうA，B

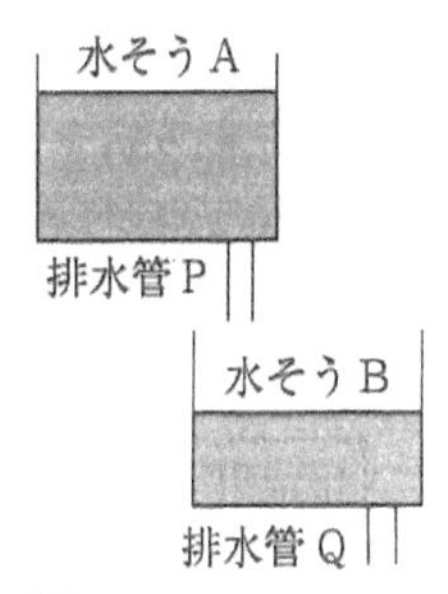

図1

は同時に空になった。

下の**図2**は，排水管P，Qを同時に開いたときから x 分後にそれぞれの水そうに入っている水の量を y Lとして，水そうA，Bが同時に空になるまでの x と y の関係をグラフに表したものである。

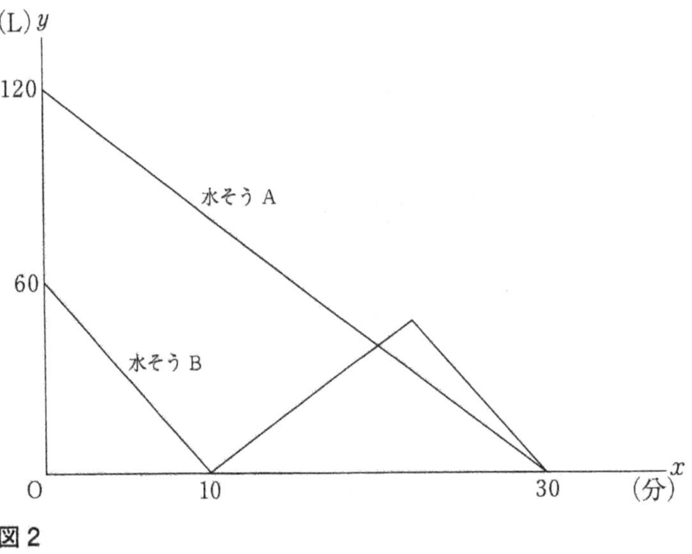

図2

このとき，次の⑴，⑵の問いに答えなさい。

⑴ ① 排水管P，Qを同時に開いたときから5分後に，水そうBに入っている水の量は何Lか求めなさい。

② 排水管Qを閉じている間の，水そうBにおける x と y の関係を式で表しなさい。

⑵ 水そうAと水そうBに入っている水の量が等しくなるのは，排水管P，Qを同時に開いたときから何分後か求めなさい。ただし，水そうAと水そうBが同時に空になったときはのぞくものとする。

5 ニューヨーク，ソウル，ウィーンの3つの都市について，2000年から2022年までの23年間の4月の平均気温を調査した。このとき，あとの⑴，⑵の問いに答えなさい。

⑴ 右の**図1**は，ニューヨークの過去23年間について，4月の平均気温をまとめたヒストグラムである。なお，ヒストグラムの各階級の区間は，左側の数値を含み，右側の数値を含まない。例えば，4月の平均気温が9.0℃以上10.0℃未満の年は2年あったことがわかる。

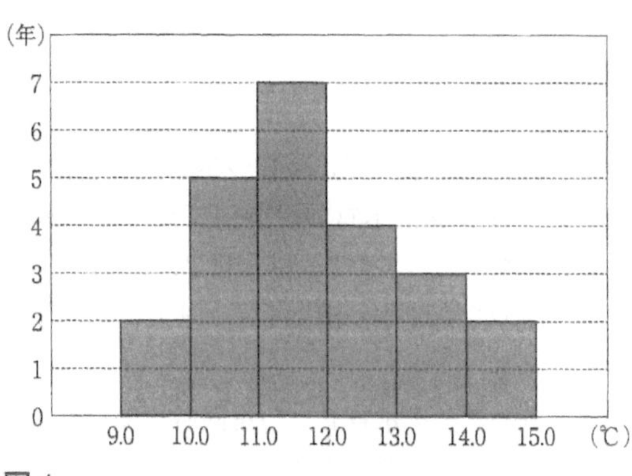

図1

① ニューヨークの過去23年間の4月の平均気温の平均値を，小数第2位を四捨五入して求めなさい。

② **図1**に対応する箱ひげ図を，次の**ア**

～エの中から一つ選んで，その記号を書きなさい。

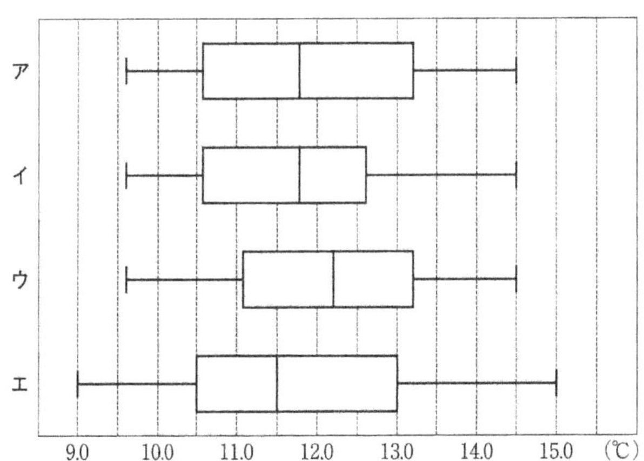

(2) 下の**図2**は，ソウルとウィーンの過去23年間について，４月の平均気温のデータを箱ひげ図に表したものである。

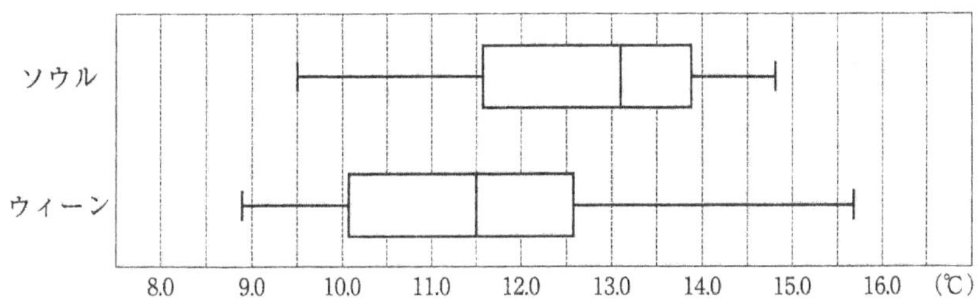

図2

図2から，４月の平均気温が13.0℃以上であった年について読み取る。このとき，最も適切なものを次の**ア**～**エ**の中から一つ選んで，その記号を書きなさい。また，それを選んだ理由を，四分位数を用いて説明しなさい。

ア 13.0℃以上であった年は，ソウルで12年以上，ウィーンで５年以上である。

イ 13.0℃以上であった年は，ソウルで12年以下，ウィーンで５年以下である。

ウ 13.0℃以上であった年は，ソウルで12年以上，ウィーンで５年以下である。

エ 13.0℃以上であった年は，ソウルで12年以下，ウィーンで５年以上である。

6 次のページの**図1**のような，頂点がA，底面が円Oで，底面の半径が５㎝，母線の長さが13㎝，高さが12㎝の円すいがある。この円すいを次のページの**図2**のように，線分OA上に点Pをとり，点Pを通り底面に平行な平面で切り，点Oを含む立体を**立体R**とすると，切り口である円の周の長さが２π㎝である。

このとき，次の(1)～(3)の問いに答えなさい。

ただし，円周率はπとする。

(1) **立体R**の体積を求めなさい。

(2) **立体R**の表面積を求めなさい。

(3) 次のページの**図3**のように，**立体R**の内部に，点Oおよび立体Rの側面に接する球があり，この球の中心をQとする。この球の半径を求めなさい。

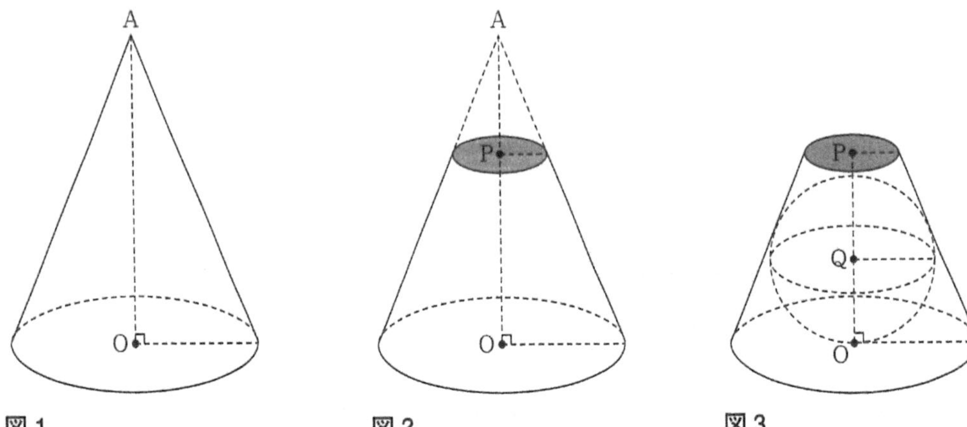

図1　図2　図3

【英　語】（50分）　＜満点：100点＞

1　次の(1)～(4)は，放送による問題です。それぞれの放送の指示にしたがって答えなさい。

(1)　これから，No. 1からNo. 5まで，五つの英文を放送します。放送される英文を聞いて，その内容に合うものを選ぶ問題です。それぞれの英文の内容に最もよく合うものを，**ア**，**イ**，**ウ**，**エ**の中から一つ選んで，その記号を書きなさい。

No. 1

No. 2

No. 3

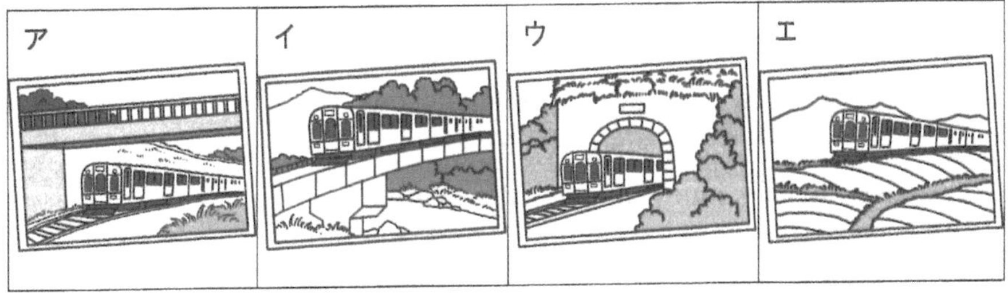

No. 4

ア

クラスで人気の科目	
1位	science
2位	P.E.
3位	English

イ

クラスで人気の科目	
1位	P.E.
2位	English
3位	science

ウ

クラスで人気の科目	
1位	science
2位	English
3位	P.E.

エ

クラスで人気の科目	
1位	P.E.
2位	science
3位	English

No. 5

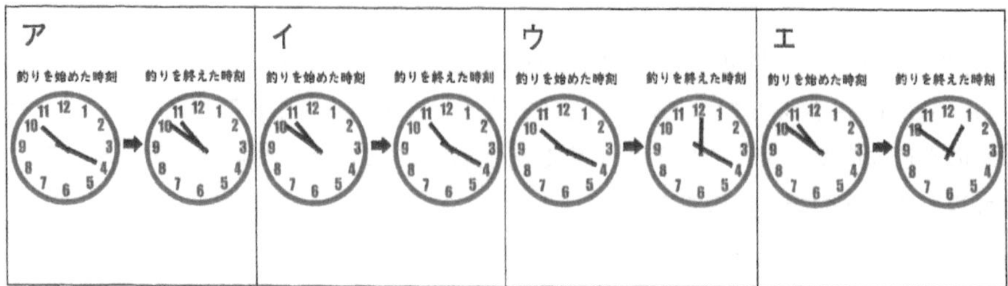

(2) これから，No. 1からNo. 4まで，四つの対話を放送します。それぞれの対話のあとで，その対話について一つずつ質問します。それぞれの質問に対して，最も適切な答えを，ア，イ，ウ，エの中から一つ選んで，その記号を書きなさい。

No. 1

ア In the museum.　イ In the park near the museum.
ウ At the restaurant.　エ On the bench in the building.

No. 2

ア Ask a pet hotel to take care of their dog.
イ Travel abroad with their dog next month.
ウ Give up traveling abroad.
エ Ask Mina to take care of their dog.

No. 3

ア Watch a DVD at home.
イ Go to an anime shop with Tetsuo.
ウ Enjoy a concert with Tetsuo.
エ Invite Tetsuo to watch an anime DVD at her house.

No. 4

ア To ask her to show him her history notebook.
イ To ask her about their history report.
ウ To ask her to help him with his homework.
エ To ask her about their history test tomorrow.

(3) これから，留学生のエマ（Emma）と中学生のダイキ（Daiki）との対話を放送します。そのあとで，その内容についてQuestion No. 1とQuestion No. 2の二つの質問をします。それぞれの質問に対して，最も適切な答えを，ア，イ，ウ，エの中から一つ選んで，その記号を書きなさい。

No. 1

ア For a week.　イ For ten days.　ウ For two weeks.　エ For a month.

No. 2

ア Climb the highest mountain in Japan with Jane.
イ Go to some famous places in Ibaraki with Daiki.
ウ Experience traditional Japanese culture with Jane.
エ Enjoy Japanese food with Daiki.

(4) ユカリ（Yukari）の中学校の授業で，テイラー先生（Ms. Taylor）が生徒たちに話をしています。これからその内容を放送します。テイラー先生の話の内容について正しいものはどれですか。下の**ア**，**イ**，**ウ**，**エ**の中から一つ選んで，その記号を①に書きなさい。

また，あなたがユカリの立場なら，テイラー先生の質問に対して何と答えますか。英語1文で②に書きなさい。

① テイラー先生の話の内容について正しいもの

ア Ms. Taylor is giving a lesson for the first time in Japan.

イ Ms. Taylor studied Japanese for four years at school.

ウ Ms. Taylor says watching movies will help us learn a foreign language.

エ Ms. Taylor asks the students to learn more about their own culture.

② テイラー先生の質問に対する答え

(　　　　　　　　　　　　　　　　　　　　　　　　　　　　　　　　)

これで，放送による聞き取りテストを終わります。続いて，問題**2**に進みなさい。

＜リスニングテスト放送台本＞

(1)

No. 1

Tom is driving his car along a narrow road.

No. 2

We use this when we go out in the rain.

No. 3

Mike loves watching moving trains. Last Sunday, he took a picture of a train crossing a bridge across a river.

No. 4

Last Monday, I asked all of my classmates, “Which subject do you like the best?” As you can see, P.E. is the most popular, but science and English are also popular. I like English better than science, but in our class, science is more popular than English.

No. 5

Yesterday, Taku and his father went to Sakura Lake to enjoy fishing. At first, they were going to take the bus leaving Midori Station at ten in the morning. However, they missed it, so they had to wait for twenty minutes. The bus arrived at the lake thirty minutes later. Taku and his father enjoyed fishing on the lake for two hours. They had a very good time.

(2)

No. 1

A：It’s almost noon, Mike. Let’s eat lunch somewhere in this building. Oh, there is a bench over there.

B：No, Katie. The sign says, “Do not eat or drink here.” How about eating in the park near the museum?

A：Good idea.

Question：Where are Mike and Katie going to eat lunch?

No. 2

A：My family is going to travel abroad for a week next month. Do you know someone who can take care of our dog for us, Mina?

B：How about trying a pet hotel Kazuya? There is one near the station.

A：A pet hotel! I never thought of that.

B：Actually, my family used the hotel when we traveled abroad last year.

Question：What will Kazuya probably do?

No. 3

A：Do you have any plans next Sunday afternoon, Alice?

B：No, I'm just going to watch a DVD. Why?

A：I have two tickets for an anime song concert. Would you like to come with me?

B：Oh, that sounds interesting. I'd like to go. Thank you for inviting me, Tetsuo.

Question：What will Alice do next Sunday afternoon?

No. 4

A：Hello?

B：Hi, Midori. It's Peter. I'm calling to ask you how many pages we need to write for our history report.

A：Five to seven pages, Peter.

B：Oh, I've written only four pages, so I have to write one more page. Thank you for telling me.

Question：Why is Peter calling Midori?

(3)

Emma: Daiki, have you ever climbed Mt. Fuji?

Daiki: Yes, I've climbed it with my family three times. Do you want to climb Mt. Fuji, Emma?

Emma: Yes. Actually, my friend Jane is going to visit Japan to see me this summer. She is going to stay in Ibaraki from July thirty-first to August ninth. We're planning to climb Mt. Fuji during her stay in Ibaraki.

Daiki: That sounds great, but you should take enough time to prepare. Mt. Fuji is the highest mountain in Japan, you know.

Emma: You're right. Jane and I have climbed several high mountains in the U.S. before, but we'll be careful.

Daiki: I hope Jane will experience traditional Japanese culture too.

Questions

No. 1 How long is Jane going to stay in Ibaraki?

No. 2 What does Emma want to do?

(4)

Hello, everyone. This is my first English lesson this school year, so I'd like to talk about myself. I'm from California, and I came to Ibaraki two years ago as a teacher. I've studied Japanese for four years, but actually, I've never studied Japanese at school. I have learned Japanese by watching anime movies and reading manga. Watching movies is an especially good way to learn a foreign language. I study Japanese every day because I want to know more about Japanese culture and Japanese people. Why do you study English? I hope all of you will think about it at the beginning of this new school year.

2 次のAとBの英文は，高校生のアヤカ（Ayaka）と，オーストラリアにいる友だちのマイク（Mike）がやり取りしたメールの一部です。それぞれの英文を読んで，下の(1)，(2)の問いに答えなさい。

A

> Hello, Ayaka,
> How are you? Yesterday, I found a movie about the *plum *blossom festival in Kairaku-en on the Internet. I've ①(hear) the name of the garden before. Is it far from your house? The movie shows very beautiful plum blossoms in the garden. Is the garden very popular in Japan? Actually, I'm planning ②(visit) Japan next year. When is the ③(good) season to visit Japan? I'll be happy if you give me some advice.

＊ plum 梅　blossom 花

B

> Hello, Mike,
> Thank you for your e-mail. I'm excited to know you're coming to Japan next year. Kairaku-en is one of Japan's three greatest gardens. It is especially ④(f　　) for its plum blossoms. It ⑤(t　　) about an hour to drive from Tsuchiura, my city, to Kairaku-en. Many foreign tourists come to Japan to see *cherry blossoms, but actually, the history of plum trees in Japan is longer than the history of cherry trees. How about visiting the garden in early March? I'm ⑥(s　　) you'll like the plum blossoms in the garden.

＊ cherry 桜

(1) Aの英文が完成するように，文中の①～③の（ ）の中の語を，それぞれ適切な形に直して書きなさい。ただし，1語とは限りません。

(2) Bの英文が完成するように，文中の④～⑥の（ ）内に，最も適切な英語を，それぞれ1語ずつ書きなさい。なお，答えはすべて（ ）内に示されている文字で書き始めるものとします。

3 次の(1)，(2)の問いに答えなさい。

(1) 次の英文は，新聞記事の一部です。この記事が伝えている内容として最も適切なものを，下のア～エの中から一つ選んで，その記号を書きなさい。

It is very important for any tourist city to accept tourists from abroad. They bring a lot of money and jobs to the city, so it will help its local economy in many ways. However, if too many people visit the same place at the same time, it may cause a problem called "overtourism." For example, *Venice in Italy is visited by more than 20 million tourists every year. Many large ships come to the City of Water every day, so many local people say that they are damaging the old buildings and *canals in their city. The same kinds of problems are happening in many tourist cities around the world. Some cities have decided to *limit the number of tourists visiting them.

＊ Venice ヴェネツィア　canal 運河　limit～ ～を制限する

ア Local people in Venice feel that their jobs may be lost because of tourists from abroad.

イ Overtourism doesn't bring much money to tourist cities around the world.

ウ Many tourist cities have some problems of overtourism.

エ The number of tourists who visit Venice is decreasing every year.

(2) 次の英文中の [　　] には，下のア～ウの三つの文が入ります。意味の通る英文になるように，ア～ウの文を並べかえて，記号で答えなさい。

Drinking coffee has several health *benefits. [　　　　] Some recent studies show that the healthiest amount of coffee to drink a day is four to five cups, but of course, it doesn't mean that you have to drink coffee every day.

＊ benefit 恩恵，利益

ア However, everything has good points and bad points.

イ If you drink too much coffee every day, it may damage your health.

ウ In other words, coffee is good for our health.

4 高校生のミカ (Mika) と，アメリカからの留学生のスコット (Scott) は，14ページのパンフレット (pamphlet) を見ながら話をしています。あとの対話文を読んで，(1)，(2)の問いに答えなさい。

Scott : Mika, do you know what day it is today?

Mika : No, I don't. What is it?

Scott : Today is "World *Rhino Day". Every year, September 22 is *celebrated as "World Rhino Day" to make people more *aware of the five species of rhinos. Here is a pamphlet of "World Rhino Day 2023".

Mika : Oh, that's interesting. Are there only five species of rhinos in the world today?

Scott : That's right. Scientists believe there were once more than 100 different species of rhinos on the Earth. However, as the global *climate changed, most of them died out.

Mika : Do you mean only these five species of rhinos have survived until today?

Scott : Yes. All these five species of rhinos are *endangered. If we don't do anything quickly to protect them, all of them will disappear from the Earth.

Mika : According to the pamphlet, (①) rhinos have the largest population of the five species.

Scott : That doesn't mean they are safe. The number of the rhinos is decreasing very rapidly.

Mika : Why [　　　]?

Scott : *Poachers kill them to get their *horns. They can make a lot of money by selling rhino horns *illegally. Some people in Asian countries believe that *powdered rhino horn becomes a good medicine.

Mika : How *ridiculous! The poor rhinos must be protected from illegal trade. I'd like to learn more about rhinos.

Scott : How about visiting Hitachi Zoo on the pamphlet? You can see a family of (②) rhinos there. This also says that you can watch a special movie about wild rhinos at Visitors' Hall.

Mika : Oh, that sounds like fun. I'd like to visit Hitachi Zoo next Sunday. Could you come with me, Scott?

Scott : Of course. Next Sunday is the (③) day of the World Rhino Day campaign. Shall we meet at the *gate of the zoo at 10:00 a.m.? We can see rhinos and other animals first and then watch the movie which starts at (④) We can enjoy shopping at the shop after a late lunch.

Mika : That's fine with me. (⑤) Thanks, Scott.

* rhino サイ　celebrate ~ ~を祝う，記念する　aware of ~ ~を知っている　climate 気候
endangered 絶滅寸前の　poacher 密猟者　horn 角（つの）　illegally 違法に
powdered 粉末状の　ridiculous ばかげた　gate 門

(1) 対話文中の (①) ~ (⑤) に入る最も適切なものを，ア~エの中から一つ選んで，その記号を書きなさい。

① ア Javan　イ Sumatran　ウ black　エ white

② ア greater one-horned　イ Sumatran　ウ black　エ white

③ ア first　イ last　ウ second　エ third

④ ア 11:00 a.m.　イ 1:00 p.m.　ウ 2:00 p.m.　エ 3:00 p.m.

⑤ ア I can enjoy that on every floor.
イ Do you want to go out together?
ウ I'm looking forward to this Saturday.
エ I can't wait for next Sunday.

(2) 対話の流れに合うように，文中の [　　] に入る適切な英語を，5語以上，9語以内で書き，英文を完成させなさい。なお，符号（，．？！など）は，その前の語につけて書き，語数には含ま

ないものとします。

World Rhino Day 2023

September 22 is celebrated as World Rhino Day in many parts of the world.
We're planning a special campaign event this year.
Please come to meet a family of black rhinos at Hitachi Zoo!

Campaign Dates : Sunday, September 17 to Sunday, September 24, 2023
Time : 9:00 a.m. — 5:00 p.m.
Place : Rhino Section, Hitachi Zoo

世界のサイと生息数

Black rhino クロサイ about 5,500

Sumatran rhino スマトラサイ about 80

Greater one-horned rhino インドサイ about 3,500

White rhino シロサイ about 18,000

Javan rhino ジャワサイ about 75

- Enjoy a special movie about black rhinos living in Africa at the theater on the second floor of Visitors' Hall. All visitors can watch it for free.

Monday to Friday	10:00~11:00 a.m., 3:00~4:00 p.m.
Saturday & Sunday	10:00~11:00 a.m., 1:00~2:00 p.m.

- You can buy our original rhino goods at a shop on the second floor.

5　高校生のミナ (Mina) が英語の授業で水不足 (water shortage) の問題について発表をしています。この英文を読んで，(1)～(5)の問いに答えなさい。

We cannot live even a day without water, so getting water is very important in our daily lives. In Japan, we can get water very easily. If we turn on the water *tap, we can get clean and safe water anytime. You may think you don't have to worry about water if you live in Japan. However, do you know how many people on the Earth can get clean and safe water?

According to *UNICEF, between 2016 and 2020, the global population who can get clean and safe water at home increased from 70% to 74%. However, about 2 billion people around the world cannot get clean and safe water. The water shortage is especially serious in African countries. People living there have to walk a long way just to get clean water for the day. Many of them *depend on dirty rivers, ponds and even *puddles for their drinking water. [1] There are no clean water *resources near their villages, so they can't wash their hands after they touch something dirty. [2] They have to drink water from dirty rivers and puddles even if they know it is bad for their health. [3] *WHO believes that every year, about 0.3 million children die of *diarrhea caused by drinking dirty water. [4]

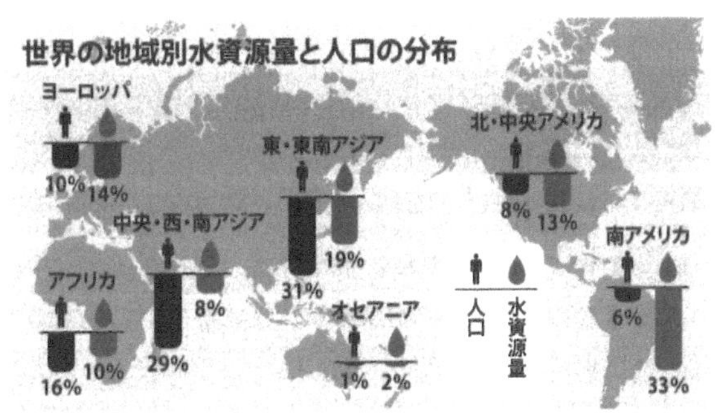

So many people around the world cannot get clean and safe water. Why? There are two big reasons — large population and climate change. First, the world's population is increasing rapidly. The world's population reached 7.8 billion in 2020, and it will reach 9 to 10 billion by 2050. The map shows that the areas which have (A) are experiencing a water shortage. Second, because of global climate change, many countries are experiencing a long period of hot and dry weather. As you know, rain water is stored in dams or tanks, and much of the water is used as drinking water. If we have little rain for months, we won't have enough drinking water for daily use.

Japan has a lot of clean water, so we can use or drink as much water as we like. It may be difficult for us to realize how important water is. However, if Japan has hotter summers in the future, we may experience a serious water shortage. Or, when a natural *disaster like a big earthquake happens, the tap water can stop for weeks. *Fortunately, we can get plastic bottles of mineral water at supermarkets, so we can keep them for such emergencies. Of course, we should always be careful to save water in our daily lives.

* tap 蛇口　UNICEF ユニセフ　depend on ～ ～に依存する　puddle 水たまり
resource 資源　WHO 世界保健機関　diarrhea 下痢（げり）　disaster 災害
fortunately 幸運にも

(1) 本文の内容に合う文を，次のページのア～オの中から二つ選んで，その記号を書きなさい。

ア UNICEF thinks that many more areas around the world will get clean water in the near future.

イ People in African countries have to walk a long way when they need clean water.

ウ Most of the people who have to drink dirty water don't realize that it can kill them.

エ If the weather becomes hot and dry because of climate change, we will not have enough water for drinking.

オ The speaker says we should look for a way to get clean water even when we have little rain.

(2) 次の文は，文中の 1 ～ 4 のどこに入るのが最も適切か，記号で答えなさい。

Imagine what will happen to them after they drink dirty water.

(3) 文中の（A）に入る適切な英語２語を答えなさい。

(4) 次の質問に答えるとき，あとの英文の（　）に入る適切な英語を，本文に即して指定された語数で答えなさい。

The tap water can stop for weeks when a natural disaster happens. How should we get ready for emergencies like that?（10語以上）

― We should (　　　　　　　　　　　　　　　　　　　　　　　　　　　).

(5) 次の英文は，ミナのスピーチを聞いた，同じクラスのシホ（Shiho）がその日に書いた日記の一部です。①，②は本文を参考に，③はシホになったつもりで，それぞれ**指定された語数の英語**で書きなさい。記入例にならい，符号（，．？！など）は，その前の語につけて書き，語数には含まないものとします。

記入例	Are	you	Ms.	White?
	No,	I'm	not.	

Today, Mina made a speech about the water shortage problem in English class. In Japan, we can drink water just by ①（ 5語 ）. However, we should remember that about 2 billion people around the world ②（ 6語 ）. I was shocked to hear that every year, about 0.3 million children lose their lives after they drink water from dirty rivers and puddles. I wish ③（ 10語以上 ）.

6 以下の英文は，あなたが友人のビル（Bill）からもらったメールの一部です。ビルの質問に対するあなたの答えを解答欄の書き出しに続けて英語30語以上で書きなさい（書き出しも語数に含めます）。なお，記入例にならい，符号（，．？！など）は，その前の語につけて書き，語数には含まないものとします。

【あなたがビルからもらったメールの一部】

The other day, I read a news story about cleaning time at school on the

Internet. It says that in most schools in Japan, students clean their classrooms, the *toilets, and other school spaces every school day. The movies and pictures on the Internet also show Japanese students doing the cleaning work together *happily. I'm very surprised because I have never done the cleaning work at school since I was a child. In Australia, and probably in most countries around the world, professional school *cleaners do the cleaning work at school. Do you think that it is important for students to clean their schools? And why do you think so?

＊ toilet トイレ　happily 楽しそうに　cleaner 清掃業者

記入例　Are　you　Ms.　White?
No.　I'm　not.

I	think	it's	important.
	30		
			60

【理　科】（50分）　＜満点：100点＞

1　次の(1)～(8)の問いに答えなさい。

(1)　光が空気中からガラス中にななめに入射するとき，空気とガラスの境界面で光はどのように進むか。その説明として最も適当なものを，次のア～エの中から一つ選んで，その記号を書きなさい。

ア　ガラス中に進む光は，入射角よりも屈折角のほうが大きくなるように屈折する。

イ　ガラス中に進む光は，入射角よりも屈折角のほうが小さくなるように屈折する。

ウ　ガラス中に進む光は，入射角と屈折角が等しくなるように屈折する。

エ　ガラス中に進む光はなく，境界面ですべて反射する。

(2)　次の文は，ろうの状態変化について説明したものである。次の文中の あ ， い に当てはまる語句の組み合わせとして最も適当なものを，下のア～エの中から一つ選んで，その記号を書きなさい。

ろうが固体から液体に変化するとき，ろうをつくる粒子の数は あ ，粒子どうしの間隔（かんかく）は い 。

	あ	い
ア	多くなり	広くなる
イ	多くなり	せまくなる
ウ	変わらず	広くなる
エ	変わらず	せまくなる

(3)　図は，イヌワラビの体のつくりを模式的に表したものである。図中のXは何という部分か。次のア～エの中から一つ選んで，その記号を書きなさい。

ア　胞子のう　　イ　葉

ウ　茎　　　　　エ　根

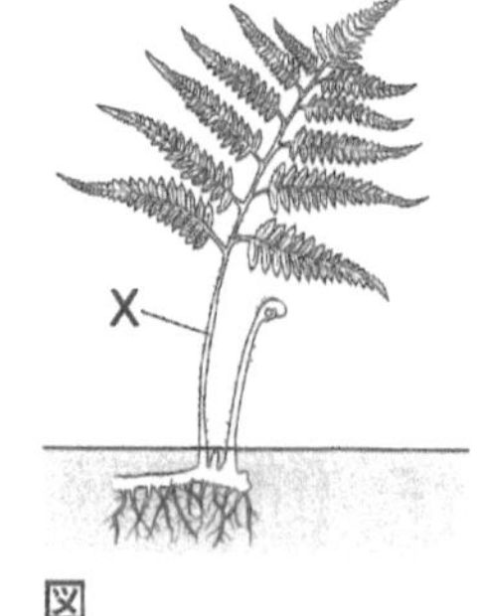

図

(4)　バットに砂と水をそれぞれ入れ，これらを大きな水槽（すいそう）の中に入れた。次に，図のように，水槽の中央に火のついた線香を置き，電球のついたふたをした。両方の電球をつけてあたためてからしばらくすると，線香の煙（けむり）が移動し始めた。線香の煙が移動する方向とその理由についての説明として最も適当なものを，あとのア～エの中から一つ選んで，その記号を書きなさい。

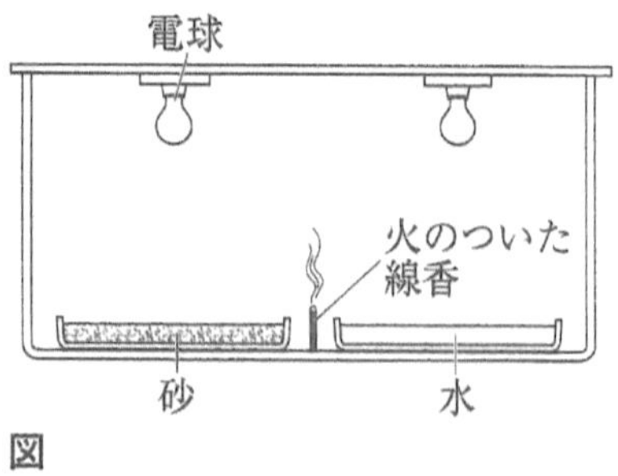

図

ア　水よりも砂のほうがあたたまりやすく，水のすぐ上の空気よりも砂のすぐ上の空気のほうが気圧が高くなるので，線香の煙は水のほうへ移動する。

イ　水よりも砂のほうがあたたまりやすく，水のすぐ上の空気よりも砂のすぐ上の空気のほうが気圧が低くなるので，線香の煙は砂のほうへ移動する。

ウ　砂よりも水のほうがあたたまりやすく，砂のすぐ上の空気よりも水のすぐ上の空気のほうが気圧が高くなるので，線香の煙は砂のほうへ移動する。

エ　砂よりも水のほうがあたたまりやすく，砂のすぐ上の空気よりも水のすぐ上の空気のほうが気圧が低くなるので，線香の煙は水のほうへ移動する。

(5)　等速直線運動の説明として最も適当なものを，次の**ア**～**エ**の中から一つ選んで，その記号を書きなさい。

ア　等速直線運動では，物体が移動した距離は運動した時間に比例する。

イ　等速直線運動を行っている物体は，進行方向に同じ大きさの力がはたらき続けている。

ウ　等速直線運動を行っている物体は，いずれ静止する。

エ　物体を高いところから手をはなして落としたとき，物体は等速直線運動を行う。

(6)　化学変化のうち，まわりに熱を出して温度が上がるものを発熱反応という。次の**ア**～**エ**のうち，発熱反応であるものを**すべて**選んで，その記号を書きなさい。なお，正しいものがない場合，**なし**と書きなさい。

ア　マグネシウムリボンをガスバーナーで加熱すると，激しく燃えて酸化マグネシウムができる反応。

イ　鉄粉と硫黄の粉末の混合物を加熱すると，硫化鉄ができる反応。

ウ　水酸化バリウムと塩化アンモニウムと水を混ぜると，アンモニアが発生する反応。

エ　酸化カルシウムに水を加えると，水酸化カルシウムができる反応。

(7)　図のA～Fは，カエルの発生のようすの一部を模式的に表したものである。次の文中の［あ］，［い］に当てはまる語の組み合わせとして最も適当なものを，下の**ア**～**エ**の中から一つ選んで，その記号を書きなさい。

カエルのように，雄（おす）と雌（めす）が関わってなかまをふやすふえ方を［　あ　］という。図のように，カエルの受精卵は細胞分裂をくり返して形やはたらきの異なるいくつかの部分に分かれておたまじゃくしへと成長していく。図のA～Fのうち，胚に当てはまるのは［　い　］である。

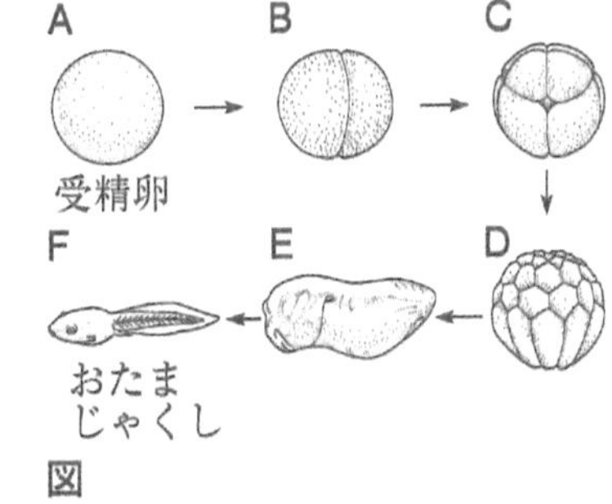

図

	あ	い
ア	無性生殖	BからDまで
イ	無性生殖	BからEまで
ウ	有性生殖	BからDまで
エ	有性生殖	BからEまで

(8)　次のページの会話文中の［あ］，［い］に当てはまる語句の組み合わせとして最も適当なものを，次のページの**ア**～**エ**の中から一つ選んで，その記号を書きなさい。

太郎：先日キャンプに行ったとき，地層の中にあった岩石が珍しい色をしていたので採集してみました。
先生：そうなんですね。何という岩石だったのですか。
太郎：それが，自宅に帰ったあとで調べてみても，何という岩石かを判断することができませんでした。調べる方法にはどのようなものがありますか。
先生：粒の形はどうなっていましたか。例えば，粒が丸みを帯びていれば［ あ ］であることがわかります。
太郎：肉眼でよく観察したのですが，粒らしい粒が見られなかったんです。ただ，いくつか化石が含まれていました。
先生：それでしたら，生物の死がいが堆積(たいせき)してできた石灰岩かチャートである可能性が高いです。［ い ］石灰岩といえるので，学校で実験してみましょうか。
太郎：ありがとうございます。

	あ	い
ア	堆積岩	うすい塩酸をかけて気体が発生したら
イ	堆積岩	鉄くぎでひっかいても傷がつかなかったら
ウ	火成岩	うすい塩酸をかけて気体が発生したら
エ	火成岩	鉄くぎでひっかいても傷がつかなかったら

2　花子さんは，コイルのまわりにできる磁界や電磁誘導を調べる実験を行い，ノートにまとめた。このノートについて，あとの(1)～(4)の問いに答えなさい。

花子さんのノートの一部

【課題】

コイルのまわりにできる磁界について調べる。

【方法１】

❶　図１のように，厚紙にコイルを通し，コイルと電流計，電圧計，電熱線，スイッチ，電源装置をつないだ回路をつくる。

❷　図１のＡ～Ｅ点に方位磁針を置き，コイルに電流を流して方位磁針の針のようすを調べる。

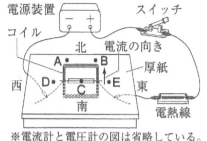

※電流計と電圧計の図は省略している。

図１

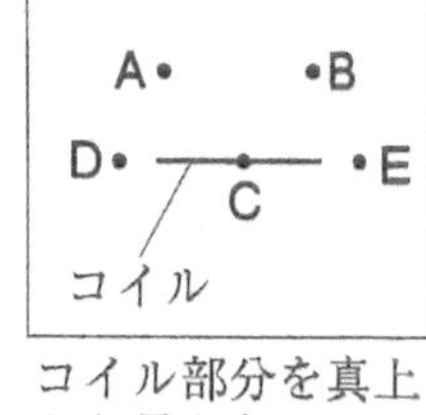

コイル部分を真上から見たところ

❸　コイルに流す電流の向きを変えて❷と同様の実験を行う。

【方法２】

❶　図２（次のページ）のように，100回巻きのコイルと検流計をつなぐ。

❷ コイルの上側から棒磁石のN極を近づけ，検流計の針の振れ方を調べる。

❸ 棒磁石の極を変えたり，棒磁石を近づける速さを変えたりして，❷と同様の実験を行う。

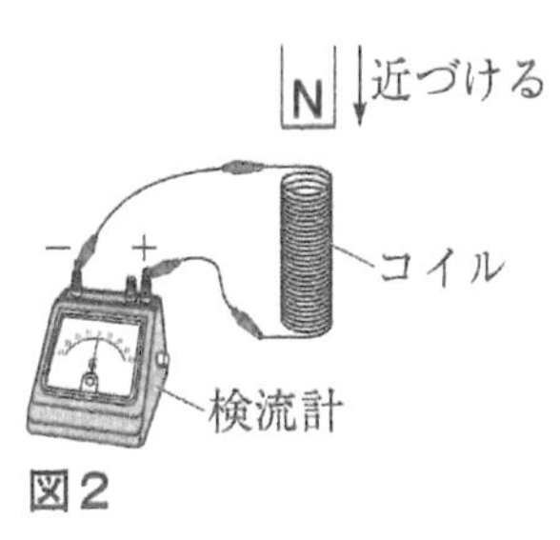

図2

【方法1の結果】
・コイルに電流を流すと，方位磁針の針が振れた。
・コイルに流れる電流の向きを変えると，方位磁針の針が指す向きも変化した。

【方法2の結果】
・コイルの上側から棒磁石のN極を近づけると，検流計の針が図3のように振れた。
・a棒磁石の極を変えたり，棒磁石を近づける速さを変えたりして同様の実験を行うと，針の振れ方が変わった。

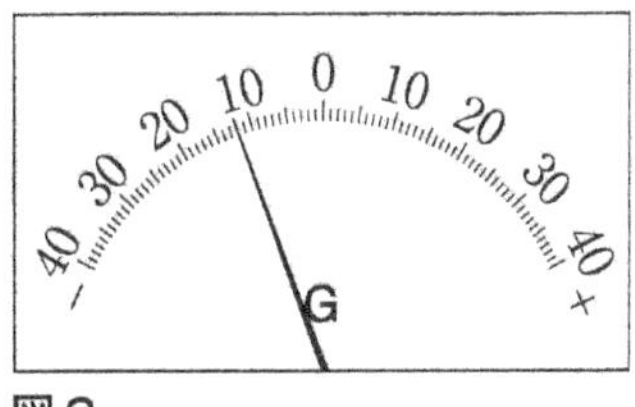

図3

【考察】
・方法1から，コイルのまわりにできる磁界の向きは，コイルに流れる電流の向きによって決まることがわかった。
・方法2から，bコイルに棒磁石を近づけるとコイルに電流が流れることがわかった。また，コイルの上側から棒磁石のN極を近づけたとき，電流は−端子から検流計へ流れこんだ。

(1) 電流計の使い方について述べた次の文中の ☐ に当てはまる語として最も適当なものを，下のア～エの中から一つ選んで，その記号を書きなさい。

回路に流れる電流の大きさがわからないとき，電源装置の−極側につながる導線は，電流計の ☐ につなぐ。

ア ＋端子　イ 5Aの−端子　ウ 500mAの−端子　エ 50mAの−端子

(2) 方法1の結果について述べた文として正しいものを，次のア～エの中から**すべて**選んで，その記号を書きなさい。なお，正しいものがない場合は，**なし**と書きなさい。

ア 図1のように電流を流したとき，点A～Eに置いた方位磁針の中にはN極が指す向きが変化しないものがあった。

イ 図1のように電流を流したとき，点Aに置いた方位磁針のN極は西を指し，点Bに置いた方位磁針のN極は東を指した。

ウ コイルに流れる電流を大きくすると，N極の指す向きが変化した方位磁針があった。

エ コイルに流れる電流の向きを逆にすると，すべての方位磁針のN極が指す向きが方法1の❷の結果と逆になった。

(3) 下線部aについて，ある条件で方法2の実験を行ったところ，検流計の針は図4のようになった。どのような条件で実験を行ったか，棒磁石の極と磁石を近づける速さに着目して，簡単に書きなさい。

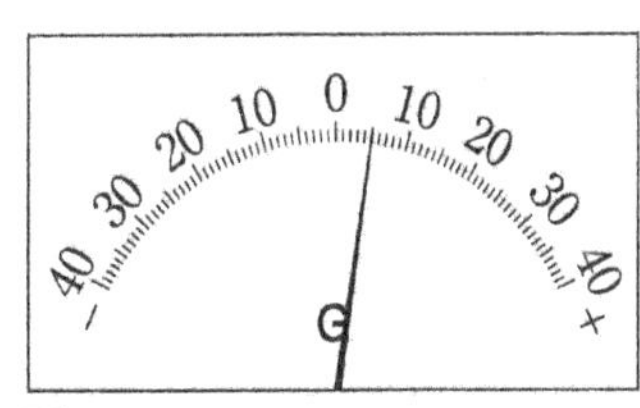

図4

(4) 下線部bについて，図2の検流計をとり外し，図5のように発光ダイオードをコイルにつないだ。コイルの下側から棒磁石を近づけたところ，発光ダイオードが一瞬だけ光った。このときの，コイルに近づけた棒磁石の極と，磁石による磁界の向きを表したものとして最も適当なものを，次のア～エの中から一つ選んで，その記号を書きなさい。なお，発光ダイオードは＋端子から－端子へ電流が流れたときしか光らない。

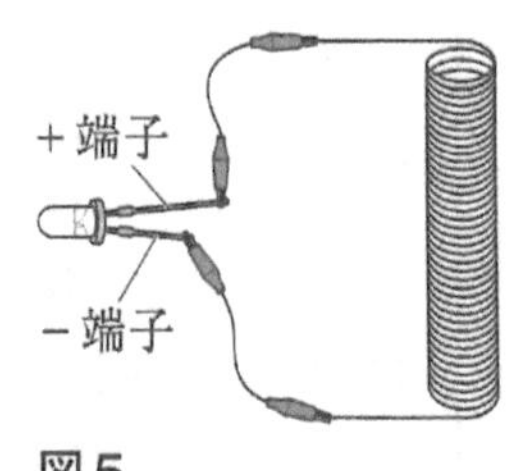

図5

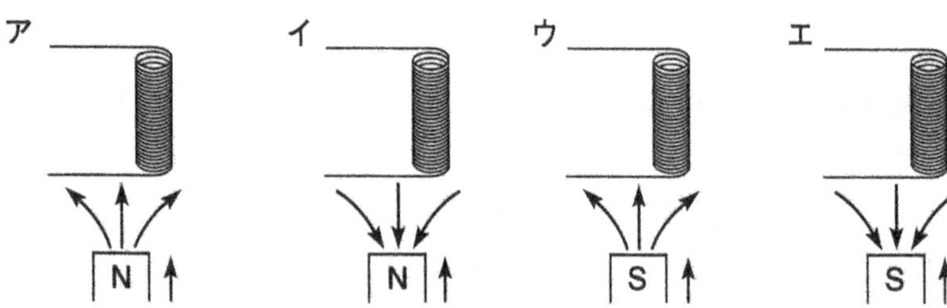

3 太郎さんと花子さんは，光合成と呼吸のしくみについて調べ，光合成と呼吸による二酸化炭素の増減を調べる実験を行った。次のノートは，これらについて太郎さんがまとめたものの一部である。このノートについて，あとの(1)～(4)の問いに答えなさい。

太郎さんのノートの一部

≪光合成と呼吸のしくみ≫

【光合成】

図1は，光合成のしくみを模式的に表したものである。光合成では，二酸化炭素と水から，光を利用して酸素とデンプンなどの養分をつくっている。光合成は，光が当たったときだけ行われている。

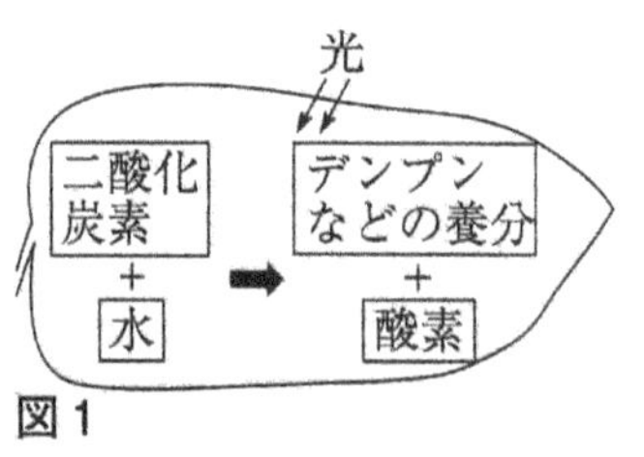

図1

【呼吸】

植物は，酸素をとり入れて二酸化炭素を出すはたらきを行っている。このはたらきを呼吸という。呼吸は，1日中行われている。

≪光合成と呼吸のはたらきを調べる実験≫

【課題】

光合成や呼吸のはたらきについて調べる。

【操作】

❶ 青色のBTB液に息を吹き込んで緑色にし，試験管A～Eに入れた。

❷ 試験管A～Cにはタンポポの葉を入れて栓をし，試験管D，Eには何も入れずに栓をした。試験管A，Eはそのまま，試験管Bには白色のガーゼを巻き，試験管C，Dにはアルミニウムはくを巻いた。図2（次のページ）は，実験のようすを表したものである。

❸ 試験管A～Eに十分な日光を当てたあと，それぞれの試験管内のBTB液の色を調べた。

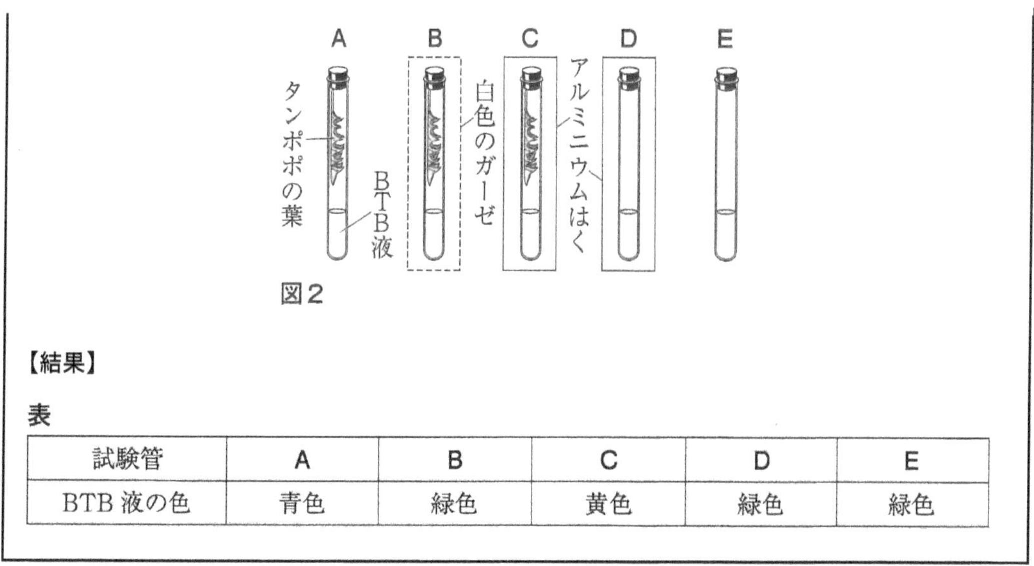

図2

【結果】

表

試験管	A	B	C	D	E
BTB 液の色	青色	緑色	黄色	緑色	緑色

(1) 下線部について，光合成によってつくられたデンプンなどの養分についての説明として，最も適当なものを，次の**ア**～**エ**の中から一つ選んで，その記号を書きなさい。

ア できた養分は，そのままの形で全身へ運ばれる。

イ できた養分は，維管束中の道管を通って全身へ運ばれる。

ウ できた養分の一部は，いもや果実，種子などにたくわえられる。

エ できた養分の一部は，気孔を通して体外に排出(はいしゅつ)される。

(2) **操作**の❶について，青色のBTB液に息を吹き込んだとき，BTB液が中性を示す緑色になった理由を簡単に書きなさい。

(3) 次の太郎さんと花子さんの会話文中の [あ]，[い] に当てはまる語句の組み合わせとして最も適当なものを，下の**ア**～**エ**の中から一つ選んで，その記号を書きなさい。

花子：光合成と呼吸のはたらきを調べる実験から，どのようなことがわかるかな。
太郎：試験管Aと [あ] の結果を比較すると，試験管Aで二酸化炭素の量が減ったのは，タンポポの葉のはたらきが原因であることがわかるよ。
花子：そうだね。ほかにも [い] の結果を比較すると，くもりの日よりも晴れている日の昼間のように，タンポポの葉に当たる光が強いほど二酸化炭素を吸収するはたらき，つまり光合成がさかんになることがわかるよ。

	あ	い
ア	試験管E	試験管Bと試験管C
イ	試験管E	試験管Aと試験管B
ウ	試験管D	試験管Bと試験管C
エ	試験管D	試験管Aと試験管B

(4) 図3は，昼の植物のはたらきを模式的に表したものである。矢印の大きさは，各はたらきによって出入りする気体の量を表している。これをもとに，実験の試験管Bで行われた植物のはたらきを模式的に表すとどうなるか。最も適当なものを，次のア～エの中から一つ選んで，その記号を書きなさい。

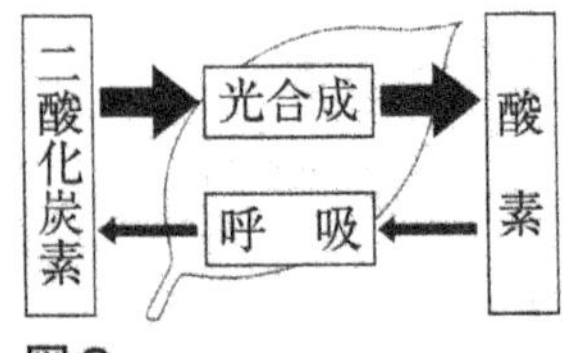

図3

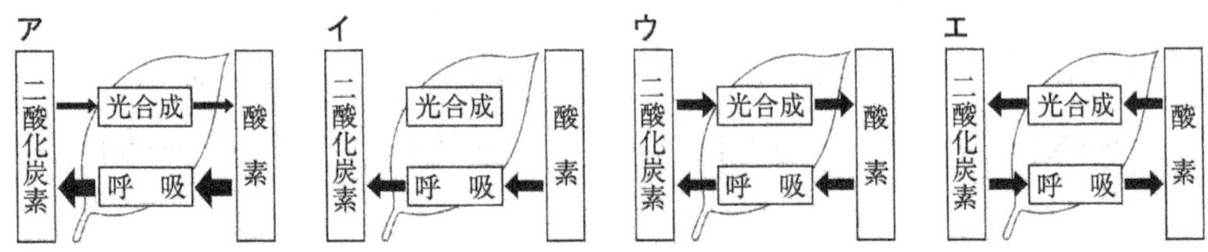

4 関東地方に住んでいる太郎さんは，ある日住んでいる地域に寒冷前線が通過したことを知り，寒冷前線が通過した日を含む連続した2日間の気象を調べてノートにまとめた。図1は，気象の変化をグラフにまとめたものである。下の(1)～(4)の問いに答えなさい。

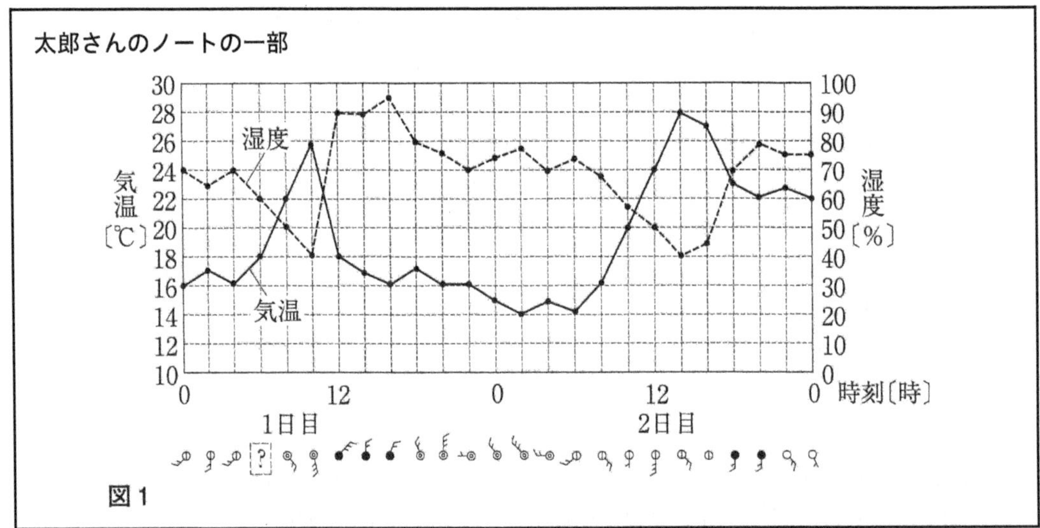

図1

(1) 1日目の午前6時の天気は晴れ，風力は3，風向は南東であった。図1の ? にあてはまる天気・風力・風向を記号で表したものとして最も適当なものを，次のア～エの中から一つ選んで，その記号を書きなさい。

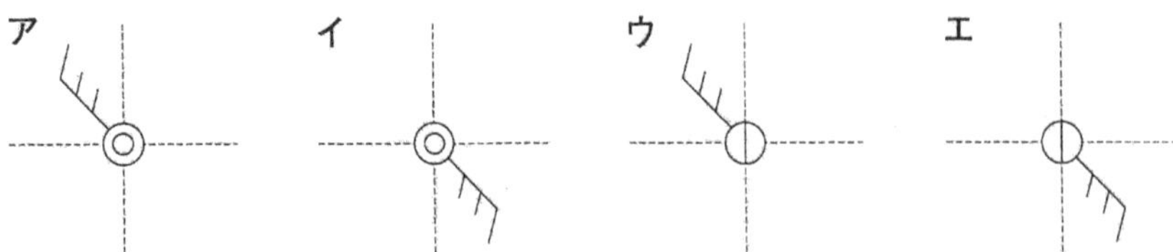

(2) 太郎さんは，図1の気象データを使って，空気中の水蒸気について考察した。1日目の正午における，理科室の空気中に含まれる水蒸気量は何gか，小数第一位を四捨五入して整数で答えなさい。なお，表（次のページ）は気温と飽和水蒸気量との関係をまとめたものである。また，理科室の容積は180m³であり，理科室の室温と気温は一致していたものとする。

表

気温〔℃〕	10	12	14	16	18
飽和水蒸気量〔g/m³〕	9.4	10.7	12.1	13.6	15.4
気温〔℃〕	20	22	24	26	28
飽和水蒸気量〔g/m³〕	17.3	19.4	21.8	24.4	27.2

(3) 次の文は，**図1**から太郎さんが住んでいる地域を寒冷前線が通過した時間を考察したものである。次の文中の あ ～ う に当てはまる語の組み合わせとして最も適当なものを，下の**ア**～**ク**の中から一つ選んで，その記号を書きなさい。

【天気について】

寒冷前線は，寒気が暖気を持ち上げながら進むことでできる。したがって，前線の付近では急激に上昇気流ができ， あ 雨が降る。すなわち，雨が降った時間帯の前後で寒冷前線が通過したと考えることができる。

【風向について】

寒冷前線は，主に温帯低気圧の南西側にできる。低気圧の地表付近では，風が い ので，寒冷前線が通過すると風向が変化すると考えることができる。

【まとめ】

天気と風向の変化から，この地域を寒冷前線が通過したのは う であると考えることができる。

	あ	い	う
ア	長い時間穏やかな	時計回りに吹き出している	1日目の午前10時～正午
イ	長い時間穏やかな	時計回りに吹き出している	2日目の午後4時～午後6時
ウ	長い時間穏やかな	反時計回りに吹き込んでいる	1日目の午前10時～正午
エ	長い時間穏やかな	反時計回りに吹き込んでいる	2日目の午後4時～午後6時
オ	短い時間激しい	時計回りに吹き出している	1日目の午前10時～正午
カ	短い時間激しい	時計回りに吹き出している	2日目の午後4時～午後6時
キ	短い時間激しい	反時計回りに吹き込んでいる	1日目の午前10時～正午
ク	短い時間激しい	反時計回りに吹き込んでいる	2日目の午後4時～午後6時

(4) **図2**は，**図1**からおよそ1週間後のある日の天気図を表している。天気図の季節は，次の**ア**～**エ**のどれであると考えられるか。最も適当なものを一つ選んで，その記号を書きなさい。また，そのように判断した理由を，簡単に答えなさい。

ア 春　**イ** 梅雨　**ウ** 夏　**エ** 冬

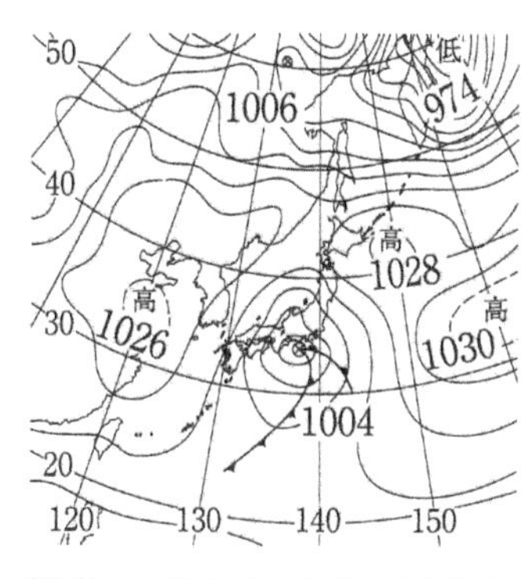

図2　（気象庁の資料により作成）

5 花子さんは，金属のイオンへのなりやすさについて調べるため，次の実験を行い，ノートにまとめた。下の(1)～(5)の問いに答えなさい。

花子さんのノートの一部

【方法】

❶ 硫酸銅水溶液，硫酸マグネシウム水溶液，硫酸亜鉛水溶液を，それぞれ試験管に入れる。

❷ 図1のように，それぞれの水溶液に銅板を入れ，ようすを調べる。

❸ ❷の銅板をマグネシウム板，亜鉛板に変えて同様の実験を行い，結果を表にまとめる。

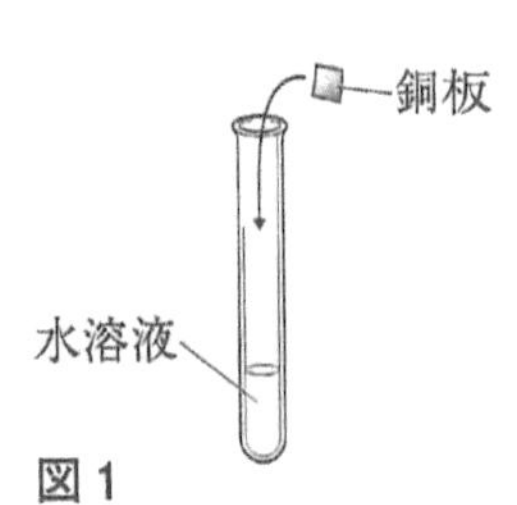

図1

【結果】

表

	銅板	マグネシウム板	亜鉛板
硫酸銅水溶液	変化しなかった。	あ	金属板がうすくなり，赤い物質が付着した。
硫酸マグネシウム水溶液	変化しなかった。	変化しなかった。	変化しなかった。
硫酸亜鉛水溶液	変化しなかった。	い	変化しなかった。

(1) 次の式は，硫酸銅を水に溶かしたときの電離のようすを式で表そうとしたものである。次の式の □ に当てはまる式として最も適当なものを，下の**ア**～**カ**の中から一つ選んで，その記号を書きなさい。

$CuSO_4$ → □

ア $Cu + SO_4$　　**イ** $Cu + 2SO_2$　　**ウ** $CU^{2+} + SO_4^{2-}$

エ $2Cu^{+} + SO_4^{2-}$　　**オ** $Cu^{2+} + 2SO_2^{-}$　　**カ** $2Cu^{+} + 2SO_2^{-}$

(2) 表の あ ， い に当てはまる語の組み合わせとして最も適当なものを，次の**ア**～**カ**の中から一つ選んで，その記号を書きなさい。

	あ	い
ア	金属板がうすくなり，赤い物質が付着した。	金属板がうすくなり，黒い物質が付着した。
イ	金属板がうすくなり，赤い物質が付着した。	変化しなかった。
ウ	金属板がうすくなり，黒い物質が付着した。	金属板がうすくなり，赤い物質が付着した。
エ	金属板がうすくなり，黒い物質が付着した。	変化しなかった。
オ	変化しなかった。	金属板がうすくなり，赤い物質が付着した。
カ	変化しなかった。	金属板がうすくなり，黒い物質が付着した。

(3) 実験の結果から，マグネシウムと亜鉛の間にはどのような関係があるといえるか。「亜鉛」「マグネシウム」「イオン」のすべての語を用いて簡単に答えなさい。

⑷ **図2**のように，水槽をセロハンで区切り，一方には硫酸亜鉛水溶液を入れ，もう一方には硫酸銅水溶液を入れた。硫酸亜鉛水溶液には亜鉛板を，硫酸銅水溶液には銅板を入れ，金属板どうしを導線でプロペラつきモーターとつないだところ，モーターは時計回りに回転した。

このとき，電流をとり出し続けると，亜鉛板と銅板はそれぞれどのように変化するか。簡単に答えなさい。

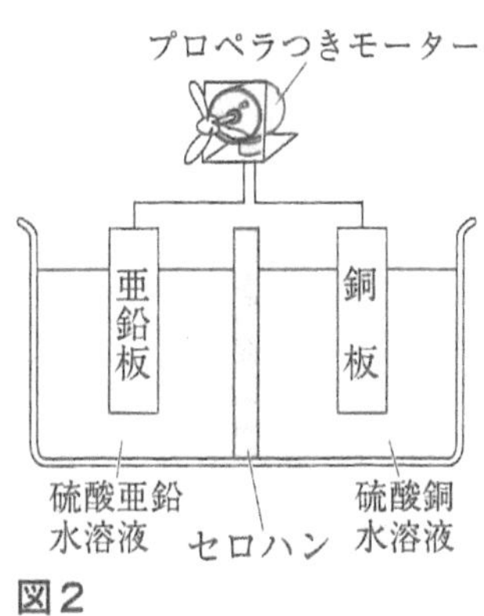

図2

⑸ 次の**ア**～**カ**のような化学電池をつくったとき，**図2**と同じく，モーターが時計回りに回転するものを**すべて**選んで，その記号を書きなさい。ただし，プロペラつきモーターなどの装置は**図2**と同じものを使用しているものとする。

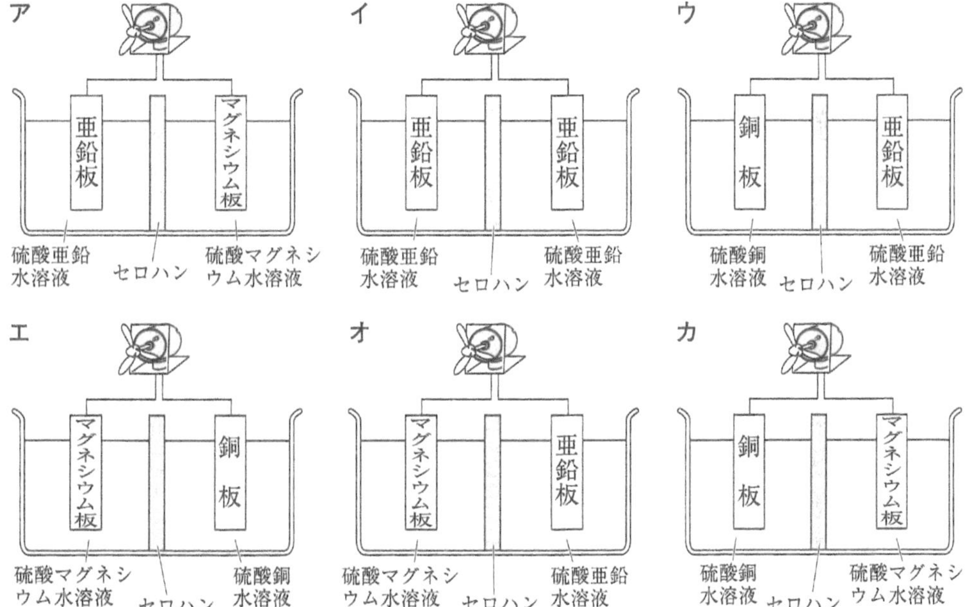

6 太郎さんは，環境問題について興味をもち，実験や観察を行った。あとの⑴～⑷の問いに答えなさい。

太郎：最近ではエネルギーの大量消費の問題をよく聞きます。このような問題を解決するために，どのような取り組みが行われているのですか。
先生：白熱電球を発光ダイオードに変えるなど，電気器具の変換効率を上げる取り組みがありますよ。
太郎：電気器具の変換効率はどのような方法で調べることができるのですか。
先生：それでは，実験をしてみましょう。

実験

【方法】

❶ 図1のように，スタンドに固定したプーリーつき手回し発電機，豆電球，電流計，電圧計をつなぎ，回路をつくる。発電機にとりつけた滑車(かっしゃ)に水を入れた質量500gのペットボトルをつるす。

❷ ペットボトルを速度を一定にして1m落下させ，そのときの電圧計と電流計の値，落下時間を記録する。

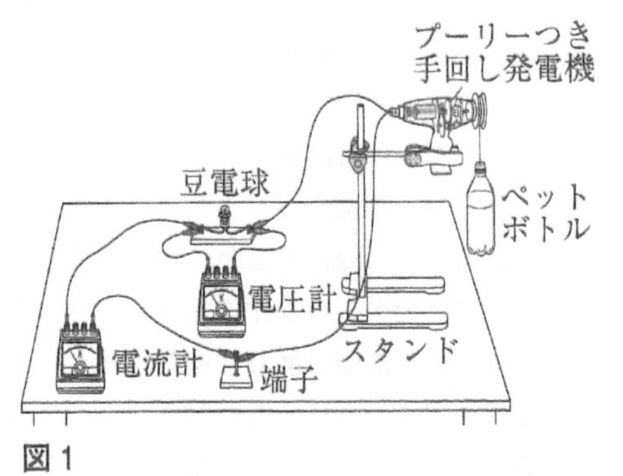

図1

【結果】

表

電圧〔V〕	電流〔A〕	時間〔秒〕
1.1	0.15	8.0

【考察】

重力がペットボトルにした仕事は5Jであり，発電機によって発生した電気エネルギーがした仕事は **あ** Jである。エネルギーの変換効率は，「電気エネルギーがした仕事÷重力がした仕事×100」で求められるので，このときのエネルギーの変換効率は **い** %であるといえる。

(1) **実験**では，エネルギーはどのように変換されているか。最も適当なものを，次の**ア**～**エ**の中から一つ選んで，その記号を書きなさい。

ア 電気エネルギー → 力学的エネルギー → 光エネルギー

イ 化学エネルギー → 電気エネルギー → 光エネルギー

ウ 力学的エネルギー → 電気エネルギー → 光エネルギー

エ 化学エネルギー → 力学的エネルギー → 電気エネルギー → 光エネルギー

(2) **あ**，**い** に当てはまる値を求めなさい。ただし，**あ** は小数第二位を四捨五入して小数第一位まで，**い** は小数第一位を四捨五入して整数で答えなさい。

太郎：再生可能エネルギーの利用は大切ですが，太陽光発電のパネルを設置したり，水力発電所をつくったりすると，周囲の生態系に影響(えいきょう)が出ることがあると聞きました。

先生：そうですね。一見環境に大きな変化がないように見えても，目に見えない部分に影響が出ることがあります。

太郎：目に見えない部分とは，どのようなところでしょうか。

先生：例えば，水力発電所の建設によって川の水質が変化した場合，水中の微生物の分布が大きく変化します。水中の微生物にも食物連鎖の関係があるので，生態系のつり合いが崩(くず)れることもあります。

太郎：なるほど。水中にはどのような微生物が生息しているのでしょうか。
先生：学校の近くに池があるので，実際に観察してみましょう。

観察

【方法】

❶ 学校の近くの池で，水中の小石などを集める。

❷ 小石などに付着していたものをブラシでこすってとり，プレパラートを作成する。

❸ 作成したプレパラートを，図2のような顕微鏡（けんびきょう）で観察し，スケッチする。

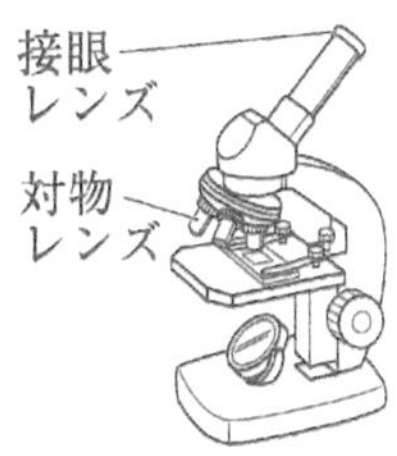

図2

【結果】

ミジンコ

アメーバ
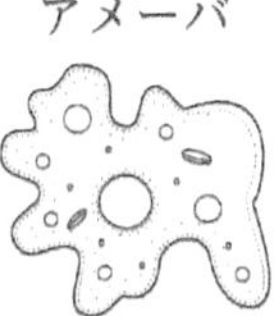

ハネケイソウ
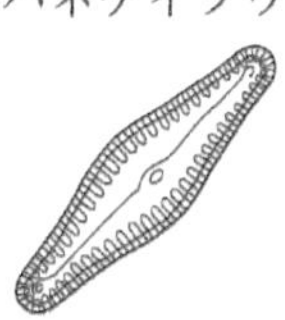

ミカヅキモ

図3

(3) 顕微鏡で観察した図3の生物のうち，実際の大きさが最も大きいものはどれか。次の**ア**～**エ**の中から一つ選んで，その記号を書きなさい。

ア ミジンコ　**イ** アメーバ　**ウ** ハネケイソウ　**エ** ミカヅキモ

(4) 図3の微生物において，ミジンコとミカヅキモは食物連鎖の関係がある。川の水質が変化してミカヅキモの数が減少した場合，ミジンコの数はどのように変化するか。理由も含めて簡単に書きなさい。

【社　会】（50分）　　<満点：100点>

1　次の１，２に答えなさい。

1　世界の諸地域について，次の(1)～(3)の問いに答えなさい。

資料１　世界地図

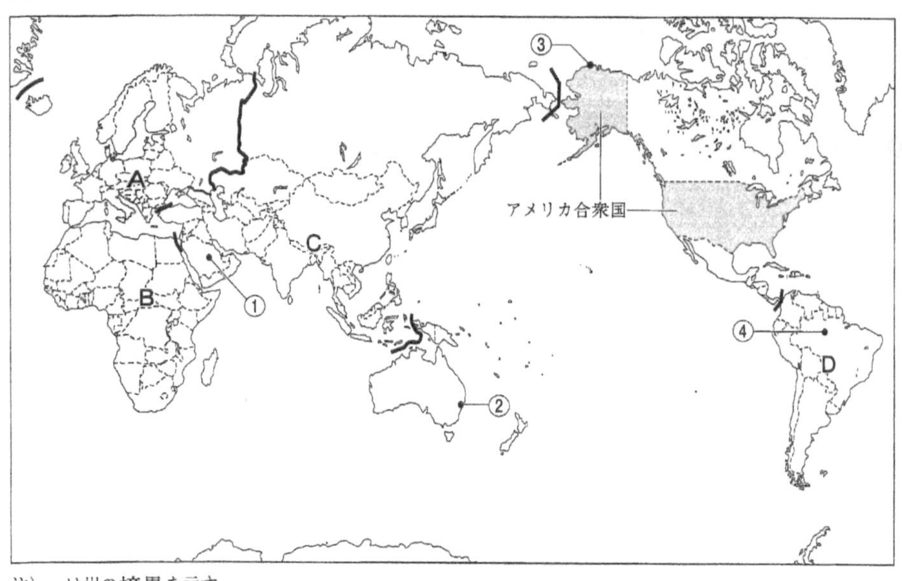

注）━━は州の境界を示す。

(1)　次のグラフは，**資料１**にある①～④のいずれかの都市の気温と降水量を示したものである。**資料１**にある④の都市に当てはまるグラフを，次の**ア**～**エ**の中から一つ選んで，その記号を書きなさい。

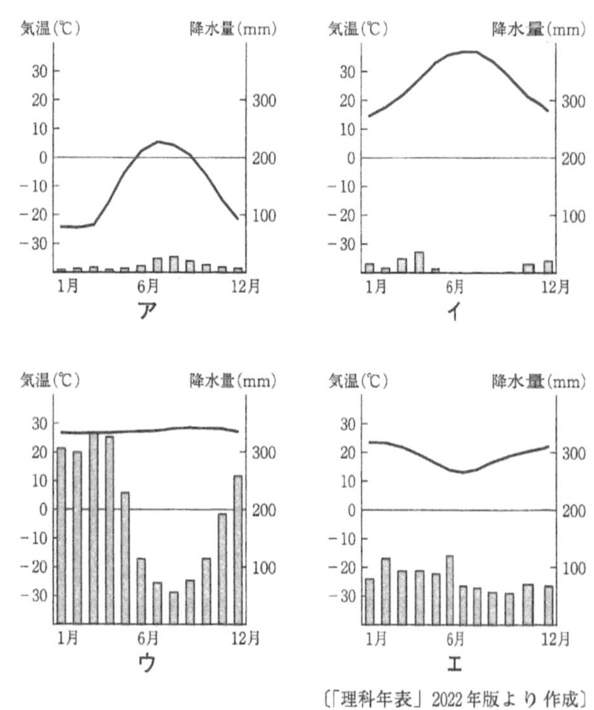

〔「理科年表」2022年版より作成〕

(2) **資料２**は，世界の主な農産物の生産量の総計に占める**資料１**の**Ａ～Ｄ**の州の割合を示したものである。**資料１**の**Ａ**と**Ｂ**に当てはまるものを，**資料２**の**ア～エ**の中からそれぞれ一つ選んで，その記号を書きなさい。

資料２

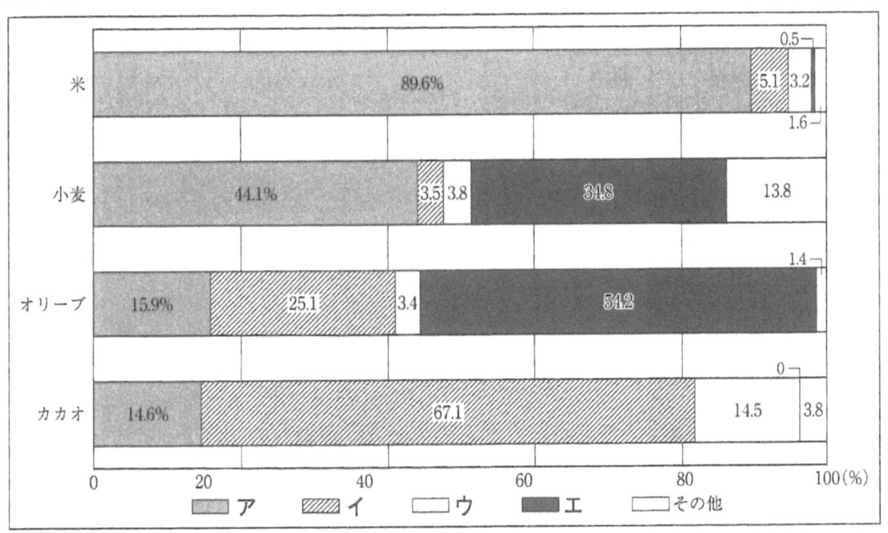

(2019年)　〔「データブック　オブ・ザ・ワールド」2022年版より作成〕

(3) 次の**<メモ>**は，**資料１**のアメリカ合衆国の農業についてまとめたものである。**<メモ>**の [a] に当てはまる内容を下の**ア～エ**の中から一つ選んで，その記号を書きなさい。また，[b] に当てはまる語を書きなさい。

<メモ>

> アメリカ合衆国では，その地域の気候や土壌にあった農作物を栽培する適地適作が行われている。例えば，グレートプレーンズなどの内陸部では [a] 。また，アメリカ合衆国ではとうもろこしの栽培が盛んであるが，とうもろこしは飼料としてだけではなく，[b] の原料として利用されている。[b] は，燃やしても二酸化炭素の総排出量が変わらないと考えられているため，地球環境への負担が軽く，今後もその需要は高まっていくと考えられる。

ア　温暖な気候を生かして，果樹や野菜が栽培されている
イ　降水量が多い冬に小麦，乾燥する夏に果実が栽培されている
ウ　酪農（らくのう）が盛んで，大都市に乳製品を出荷している
エ　降水量が少ないため，大規模なかんがい農業が行われている

2　日本や身近な地域について，次の(1)～(5)の問いに答えなさい。

(1) **資料３**は**資料４**の**Ａ～Ｄ**の河川について示したものである。**Ａ**の河川の名称を**漢字**で書きなさい。また，**Ａ**の河川に当てはまるものを，**資料３**の**ア～エ**の中から一つ選んで，その記号を書きなさい。

（**資料３**，**資料４**は次のページにあります。）

資料３　日本の主な河川の流域面積と長さ

	流域面積〔km²〕	長さ〔km〕
ア	16840	322
イ	14330	268
ウ	11900	367
北上川	10150	249
エ	9100	227

〔「理科年表」2022年版より作成〕

資料４

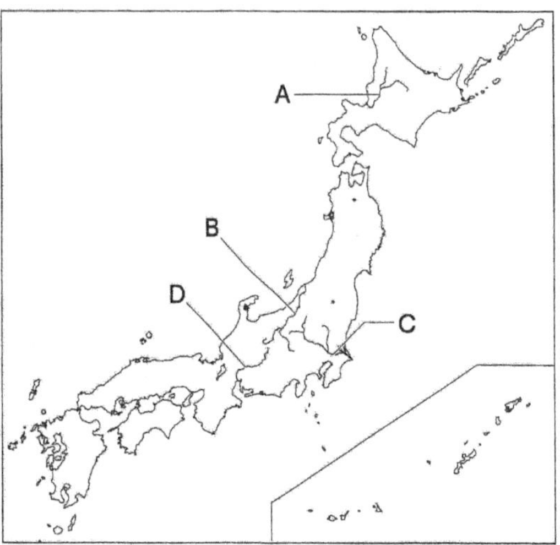

⑵　**資料５**は，日本の漁獲量(ぎょかくりょう)の推移を示したものである。**資料５**の**a**～**c**は，沖合漁業，遠洋漁業，海面養殖(ようしょく)業の漁獲量のいずれかが当てはまる。**a**～**c**の組み合わせとして適切なものを，下の**ア**～**カ**の中から一つ選んで，その記号を書きなさい。

資料５　日本の漁獲量の推移

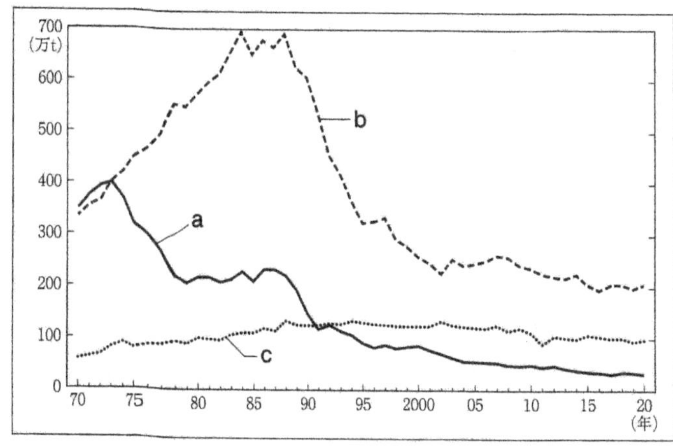

〔「数字でみる日本の100年」ほかより作成〕

ア　[**a**　沖合漁業の漁獲量　**b**　遠洋漁業の漁獲量　**c**　海面養殖業の漁獲量]
イ　[**a**　沖合漁業の漁獲量　**b**　海面養殖業の漁獲量　**c**　遠洋漁業の漁獲量　]
ウ　[**a**　遠洋漁業の漁獲量　**b**　沖合漁業の漁獲量　**c**　海面養殖業の漁獲量]
エ　[**a**　遠洋漁業の漁獲量　**b**　海面養殖業の漁獲量　**c**　沖合漁業の漁獲量　]
オ　[**a**　海面養殖業の漁獲量　**b**　沖合漁業の漁獲量　**c**　遠洋漁業の漁獲量　]
カ　[**a**　海面養殖業の漁獲量　**b**　遠洋漁業の漁獲量　**c**　沖合漁業の漁獲量　]

⑶　**資料６**（次のページ）は，関東地方の１都６県についてまとめたものである。千葉県に当てはまるものを，**資料６**の**ア**～**エ**の中から一つ選んで，その記号を書きなさい。

資料６　関東地方の１都６県のデータ

都県	昼夜間人口比率	製造品出荷額等（億円）	農業産出額（億円）	政令指定都市数
ア	91.2	178722	655	3
イ	88.9	139529	1678	1
ウ	89.7	125846	3859	1
エ	117.8	74207	234	−
栃木県	99.0	90110	2859	−
茨城県	97.5	126383	4302	−
群馬県	99.8	90522	2361	−

注）昼夜間人口比率は2015年，その他は2019年。　〔「データでみる県勢」2022年版より作成〕
昼夜間人口比率とは，常住（夜間）人口100人あたりの昼間人口。

(4)　**資料７**は松山市の一部を示した地形図である。**資料７**から読み取れるものとして**適切でないもの**を，下の**ア**～**エ**の中から一つ選んで，その記号を書きなさい。また，松山市を県庁所在地とする県名を書きなさい。

資料７

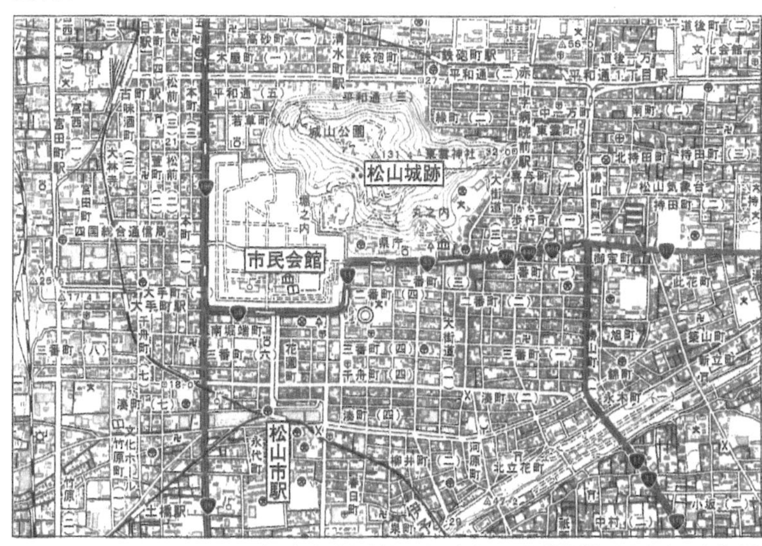

〔国土地理院発行２万５千分の１地形図「松山北部」より作成〕

ア　松山城跡は，標高が100mよりも高い地点にある。
イ　この地域には，博物館（美術館）や裁判所が複数ある。
ウ　市役所からみて，松山市駅は南西方向に位置する。
エ　市民会館と松山城跡の地形図上の長さは約２㎝であるため，実際の距離は約500mである。

(5)　次のページの**資料８**，**資料９**は，東北地方の様子について示したものである。東北地方に工業団地がつくられ，関東地方から工場が進出した理由を，**資料８**，**資料９**から読み取れることをふまえて，「地価」，「高速道路」の語を用いて50字以内で書きなさい。

資料8　東北地方と東京都，神奈川県，千葉県の工業用地の平均地価〔2021年〕

都道府県	工業用地の地価（千円/㎡）
青　森	12.8
岩　手	12.0
宮　城	22.0
秋　田	5.5
山　形	10.1
福　島	13.3
東　京	251.5
神奈川	111.6
千　葉	53.0

〔「データでみる県勢」2022年版より作成〕

資料9　東北地方の工業団地

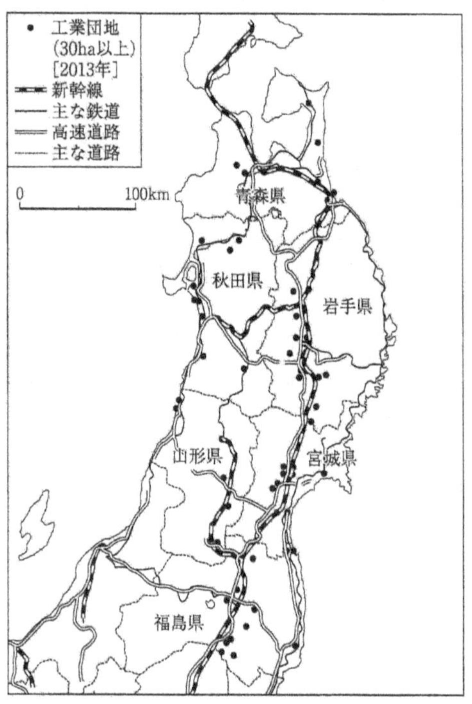

2　社会科の授業で，「それぞれの時代の社会はどのようになっているのだろうか」という課題で，班ごとにテーマを設定し，学習しました。次の1，2に答えなさい。

1　1班では，「稲作の歴史」というテーマを設定して調べました。下の(1)～(4)の問いに答えなさい。

> 亮太：日本では，a弥生時代には稲作が本格的に始まったんだよね。
> 里香：そうね。稲作が行われるようになったことで，社会のしくみが変わり，小さな国々ができたね。
> 健人：そうだね。b奈良時代には，律令制度のもとで班田収授が行われたんだ。c鎌倉時代になると，二毛作や牛や馬を使った農耕がみられるようになり，やがて各地に広まっていったね。
> 真奈：d江戸時代になると，さらに農業が発達したんだよね。
> 亮太：私は稲作が社会のしくみにどのような影響をあたえたか調べてみたい。
> 里香：それなら，私は江戸時代の農業の発達について調べてみるよ。

(1)　亮太さんは，下線部aの弥生時代に興味をもち，<メモ1>を作成しました。江戸時代に**資料1**の金印が発見された県を，**資料2**の**ア**～**エ**の中から一つ選んで，その記号を書きなさい。また，<メモ1>の［あ］，［い］に当てはまる語の組み合わせとして適切なものを，次のページの**ア**～**カ**の中から一つ選んで，その記号を書きなさい。

（**資料1**，**資料2**は次のページにあります。）

資料１　金印

資料２

＜メモ１＞
弥生時代には，日本の各地に国が生まれた。中国の歴史書には，1世紀の中ごろに奴国(なこく)の国王が あ に使いを送り**資料１**を授かったことや，３世紀に邪馬台国(やまたいこく)の卑弥呼(ひみこ)が い に使いを送り，銅鏡などを授かったことが書かれている。

ア［あ　魏(ぎ)　い　漢(かん)］　**イ**［あ　魏　い　宋(そう)］　**ウ**［あ　漢　い　宋］
エ［あ　漢　い　魏］　**オ**［あ　宋　い　漢］　**カ**［あ　宋　い　魏］

(2)　下線部**b**に関連して，**資料３**は奈良時代の農民の様子をよんだ歌である。この歌についてまとめた＜**メモ２**＞の う に当てはまる語を書きなさい。

＜メモ２＞
資料３は，国司を務めた山上憶良(やまのうえのおくら)が地方の貧しい農民の生活をよんだ歌である。この歌は，奈良時代に大伴家持(おおとものやかもち)がまとめたとされる和歌集『 う 』に収められている。

資料３　**貧窮問答歌(ひんきゅうもんどうか)**

人並みに田をつくっているのに，海草のように破れた着物を着て，つぶれて曲がった家の中で，地面にじかにわらを敷(し)いている。かまどには煙も立たず，こしきにはクモが巣を張り，飯をたくことも忘れて，ほそぼそとした声をたてている…これほどまでにどうしようもないものなのか。この世に生きるということは。

（一部要約）

(3)　下線部**c**に関連して，次のⅠ～Ⅲは鎌倉時代のできごとについて述べたものである。それらを古い順に並べたものを，下の**ア**～**カ**の中から一つ選んで，その記号を書きなさい。
Ⅰ　裁判の基準を示すために御成敗式目(ごせいばいしきもく)（貞永式目(じょうえいしきもく)）が定められた。
Ⅱ　御家人の生活苦を救うために永仁(えいにん)の徳政令(とくせいれい)が出された。
Ⅲ　元(げん)と高麗(こうらい)軍が九州北部に攻めてきたが，退(しりぞ)いた。

ア［Ⅰ－Ⅱ－Ⅲ］　**イ**［Ⅰ－Ⅲ－Ⅱ］　**ウ**［Ⅱ－Ⅰ－Ⅲ］
エ［Ⅱ－Ⅲ－Ⅰ］　**オ**［Ⅲ－Ⅰ－Ⅱ］　**カ**［Ⅲ－Ⅱ－Ⅰ］

(4)　真奈さんは，下線部**d**の江戸時代に興味をもち，次のページの**資料４**と**資料５**を見つけ，次のような<**メモ３**>を作成しました。<**メモ３**>の **え** に当てはまる内容を「農具」の語を用いて**25字以内**で書きなさい。

資料４　収穫高と耕地面積の変化

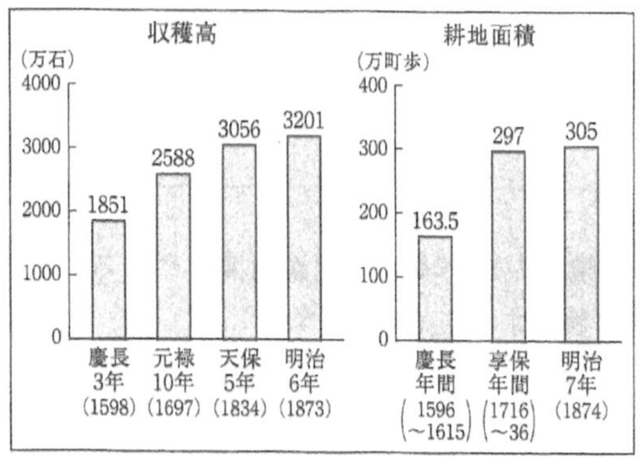

〔「一目でわかる江戸時代」より作成〕

資料５　江戸時代に普及した農具

> <**メモ３**>
> 江戸時代には，**資料４**のように収穫高が増加した。その理由は，**え** からである。

2　２班では，「内閣総理大臣」というテーマを設定し，〔**カード１**〕～〔**カード３**〕を作成しました。下の(1)～(3)の問いに答えなさい。

〔**カード１**〕 **お**	〔**カード２**〕**犬養毅**	〔**カード３**〕**吉田茂**
初代内閣総理大臣に就任し，明治政府の実権を握った。日露戦争後には，韓国統監府の初代統監となり，韓国併合を進めた。	満州事変開始後に内閣総理大臣に就任した。1932年に五・一五事件で海軍の青年将校らによって暗殺された。	第二次世界大戦後に内閣総理大臣に就任した。<u>1951年にサンフランシスコ平和条約と日米安全保障条約に調印した。</u>

(1)〔**カード１**〕の **お** に当てはまる人名を書きなさい。

(2)　２班は，〔**カード２**〕の内閣総理大臣について調べていく中で，**資料６**（次のページ）を見つけ<**メモ４**>を作成しました。<**メモ４**>の **か** に当てはまる内容を，「政党」の語を用いて**15字以内**で書きなさい。

> <**メモ４**>
> 五・一五事件によって，衆議院で最も議員の数が多い政党が内閣をつくるという **か** 。その後，軍人が内閣総理大臣に就任することが多くなった。

資料6　五・一五事件前後の内閣総理大臣

代	内閣総理大臣	在職期間	所属
28	若槻礼次郎（わかつきれいじろう）	1931年4月～1931年12月	立憲民政党
29	犬養毅	1931年12月～1932年5月	立憲政友会
30	斎藤 実（さいとうまこと）	1932年5月～1934年7月	海軍
31	岡田啓介（おかだけいすけ）	1934年7月～1936年3月	海軍

(3) 〔**カード3**〕の下線部と最も近い時期に起こったできごとについて述べた文として適切なものを，次の**ア**～**エ**の中から一つ選んで，その記号を書きなさい。

ア　第一次石油危機（オイル・ショック）が起こった。

イ　冷戦の象徴であるベルリンの壁が崩壊した。

ウ　北朝鮮が韓国に侵攻し，朝鮮戦争が始まった。

エ　世界平和を守るために国際連合が設立された。

3　次の(1)～(7)の問いに答えなさい。

(1) **資料1**は国会，内閣，裁判所の関係を示したものである。a，b，cの説明の組み合わせとして適切なものを，次の**ア**～**カ**の中から一つ選んで，その記号を書きなさい。

資料1　三権分立

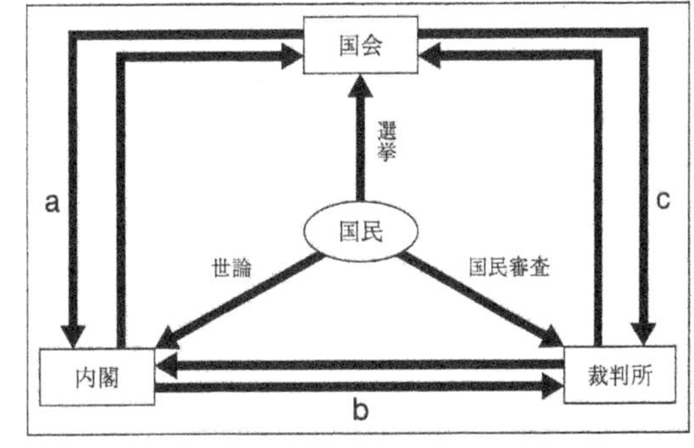

ア　［a　法律の違憲審査を行う　　b　弾劾（だんがい）裁判所を設置する　　c　法律の違憲審査を行う　］

イ　［a　法律の違憲審査を行う　　b　行政裁判を行う　　c　弾劾裁判所を設置する　］

ウ　［a　弾劾裁判所を設置する　　b　最高裁判所長官を指名する　　c　法律の違憲審査を行う　］

エ　［a　弾劾裁判所を設置する　　b　行政裁判を行う　　c　最高裁判所長官を指名する］

オ　［a　内閣不信任の決議を行う　　b　最高裁判所長官を指名する　　c　弾劾裁判所を設置する　］

カ　［a　内閣不信任の決議を行う　　b　弾劾裁判所を設置する　　c　最高裁判所長官を指名する］

(2) 次のページの**資料2**は，日本の近年の衆議院と参議院の選挙について示したものである。衆議院と参議院の選挙について説明したものとして適切なものを，次のページの**ア**～**エ**の中から**すべて**選んで，その記号を書きなさい。

資料２ 衆議院・参議院選挙の実施時期と定数

衆議院議員総選挙			参議院議員通常選挙		
回次	実施時期	定数	回次	実施時期	定数
第44回	2005年９月	480	第21回	2007年７月	121
第45回	2009年８月	480	第22回	2010年７月	121
第46回	2012年12月	480	第23回	2013年７月	121
第47回	2014年12月	475	第24回	2016年７月	121
第48回	2017年10月	465	第25回	2019年７月	124
第49回	2021年10月	465	第26回	2022年７月	124

〔総務省資料より作成〕

ア　衆議院には解散制度があるため，衆議院議員総選挙の実施時期は不規則である。
イ　参議院議員の任期は３年であるため，参議院議員通常選挙は３年ごとに実施されている。
ウ　日本の人口が減少傾向にあることから，衆議院，参議院ともに定数は減少し続けている。
エ　衆議院は参議院に比べて定数が多く，また，国会の議決においては衆議院の議決が優先される場合がある。

(3)　次の文は，法律の制定について述べたものである。文中の［ａ］に当てはまる語を書きなさい。また，［ｂ］，［ｃ］に当てはまる語の組み合わせとして適切なものを，下の**ア**～**エ**の中から一つ選んで，その記号を書きなさい。

> 法律案は国会議員か［ａ］が作成し，国会に提出する。法律案は［ｂ］でくわしく審査され，本会議で採決を行い，出席議員の［ｃ］の賛成で可決される。

ア　［ｂ　委員会　　ｃ　過半数　］
イ　［ｂ　委員会　　ｃ　３分の２以上］
ウ　［ｂ　両院協議会　　ｃ　過半数　］
エ　［ｂ　両院協議会　　ｃ　３分の２以上］

(4)　次のページの**資料３**，**資料４**は，裁判のしくみをそれぞれ示したものである。**資料３**，**資料４**について説明したものとして適切なものを，下の**ア**～**エ**の中から一つ選んで，その記号を書きなさい。

ア　金銭の貸し借りなど私人間の対立を解決するために裁判は，**資料３**のしくみがとられる。
イ　国民の感覚を裁判に反映させるための裁判員裁判は，**資料４**の裁判で導入されている。
ウ　国や地方公共団体を相手に争う行政裁判は，**資料４**のしくみがとられる。
エ　**資料３**，**資料４**ともに判決を待たずに双方が合意する和解によって解決することがある。

資料３

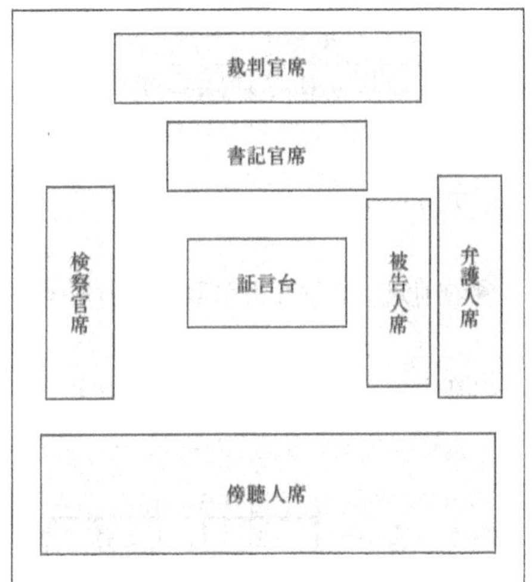

資料４

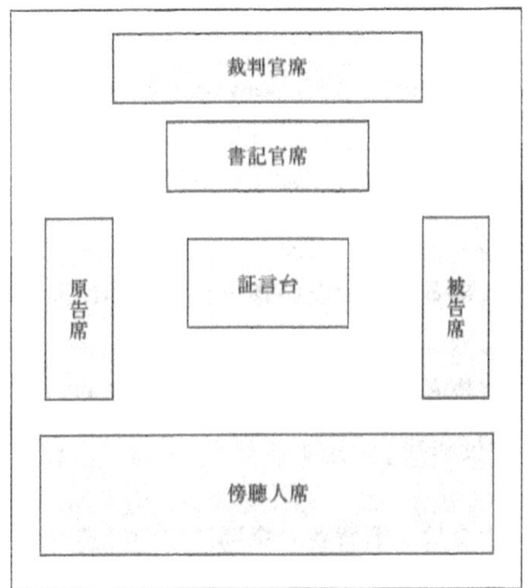

(5) 地方自治では，一定の署名を集めれば，直接請求権を行使できる。**資料５**は，地方自治法の改正により，直接請求に必要な署名数の変化を示している。このような手続きの変更が行われた目的について述べた文として適切なものを，下の**ア**～**エ**の中から一つ選んで，その記号を書きなさい。

資料５　直接請求に必要な署名数

改正前	2002 年の改正	2012 年の改正
有権者数の 1/3 以上	有権者数が 40 万人以下の場合 有権者数の 1/3 以上	有権者数が 40 万人以下の場合 有権者数の 1/3 以上
	有権者数が 40 万人を超える場合 40 万人の 1/3 に 40 万人を超える人数の 1/6 を足した数以上	有権者数が 40 万人を超える場合 40 万人の 1/3 に 40 万人を超える人数の 1/6 を足した数以上
		有権者数が 80 万人を超える場合 40 万人の 1/3 に 40 万人の 1/6 と 80 万人を超える人数の 1/8 を足した数以上

ア　有権者数の少ない地方公共団体において，議会の解散に必要な署名数を集めやすくするため。

イ　有権者数の多い地方公共団体において，議会の解散に必要な署名数を集めやすくするため。

ウ　有権者数の少ない地方公共団体において，条例の制定に必要な署名数を集めやすくするため。

エ　有権者数の多い地方公共団体において，条例の制定に必要な署名数を集めやすくするため。

(6) 次の文は，消費者の権利について述べたものである。文中の a ， b に当てはまる語の組み合わせとして適切なものを，次のページの**ア**～**エ**の中から一つ選んで，その記号を書きなさい。また，［c］に当てはまる語を**漢字２字**で書きなさい。

> 日本では1960年代に消費者問題が深刻化したため，クーリングオフ制度や製造物責任法（ＰＬ法）などが制定された。さらに2004年には［a］が出され，消費者の権利が明確に規定され，［b］の責務が示された。その一方で，［c］した消費者として，消費者自ら情報を集め，それに基づいて消費生活を送ることが求められている。

ア　［a　消費者契約法　　b　国や地方公共団体］
イ　［a　消費者契約法　　b　企業　　　　　　］
ウ　［a　消費者基本法　　b　国や地方公共団体］
エ　［a　消費者基本法　　b　企業　　　　　　］

⑺　企業は利潤を追求するだけではなく，教育，文化，環境保護などの責任を果たすべきだという考え方が広まっている。この考え方を何というか，**アルファベット**で書きなさい。

４　大地さんの学校では，貨幣について学習し，それぞれの班が関心のあるテーマを設定し，それについて調べました。次の１～３に答えなさい。

1　Ａ班では，ＥＵで導入されている「ユーロ」というテーマを設定して調べ，**資料１**を見つけ，これらの資料をもとに話し合いました。下の⑴～⑶の問いに答えなさい。

資料１　ユーロ使用国〔2017 年〕

⑴　**資料１**の**A**国について説明したものとして適切なものを，次の**ア**～**エ**の中から一つ選んで，その記号を書きなさい。

ア　18世紀に市民革命が起こり，国民主権などを唱える人権宣言を発表した。
イ　世界で最初に産業革命が起こり，19世紀には世界の工場と呼ばれるようになった。
ウ　19世紀に自由貿易や奴隷制度をめぐって国を二分する内戦が起こった。
エ　20世紀に発足した国際平和を守るための組織である国際連盟の本部が置かれた。

⑵　**資料１**の**B**国について述べた次の文の［あ］に当てはまる法の名称を書きなさい。

> 資本主義経済が発達すると，人々の間で貧富の差が広がった。そこで，20世紀になると，社会権が認められるようになり，**B**国で1919年に制定された［あ］は，この権利を最初に取り入れた。

⑶　ユーロを導入しているＥＵと他の地域連合を比べるため，次のページの**資料２**から**<メモ１>**を作成しました。**ア**～**エ**は，ＥＵ，ＡＳＥＡＮ，ＵＳＭＣＡ，ＭＥＲＣＯＳＵＲ（メルコスール）のいずれかを示しています。**資料２**，**<メモ１>**を見て，ＥＵに当てはまるものを，**資料２**の**ア**～**エ**の中から一つ選んで，その記号を書きなさい。

資料2　人口と貿易額〔2019 年〕

	人口 （百万人）	貿易額（億ドル）	
		輸出額	輸入額
ア	661	14185	13990
イ	445	57800	54987
ウ	494	25479	34602
エ	306	3292	2755

〔「世界国勢図会」2021/22 年版より作成〕

<メモ１>
・ＡＳＥＡＮの人口は，ＭＥＲＣＯＳＵＲの人口よりも多い。
・ＵＳＭＣＡは旧ＮＡＦＴＡのことである。輸出額が輸入額を下回っているのは，ＵＳＭＣＡだけである。
・輸入額と輸出額の合計が50000億ドルを下回っているのはＡＳＥＡＮとＭＥＲＣＯＳＵＲである。

2　Ｂ班では，日本の貨幣（かへい）の歴史について調べる中で，**資料3**，**資料4**を見つけ，それらの資料をもとに話し合いをしました。あとの(1)～(4)の問いに答えなさい。

資料3　貨幣の歴史

時代	できごと
飛鳥（あすか）	日本最古の貨幣とされる［　い　］が発行された。
平安	日宋（にっそう）貿易を通じて宋銭（そうせん）が輸入された。
室町	勘合（かんごう）貿易を通じて明銭（みんせん）が輸入された。
江戸	江戸幕府が貨幣を鋳造（ちゅうぞう）した。
明治	全国に流通する政府発行の紙幣（しへい）がつくられた。

資料4　江戸時代の貨幣の改鋳

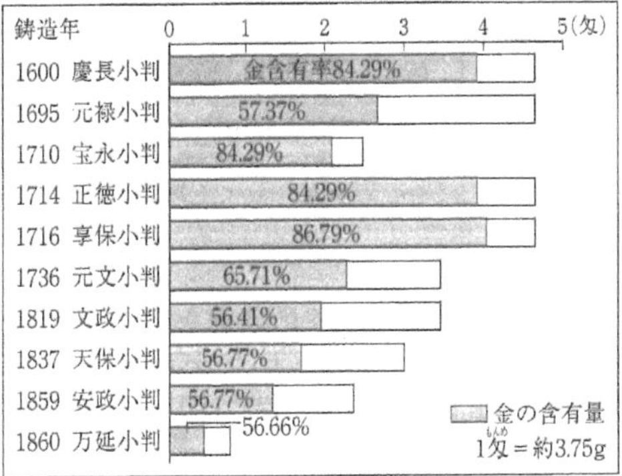

大地：資料3を見ると，日本の貨幣の歴史がわかるね。
理子：日本最古の貨幣とされる［い］は飛鳥時代に発行されたんだね。
健太：そうだね。［い］は，［う］に勝利して即位した天武天皇のころに発行されたんだよ。
大地：平安時代からは日宋貿易や a 勘合貿易などを通じて，中国から貨幣が輸入されたんだね。これらの貨幣は定期市での売買に使用されたんだよ。
理子：江戸幕府は貨幣を大量につくり，全国に流通させたね。資料4を見ると，江戸時代には何度も b 貨幣が改鋳(かいちゅう)されているね。なぜ貨幣が改鋳されたのか，調べてみようかな。
健太：私は，c 明治時代には政府が紙幣を発行したので，今までどのような紙幣が発行されてきたか調べてみるね。

⑴　会話文中の［い］，［う］に当てはまる語の組み合わせとして適切なものを，次のア～エの中から一つ選んで，その記号を書きなさい。

ア ［い　富本銭(ふほんせん)　う　白村江(はくすきのえ／はくそんこう)の戦い］　イ ［い　寛永通宝(かんえいつうほう)　う　白村江の戦い］

ウ ［い　富本銭　う　壬申(じんしん)の乱］　エ ［い　寛永通宝　う　壬申の乱］

⑵　下線部aについて，大地さんは<メモ2>を作成し，勘合貿易についてまとめました。<メモ2>の［え］に当てはまる語を書きなさい。

<メモ2>
足利義満(あしかがよしみつ)は明の要求に応じて，海賊行為(かいぞくこうい)をはたらく［え］を禁じる一方で，正式な幕府の貿易船には明から与えられた勘合をもたせ，貿易を行った。

⑶　下線部bについて，理子さんは<メモ3>を作成し，資料4についてまとめました。<メモ3>の［お］に当てはまる人名を書きなさい。また，［か］，［き］に当てはまる語を，下のア～エの中からそれぞれ一つ選んで，その記号を書きなさい。

<メモ3>
17世紀後半，生類憐(しょうるいあわれ)みの令を出したことで知られる江戸幕府の将軍［お］は，幕府の財政が厳しくなると，収入を増やすために，貨幣に含まれる金の量を［か］，貨幣の発行量を増やした。その影響で物価が［き］，人々の生活は苦しくなった。

ア　増やし　　イ　減らし　　ウ　上がり　　エ　下がり

⑷　下線部cについて，明治時代に起こった次のア～エのできごとを，年代の古い順に左から並べて，その記号を書きなさい。

ア　日清修好条規(にっしんしゅうこうじょうき)が結ばれ，清と国交を開いた。
イ　下関(しものせき)条約が結ばれ，日本は遼東(りょうとう／リアオトン)半島や台湾を獲得した。
ウ　ポーツマス条約が結ばれ，日本は北緯50度以南の樺太(からふと)（サハリン）を獲得した。
エ　日英通商航海条約が結ばれ，領事裁判権(りょうじさいばんけん)が撤廃された。

3　C班では，近年増加している「現金を使用しない決済方法」というテーマを設定し，クレジットカードについて調べました。友香さんは<メモ４>を作成し，クレジットカードの利用の注意点についてまとめました。<メモ４>の **く** に当てはまる内容を，**資料５**を参考にして，「請求」，「収入」の語を用いて30字以内で書きなさい。

資料５　クレジットカードの支払いのしくみ

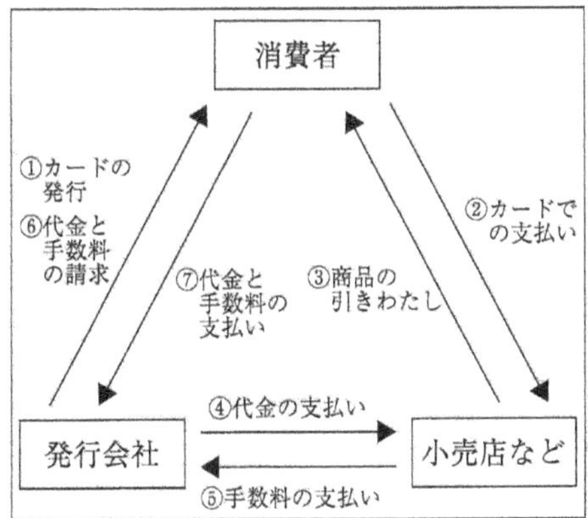

<メモ４>

資料５はクレジットカードの支払のしくみを示したものである。クレジットカードを利用することで手元に現金がなくても商品を購入することができるが，代金と手数料は **く** 必要がある。

ア　心に残ったのは以前に担当いたした患者さんの話です。
イ　心に残ったのは以前に担当なさった患者さんの話です。
ウ　以前に担当いたした患者さんの話が心に残りました。
エ　以前に担当なさった患者さんの話が心に残りました。

(二)　次の送り状【Ⅰ】・【Ⅱ】について述べたものとして、最も適切なものを、後のア～エの中から選んで、その記号を書きなさい。

【Ⅰ】

お届け先	郵便番号	300－＊＊＊＊
	電話番号	029(＊＊＊)1234
	住所	そよかぜ市犬山町1
		丁目23番地45号
	氏名	林原保育園　様
ご依頼主	郵便番号	300－＊＊＊＊
	電話番号	029(＊＊＊)4321
	住所	あおぞら市大熊町6
		丁目78番地9号
	氏名	山里中学校 生徒会　様

【Ⅱ】

お届け先	郵便番号	300－＊＊＊＊
	電話番号	029(＊＊＊)1234
	住所	そよかぜ市犬山町
		1－23－45
	氏名	林原保育園　御中 様
~~ご~~依頼主	郵便番号	300－＊＊＊＊
	電話番号	029(＊＊＊)4321
	住所	あおぞら市大熊町
		6－78－9
	氏名	山里中学校 生徒会　様

ア　【Ⅰ】は【Ⅱ】と異なり、住所を読みやすくする工夫をしている。
イ　【Ⅱ】は【Ⅰ】と異なり、相手に対する敬意を適切に表している。
ウ　【Ⅰ】は【Ⅱ】と同様に、住所を読みやすくする工夫をしている。
エ　【Ⅱ】は【Ⅰ】と同様に、相手に対する敬意を適切に表している。

(三)　次の(1)・(2)の――部の片仮名の部分を漢字に直したものとして、最も適切なものを、それぞれ後のア～エの中から一つ選んで、その記号を書きなさい。

(1)　彼はチームにフカケツな存在だ。

ア　決　イ　結　ウ　欠　エ　潔

(2)　ソッキョウで楽器を演奏する。

ア　興　イ　境　ウ　競　エ　供

(四)　次の(1)～(3)の――部の漢字の読みを平仮名で書きなさい。

(1)　偏った考え方。　(2)　文章の抑揚。　(3)　策を施す。

手が想像しやすくなる効果。

ウ　【Ⅰ】に書かれている内容と同様のテーマを持つ論考を示すことで、発表の中心点を明確にする効果。

エ　【Ⅰ】に書かれている内容の客観的な根拠を示すことで、発表者の考えをより明確に示す効果。

(七)　次は、上野さんが発表で示すために作成したスライドの一部です。［C］、［D］に入る内容として、最も適切なものを、それぞれ次のア～エの中から選んで、その記号を書きなさい。

【スライドの一部】

【Ⅰ】の文章
◇　日本の文化の特性
［C］

【Ⅱ】の文章
◇　伝統的な日本人の生き方
［D］を最優先する

［C］
ア　装飾美と簡素美を融合させる
イ　異国風と和風のバランスを保つ
ウ　外からの影響を受け入れない
エ　繰り返しのリズムをもつ

［D］
ア　血縁による「家族」を超えた「イエ」
イ　個人の欲望を充足させるための「イエ」
ウ　「国」の存続と繁栄を支えている「イエ」
エ　「長幼の序」を守る場としての「イエ」

四　(一)～(四)の問いに答えなさい。

(一)　次の【手紙】の［　］に入る表現として、最も適切なものを、後のア～エの中から選んで、その記号を書きなさい。

【手紙】

拝啓
　鮮やかな夏の兆しを感じる頃となりましたが、皆様はいかがお過ごしでしょうか。私たちは今、来月の体育祭に向けて日々練習に励んでいるところです。
　さて、先日は、ご多忙の中、本校でご講演いただき、ありがとうございました。内科医師として先生が大切にしておられる心構えをうかがうことができて、改めて医師という仕事に深い魅力を感じました。先生のお話の中でも、私は、［　］
（中略）
　季節の変わり目ですので、体調を崩されませんように、くれぐれもお体にご留意ください。
敬具
五月二十五日
青葉市立中学校二年三組　竹下　智
青葉中央病院長
山岡　隆夫　様

(二) 【Ⅰ】の A に入る言葉として、最も適切なものを、次のア～エの中から選んで、その記号を書きなさい。

ア さらに　イ たとえば　ウ しかし　エ なぜなら

(三) 次の一文は、【Ⅰ】の〈ア〉～〈カ〉のどこに入るか。最も適切な箇所の記号を書きなさい。

> そうした油っこい空間に立ってこそ、彼らの理想の美の欲求を満足させることができたのであった。

(四) 【Ⅰ】の文章の展開の説明として、最も適切なものを、次のア～エの中から選んで、その記号を書きなさい。

ア 日本の文化の構造について、専門家の考えを示した上で反論を述べている。

イ 日本の文化の性格について、複数の具体例をあげながら疑問を述べている。

ウ 日本の文化の課題について、文化人類学の視点を根拠に主張を述べている。

エ 日本の文化の特性について、外国の文化と比較しながら考察を述べている。

【Ⅱ】（【Ⅰ】を読んだ後に見つけた文章の一部）

伝統的な日本人の生き方としては、己を支えるものとしての「イエ」が極めて重要であった。というよりは、むしろ、まず「イエ」の存続ということが第一義としてあり、各人は自分の所属する「イエ」の存続と繁栄の方をまず考えた。ここにわざわざ「イエ」として表現したことは、先人の多くの研究が示しているように、それが必ずしも血縁による家族を示していないことが特徴的であるためである。

韓国やかつての中国においては、血縁による大家族が極めて大切である（現在の中国の状況は簡単には言い難いと思う）。それは「国」より大事であると言っていいだろう。フィリピンにおいても同様と思うが、他のアジア諸国については、よく知らないので言及しない。このような国にあっては、「家族」の存続と繁栄が個人の欲望の充足よりも重い意味を持つ。

韓国人は日本人に比して、自己主張すべきときははっきりとするし、日本人のように論争を避けようとしすぎることがないので、韓国人は日本人よりも近代的であるとか、個人主義的であると言う人がある。しかし、それはそれほど B ではない。韓国人は「家族」の外に出ると強く自己主張するが、家族内においてはほとんどと言っていいほど、自己主張をせず、「長幼の序」を守っている。

（河合隼雄「『日本人』という病」による。）

(五) 【Ⅱ】の B に入る言葉として、最も適切なものを、次のア～エの中から選んで、その記号を書きなさい。

ア 深刻　イ 単純　ウ 不当　エ 疑問

(六) 上野さんが発表原稿を作成するときに、【Ⅱ】を用いることで、どのような効果が得られるか。最も適切なものを、次のア～エの中から選んで、その記号を書きなさい。

ア 【Ⅰ】に書かれている内容とは反対の主張を示すことで、聞き手と議論をできるようにする効果。

イ 【Ⅰ】に書かれている内容と同じ分野の話を繰り返すことで、聞き

大きな波を打ちながら今日に至っている。〈 ウ 〉

※2バタ臭い異国風文化と和風文化は対照的なものと思われるが、その区別の基準を私なりの立場で説明しておきたい。バタ臭さの代表例はパリ郊外のヴェルサイユ宮殿である。あの美しさはすべてのヨーロッパ人にとってあこがれの的だが、これでもかこれでもかという油っこい装飾を重ねた塊である。鏡の間を見ると窓の外にはフランス流の人工植栽の庭園が二キロメートル広がる。それを鏡に写して四キロメートルの庭の中央に立つという発想である。一方日本の庭は借景式※3だから、手前の塀の向こうに山が見えればそれでことは足りるが、彼らのガーデンというのははるかにかすむ彼方までがわが領域でなくてはならない。その中に建つ宮殿の室内の天井には三〇〇〇本のロウソクを吊り下げ、床には分厚い※4ゴブラン織のじゅうたんを敷く。〈 エ 〉

一方、これに対する和風の代表例は桂離宮である。両者とも時代はほぼ同じだが、こちらのほうはまた簡素美の結晶といってよい。すべての装飾を取り去って、柱と※5梁の構造材だけであの優れた建築美を作り出している。これこそ資源小国の日本らしい痩せ我慢の傑作かと思うが、日本にも立派なヴェルサイユ宮殿があった。それは日光東照宮である。

A 日光風は日本人の好みに合わないので普及しなかったのである。私たちがいまでも※6数奇屋風の家に住んでいるのは、その簡素さを好む証拠といってよいであろう。〈 オ 〉

もう一つの例をあげよう。いまここに神様の住まいを作れという課題を出されたら、ヨーロッパ人は※7幾何学と大理石を駆使してギリシャのパルテノン宮殿を建てる。これは二三〇〇年経ったいまも、オリジナルの形を保って建っている。ところが日本人は伊勢神宮を建てる。白木では長くその美しさを保てないから、二〇年ごとに建て替えながら、それを繰り返していくという知恵を生む。〈 カ 〉

（中略）

文化人類学者のレヴィ＝ストロース氏は、日本文化の特色を次のように評価しているそうである。

日本人は二つの顔を持っていて、バランスを取りながら数世紀にわたってそれを使い分けてきた。

外からの影響には自らを開いて素早く取り入れる。次に自分のうちに引き籠ってそれを熟成させていく。そしてまた開いて、次にまた閉じるというように、繰り返しのリズムをもって文化を発展させてきた。それは賢明な策だったと指摘しているそうだが、これは※8示唆に富む話である。

私たちはそういう目で、もう一度日本の文化の特性を見直してみる必要があると思う。

（小原二郎「木の文化をさぐる」による。）

※1　サインカーブ＝同じ形を繰り返す波形の曲線。
※2　バタ臭い＝いかにも西洋風である。
※3　借景式＝周囲の自然や建物を背景として利用する日本庭園の様式。
※4　ゴブラン織＝フランスのゴブラン工場で製作される装飾用の織物。
※5　梁＝建物の水平方向に架けられ、屋根などの重みを支えるもの。
※6　数奇屋＝茶室。小さくて簡素な部屋。
※7　幾何学＝ここでは「単純な図形を連続させたデザイン」という意味。
※8　示唆に富む＝気づかされることの多い。

(一)　【Ⅰ】に異国風文化と和風文化は対照的とあるが、どういうことか。本文中の言葉を使って、四十字以上、五十字以内で書きなさい。（句読点を含む。）

(一) 【Ⅰ】の さるほどに・くだんの・なうて・おこせよ のうち、現代仮名遣いで書いた場合と表記が異なるものを一つ選んで、その番号を書きなさい。

(二) 【Ⅰ】の よびいだし・とりよせ・わたせり・出だし のうち、一つだけ主語が異なるものを選んで、その記号を書きなさい。

(三) 【Ⅱ】に ①薪を売った百姓と、薪を買った武士の間で、もめごとが起こりました とあるが、【Ⅰ】に書かれているもめごとの内容として、最も適切なものを、次のア～エの中から選んで、その記号を書きなさい。

ア 百姓が売った薪の代金を、武士が支払おうとしなかった。
イ 百姓が山に置き忘れた鎌を、武士が見つけて自分の物にした。
ウ 百姓が薪を樵るのに使う鎌を、武士が無理やり奪い取った。
エ 百姓が薪と一緒に鎌を渡したことを、武士が知らないふりをした。

(四) 【Ⅱ】に ②見事な方法で百姓の言い分が嘘ではないことを確かめています とあるが、【Ⅰ】で伊賀守はどのような方法で確かめようとしたのか。二十字以上、三十字以内の現代語で書きなさい。(句読点を含む。)

(五) 【Ⅱ】に ③武士と百姓の最終的な損得 とあるが、【Ⅰ】における損得の具体的な説明として、最も適切なものを、次のア～エの中から選んで、その記号を書きなさい。

ア 武士は罰金を取られた分の損をし、百姓は武士から取った罰金を与えられた分の得をしている。
イ 武士は罰金を取られた分の損をし、百姓は高価な肩衣袴と安価な鎌を交換した分の得をしている。
ウ 武士は肩衣袴と罰金を取られた分の損をし、百姓は武士から取った罰金を与えられた分の得をしている。
エ 武士は肩衣袴と罰金を取られた分の損をし、百姓は高価な肩衣袴と安価な鎌を交換した分の得をしている。

三 上野さんは、国語の授業で、調べたことをまとめて発表する学習活動を行うことになり、「日本文化」をテーマに発表しようと考えました。発表原稿を作成するために見つけた文章【Ⅰ】・【Ⅱ】について、後の(一)～(七)の問いに答えなさい。

【Ⅰ】

日本の文化は大まかに捉えると三層構造になっている。その意味は次のようなことである。まず初めに固有の文化があったが、一四〇〇年前にその上に大陸から新しい文化が入ってきて積み重なった。さらに一五〇年前にヨーロッパから別の性格を持つ文化が入ってきてその上に積み重なり、現在に至っているのである。〈 ア 〉

その第一段階の文化について国際日本文化研究センターの安田喜憲(やすだよしのり)教授は、文明のタイプには森を守る文明と、森を支配する文明との二つがあるという。日本の文化は前者に属していて、すべては豊かな照葉樹林の森から生まれたと書いておられる(『森を守る文明・支配する文明』PHP新書、一九九七年)。〈 イ 〉

そうした固有の文化を持っているところへ、飛鳥(あすか)時代になって、中国から朝鮮半島を通って仏教が入ってきた。そのときの手本になったのは唐の都の長安であったから、文化の性格は大きく異国風に傾いていった。その後は文化の性格は異国風と和風との間をサインカーブ[※1]を描いて

の中から選んで、その記号を書きなさい。

ア　樺島と級友たちの会話を示すことでい樺島の人望の高さを想像しやすくしている。

イ　操の主観的な視点から描くことで、操の心情の変化をわかりやすく表現している。

ウ　校舎や教室の様子を強調することで、操の前向きな心情を間接的に描いている。

エ　情景描写を多用することで、樺島と操の関係が変化する様子を印象づけている。

二　荒木さんたちは、「昔の人の考え方を知ろう」という国語の授業で、【Ⅰ】の古典の文章を読み、【Ⅱ】のように内容についてグループで話し合いました。後の㈠～㈤の問いに答えなさい。

【Ⅰ】　古典の文章

山科の百姓薪を樵り、負ひたるまま山より直ぐに京に出でて売る。1さるほどにかの薪の上にさして置きたる鎌をうちわすれ、宿に帰り、漸く思ひ出し、右の薪買うたる人のもとに行き、2くだんのよしをいひてければ、主人出合ひ、「われは薪をこそ買うたれ、鎌をば買はず。何事をほれていふやらん（何をたわごとを言うのだ）」と、一向とりあはねば、是非3なうて※1所司代へ申しけり。

双方アよびいだし、聞きての上に（言い分を聞いた上で）、※2伊賀守、「先づしばらくほど（少し時間がかかるので）あらんに、※3肩衣袴をぬぎ、ゆるゆるとゐよ」と気をくつろげ、ぬぎたるをイとりよせ、そと持たせつかはし（所司代の外へ持っていかせ）、「この肩衣袴と、そちにある鎌をかへて4おこせよ」とあれば、女房うたがひなく思ひ、ウわたせり。そのごとくなる鎌を五六挺まじへ（それと似たような鎌を五つ六つほど混ぜて出し）エ出だし、百姓に「見分けよ」とあれば、「これぞ私のなれ」とて取りたり。その後、鎌をかくしつるものに、過銭（罰金）として三貫文いださせ、以前の百姓に扶持ありしことよ（与えたということだ）。

（「醒睡笑」による。）

※1　所司代＝治安維持のための役所で、裁判所のような機能を持つ。
※2　伊賀守＝伊賀国の役人。裁判などを行う。
※3　肩衣袴＝江戸時代の武士の正装。

【Ⅱ】　話し合いの一部

荒木　この文章では、まず、①薪を売った百姓と、薪を買った武士の間で、もめごとが起こりました。

原田　伊賀守は、百姓と武士の両方の話を聞いたあと、②見事な方法で百姓の言い分が嘘ではないことを確かめています。

矢野　③武士と百姓の最終的な損得を考えても、伊賀守の裁きは理にかなっていて、見事だと言えます。

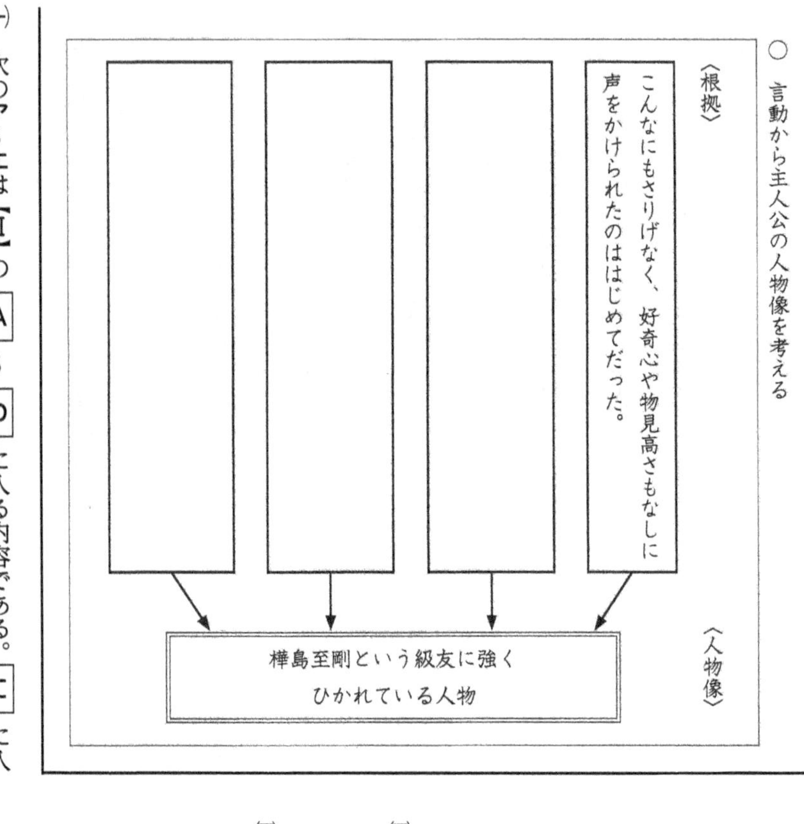

○ 言動から主人公の人物像を考える
〈根拠〉
こんなにもさりげなく、好奇心や物見高さもなしに声をかけられたのははじめてだった。
〈人物像〉
樺島至剛という級友に強くひかれている人物

㈠ 次のア～エは【Ⅱ】の A ～ D に入る内容である。 C に入るものとして、最も適切なものを、次のア～エの中から選んで、その記号を書きなさい。

ア 自己紹介をする　　イ 教科書について訊ねる

ウ 操の性格に配慮する　　エ 学校生活について具体的に説く

㈡ 【Ⅰ】・【Ⅱ】の中に ①安堵 とあるが、操が安堵した理由として、最も適切なものを、次のア～エの中から選んで、その記号を書きなさい。

ア 窓越しに見えた澄明な天に励まされ、転校初日の緊張や気詰まりが解消されたから。

イ 校舎の手入れだけでなく、生徒が使う運動用具の管理も行き届いていると感じたから。

ウ 新しい学校の校風が、生徒に運動を強要するようなものではないように思われたから。

エ 一致団結の精神で運動に取り組むことで、不得手な球技を克服できそうだと思ったから。

㈢ 【Ⅰ】・【Ⅱ】の中に ②友のありがたみ とあるが、操が友のありがたみを感じている理由を、本文中の言葉を使って、四十字以上、五十字以内で書きなさい。(句読点を含む。)

㈣ 【Ⅱ】の「言動から主人公の人物像を考える」の □ にはそれぞれ本文中の根拠となる部分が入るが、そこに入るものとして、**適切でないもの**を、次のア～エの中から一つ選んで、その記号を書きなさい。

ア 一応説明しておくと、至るに剛力の剛と書いてみちたかと読ませるのさ。至大至剛っていう孟子のことばだよ。

イ 彼は、十四歳という年齢の持ち得るかぎりの機知に富み、明朗で麗しく、それらは少年の人柄に最大限生かされていた。

ウ 至剛という名前のおよぼす印象は、すらりとした躰つきではなく、おおらかで惑いのない気立てに尽きる。

エ 月並みに「ほら、もっと大きな声をだしてご覧」などと励ましはしない。皆と活発にまじわるのを無理強いすることもない。

㈤ 【Ⅰ】の表現の特徴として、最も適切なものを、次のページのア～エ

それらは少年の人柄に最大限生かされていた。至剛という名前のおよぼす印象は、すらりとした躰（からだ）つきではなく、おおらかで惑いのない気立てに尽きる。

樺島は、操が内気で小声であるということを重荷に感じないよう、それとなく配慮してくれた。月並みに「ほら、もっと大きな声をだしてご覧」などと励ましはしない。皆と活発にまじわるのを無理強いすることもない。傍（そば）にいて始終かばってくれるというやり方ではなく、操が精一杯努力した後で、どうしても手助けがほしいと思うときに、必ず手を差しのべるというふうだった。

「静かなのはいいことだよ。声をはりあげなくたっていい。耳を澄ませば、いくらだって聞こえるんだから。」

樺島のおかげで、操はくりかえした転校の中ではじめて、情けない思いをせずに学校生活を送ることができた。

二学期は思いのほか早く過ぎ、冬休みを迎えた。例年祖父母の家で歳を越す操は、めずらしく休暇明けを待ち侘（わ）びながら正月を過ごした。初詣（はつもうで）で、家族以外の者の幸福や健康を祈ったのも、かつてないことだった。操の生活にこれまで介在したことのない、②友のありがたみを、しみじみとかみしめた休暇は、あっという間に過ぎた。

（長野（ながの）まゆみ「鳩（はと）の栖（すみか）」による。）

※1　これみよがしに＝見せつけるように。
※2　物見高さ＝物事を珍しがって見たがる様子。
※3　孟子＝古代中国の思想家。
※4　人となり＝人柄。
※5　収斂している＝集まっている。

【Ⅱ】　吉田さんのノート

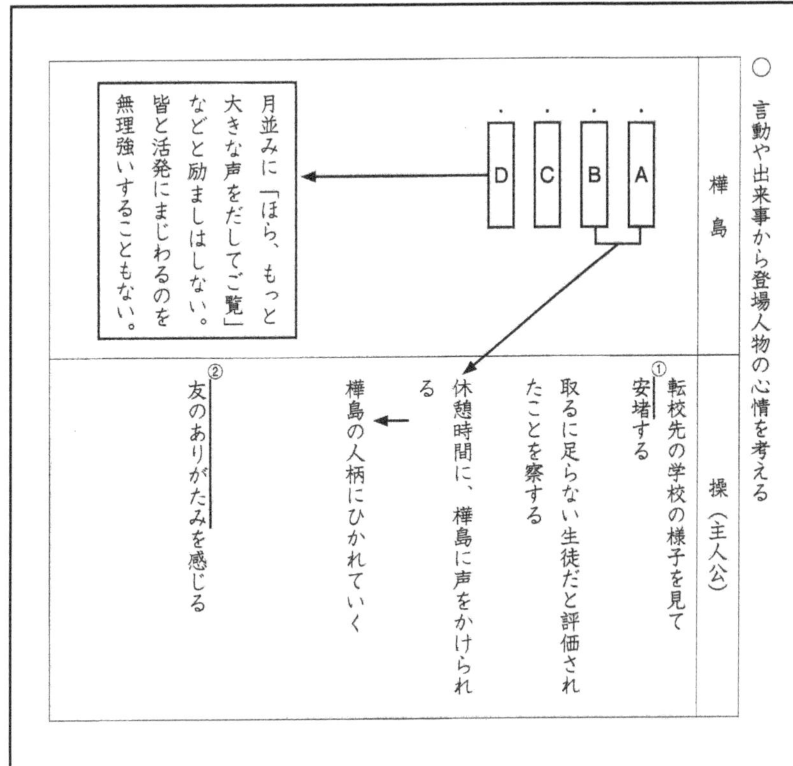

○　言動や出来事から登場人物の心情を考える
樺島
操（主人公）
A
B
C
D
月並みに「ほら、もっと大きな声をだしてご覧」などと励ましはしない。皆と活発にまじわるのを無理強いすることもない。
転校先の学校の様子を見て①安堵する
取るに足らない生徒だと評価されたことを察する
休憩時間に、樺島に声をかけられる
樺島の人柄にひかれていく
②友のありがたみを感じる

【国語】（五〇分）〈満点：一〇〇点〉

一　吉田さんは、国語の授業で【Ⅰ】の文章を読み、登場人物の心情や主人公の人物像を【Ⅱ】のようにノートにまとめました。後の㈠～㈤の問いに答えなさい。

【Ⅰ】　授業で読んだ文章

飾り気のない校舎だが、手入れはよく行き届いている。磨かれた窓から、操を励ますように澄明な碧い天が見えた。下駄箱や廊下に運動用具がならんでいないのが、ひとまず操を①安堵させた。度重なる転校で、早々と校風を見抜く眼力だけは長けていた。

学校によっては、ボールや体操器具が※1これみよがしに廊下へならび、ひとりひとりがいかに熱心にそれと取り組んでいるかを誇らしげにあらわした。操は小柄で非力なのを気にしている。生徒をひとり洩らさず運動に駆り立てる一致団結の精神には、もっとも馴染めないのだ。

教室への第一歩は、これまでに経験した緊張や気詰まりと似たり寄ったりだった。少しだけどよめき、ひそひそ声に変わる。操は力の抜けた声で、面白みのない挨拶をし、指定された席へおとなしく腰かけた。

隣あう生徒の好奇心を満たすだけの応答を小声でかわした後は、不慣れな教科書へ目を落とした。字面を目で追っても、頭へ入ってこない。その後、生徒たちはざわつくこともなく教室は平静に戻った。操は、またしても取るに足らない生徒だと評価されたことを察した。

操は級友たちの顔や名前を覚えるよりも、天井に打ちこまれた鋲の数や、床の釘穴の数を知るほうが先になるだろうと思った。ほうっておいて呉れればまだいい。不得手な球技に無理やり誘われやしないかと、気が気でない。巧くボールを扱えず、もたもたしている我が身の姿を容易に想像できた。

そんな具合だったので、次の休憩時間に声をかけられたときは驚いた。

「教科書は、前と同じだったかい、」

その生徒は気さくに訊ねた後で、つけ足すように自己紹介をした。樺島至剛と名乗った。こんなにもさりげなく、好奇心や※2物見高さもなしに声をかけられたのははじめてだった。

「白樺の樺に島と書いて、かわしまと読むんだ。至剛っていうのは発音しにくいだろう。さっさと忘れてくれていいよ。一応説明しておくと、至るに剛力の剛と書いてみちたかと読ませるのさ。至大至剛っていう※3孟子のことばだよ。どんなことにも屈せず、かぎりなく強いっていう意味。ぼくが生まれたときはまだ曾祖父が健在で、こんな大仰な名前になった。」

苦笑しながら云う。みちたかというその響きが、見るからに利発そうな少年の※4人となりといかに融け合っていたか、操はことばにあらわせない性分をはがゆく思った。樺島は、主な教科の進み具合や担当の教師の気質やあしらい方などを、姿に違わず端的に説いた。それがどれほど的を射た解析であるかは、いつしかまわりに集まっていたほかの生徒の反応で察することができた。

わずか十分の休憩のあいだに、操はこの学級の心意気が、樺島という端正で気持ちのよい生徒に※5収斂しているさまを目の当たりにした。彼は、十四歳という年齢の持ち得るかぎりの機知に富み、明朗で麗しく、

2023年度

解　答　と　解　説

《2023年度の配点は解答欄に掲載してあります。》

<数学解答>

1　(1)　①　-9　②　3　③　$4b^2$　④　$5a+8b$　(2)　$x=-3,\ 8$

2　(1)　$a=-2$　(2)　ア　$x+y$　イ　$0.02x+0.05y$　(3)　$\frac{1}{9}$　(4)　D$(0,\ 12)$

3　(1)　解説参照　(2)　75度　(3)　$\frac{4\sqrt{3}}{3}$cm

4　(1)　①　30L　②　$y=4x-40$　(2)　20分後

5　(1)　①　11.8℃　②　イ　(2)　(記号)　ウ　(説明)　解説参照

6　(1)　$\frac{496}{5}\pi\text{cm}^3$　(2)　$\frac{442}{5}\pi\text{cm}^2$　(3)　$\frac{10}{3}$cm

○配点○

1　各4点×5　2　各5点×4　3　(1)　5点　(2)　4点　(3)　6点

4　(1)　①　4点　②　5点　(2)　6点　5　(1)　①　4点　②　5点　(2)　6点

6　(1)　4点　(2)　5点　(3)　6点　計100点

<数学解説>

基本　1　(正負の数，平方根，式の計算，二次方程式)

(1)　①　$-8+3-4=-12+3=-9$

②　$(\sqrt{2}+1)^2-\sqrt{8}=2+2\sqrt{2}+1-2\sqrt{2}=3$

③　$2a^2b\div4a^2\times8b=\frac{2a^2b\times8b}{4a^2}=4b^2$

④　$7(a+b)-\frac{1}{3}(6a-3b)=7a+7b-2a+b=5a+8b$

(2)　$(x+4)(x-6)=3x$　$x^2-2x-24=3x$　$x^2-5x-24=0$　$(x+3)(x-8)=0$　$x=-3,\ 8$

2　(一次方程式，連立方程式，確率，関数と図形)

基本　(1)　$5x+a=7-ax$に$x=3$を代入して，$15+a=7-3a$　$4a=-8$　$a=-2$

基本　(2)　第1式の右辺は混ぜてできた食塩水の重さを表すから，アに当てはまる式は，$x+y$　第2式の右辺は混ぜてできた食塩水中の食塩の重さを表すから，イに当てはまる式は，$x\times0.02+y\times0.05=0.02x+0.05y$

基本　(3)　関数$y=ax+b$のグラフは点$(-1,\ 2)$を通るから，$2=-a+b$　$b=a+2$…①　2つのさいころの目の出方の総数は，$6\times6=36$(通り)　このうち，①を満たすのは，$(a,\ b)=(1,\ 3)$，$(2,\ 4)$，$(3,\ 5)$，$(4,\ 6)$の4通りだから，求める確率は，$\frac{4}{36}=\frac{1}{9}$

重要　(4)　$y=x^2$に$x=-2,\ 3$をそれぞれ代入すると，$y=4,\ 9$　よって，A$(-2,\ 4)$，B$(3,\ 9)$　△ACB＝△ACDより，AC//DB　直線ACの傾きは，$\frac{0-4}{2-(-2)}=-1$だから，直線DBの式を$y=-x+b$とすると，点Bを通るから，$9=-3+b$　$b=12$　y切片が12だから，点Dの座標は$(0,\ 12)$

3 (平面図形－証明，角度，線分の長さ)

基本 (1) △PDBと△BDQにおいて，共通な角だから，∠PDB＝∠BDQ…① 仮定より，$\overset{\frown}{\mathrm{DB}}$の長さと$\overset{\frown}{\mathrm{CD}}$の長さが等しい。等しい弧に対する円周角は等しいから，∠DPB＝∠DBQ…② ①，②より，2組の角がそれぞれ等しいので，△PDB∽△BDQ

基本 (2) $\angle\mathrm{BOP}=180^\circ\times\frac{1}{2}=90^\circ$だから，円周角の定理より，$\angle\mathrm{BDP}=\frac{1}{2}\angle\mathrm{BOP}=45^\circ$ $\angle\mathrm{COD}=180^\circ\times\frac{1}{3}=60^\circ$だから，円周角の定理より，$\angle\mathrm{CBD}=\frac{1}{2}\angle\mathrm{COD}=30^\circ$ ∠PQBは△BDQの外角だから，$\angle\mathrm{PQB}=45^\circ+30^\circ=75^\circ$

重要 (3) △OBDは正三角形だから，$\angle\mathrm{OBD}=60^\circ$ 点Pは直線ABを対称の軸として点Dと線対称な位置にあるから，$\angle\mathrm{OBP}=\angle\mathrm{OBD}=60^\circ$，BP＝BD＝OB＝2 よって，$\angle\mathrm{BPD}=(180^\circ-60^\circ-60^\circ)\div2=30^\circ$ また，$\angle\mathrm{ABC}=\frac{1}{2}\angle\mathrm{AOC}=\frac{1}{2}\times\left(180^\circ\times\frac{1}{3}\right)=30^\circ$ よって，$\angle\mathrm{PBQ}=60^\circ+30^\circ=90^\circ$ したがって，△PBQは内角が30°，60°，90 の直角三角形だから，PQ：BP＝2：$\sqrt{3}$ よって，$\mathrm{PQ}=\frac{2}{\sqrt{3}}\mathrm{BP}=\frac{4}{\sqrt{3}}=\frac{4\sqrt{3}}{3}$(cm)

基本 4 (1次関数の利用)

(1) ① $0\leqq x\leqq10$のとき，水そうBでは毎分60÷10＝6(L)ずつ水が出ていくから，5分後の水そうBに入っている水の量は，60－6×5＝30(L)

② 水そうAでは毎分120÷30＝4(L)ずつ水が出ていくから，排水管Qを閉じている間は，水そうBには毎分4Lずつ水が入っていく。このとき，$y=4x+b$とすると，点(10, 0)を通るから，$0=40+b$ $b=-40$ よって，$y=4x-40$

(2) 水そうAのxとyの関係は，$y=-4x+120$と表せるから，これと$y=4x-40$からyを消去して，$4x-40=-4x+120$ $8x=160$ $x=20$(分後)

5 (データの整理)

重要 (1) ① 仮平均を11.5℃とし，(階級値－11.5)×(度数)の総和を求めると，(－2)×2＋(－1)×5＋0×7＋1×4＋2×3＋3×2＝7 $\frac{7}{23}=0.30\cdots$より，平均値は，11.5＋0.3＝11.8(℃)

基本 ② 第1四分位数は10.0℃以上11.0℃未満の階級に含まれるからウは不適。第3四分位数は12.0℃以上13.0℃未満の階級に含まれるからアは不適。ヒストグラムから最大値は15℃未満だから，最大値15.0℃のエは不適。よって，イが対応する箱ひげ図である。

基本 (2) ソウルの第2四分位数は13.0℃より大きく，ウイーンの第3四分位数は13.0℃より小さいから，ウが適切である。

重要 6 (空間図形)

(1) 円Pの半径を$r$cmとすると，$2\pi r=2\pi$ $r=1$ 切り取った円すいは元の円すいと相似で，相似比は1：5であるから，体積比は，$1^3:5^3=1:125$ よって，立体Rの体積は，$\frac{1}{3}\pi\times5^2\times12\times\left(1-\frac{1}{125}\right)=\frac{496}{5}\pi$ (cm^3)

(2) 切り取った円すいと元の円すいの側面積比は$1^2:5^2=1:25$ よって，立体Rの側面積は，$\pi\times13\times5\times\left(1-\frac{1}{25}\right)=\frac{312}{5}\pi$ したがって，立体Rの表面積は，$\pi\times1^2+\frac{312}{5}\pi+\pi\times5^2=\frac{442}{5}\pi$ (cm^2)

(3) 元の円すいの母線ABと球との接点をCとすると，2組の角がそれぞれ等しいので，△AQC∽△ABO QC：BO＝AC：AO ここで，BO＝BC＝5より，AC＝13－5＝8 よって，$\mathrm{QC}=\frac{5\times8}{12}=\frac{10}{3}$ したがって，球の半径は$\frac{10}{3}$cm

★ワンポイントアドバイス★

昨年と出題構成や難易度に変化はなく，取り組みやすい内容の問題が続く。ミスのないように慎重に解いていこう。

＜英語解答＞

1 (1) No. 1 ウ　No. 2 ア　No. 3 イ　No. 4 エ　No. 5 エ　(2) No. 1 イ　No. 2 ア　No. 3 ウ　No. 4 イ　(3) No. 1 イ　No. 2 ア　(4) ① ウ　② I study English to learn a lot of things about the world.

2 (1) ① heard　② to visit　③ best　(2) ④ famous　⑤ takes　⑥ sure

3 (1) ウ　(2) ウ→ア→イ

4 (1) ① エ　② ウ　③ イ　④ イ　⑤ エ　(2) is the number of the rhinos [of them] decreasing so rapidly

5 (1) イ，エ　(2) 3　(3) many people　(4) get plastic bottles of mineral water and keep them for such emergencies　(5) ① turning on the water tap　② cannot get clean and safe water　③ I could send[give] clean and safe water to those poor children right now

6 (I think it's important.) During the cleaning time, all students have to help each other by sharing jobs among themselves. In this way, students can learn how to work together to finish something important.

○配点○

1 (1)・(2) 各2点×9　他 各3点×4　2 各2点×6　3 (1) 3点　(2) 4点
4 (1) 各2点×5　(2) 3点　5 (1)～(3) 各3点×4　他 各4点×4　6 10点
計100点

＜英語解説＞

1 リスニング問題解説省略。

基本 **2** (語句補充)

(全訳) A こんにちは，アヤカ，

お元気ですか。昨日，インターネットで偕楽園の梅まつりについての映画を見つけました。庭園の名前は①聞いたことがあります。あなたの家から遠いですか？　映画には庭のとても美しい梅の花が映っていました。庭園は日本でとても人気がありますか？　実は来年は日本を②訪問する予定です。日本を訪れるのに③最適な季節はいつですか？アドバイスをもらえると嬉しいです。

B こんにちは，マイク，

メールありがとう。来年日本に来ることを知ってワクワクしています。偕楽園は日本三大庭園のひとつです。特に梅の花で④有名です。私の街である土浦から偕楽園までは車で約1時間⑤かかります。桜を見に日本に来る外国人観光客も多いですが，実は日本の梅の歴史は桜の歴史よりも長いのです。3月上旬に庭園を訪れてみませんか？　庭の梅の花が気に入ってくれる⑥と思います。

(1)　①　<have ＋過去分詞>で現在完了の文となる。　②　<plan to ＋動詞の原形>「～する計画をする」　③　the の後なので，最上級を用いるのが適当である。

(2)　④　be famous for ～「～で有名だ」　⑤　<It takes ＋[時間]～>「～に[時間]かかる」　⑥　I'm sure (that) ～.「きっと～と思う」

基本 **3** **(長文読解問題・説明文：要旨把握，文整序)**

(1)　(全訳)　どんな観光都市にとっても，海外からの観光客を受け入れることは非常に重要だ。都市にたくさんのお金と仕事をもたらすので，多くの点で地域経済を助けるだろう。しかし，同じ場所に同時に訪れる人が多すぎると「オーバーツーリズム」と呼ばれる問題を引き起こす可能性がある。たとえば，イタリアのヴェネツィアには毎年2,000万人以上の観光客が訪れる。毎日多くの大型船が水の街にやって来るので，多くの地元の人々は彼らが街の古い建物や運河を傷つけていると言う。同じような問題が世界中の多くの観光都市で起こっている。一部の都市では，訪問する観光客の数を制限することを決定した。　ア「ヴェネツィアの地元の人々は，海外からの観光客のために仕事が失われる可能性があると感じている」 第5文参照。海外からの観光客は，街の古い建物や運河を傷つけていると感じているので不適切。　イ「オーバーツーリズムは世界中の観光都市に多くのお金をもたらさない」 第2文参照。観光客によってお金と仕事がもたらされるため不適切。　ウ「多くの観光都市にはオーバーツーリズムの問題がある」 第6文参照。オーバーツーリズムの問題は世界中の多くの都市で起こっているので適切。　エ「ヴェネツィアを訪れる観光客の数は年々減少している」 第4文参照。毎年2000万人以上訪れるとあるが，減少しているという記述はないため不適切。

(2)　(全訳)　コーヒーを飲むことにはいくつかの健康上の利点がある。ウ言い換えれば，コーヒーは私たちの健康に良い。→アただし，すべてに良い点と悪い点がある。→イ毎日コーヒーを飲みすぎると，健康を損なう可能性がある。最近のいくつかの研究は，一日に飲むのに最も健康的な量のコーヒーが4～5杯であることを示しているが，もちろん，それはあなたが毎日コーヒーを飲まなければならないという意味ではない。

4 **(会話文：語句補充，適文補充)**

(全訳)　スコット：ミカ，今日は何の日か知っている？

ミ　カ：いや，わからないな。何？

スコット：今日は「世界サイの日」だよ。毎年9月22日は，人々に5種類のサイをより知ってもらうために「世界サイの日」として祝われているんだ。これが「世界サイの日2023」のパンフレットだよ。

ミ　カ：おもしろいね。世界には5種類のサイしかいないの？

スコット：そうだよ。科学者たちは，かつて地球上に100種以上のサイがいたと信じているんだ。でも，地球の気候が変化するにつれて，ほとんど絶滅したんだよ。

ミ　カ：この5種のサイだけが今日まで生き残っているということ？

スコット：うん。これら5種のサイはすべて絶滅危惧種なんだ。私たちが彼らを守るために迅速に何もしなければ，それらはすべて地球から消えてしまうよ。

ミ　カ：パンフレットによると，①シロサイは5種の中で最も個体数が多いね。

スコット：だからといって安全というわけではないんだ。サイの数はとても急速に減っているよ。

ミ　カ：サイの数が急激に減っているのはどうしてだろう？

スコット：密猟者は角を手に入れるために彼らを殺すんだ。彼らはサイの角を違法に売ることによってたくさんのお金を稼げるんだ。アジア諸国の一部の人々は，粉末のサイの角が良い薬になると信じているね。

ミ　　カ：なんてばかげているの！かわいそうなサイは違法取引から保護されなければならないね。サイについてもっと知りたいな。

スコット：パンフレットの日立動物園を見学してみてはどう？そこには②クロサイの家族がいるよ。また，ビジターズホールで野生のサイに関する特別な映画を見ることができると書いてあるね。

ミ　　カ：楽しそうだね。来週の日曜日に日立動物園に行きたいな。スコット，私と一緒に来てくれない？

スコット：もちろん。来週の日曜日は，世界サイの日キャンペーンの③最終日だね。午前10:00に動物園の門で待ち合わせようか？　最初にサイや他の動物を見てから，④午後1:00から始まる映画を見ることができるよ。遅い昼食の後にお店で買い物を楽しむことができるね。

ミ　　カ：それはいいね。⑤次の日曜日が待ちきれないよ。ありがとう，スコット。

(1)　①　5種類の中で最も多いのは「シロサイ」である。　②　日立動物園では「クロサイ」の家族に会うことができる。　③　今日が「世界サイの日」だから9月22日だとわかる。次の日曜日は9月24日で，「世界サイの日2023」キャンペーンの最終日である。　④　日曜日は，午前10時と午後1時から映画が始まる。午前10時に待ち合わせて，動物を見たり昼食を食べたりしたあとなので，午後1時の映画を見ると判断できる。　⑤　I can't wait.「待ちきれないよ」

重要 (2)「サイの数はとても急速に減っている」とスコットが言った後，ミカがWhy?と尋ねている。それに対しスコットは「密猟者は角を手に入れるために彼らを殺す」と答えているため，「なぜサイの数が急速に減っているのか」と尋ねていると判断できる。

5 (長文読解問題・物語文：内容吟味，要旨把握，英問英答，条件英作文)

(全訳)　水なしでは一日も生きていけないので，水を得ることは日常生活において非常に重要だ。日本では，とても簡単に水を手に入れることができる。水道の蛇口をひねれば，いつでも清潔で安全な水を手に入れることができる。日本に住んでいれば，水の心配は必要ないと思うかもしれない。しかし，地球上で何人の人々が清潔で安全な水を手に入れることができるか知っているか？

ユニセフによると，2016年から2020年の間に，自宅で清潔で安全な水を手に入れることができる世界の人口は70％から74％に増加した。しかし，世界中で約20億人が清潔で安全な水を手に入れることができない。特にアフリカ諸国では水不足が深刻だ。そこに住む人々は，その日のためのきれいな水を手に入れるためだけに長い道のりを歩かなければならない。多くの人は，飲料水を汚れた川，池，さらには水たまりに依存している。村の近くにきれいな水源がないので，汚れたものに触れた後は手を洗うことができない。彼らは，たとえそれが健康に悪いことを知っていても，汚れた川や水たまりから水を飲まなければならない。彼らが汚れた水を飲んだ後に何が起こるか想像してみてほしい。WHOは，毎年約30万人の子供が汚れた水を飲むことによる下痢で亡くなっていると考えている。

世界中の非常に多くの人々が清潔で安全な水を手に入れることができない。なぜか。大きな理由は，人口が多いことと気候変動の2つだ。第一に，世界の人口は急速に増加している。世界の人口は2020年に78億人に達し，2050年には90億～100億人に達するだろう。地図を見ると，A人が多い地域が水不足に陥っていることがわかる。第二に，地球規模の気候変動により，多くの国が長期間の暑く乾燥した天候を経験している。ご存知のように，雨水はダムやタンクに貯められ，水の多くは飲料水として使用されている。何ヶ月も雨が少ないと，毎日使用するのに十分な飲料水がなくなる。

日本はきれいな水がたくさんあるので，好きなだけ水を使ったり飲んだりすることができる。

水の大切さに気づくのは難しいかもしれない。しかし，今後日本の夏が暑くなると，深刻な水不足に陥る可能性がある。または，大地震などの自然災害が発生した場合，水道水が数週間停止する可能性がある。幸い，ミネラルウォーターのペットボトルはスーパーで手に入るので，いざという時のために保管することができる。もちろん，私たちは日常生活の中で常に節水に注意する必要がある。

(1) ア 「ユニセフは，近い将来，世界中のより多くの地域できれいな水が得られると考えている」 第2段落第2文参照。ユニセフによると，世界中で約20億人が清潔で安全な水を手に入れることができないとあるので不適切。 イ 「アフリカ諸国の人々は，きれいな水が必要なときに長い道のりを歩かなければならない」 第2段落第4文参照。「きれいな水を手に入れるためだけに長い道のりを歩かなければならない」とあるので適切。 ウ 「汚れた水を飲まなければならない人のほとんどは，それが彼らを殺すことができることに気づいていない」 第2段落第7文参照。「たとえそれが健康に悪いことを知っていても，汚れた川や水たまりから水を飲まなければならない」ので不適切。 エ 「気候変動のために天候が暑く乾燥すると，飲むのに十分な水がなくなる」 第3段落第5文参照。何か月も雨が少ないと，十分な飲料水がなくなるので適切。
オ 「話者は，雨が少ないときでもきれいな水を得る方法を探すべきだと言う」第4段落最終文参照。常に節水に注意する必要があると述べているので不適切。

(2) 「汚れた水を飲む」という内容から判断できる。

(3) 分布から，水資源の少ない地域(アフリカ，中央・西・南アジア)は，人口の多い地域であるため，many people が適切。

重要 (4) 「自然災害が起きたとき，数週間水道水が停止する可能性がある。そのような緊急事態にたいしてどのような準備をするべきか」 第4段落第5文参照。ペットボトルをスーパーで手に入れて，保管することができるとあるので，これも用いて書けばよい。

(5) 今日，ミナは英語の授業で水不足問題についてスピーチをしました。日本では①蛇口を回すだけで水を飲むことができます。ただし，世界中で約20億人が②清潔で安全な水を手に入れることができないことを覚えておく必要があります。毎年，約30万人の子どもたちが汚れた川や水たまりの水を飲んで命を落としていると聞いてショックを受けました。私は(③)ならいいのにと思っています。 ① 第1段落第3文参照。<by ＋動名詞>「～することで」 ② 第2段落第2文参照。約20億人がきれいで安全な水を得られないのである。 ③ 子どもたちが命を落としていることを聞いてショックを受けたので，彼らのためにすることを書けばよい。<I wish ＋ 仮定法過去>「～ならいいのになあ」

やや難

やや難 6 (条件英作文)

(全訳) 先日，インターネットで学校の掃除時間に関するニュース記事を読んだ。日本のほとんどの学校では，生徒は毎日教室，トイレ，その他の学校スペースを掃除しているとのことだ。インターネットの動画や写真には，日本人学生が楽しそうに掃除をしている様子も映し出されている。子どもの頃から学校で掃除をしたことがないので，とてもびっくりしている。オーストラリア，そしておそらく世界中のほとんどの国で，専門の清掃員が学校で掃除作業をしている。生徒が学校を掃除することは重要だと思うか？そして，なぜそう思うか？

I think it's important. に続けて書くので，学校で掃除をすることが重要だと考える理由を続ければよい。30語以上と指定語数が多いため，理由を複数あげるとすばやく書き上げることができる。理由を複数あげる場合には，I have two reasons. First, ～ . Second, … . という表現を用いることができる。それぞれの理由に具体例をあげると，さらにわかりやすい文章にすることができる。その場合には，For example を用いるとよい。

★ワンポイントアドバイス★

英文による記述量が多いため，すばやく処理する必要がある。過去問や類似の出題がある問題集などを用いて，数多くの問題に触れて慣れるようにしたい。

<理科解答>

1 (1) イ (2) ウ (3) イ (4) イ (5) ア (6) ア，イ，エ (7) エ (8) ア

2 (1) イ (2) ア，エ (3) 棒磁石のS極をゆっくりと近づけた。 (4) エ

3 (1) ウ (2) BTB液中の二酸化炭素が増えたため。 (3) イ (4) ウ

4 (1) エ (2) 2495g (3) キ (4) (記号) ア (理由) 低気圧と高気圧が交互に日本を通過しているから。

5 (1) ウ (2) ア (3) マグネシウムは亜鉛よりもイオンになりやすい。
(4) 亜鉛板は溶け(表面に凸凹ができて)，銅板には赤い物質(銅)が付着する。 (5) エ，オ

6 (1) ウ (2) あ 1.3 い 26 (3) ア (4) エサの数が減るので，ミジンコの数も減る。

○配点○

1 各3点×8　2 (3) 5点　他 各3点×3　3 (2) 5点　他 各3点×3
4 (4) 5点(完答)　他 各3点×3　5 (3)・(4) 各5点×2　他 各3点×3
6 各3点×5　計100点

<理科解説>

重要 **1** (総合問題—小問集合)

(1) ガラスは空気より屈折率が大きい。光が空気中からガラスに進むとき，入射角より屈折角が小さくなるように屈折する。

(2) 物質の状態が変化しても物質中の粒子の数は変化しない。一般に固体から液体に変化すると粒子の間隔は広くなる。水の場合はその逆に，氷の方が水より体積が大きくなる。

(3) シダ類の茎は地下茎で地面の下側にある。図のXの部分は葉の一部である。

(4) 砂の方が水より温まりやすい。そのため，砂のすぐ上の空気が暖められて上昇し，気圧が小さくなる。そこへ水の側から空気が移動して風が生じる。

(5) 等速直線運動では，物体が移動した距離と時間は比例する。物体に進行方向に一定の大きさの力がかかり続けると，物体は等加速度運動を行い速度は徐々に大きくなる。落下運動では重力により，徐々に速度が大きくなる。等速直線運動を行っている物質は，摩擦などの力が働かないとずっと運動を続ける。

(6) 水酸化バリウムと塩化アンモニウムと水を混ぜると，アンモニアが発生する。この反応は吸熱反応である。

(7) 雄と雌から配偶子が出て結合し，子供ができる生殖を有性生殖という。細胞分裂が始まってから，自分で食物を取り始める前までの状態を胚という。BからEまでが胚の状態で，Eを尾芽

胚という。

(8) 堆積岩は，水で運ばれるときに角が取れて丸みを帯びた粒子が堆積して作られる。石灰石の主成分は炭酸カルシウムで，これは塩酸に溶けて二酸化炭素を発生する。

2 (磁界とその変化─電磁石・電磁誘導)

基本 (1) 電流計の接続の仕方は，電流値の大きな端子からつないでいく。電流値の小さな端子に接続したとき，大きな電流が流れて装置が故障するのを避けるためである。

重要 (2) DとEで方位磁石はN極をさす。点Aでは方位磁石のN極は東を，点Bでは西を指す。電流の大きさを大きくしても方位磁石の向きは変化しない。電流の向きを逆にすると方位磁石の向きも逆になる。

重要 (3) 図2では，N極を近づけると検流計の針が－側に振れた。それでS極を近づけると＋側に振れる。また，磁石を近づける速さを速くすると針の振れは大きくなり，遅くすると小さくなる。それでS極をゆっくり近づける。

(4) 発光ダイオードの＋極に電流が流れ込むように棒磁石を動かす。誘導電流は右ねじの法則に従って生じ，コイルに発生する磁力線は，近づける棒磁石の磁力線を弱める方向に発生する。図5ではコイルの上側がN極になるように棒磁石を近づけると発光ダイオードが点灯するので，エのように棒磁石のS極をコイルの下側に近づける。磁石のS極には磁力線が流れ込むので，エの図が正しい。

3 (植物の体のしくみ─光合成)

基本 (1) 光合成でつくられた栄養の一部は，師管を通って移動する。それらは，いもや果実，種子に蓄えられる。

(2) BTB液が青色の時，水溶液はアルカリ性である。息を吹き込んで緑色になったのは，息に含まれる二酸化炭素が水に溶け込み水溶液を中和したためである。

重要 (3) 試験管AとEを比較すると，タンポポの葉の有無だけが異なり他の条件は同じなので，二酸化炭素の減少はタンポポの葉のはたらきが原因だとわかる。試験管AとBを比較すると，葉に当たる光の量の違いが与える影響がわかる。

重要 (4) 葉では光合成で二酸化炭素を使って酸素をつくる一方，呼吸によって二酸化炭素の排出も起きている。試験管BのBTB液の色は緑のままなので，使われた二酸化炭素の量と排出された二酸化炭素の量がつり合っている。その関係を表すのがウの図である。

4 (気体の発生とその性質─気体の性質・密度)

基本 (1) ア，イの天気記号はくもりを示し，ウ，エは晴れを示す。風向はア，ウでは北西であり，イ，エでは南東である。よって晴れで風力3，風向が南東なのはエである。

(2) 1日目の正午の気温は18℃で，湿度は90％であった。18℃の飽和水蒸気量は15.4(g/m^3)なので，180m^{3}の理科室の空気中の水蒸気量は，$15.4\times180\times0.9=2494.8\fallingdotseq2495$(g)である。

(3) 寒冷前線が通過するときは激しい雨が短時間降り，気温が急激に下がる。低気圧の地表付近では風が反時計回りに吹き込む。1日目の午前11時ごろを境に気温と風向が大きく変化しているので，そのころ寒冷前線が通過した。

(4) 大陸から高気圧が移動してきてその間に低気圧が発生し，高気圧と低気圧が交互に日本列島にやってくるので春の時期である。

5 (電気分解とイオン─電池)

基本 (1) 硫酸銅は銅イオン(Cu^{2+})と硫酸イオン($SO_4{}^{2-}$)からできる。水に溶かすとこれらがイオンに電離する。

(2) 水溶液中での金属のイオンになりやすさは，金属の種類によって異なる。マグネシウムと銅では，マグネシウムの方がイオンになりやすく，マグネシウム板が溶け出してうすくなり，表面に赤色の銅が付着する。マグネシウムと亜鉛でもマグネシウムの方がイオンになりやすく，マグネシウム板が溶け出して，黒っぽい亜鉛が付着する。

(3)　実験結果より，マグネシウムの方が亜鉛よりイオンになりやすいことがわかる。マグネシウムが水溶液中でイオンになっているとき亜鉛板を入れても変化がないが，亜鉛イオンを含む水溶液中にマグネシウム板を入れるとマグネシウムが溶け出して亜鉛が析出することからわかる。

重要 (4)　実験結果より，亜鉛の方が銅よりイオンになりやすいことがわかる。図2では亜鉛板から溶け出したイオンは電子を亜鉛板に残し，これが導線を通って銅板側へ移動する。ただし，電子の流れと電流の流れる方向は逆になるので，この電池では銅が＋極，亜鉛が－極になる。電流が流れ続けると，亜鉛が溶けて亜鉛板が凸凹してくる。銅板上では赤色の物質(銅)が付着する。

重要 (5)　図2と同じ方向にモーターが回転するのは，電流が右側から左側に流れるときである。電池ではイオンになりやすい金属が－極，なりにくい金属が＋極になる。イオンになりやすい順は，マグネシウム＞亜鉛＞銅であるので，電池の右側がイオンになりにくい金属，左側がなりやすい金属の組み合わせのものを選ぶと，エとオになる。

6 **(総合問題―仕事・エネルギー・微生物)**

基本 (1)　重力のする仕事を力学的エネルギーという。ペットボトルの落下による力学的エネルギーが発電機で電気エネルギーに変えられ，豆電流を点灯させて光のエネルギーに変えられる。

重要 (2)　電気エネルギー(J)＝電力(W)×時間(秒)であり，電力(W)＝電流(A)×電圧(V)なので，1.1×0.15×8.0＝1.32≒1.3(J)である。エネルギーの変換効率は(1.32÷5)×100＝26.4≒26(%)になる。

基本 (3)　ミジンコは約2mm程度，アメーバは数十～数百μm程度，ハネケイソウは100μm程度，ミカズキモは0.3mm程度の大きさであり，一番大きいのはミジンコである。

重要 (4)　ミカズキモの数が減少すると，それをえさにするミジンコの数も減少する。

★ワンポイントアドバイス★

基本問題が大半なので，基礎知識をしっかりと身につけるようにしたい。物理や化学の分野の計算問題は，類題の練習をして解き方を理解し覚えて使えるようにしておくこと。

<社会解答>

1　1 (1)　ウ　(2)　A　エ　B　イ　(3)　(記号)　エ　(語)　バイオエタノール[バイオ燃料]　2 (1)　(河川名)　石狩(川)　(記号)　イ　(2)　ウ　(3)　ウ　(4)　(記号)　ア　(県名)　愛媛(県)　(5)　東北地方は関東地方よりも工業用地の地価が安く，また，関東地方と結ぶ高速道路が整備されているから。

2　1 (1)　(県)　ウ　(メモ1)　エ　(2)　万葉集　(3)　イ　(4)　新田開発が行われたり，新しい農具が普及したりした　2 (1)　伊藤博文　(2)　政党内閣の時代が終わった　(3)　ウ

3　(1)　オ　(2)　ア，エ　(3)　(語)　内閣　(記号)　ア　(4)　ウ　(5)　イ　(6)　(記号)　ウ　(語)　自立　(7)　CSR

4 1 (1) ア (2) ワイマール憲法 (3) イ 2 (1) ウ (2) 倭寇
(3) (人名) 徳川綱吉 (記号か) イ (記号き) ウ (4) ア→エ→イ→ウ
3 あとで請求されるので，収入を考えて計画的に利用する

○推定配点○

1 1(3)記号・2(1)記号・(3)・(4)記号 各3点×5 2(5) 4点 他 各2点×6
2 1(1)メモ1・(3)・2(3) 各3点×3 1(4)・2(2) 各4点×2 他 各2点×3
3 (1)・(4)・(5) 各3点×3 (2) 4点(完答) 他 各2点×5 4 1(1)・2(3)記号・(4) 各3点×3(2(3)記号完答) 3 4点 他 各2点×5 計100点

＜社会解説＞

1 (地理－世界の雨温図と農業，日本の身近な地域)

1 (1) ④は，熱帯地域なので，年間通して気温が高い。日本国内のみでなく，世界各地の気候区分ごとの雨温図の特徴をしっかり区別しておさえておく必要がある。 (2) A オリーブの比率が最も高い点に注目する。 B カカオの比率が最も高い点に注目する。 (3) グレートプレーンズは，北アメリカ中西部を占める大平原であり，ロッキー山脈の東側で，カナダからメキシコ国境にまで及んでいる。

重要

2 (1) 石狩川は，信濃川・利根川に次いで日本で三番目に長い川である。 (2) 沖合漁業の漁獲量が最も多く，遠洋漁業は石油危機以来減少傾向である。 (3) 「政令指定都市数」と「農業産出額」に注目すると判定しやすいといえる。 (4) 松山市(愛媛県の県庁所在地)・高松市(香川県の県庁所在地)・松江市(島根県の県庁所在地)は混同しやすいのでしっかり区別する必要がある。 (5) 「地価の安さ」や「高速道路の整備」に触れて，答案をまとめる必要がある。

重要

2 (日本の歴史－古代から現代までの社会史・政治史)

1 (1) この金印には，「漢委奴国王」と記載されており，江戸時代に福岡県の志賀島で発見され，このことは「後漢書東夷伝」に記録が残っている。また，卑弥呼については，「魏志倭人伝」に記されている。 (2) 万葉集は現存最古の和歌集であり，貴族や官僚歌人のほか農民などの歌もある。 (3) Ⅰは1232年，Ⅱは1297年，Ⅲは1281年の出来事である。 (4) 資料4の右図から，慶長年間から享保年間にかけて耕地面積が大きく増加していることがわかる。資料5から，備中鍬(荒おこし用)や千歯扱(脱穀用)等の新たな農具が普及したことをおさえる。以上の内容を踏まえて，「農具」の語を用いて25字以内でまとめればよい。

基本

重要

2 (1) 伊藤博文は1909年，朝鮮人民族主義者の安重根によって暗殺された。 (2) 1940年には，第2次近衛内閣によって大政翼賛会が創立された。 (3) アは1973年，イは1989年，ウは1950年，エは1945年の出来事である。

3 (公民－日本の政治の仕組み)

1 (1) 国会・内閣・裁判所の「三権分立」の関係については表でまとめて覚えておきたい。

基本

(2) イ 参議院議員の任期は6年である。 ウ 参議院の定数は増えている。 (3) 委員会と本会議の位置づけをおさえておく必要がある。 (4) 裁判員制度は，国民から選ばれた裁判員が裁判官とともに特定の刑事事件の裁判に関与する制度である。 (5) ア 「有権者の少ない」ではなく「有権者の多い」である。 ウ・エ 条例の制定に必要な割合が誤っている。3分の1ではなく50分の1である。 (6) 消費者契約法は2000年に制定された。 (7) CSRは企業の社会的責任のことであり，SDGsの観点からもますます必要性が高まってきている。

重要

やや難

4 （日本と世界の歴史－古代から現代までの貨幣史）

1 (1) イ　イギリスの説明である。　ウ　アメリカ合衆国の説明である。　エ　スイスの説明である。　(2) ワイマール憲法は，1918年のドイツ革命によるドイツ帝国崩壊を経て，1919年に制定された。　(3)「人口と貿易額」の表と「メモ1」を照らし合わせてEUに当てはまるものを特定していく。

基本

2 (1) 壬申の乱は672年に起こった天智天皇の跡継ぎ争いであった。　(2) 倭寇は日本人とは限らず，中国人・ポルトガル人を含むことがあった。　(3) 元禄金銀は従来の慶長金銀よりも貨幣の質が低かった。勘定吟味役の荻原重秀が主導して行った政策である。　(4) アは1871年，イは1895年，ウは1905年，エは1894年の出来事である。

重要

3 コロナ禍で，現金を使用しない決済である「キャッシュレス決済」がますます普及してきている。

★ワンポイントアドバイス★

地理・歴史・公民の各分野において，過去問演習を通して，記述問題対策を継続的にするように心がけよう。

＜国語解答＞

一 (一) エ　(二) ウ　(三) (例) 樺島のおかげで，内気で小声である自分が，情けない思いをせずに学校生活を送ることができたから。　(四) ア　(五) イ

二 (一) 3　(二) ウ　(三) エ　(四) (例) 五つ六つほどの似た鎌の中から，自分の鎌を見分けさせる方法。　(五) ア

三 (一) (例) 西洋文化は装飾性が高く人工的であるのに対し，日本文化は簡素で自然と一体化するのを好むということ。　(二) ウ　(三) エ　(四) エ　(五) イ　(六) ウ　(七) C エ　D ア

四 (一) エ　(二) イ　(三) (1) ウ　(2) ア　(四) (1) かたよ(った)　(2) よくよう　(3) ほどこ(す)

○配点○

一 (三) 10点　他 各4点×4　二 各4点×5　三 (一) 10点　他 各4点×7

四 (一)・(二) 各3点×2　他 各2点×5　計100点

＜国語解説＞

一 （小説－情景・心情，内容吟味，脱文・脱語補充）

(一) A・Bは休憩時間の樺島の言動であるから，Aにはイ，Bにはアが入る。Dから矢印で結ばれている内容は，樺島が操に配慮してくれている内容であるから，Dにはウが入る。Cには，「樺島は，主な教科の進み具合や担当の教師の気質やあしらい方などを，姿に違わず端的に説いた」という内容に当たるエが入る。

やや難

(二) 安堵した理由として，直前に「下駄箱や廊下に運動用具がならんでいない」ことが挙げられ

ている。さらに,「操は小柄で非力なのを気にしている。生徒をひとり洩らさず運動に駆り立てる一致団結の精神には,もっとも馴染めないのだ」とある。学校の様子が「生徒に運動を強要するようなものではないように思われた」のである。

重要 (三) 「友」として紹介されているのは,樺島である。樺島という存在によって操が感じたありがたみについては,「樺島のおかげで,操はくりかえした転校の中ではじめて,情けない思いをせずに学校生活を送ることができた」とある。操がこのような実感を得たエピソードとして,樺島が「操が内気で小声であるということを重荷に感じないよう,それとなく配慮してくれた」ことを描いているので,「内気で小声である」という内容を加えてまとめる。

(四) アは,樺島が「みちたか」という名前の由来を説明している言葉で,樺島の人物像について触れている内容ではない。 イ 「機知に富み,明朗で麗しく」とある。 ウ 「おおらかで惑いのない気立て」とある。 エ 「励ましはしない」「無理強いすることもない」というのは性格を表現している。

(五) 「操は～」という主語の文を多用して,操の視点から操の心情の変化を描いている。イは適切。 ア 「樺島と級友たちの会話」は示されていない。 ウ 操の前向きな心情は樺島との交流によって生まれている。 エ 情景描写は多用されていない。

二 (古文－主題,内容吟味,文脈把握,仮名遣い)

〈口語訳〉 山科の百姓が(山で)薪を切って,背負ったまま山からまっすぐに京に出て売る。そうしているうちにその薪の上に差して置いておいた鎌をすっかり忘れ,宿に帰り,ようやく思い出し,その薪を買った人のもとに行き,事情を言ったところ,主人が出てきて,「私は薪をこそ買ったが,鎌を買っていない。何をたわごとを言うのだ」と,一向に取り合わないので,どうしようもなくて,所司代へ申した。

(百姓と薪を買った武士の)双方を(伊賀守は)呼び出し,言い分を聞いた上で,伊賀守は,「まず少し時間がかかるので,肩衣袴を脱ぎ,ゆっくりと座っていろ」と気をゆったりとさせ,(武士の)脱いだものを引き寄せ,所司代の外へ持っていかせ,「この肩衣袴と,そっちにある鎌を取り換えてよこせよ」とあると,(武士の)女房は疑いなく思って(鎌を)渡した。それと似たような鎌を五つ六つほど混ぜて(伊賀守は)出し,百姓に「見分けろ」と言えば,「これこそ私のものです」と言って(一本を)取った。その後,鎌を隠したものに,罰金として三貫文出させ,もとの百姓に与えたということだ。

基本 (一) 「なうて」は,ローマ字表記をすると「naute」となり,「au」は「Ô」と発音するので現代仮名遣いでは「nôte」となる。

やや難 (二) 「わたせり」の主語は女房。他は伊賀守。

(三) 百姓は,薪に差して置いておいた鎌を薪と一緒に渡してしまったことを武士に説明したのだが,受け取った武士は知らぬふりをして一向に取り合わなかったのである。

重要 (四) 百姓の言い分とは,薪の上に差して置いておいた鎌をすっかり忘れて薪と一緒に武士に渡してしまったが,その事情を武士に言っても全く取り合ってくれないというものである。そこで,伊賀守は一計を案じて,武士の女房から受け取った百姓の鎌と似たような鎌を五つ六つほど混ぜて出し,百姓に見分けさせたのである。百姓は自分の鎌を正しく見分けたので,百姓の言い分は嘘でないことが証明されたことになる。

(五) 武士は鎌を隠した罰金を取られて損をし,その罰金を与えられた百姓は得をしたということ。

三 (論説文－要旨,内容吟味,文脈把握,接続語の問題,脱文・脱語補充)

重要 (一) 直後に「(異国風文化と和風文化の)区別の基準を私なりの立場で説明しておきたい」とあっ

て，異国風文化の代表例としてヴェルサイユ宮殿を挙げ，和風文化の代表例として桂離宮を挙げて比較をしている。ヴェルサイユ宮殿の美しさは，室内は「装飾を重ねた塊」であり，庭園は「人工植栽」であると説明している。つまり，「装飾性が高く人工的である」ということである。桂離宮の美しさは「簡素美の結晶」であると説明している。また，西洋文化の人工的なものと対比して「日本の庭は借景方式」であると説明している。自然の美を借りて「自然と一体化する」ことを好むというのである。これらの要素を解答例のようにまとめる。

基本 (二) 空欄Aの前では，日光東照宮を「立派」と肯定的にとらえているが，あとでは「普及しなかった」と否定的な内容を述べている。前後が反対の関係になるので，逆接の「しかし」が入る。

やや難 (三) 抜き出した文に「そうした油っこい空間」とあるのに注目する。「油っこい」という言葉は，〈エ〉の前の第4段落に「油っこい装飾を重ねた塊」とある。「油っこい空間」とは，ヴェルサイユ宮殿を指している。

(四) (一)で捉えたように，この文章は日本の文化にはどのような特徴があるかについて，異国風文化(＝外国の文化)と比較しながら考察している。エが適切。　ア　反論は述べていない。　イ　疑問は述べていない。　ウ　日本の文化の課題については述べていない。

(五) 空欄Bのあとでは，自己主張をし，個人主義的であると言われる韓国人が家族内では自己主張をせず，「長幼の序」(＝年上の者と年下の者の間の上下関係の序列)を守っていると説明している。空欄の前後で異なる内容を述べていることから，韓国人の特徴について単純に判断はできないということを述べているとわかる。

重要 (六) 発表のテーマは「日本文化」であり，【Ⅰ】の「日本文化の特性」と【Ⅱ】の「伝統的な日本人の生き方」は，「文化」という点で共通する内容になっている。【Ⅱ】を用いることで「文化」という「発表の中心点」が明確になっている。ウが適切。　ア　「反対の主張」ではない。　イ　「同じ分野」ではない。【Ⅰ】は建築に見られるような文化の構造であり，【Ⅱ】は生き方に表れた文化の違いである。　エ　「客観的な根拠」を示してはいない。

重要 (七) C　日本文化が「繰り返しのリズムをもつ」ことは，【Ⅰ】の終わりから二つ目の段落に述べられている。ア・イの内容は説明されていない。　ウ　第一段落に「大陸から新しい文化が入ってきて」とある。　D　日本人にとっての「イエ」に関しては，「必ずしも血縁による家族を示していないことが特徴的」とある。韓国や中国では「血縁による大家族が極めて大切である」ことと対照的に説明されている点から，日本では「血縁による『家族』を超えたイエ」を最優先するのであると判断できる。　イ　伝統的な日本人の生き方に関して，「個人の欲望を充足させるための『イエ』」を最優先させるという説明はない。　ウ　伝統的な日本人の生き方に関して，「『国』の存続と繁栄を支えている『イエ』」を最優先するという説明はない。　エ　伝統的な日本人の生き方に関して，「『長幼の序』を守る場としての『イエ』」を最優先するという説明はない。

四 **(文脈把握，漢字の読み書き，敬語，表現)**

(一) 「先生のお話」であるから，主語は先生である。空欄に入る表現は尊敬表現が使われているものになる。イとエの「(先生が)以前に担当なさった」が当てはまるが，イのように「心に残ったのは」を前に置くのであれば，「私は，心に残ったのは」となって主語相当の言葉が重なってしまう。エが適切である。

(二) 「ご依頼主」と「ご依頼主」の欄の「様」は，荷物を扱う業者が荷物を発送する客に対して用いている敬意の表現なので，依頼主の立場からは斜線で消すことが「お届け先」の相手に対する適切な敬意の表現になる。住所の表記を「—」を用いて表すことよりも重要な事柄である。

やや難 (三) (1) 「不可欠」は「欠く可(べ)からざる」ということで，欠くことができないこと。
(2) 「即興」は，すぐその場で詩歌や音楽などを作ること。

基本 (四) (1) 「偏」の音は「ヘン」。「偏見」「偏食」などの熟語がある。同音で形の似た「編」と区別する。「編」の訓は「あ - む」。「編集」「編成」などの熟語がある。 (2) 「抑揚」は，音声の調子や文章の勢いなどを，上げ下げすること。「抑」の訓は「おさ - える」。「抑圧」「抑止」などの熟語がある。「揚」の訓は「あ - げる・あ - がる」。「掲揚」「発揚」などの熟語がある。
(3) 「施」の音は「シ・セ」。「施設」「施主」などの熟語がある。

★ワンポイントアドバイス★

小説は，場面の様子をふまえて心情や人物像をとらえながら読もう。また，表現の意味や特徴を考えよう。古文は，どんな出来事について書いているのか，内容を正しくとらえよう。論説文は，筆者の考えや主張，説明の仕方を，二つの文章を比較して説明の筋道を正確に読み取ろう。

2022年度

★★★★★★★★★★★★★★★★★★★★★★★★

入　試　問　題

2022年度

常総学院高等学校入試問題

【数　学】（50分）〈満点：100点〉

1 次の各問に答えなさい。

(1) 下の**表**は，ある川の，月曜日から金曜日までの5日間の水位をまとめたものである。50 cmを基準として，基準より高い場合はその差を正の数で，基準より低い場合はその差を負の数で表している。

5日間の水位の平均が51 cmのとき，下の［ア］に当てはまる数を求めなさい。

表

曜日	月	火	水	木	金
基準との差(cm)	＋5	［ア］	＋4	＋6	－3

(2) 下の**図**のように，上底が$3a$ cm，下底が$6a$ cm，高さが$4a$ cmの台形がある。この台形の面積が108 cm^{2}のとき，aの値を求めなさい。

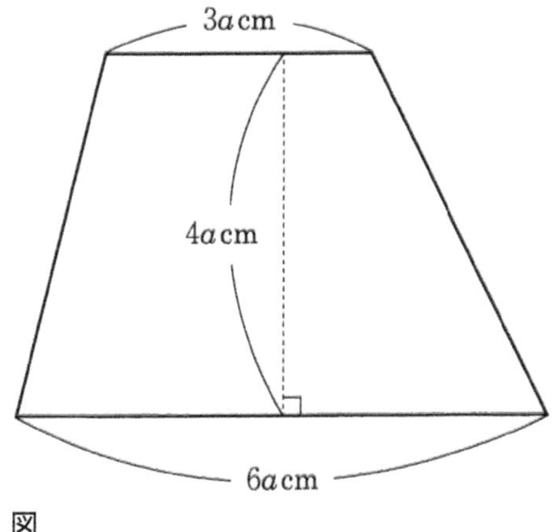

図

(3) a枚の折り紙を1人9枚ずつb人に配ったところ，20枚以上余った。

この数量の関係を表した不等式としてもっとも適切なものを，次の**ア**～**エ**の中から一つ選んで，その記号を書きなさい。

ア　$a-9b \geqq 20$

イ　$9(a-b) \geqq 20$

ウ　$a-9b<20$

エ　$9(a-b)<20$

(4) 花子さんは，下の図のような円Oの接線をひこうと考えた。

点Pを下の図のように円Oの周上にとるとき，点Pを接点とする円Oの接線を作図によって求めなさい。

ただし，作図に用いた線は消さずに残しておくこと。

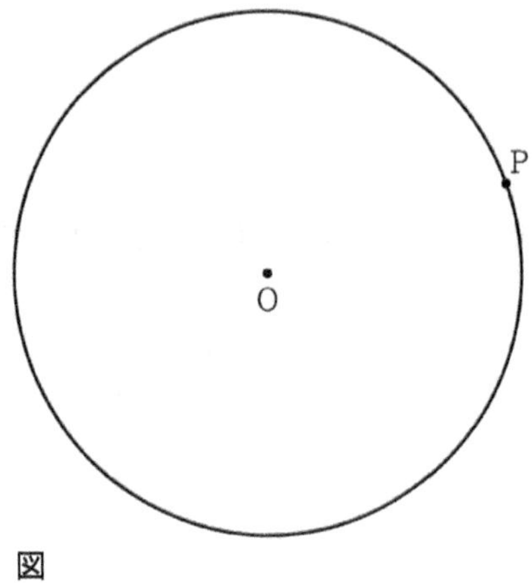

図

2 次の各問に答えなさい。

(1) 「2けたの自然数から，この自然数の十の位の数と一の位の数の和をひいた差は，9の倍数である」このことを次のように説明した。

> （説明）
> 2けたの自然数の十の位の数をm，一の位の数をnとすると，2けたの自然数は［ア］，この自然数の十の位の数と一の位の数の和は［イ］と表すことができる。ここで，
> （［ア］）－（［イ］）＝9×［ウ］
> ［ウ］は整数だから，9×［ウ］は9の倍数である。
> したがって，2けたの自然数から，この自然数の十の位の数と一の位の数の和をひいた差は，9の倍数である。

このとき，上の［ア］～［ウ］に当てはまる式を，それぞれ書きなさい。

(2) 容積が200 m^{3}のプールがあり，はじめに水が8 m^{3}入っている。プールには給水装置と排水(はいすい)装置があり，次の2つの条件①，②を満たす。

> （条件）
> ① はじめの状態から毎分x m^{3}ずつ給水すると同時に，毎分y m^{3}ずつ排水すると，給水し始めてから24分後にプールは満水になった。
> ② はじめの状態から毎分$3x$ m^{3}ずつ給水すると同時に，毎分$2y$ m^{3}ずつ排水すると，給水し始めてから6分後にプールは満水になった。

xとyの値を求めるために連立方程式をつくると，次のようになる。

$$\begin{cases} 24x-24y=\boxed{ア} \\ \boxed{イ}=\boxed{ア} \end{cases}$$

このとき，［ア］には当てはまる数を，［イ］には当てはまる式を，それぞれ書きなさい。

(3) 下の図で，曲線①は関数$y=\frac{1}{2}x^2$のグラフ，曲線②は関数$y=-\frac{1}{2}x^2$のグラフである。曲線①上のx座標が正の部分に点Aをとり，曲線②上に直線ABとy軸(じく)が平行になるような点Bをとる。また，曲線②上のx座標が負の部分に直線BCとx軸が平行になるような点Cをとる。線分ABの長さから線分BCの長さをひいた差は8である。

このことから，点Aのx座標は［ア］であり，線分BCの長さは［イ］であることがわかる。

このとき，上の［ア］，［イ］に当てはまる数を，それぞれ書きなさい。

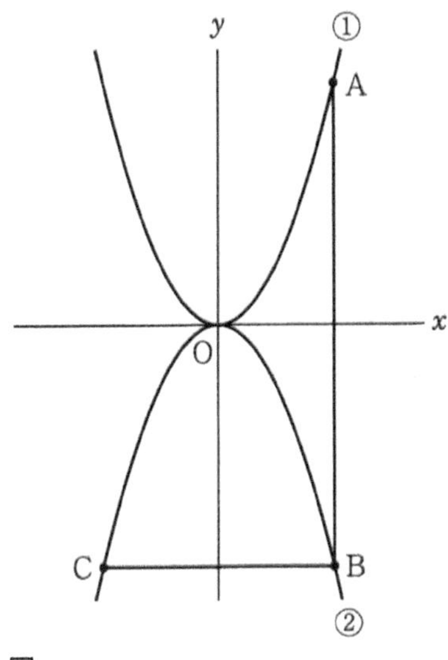

図

(4) 右の表は，A中学校の3年生男子100人とB中学校の3年生男子150人のシャトルランの記録を度数分布表にまとめたものである。

B中学校の3年生である太郎(たろう)さんは，右の表をもとに，次のように話している。

> **(太郎さんの話)**
> シャトルランの記録が80回以上90回未満の階級では，B中学校の方がA中学校より度数が大きいので，相対度数もB中学校の方が大きいです。

表

階級（回）	度数（人）	
	A中学校	B中学校
以上 未満 60 ～ 70	5	14
70 ～ 80	19	25
80 ～ 90	38	42
90 ～ 100	24	38
100 ～ 110	9	23
110 ～ 120	5	8
計	100	150

太郎さんが話していることは正しくない。その理由を，相対度数を求めて説明しなさい。

3 先生と太郎さんと花子さんの次の会話を読んで，あとの(1)〜(3)の問いに答えなさい。

(先生と太郎さんと花子さんの会話)

先生：下の**図1**は，線分ABを直径とする円Oです。円Oの周上に点Cをとり，∠CABの二等分線と円Oの周との交点のうち，点Aと異なる点をDとし，線分ADと線分BCとの交点をEとします。また，直線ACと直線BDとの交点をF，点Cを通り，線分FBに平行な直線と線分ABとの交点をGとします。

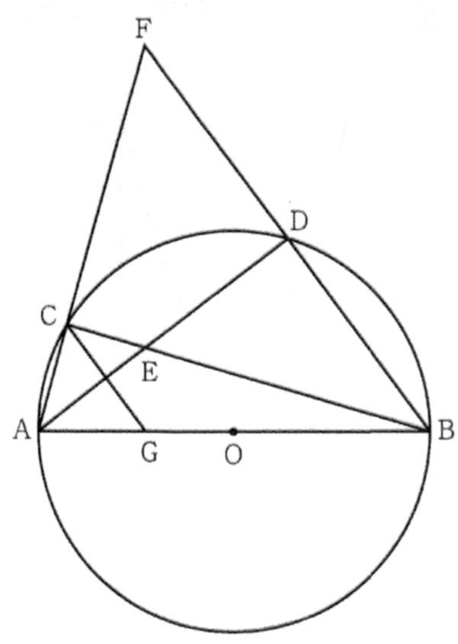

図1

先生：∠BAD＝37°のとき，∠GBCの大きさは何度ですか。

太郎：線分ADは∠CABの二等分線だから，∠GBCの大きさは **ア** 度です。

先生：そのとおりです。

花子さん，点Dの位置と線分ADから何か気づくことはありますか。

花子：△ABD≡△AFDが成り立ちそうです。

先生：では，花子さん，△ABD≡△AFDが成り立つことの証明を書いてください。

花子：はい，次のように証明できます。

(花子さんの証明)

イ

先生：そのとおりです。

では次に，下の**図2**のように，円Oの半径が8 cm，AC：CF＝2：1という条件を加えます。線分AG上に点Hをとったところ，△CHGの面積と四角形CEDFの面積が等しくなりました。このときの線分HGの長さを求めてみましょう。

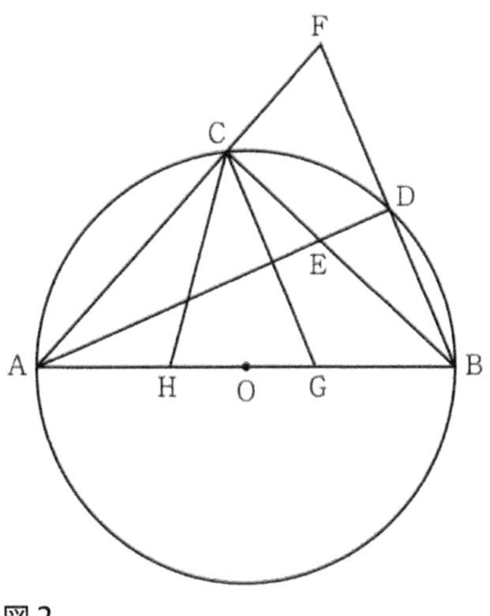

図２

太郎：はい。線分HGの長さは［ウ］cmになりました。

先生：そのとおりです。

(1) 会話中の［ア］に当てはまる角の大きさを求めなさい。

(2) 会話中の［イ］に当てはまる証明を書きなさい。

(3) 会話中の［ウ］に当てはまる数を求めなさい。

4 花子さんは，あるガス会社の1か月の利用料金プランについて，下の**表**にまとめた。1か月の利用料金は，基本料金と，ガスの使用量に応じた使用料金の合計で決めている。

また，下の**図**は，それぞれのプランのガス使用量をx m^3，利用料金をy円として，xとyの関係をグラフに表したものである。

表

プラン	基本料金	1m^{3}あたりの使用料金	
		0m^{3}から40m^{3}まで	40m^{3}をこえた分
A	1800円	60円	40円
B	600円	75円	60円

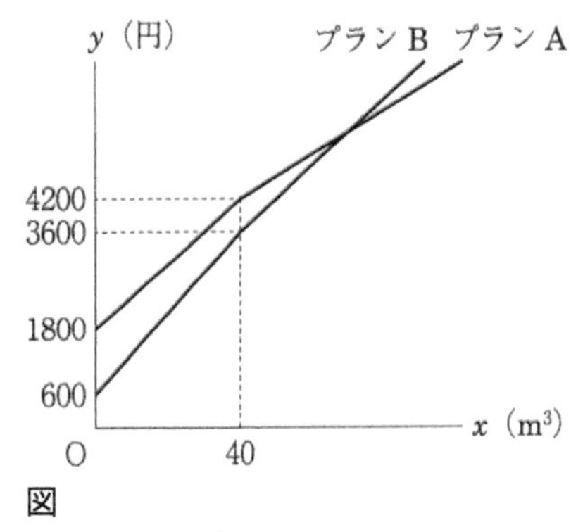

図

このとき，次の(1)～(3)の問いに答えなさい。

(1) プランAで使用量が50 m^{3}のときの利用料金を求めなさい。

(2) プランBの利用料金がプランAの利用料金より安くなるのは使用量が何m^{3}より少ないときか求めなさい。

(3) 2つのプランの利用料金の差が150円以下になるのは，ガスの使用量が何m^{3}以上何m^{3}以下のときか求めなさい。

5 下の**図1**のような，1，2，3，4の数字が1つずつ書いてある4枚のカードが入った袋(ふくろ)と，**図2**のような，1，2，3，4の枠(わく)が1つずつ書いてある台紙がある。袋からカードを順に1枚ずつ取り出し，取り出した順に台紙の1，2，3，4の枠の上に1枚ずつ置く。

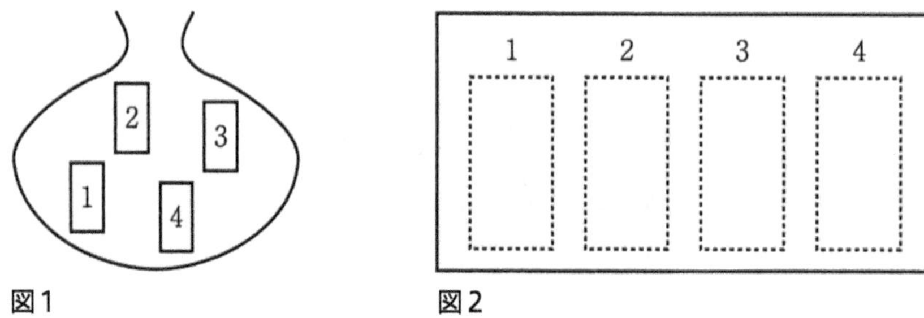

図1　**図2**

このとき，次の(1)〜(3)の問いに答えなさい。ただし，袋からどのカードが取り出されることも同様に確からしいものとする。

(1) カードの置き方は全部で何通りあるか求めなさい。

(2) カードに書かれた数字とカードが置かれた枠の数字がすべて同じになる確率を求めなさい。

(3) カードに書かれた数字とカードが置かれた枠の数字が同じである枚数が2枚である確率を求めなさい。

6 下の**図1**のような，1辺の長さが6 cmの正八面体があり，**図2**は**図1**の正八面体の展開図である。

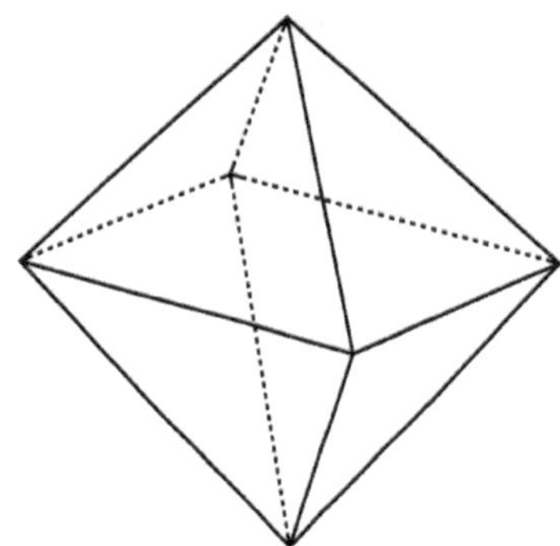

図1

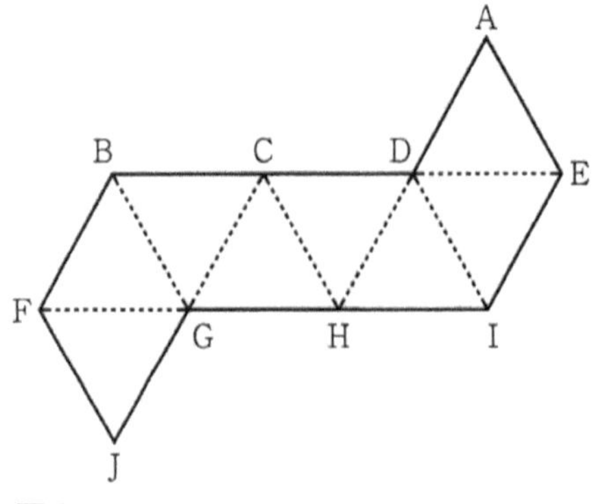

図2

太郎さんと花子さんの次の会話を読んで，あとの(1)〜(3)の問いに答えなさい。

（太郎さんと花子さんの会話）

太郎：**図1**の正八面体の展開図は何種類かできるね。
図2の展開図を組み立てて正八面体をつくるとき，点Aは点［ア］と重なるね。

花子：辺HIは辺［イ］と重なるね。

太郎：次は，**図1**の正八面体にひもをかけてみよう。

花子：どこにひもをかけたかわかるように，下の**図3**のように正八面体の頂点に記号をつけたよ。

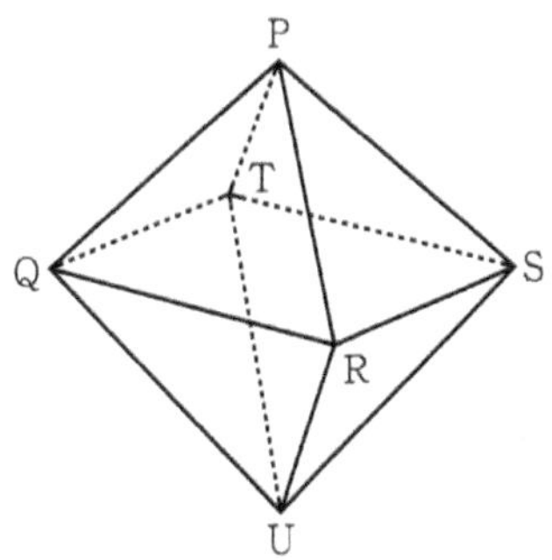

図3

太郎：頂点Qから，辺PR，RS，SUのそれぞれの中点を通って頂点Tまで，たるまないようにひもをかけてみよう。このとき，**図2**と同じ展開図上にひもを表すとどうなるのかな。

花子：**図2**と同じ展開図なら［ウ］のようになるね。

太郎：なるほど。では次に，下の**図4**のように，正八面体の各辺の中点を頂点とする立体を考え，この立体の表面積を求めてみよう。

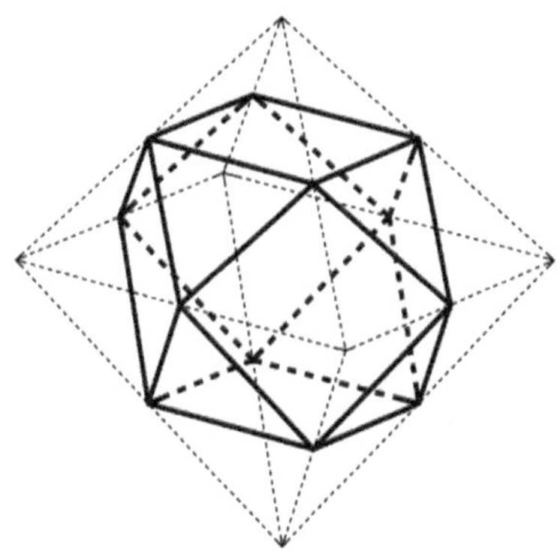

図4

花子：この立体の表面積は［エ］cm^2になるね。

⑴　会話中の ア ，イ に当てはまる記号を，それぞれ答えなさい。

⑵　会話中の ウ に当てはまる展開図を，次のあ～えの中から一つ選んで，その記号を書きなさい。

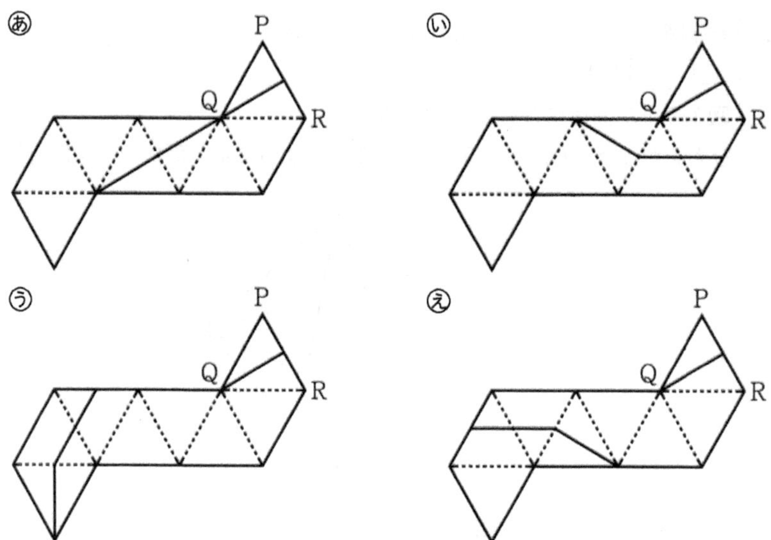

⑶　会話中の エ に当てはまる数を求めなさい。

【英　語】（50分）〈満点：100点〉

1 次の(1)〜(4)は，放送による問題です。それぞれの放送の指示にしたがって答えなさい。

(1)　これから，**No. 1**から**No. 5**まで，五つの英文を放送します。放送される英文を聞いて，その内容に合うものを選ぶ問題です。それぞれの英文の内容に最もよく合うものを，**ア**，**イ**，**ウ**，**エ**の中から一つ選んで，その記号を書きなさい。

No. 1

No. 2

No. 3

No. 4

ア

好きなスポーツ	
1位	サッカー
2位	野球
3位	テニス

イ

好きなスポーツ	
1位	サッカー
2位	テニス
3位	野球

ウ

好きなスポーツ	
1位	テニス
2位	野球
3位	サッカー

エ

好きなスポーツ	
1位	テニス
2位	サッカー
3位	野球

No. 5

ア　将棋の勝敗表
○…勝ち，●…負け

	勝敗	ケン	タク	ヒロ
ケン	1勝1敗	＼	●	○
タク	2勝0敗	○	＼	○
ヒロ	0勝2敗	●	●	＼

イ　将棋の勝敗表
○…勝ち，●…負け

	勝敗	ケン	タク	ヒロ
ケン	0勝2敗	＼	●	●
タク	1勝1敗	○	＼	●
ヒロ	2勝0敗	○	○	＼

ウ　将棋の勝敗表
○…勝ち，●…負け

	勝敗	ケン	タク	ヒロ
ケン	1勝1敗	＼	○	●
タク	1勝1敗	●	＼	○
ヒロ	1勝1敗	○	●	＼

エ　将棋の勝敗表
○…勝ち，●…負け

	勝敗	ケン	タク	ヒロ
ケン	1勝1敗	＼	○	●
タク	0勝2敗	●	＼	●
ヒロ	2勝0敗	○	○	＼

(2)　これから，**No. 1**から**No. 4**まで，四つの対話を放送します。それぞれの対話のあとで，その対話について一つずつ質問します。それぞれの質問に対して，最も適切な答えを，ア，イ，ウ，エの中から一つ選んで，その記号を書きなさい。

No. 1

ア　He is going to eat a sandwich and a salad.
イ　He is going to eat a sandwich and pizza.
ウ　He is going to eat spaghetti and a salad.
エ　He is going to eat spaghetti and pizza.

No. 2

ア　Some dogs.
イ　Some birds.
ウ　Some fish.
エ　Nothing.

No. 3

ア　Ten minutes.
イ　Fifteen minutes.
ウ　Twenty minutes.
エ　Twenty-five minutes.

No. 4

ア　He will play basketball with his friends at the park.
イ　He will go to an amusement park with his family.
ウ　He will help his father with his work.
エ　He will tell Saki about his plans for next Sunday.

(3)　これから，留学生のナンシー(Nancy)と中学生のショウタ(Shota)との対話を放送します。そのあとで，その内容について**Question No. 1**と**Question No. 2**の二つの質問をします。それぞれの質問に対して，最も適切な答えを，ア，イ，ウ，エの中から一つ選んで，その記号を書きなさい。

No. 1

ア　For about ten days.　　イ　For about fifteen days.
ウ　For about twenty days.　　エ　For about a month.

No. 2

ア She will have a big party for her grandfather at her house in America.

イ She will buy a birthday present for her grandfather at a shop.

ウ She will go to school and ask her teacher about Japanese culture.

エ She will visit Shota's grandfather and give a birthday present to him.

(4) マユミ(Mayumi)の中学校の授業で，ホワイト先生(Mr. White)が生徒たちに話をしています。これからその内容を放送します。ホワイト先生の話の内容について正しいものはどれですか。下の**ア**，**イ**，**ウ**，**エ**の中から一つ選んで，その記号を①に書きなさい。

また，あなたがマユミの立場なら，ホワイト先生の質問に対して何と答えますか。英語１文で②に書きなさい。

① ホワイト先生の話の内容について正しいもの

ア All the students are going to join in the English camp for five days.

イ Students must not speak Japanese during the camp.

ウ On the second day, students will sing some English songs in the morning.

エ On the last day, students will make a speech in English in the afternoon.

② ホワイト先生の質問に対する答え

(　　　　　　　　　　　　　　　　　　　　　　　　　　　　　　　　　　　　)

これで，放送による聞き取りテストを終わります。続いて，問題**2**に進みなさい。

〈リスニングテスト放送台本〉

ただいまから１番の，放送による聞き取りテストを行います。問題は，(1)から(4)までの四つです。放送中メモを取ってもかまいません。

それでは(1)の問題から始めます。

(1) これから，**No. 1**から**No. 5**まで，五つの英文を放送します。放送される英文を聞いて，その内容に合うものを選ぶ問題です。それぞれの英文の内容に最もよく合うものを，**ア**，**イ**，**ウ**，**エ**の中から一つ選んで，その記号を書きなさい。

それぞれの英文は，２回放送します。

No. 1

Mike is making a dog house now.

No. 2

We use this when we enjoy watching birds.

No. 3

Tom bought a T-shirt yesterday. It has his favorite Japanese word meaning dream.

No. 4

In Aya's class, she asked her classmates about their favorite sport. Baseball, tennis and soccer were popular. Tennis was more popular than baseball. But soccer was the most popular in her class.

No. 5

Last Sunday, Ken enjoyed playing *shogi* with his friends, Taku and Hiro. First, Ken played with Taku, and Ken won. Next, Ken played with Hiro, and Hiro won the game. Ken usually wins games, but that time he lost. Finally, Taku and Hiro played and Hiro won the game.

これで，(1)の問題を終わります。

次に，(2)の問題に移ります。

(2) これから，**No. 1**から**No. 4**まで，四つの対話を放送します。それぞれの対話のあとで，その対話について一つずつ質問します。それぞれの質問に対して，最も適切な答えを，**ア**，**イ**，**ウ**，**エ**の中から一つ選んで，その記号を書きなさい。

対話と質問は，2回放送します。

No. 1

A：This restaurant is very famous for Italian salad, Tatsuya. I'm going to have that salad and a sandwich. What are you going to have?

B：I'll have the salad, too, and spaghetti, Mary.

A：Good. Let's order now.

Question：What is Tatsuya going to eat?

No. 2

A：Your dogs are very cute, Kyoko.

B：Thank you, Nick. I also have a bird. Do you have any pets?

A：Well, I want to have one, but I can't. When I was small, I had some fish. I didn't take care of them, so my parents will not buy another pet for me.

B：That's too bad.

Question：What pets does Nick have?

No. 3

A：Hello. This is Satoshi.

B：Hello, Satoshi. This is Meg. A music concert will be held at Tsuchiura Orange Hall next Sunday afternoon. It will start at two thirty. Why don't we go?

A：Sounds good.

B：OK. So let's meet at South Station at two and walk to the hall. We'll get there ten minutes before the concert starts.

Question：How long does it take to walk to the hall from the station?

No. 4

A：Jim, I'm going to play basketball with my friends in the park next Sunday. Can you join us?

B：Sounds good, Saki, but my family and I will go to an amusement park if my father is free on that day. I'm not sure about that now.

A：Oh, I see. When you decide your plans for next Sunday, please tell me.

B：OK. I'll call you on Saturday afternoon.

Question：What will Jim do next Saturday afternoon?

これで(2)の問題を終わります。

次に，(3)の問題に移ります。

(3) これから，留学生のナンシー(Nancy)と中学生のショウタ(Shota)との対話を放送します。そのあとで，その内容について**Question No. 1**と**Question No. 2**の二つの質問をします。それぞれの質問に対して，最も適切な答えを，**ア**，**イ**，**ウ**，**エ**の中から一つ選んで，その記号を書きなさい。

対話と質問は，2回放送します。

Nancy：I'm going to go back to America next month, Shota.

Shota：Really, Nancy?

Nancy：Yes. I'll leave Japan on March twenty-sixth and come back here on April fifteenth. My grandfather's birthday is April first, so we'll have a party for him. He will be sixty. In Japan, when people become sixty, you give some red things, right?

Shota：Yes. I gave my grandfather a red cap on his sixtieth birthday last year. He was so happy. Will you give anything to your grandfather?

Nancy：Yes. Where did you buy the red cap? Can you take me to the shop? I would like to try.

Shota：Sure. Let's go there together next Friday.

Questions:

No. 1 How long is Nancy going to stay in America?

No. 2 What will Nancy do next Friday?

これで(3)の問題を終わります。

次に，(4)の問題に移ります。

(4) マユミ(Mayumi)の中学校の授業で，ホワイト先生(Mr. White)が生徒たちに話をしています。これからその内容を放送します。ホワイト先生の話の内容について正しいものはどれですか。下の**ア**，**イ**，**ウ**，**エ**の中から一つ選んで，その記号を①に書きなさい。

また，あなたがマユミの立場なら，ホワイト先生の質問に対して何と答えますか。

英語1文で②に書きなさい。英文は2回放送します。

Hello, everyone. I'll tell you about next week's Summer English Camp. The camp will be for three days. You will have some English classes and events. During the camp, you must only use English. On the first day, you will sing some English songs. On the second day, you will climb a mountain in the morning. After lunch, each of you will make a speech in English in front of other students. On the last day, you will make groups of five or six students and do some English activities. We haven't decided what English activities you will do on the last day. What English activities would you like to do in your group?

これで，放送による聞き取りテストを終わります。続いて，問題2に進みなさい。

2 次のＡとＢの英文は，高校生のユウタ(Yuta)と，留学生のシンディ(Cindy)がやり取りしたメールです。それぞれの英文を読んで，下の(1)，(2)の問いに答えなさい。

A

> Hello, Cindy.
> How are you? I'm going to tell you about the food festival on April 2. The other day, you ①(write) that you like Japanese food in your e-mail. I'm glad to hear that. The festival will start at ten o'clock, so how about ②(meet) at the station at nine thirty? You like cooking, and your dream is to have the ③(nice) Japanese restaurant of all in England, right? So I hope that you can enjoy the food festival. Please write an e-mail to me soon.

B

> Hello, Yuta.
> Thank you for your e-mail. I'm really looking forward to the food festival. I can't ④(w　　　) for that day. I'm happy because I can try different kinds of Japanese food. I believe it will be a great experience for me. Now I am studying Japanese very hard every day. I also go to a cooking school and learn ⑤(h　　　) to make Japanese food. Having a Japanese restaurant has been my dream ⑥(s　　　) I was small. See you soon!

(1) Ａの英文が完成するように，文中の①～③の(　　　)の中の語を，それぞれ１語で適切な形に直して書きなさい。

(2) Ｂの英文が完成するように，文中の④～⑥の(　　　)内に，最も適切な英語を，それぞれ１語ずつ書きなさい。なお，答えはすべて(　　　)内に示されている文字で書き始めるものとします。

3 次の(1)，(2)の問いに答えなさい。

(1) 次の英文は，新聞記事の一部です。この記事が伝えている内容として最も適切なものを，下のア～エの中から一つ選んで，その記号を書きなさい。

Can you sleep well at night? If you can't, you should learn this. We should have light from the sun when we get up in the morning. When we have light from the sun, our "*body clock" will send a message to our *brain. If we catch this message, we will become sleepy after about 14 hours. So, if we get up and have light from the sun in our room at 6 o'clock in the morning, we will become sleepy at about 8 o'clock at night. Today we have a lot of things to do during the day and at night. But there is a right time to do each activity. Therefore, let's get up early in the morning and enjoy the light from the sun.

*body clock　体内時計　　brain　脳

ア We should know that it is better to get up after we have light from the sun.
イ We need to sleep for about 14 hours to stay healthy.
ウ If we want to sleep well at night, it's important to be an early riser and have light from the sun.
エ Today we are busy during the day and at night, so sleeping long is becoming more difficult.

(2) 次の英文中の[　　　]には，下のア～ウの三つの文が入ります。意味の通る英文になるように，ア～ウの文を並べかえて，記号で答えなさい。

Contact lenses are more expensive and *troublesome than regular glasses. [　　　] Some people will spend more money and more time in order to look more handsome or beautiful.

＊troublesome　面倒な

ア　Best of all, the person who wears them looks better.

イ　But there are several good points.

ウ　Contact lenses do not break easily, and you can see better because they fit your eyes.

4

高校生のヒロシ(Hiroshi)と，アメリカからの留学生のルーシー(Lucy)は，次のページのパンフレット(pamphlet)を見ながら話をしています。下の対話文を読んで，(1)，(2)の問いに答えなさい。

Hiroshi：Lucy, I've got a pamphlet for Sakura Museum of History.

Lucy　：Oh, that's nice. I'm very interested in history.

Hiroshi：I'm planning to go there with my parents and two sisters. Can you come with us?

Lucy　：Sure! I'm seventeen, so I need to pay 200 yen, right?

Hiroshi：Yes. My age is the same as yours. Both of my parents are forty-eight. My sister, Yuki, is fourteen, and my sister, Emi, is nine. So our family needs to pay (　①　) yen *in total.

Lucy　：Well .... Shall we become museum members?

Hiroshi：That's a good idea. We have to pay 1,500 yen to become a member, but after that we can visit the museum for free for one year.

Lucy　：Yes, and (　②　)!

Hiroshi：Right. Let's become members.

Lucy　：Good. When will we go there?

Hiroshi：Why don't we go there on February 19 or 26? We can enjoy an event.

Lucy　：Well, [　　　]?

Hiroshi：Of course, we can go on that day, but why?

Lucy　：My grandfather is interested in Japanese history, so I want to take him to the museum. He will come to Japan on March 6.

Hiroshi：I see. I think he will be happy. And (　③　) at the event on that day.

Lucy　：Thank you, Hiroshi. How will we go there?

Hiroshi：By train and by bus. We will take the Minami Line first, and after that we will (　④　).

Lucy　：OK. What time will we go there?

Hiroshi：The event will start at ten in the morning, so we will get on the train at nine. It takes about fifty minutes from the station.

Lucy　：I want to go to the (　⑤　), too. My grandfather will buy some souvenirs for us there.

Hiroshi：OK. It is open until four in the afternoon. Let's go there after eating lunch.

＊in total　合計で

Sakura Museum of History

Map

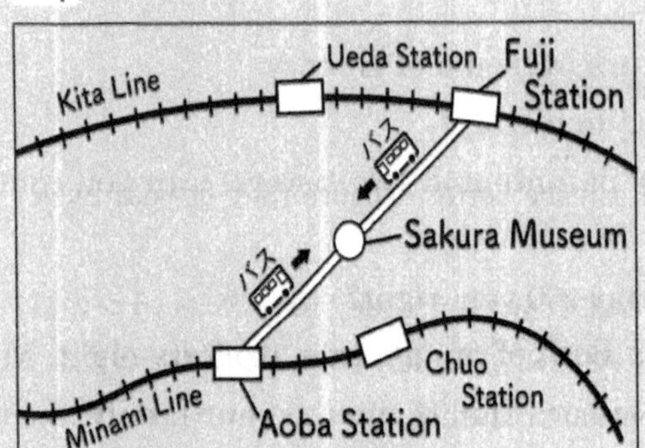

Opening Hour

・Museum
9:00 a.m. – 5:00 p.m.
・Museum Gift Shop
10:00 a.m. – 4:00 p.m.
・Museum Library
10:00 a.m. – 4:00 p.m.
・Museum Restaurant
11:00 a.m. – 4:00 p.m.

***Fee**

adult (18–)	300 yen
child (13–17)	200 yen
child (5–12)	100 yen
child (under 5)	free
senior (60–)	150 yen
★ member	free

※ closed …every Monday / December 28 – January 4

Event

● History Class (February 19 10:30–11:30 a.m.)
– Let's watch a movie of the old history.
● Speech by Mr. Sasaki (February 26 10:00–11:00 a.m.)
– You can learn the history of this city.
● History Class (March 5 10:00–11:00 a.m.)
– Let's make a map of this city in the Edo Period.
● Speech by Mr. Hayashi (March 12 10:00–11:00 a.m.)
– You can learn about the Kamakura Period.

— Notice —

Please be a member of this museum for 1,500 yen. If you become a member, you can visit the museum for free for one year. You can get a magazine and enjoy news about history every month!

*fee 料金

(1) 対話文中の(①)～(⑤)に入る最も適切なものを，ア～エの中から一つ選んで，その記号を書きなさい。

① ア 800 イ 900 ウ 1,000 エ 1,100

② ア we can also get a history magazine every month
イ we can also have food at the restaurant for free
ウ we can also borrow newspaper about history from the museum library
エ we can also take a bus to the museum for free

③ ア we can watch the movie of the history
イ we can learn the city's history
ウ we can make a map of the city in the Edo Period
エ we can learn about the Kamakura Period

④ ア walk from Ueda Station to the museum
　イ take a bus from Fuji Station to the museum
　ウ take a bus from Aoba Station to the museum
　エ walk from Chuo Station to the museum

⑤ ア museum　　イ museum library
　ウ museum gift shop　　エ museum restaurant

(2) 対話の流れに合うように，文中の[　　　]に入る適切な英語を，４語以上，８語以内で書き，英文を完成させなさい。なお，符号(,.?!など)は，その前の語につけて書き，語数には含まないものとします。

5 下の英文を読んで，次のページの(1)〜(4)の問いに答えなさい。

Takuma is a junior high school student. One Saturday, he saw a television news story about food shortages. He learned that a lot of people around the world can't get enough food to eat. He knows that some countries have enough food. He thought, "Why are people in so many countries hungry?" [1]

That evening on the Internet, Takuma studied about food shortages. He learned that one of the reasons for food shortages is bad weather. In some countries, it doesn't rain much or it rains too much. The people who live in such countries can't get enough food. When it doesn't rain, *farm products don't grow well. When it rains too much, the products are damaged. It isn't easy for the people to get food.

The next day, Takuma went to the library near his house to learn more about food shortages. He read some books about the food problem. From one book, he learned that there is another reason. People in some countries are so poor that they can't buy enough food to eat. He was sad to learn that.

That evening, Takuma told his parents and his grandmother about that. His grandmother said, "Takuma, you know there is a lot of food to eat in Japan. We can eat enough food every day. [2] When we eat dinner at home, your mother often tells you to eat all the food on your *plate." He thought his grandmother was right. He said to his mother, "OK, Mom, I will try to eat all the food on my plate because I don't want to *waste food."

On Monday, at school he made a speech in class about food shortages. He said, "What can we do to help hungry people around the world? There are ways to help them. For example, we can send them food because we have a lot of food in Japan. You think sending food isn't easy, right? [3] It's sending money to them. Sending money is easier than sending food. We can look for other ways to help hungry people around the world on the Internet or in books. We should also try to learn the *causes of the food problem."

Now, Takuma is more interested in the food problem of the world. He wants the students of his school to think about the problem with him. He decided to make a school newspaper and write about it. He thinks, "More students of my school will start to become interested in the problem if they read about it in the school newspaper. And I hope we can help hungry people in poor countries. [4] We can do many things to help them."

＊farm product(s) 農作物　plate 皿　waste ～ ～を無駄にする　cause(s) 原因

(1) 本文の内容に合う文を，次のア～クの中から三つ選んで，その記号を書きなさい。

ア After learning at school that many people in the world cannot get enough food, Takuma watched the news about the topic on TV at home.

イ Takuma learned on the Internet that one of the reasons for food shortages is bad weather.

ウ Takuma learned more about food shortages at the library on Saturday.

エ When Takuma eats dinner at home, his grandmother often tells him to eat all the food on his plate.

オ In class, Takuma said that there are ways to help hungry people around the world.

カ Takuma said that sending money to hungry people around the world is more difficult than sending food.

キ Takuma told his classmates to try to learn the causes of the food problem.

ク Takuma told his classmates that there are few things they can do to help hungry people in poor countries.

(2) 次の文は，文中の[1]～[4]のどこに入るのが最も適切か，番号で答えなさい。

Then we can do more.

(3) 次の①，②の質問に答えるとき，あとの英文の（　　）に入る適切な英語を，それぞれ指定された語数で答えなさい。

① What cause of food shortages did Takuma learn at the library? (10語以上)

— He learned that (　　　　　　　　　　　　　　　　　　).

② What do you think Takuma will do after this story? (10語以上)

— I think that (　　　　　　　　　　　　　　　　　　).

(4) 次の対話文は，タクマ(Takuma)のスピーチを聞いた，同じクラスのユウコ(Yuko)と留学生のビル(Bill)の対話文です。①，②に入る英文をあなたの立場で，それぞれ**15語以上**で書きなさい。ただし，記入例にならい，符号(, . ? !など)は，その前の語につけて書き，語数には含まないものとします。

記入例	Are	you	Ms.	White?
	No,	I'm	not.	

Yuko：I think Takuma's speech was good. Tell me your opinion about Takuma's idea of sending money, not food.

Bill　：(①)

Yuko：I understand. Then what can we do to help hungry people all over the world?

Bill　：(②)

Yuko：Oh, that's a different idea from Takuma's.

6 以下の英文は，あなたが友人のボブ(Bob)からもらったメールの一部です。ボブの質問に対するあなたの答えを英語**30語以上**で書きなさい。なお，記入例にならい，符号(, . ? !など)は，その前の語につけて書き，語数には含まないものとします。

【あなたがボブからもらったメールの一部】

> Hello. Last Wednesday, my English teacher, Ms. Green, asked her students, "Who is the most important person for you?" First, she told us about herself. The most important person for her is her grandfather. He was also an English teacher, and he worked in Japan many years ago. She heard his stories many times when she was small, and she became interested in working as an English teacher in Japan. His stories had a great *influence on her life. The most important person for me is my guitar teacher. I want to be a musician, and her lessons and support are very important for me. Who is the most important person for you? And why do you think so?

*influence　影響

記入例	Are	you	Ms.	White?
	No,	I'm	not.	

30

60

【理　科】（50分）〈満点：100点〉

1

次の(1)～(4)の問いに答えなさい。

(1) 図のような真空放電管（しんくうほうでんかん）に高い電圧を加え，真空放電させると蛍光面（けいこうめん）に十字形の金属板のかげができた。このとき**真空放電管の＋極**と，**真空放電管の電子の流れの向き**の組み合わせとして正しいものを，次の**ア～エ**の中から一つ選んで，その記号を書きなさい。

	真空放電管の＋極	真空放電管の電子の流れの向き
ア	電極A	電極A→電極B
イ	電極A	電極B→電極A
ウ	電極B	電極A→電極B
エ	電極B	電極B→電極A

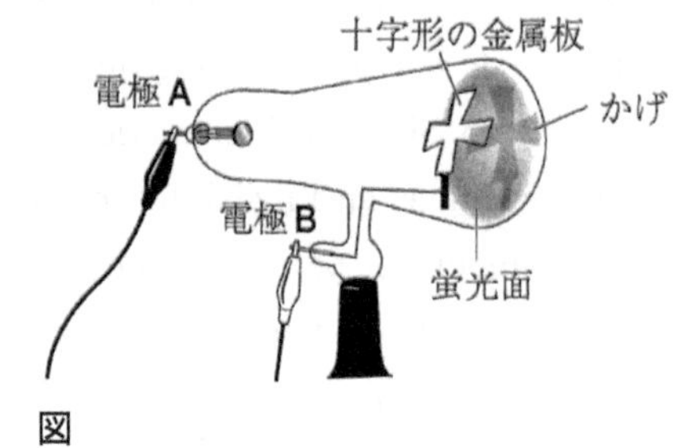

図

(2) 図は，植物のなかま分けをまとめたものである。A～Fを，**維管束（いかんそく）がない植物**と，**維管束がある植物**になかま分けした組み合わせとして正しいものを，下の**ア～エ**の中から一つ選んで，その記号を書きなさい。

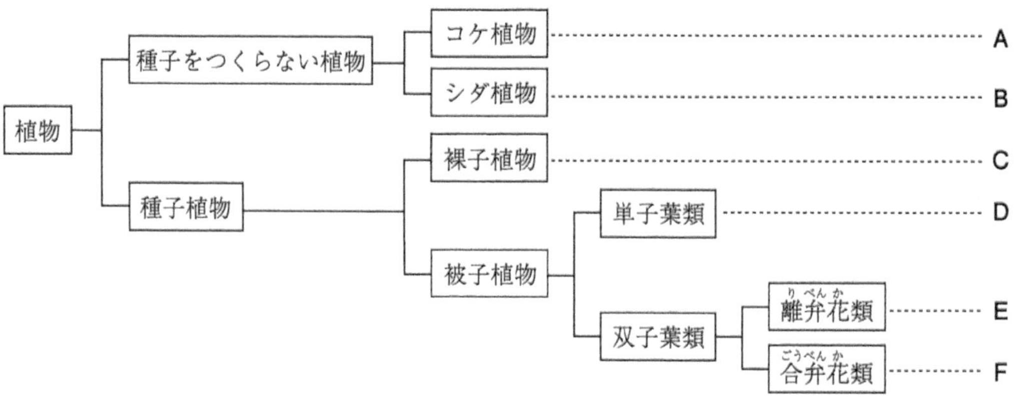

図

	維管束がない植物	維管束がある植物
ア	A	B，C，D，E，F
イ	A，B	C，D，E，F
ウ	A，B，C	D，E，F
エ	A，B，C，D	E，F

(3) うすい硫酸（りゅうさん）（溶液A）をビーカーに入れてpHメーターを用いてpHを調べた。次に図のように，少量のうすい水酸化バリウム水溶液を加えたところ，中和が起こり，生じた塩が白い沈殿となった。このときのビーカー内の水溶液（溶液B）のpHを調べた。その後，うすい水酸化バリウム水溶液をさらに加えると，新たに沈殿が生じた。溶液A，溶液B，純粋な水をpHの小さい順に左から並べたものとして正しいものを，次ページの**ア～エ**の中から一つ選んで，その記号を書きなさい。

図

ア　溶液A，溶液B，純粋な水　　　イ　溶液A，純粋な水，溶液B
ウ　純粋な水，溶液A，溶液B　　　エ　純粋な水，溶液B，溶液A

(4)　次の**表**は，震源(しんげん)のごく浅いある地震について，震源からの距離とP波とS波が到着した時刻をまとめたものである。震源から約110 km離れている，水戸市の観測地点では，初期微動継続時間はおよそ何秒になるか。最も適当なものを，下の**ア**～**エ**の中から一つ選んで，その記号を書きなさい。

表

震源からの距離	P波が到着した時刻	S波が到着した時刻
24km	午後5時59分20秒	午後5時59分22秒
48km	午後5時59分24秒	午後5時59分28秒
60km	午後5時59分26秒	午後5時59分31秒

ア　7秒　　イ　9秒　　ウ　11秒　　エ　13秒

2　次の(1)～(3)の問いに答えなさい。

(1)　X・Y群に示した動物について，下の**文**を読んで，あとの①～④の問いに答えなさい。
〔X群の動物〕トカゲ，イヌ，イモリ，ハト，イカ，フナ，カマキリ
〔Y群の動物〕アンモナイト，フズリナ，ビカリア

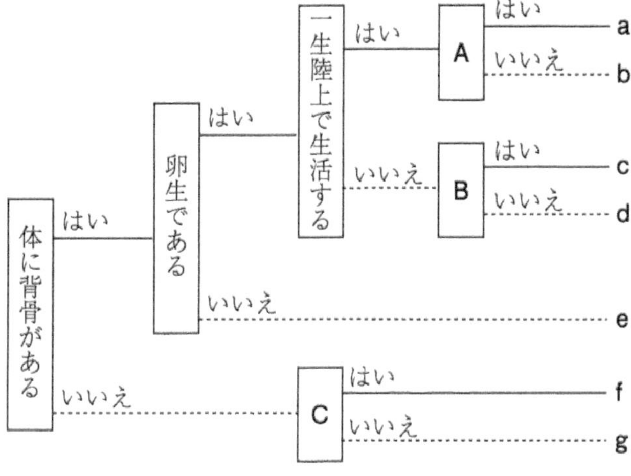

図

文

図のA，B，Cそれぞれに，次に示す分類基準Ⅰ，Ⅱ，Ⅲのいずれかを当てはめる。その分類基準に「はい」「いいえ」で答えると，図のa～gのグループにX群の動物を1つずつ分類することができ，ハトはaのグループに分類される。

【分類基準】 Ⅰ：外骨格(がいこっかく)をもつ。
Ⅱ：幼生はえらと皮ふで，成体は肺と皮ふで呼吸を行う。
Ⅲ：体表は羽毛で覆われている。

① 体に背骨がある動物を何というか。その名称を書きなさい。

② 図のA，B，Cに当てはまる分類基準Ⅰ，Ⅱ，Ⅲの組み合わせとして正しいものを，次のア～カの中から一つ選んで，その記号を書きなさい。

ア A：Ⅰ B：Ⅱ C：Ⅲ　イ A：Ⅰ B：Ⅲ C：Ⅱ
ウ A：Ⅱ B：Ⅰ C：Ⅲ　エ A：Ⅱ B：Ⅲ C：Ⅰ
オ A：Ⅲ B：Ⅰ C：Ⅱ　カ A：Ⅲ B：Ⅱ C：Ⅰ

③ 図のb，c，gのグループにそれぞれ分類されるX群の動物の組み合わせとして正しいものを，次のア～カの中から一つ選んで，その記号を書きなさい。

ア b：トカゲ c：イモリ g：カマキリ
イ b：トカゲ c：イモリ g：イカ
ウ b：フナ c：トカゲ g：カマキリ
エ b：フナ c：イモリ g：イカ
オ b：イモリ c：トカゲ g：カマキリ
カ b：イモリ c：トカゲ g：イカ

④ Y群は，示準化石(しじゅんかせき)として適している動物である。これらの動物を，生息していた時期が古い順に左から並べたものとして正しいものを，次のア～カの中から一つ選んで，その記号を書きなさい。

ア アンモナイト→フズリナ→ビカリア
イ アンモナイト→ビカリア→フズリナ
ウ フズリナ→アンモナイト→ビカリア
エ フズリナ→ビカリア→アンモナイト
オ ビカリア→フズリナ→アンモナイト
カ ビカリア→アンモナイト→フズリナ

(2) 力と仕事について調べるために，質量 500 g の物体とばねばかりを用いて，次の**実験１〜３**を行った。あとの①〜④の問いに答えなさい。ただし，100 g の物体にはたらく重力の大きさを 1 N とし，ひもと滑車(かっしゃ)の重さ，ひもと滑車にはたらく摩擦力(まさつりょく)は考えないものとする。

実験１　図１のように，物体をつけたひもをばねばかりにとりつけた。ばねばかりの目盛りが一定になるように力を加え，矢印↑の向きに物体を５秒かけて 10 cm 引き上げた。

実験２　図２のように，物体をつけた動滑車にひもをかけてスタンドに固定し，ひもの一端をばねばかりにとりつけた。ばねばかりの目盛りが一定になるように力を加え，矢印↑の向きに物体を 10 秒かけて 10 cm 引き上げた。

実験３　図３のように，物体をばねばかりにとりつけ，摩擦力のはたらかないなめらかな斜面にそって，ばねばかりの目盛りが一定になるように力を加え，A 点に置いた物体を高さ 10 cm の B 点までゆっくりと一定の速さで引き上げた。

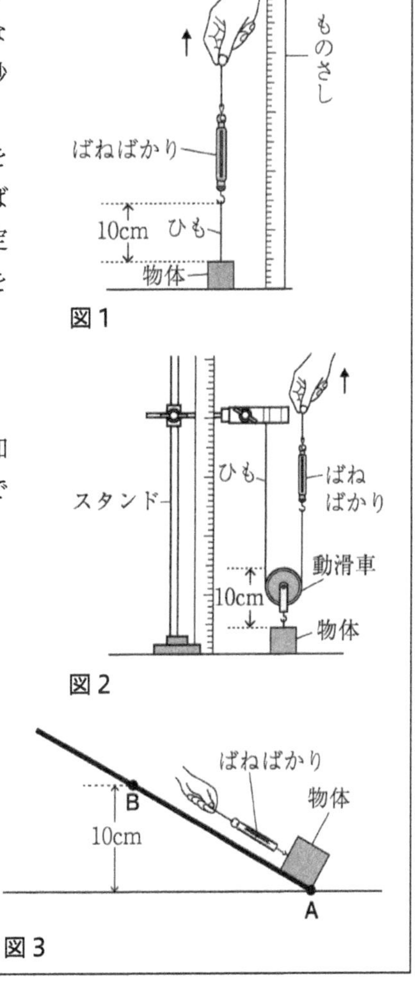

① **実験１**で，ひもが物体を引いた力の大きさとして正しいものを，次の**ア〜エ**の中から一つ選んで，その記号を書きなさい。

ア　50 N　　**イ**　10 N　　**ウ**　5 N　　**エ**　2.5 N

② **実験２**で，手が物体にした仕事は何 J か，求めなさい。

③ **実験１**，**実験２**のそれぞれで，物体を 10 cm 引き上げるときの仕事の大きさと仕事率について正しいものを，次の**ア〜エ**の中から一つ選んで，その記号を書きなさい。

ア　**実験１**に対して**実験２**では，仕事の大きさは半分になるが，仕事率は２倍になる。
イ　**実験１**に対して**実験２**では，仕事の大きさは２倍になるが，仕事率は半分になる。
ウ　**実験１**に対して**実験２**では，仕事の大きさは同じであるが，仕事率は半分になる。
エ　**実験１**に対して**実験２**では，仕事の大きさは同じであるが，仕事率は２倍になる。

④　**実験3**で物体を引き上げているとき，ばねばかりの値は2Nであった。**図3**の**AB**間の距離は何cmか，求めなさい。

(3)　酸化銀とマグネシウムを用いて，次の**実験1**，**2**を行った。下の①～④の問いに答えなさい。

実験1　図1のように，黒色の酸化銀2.9 gを加熱し，発生した気体を集めた。気体が発生しなくなってから，ガラス管を水そうから取り出し，加熱をやめた。このとき，試験管に残った物質の色は白色であり，その質量をはかると，2.7 gであった。

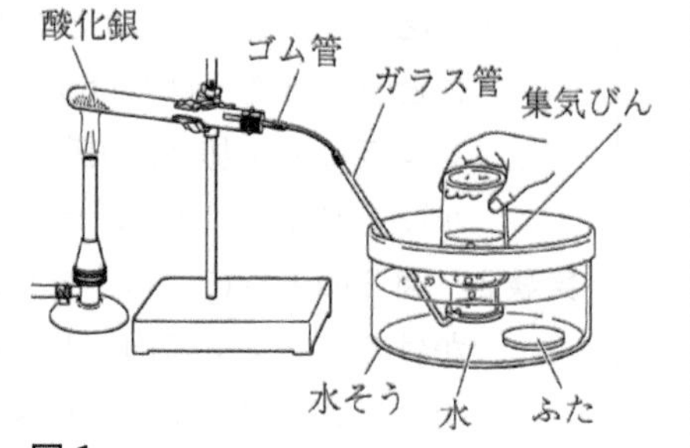

図1

実験2　図2のように，マグネシウムの粉末0.3 gを，質量をはかっておいたステンレス皿にうすく広げ，皿全体の質量をはかってからガスバーナーで加熱し，よく冷やしてから加熱後の皿全体の質量をはかった。これを加熱後の質量の変化が見られなくなるまでくり返した。変化が見られなくなったときの皿の中の物質の質量は，0.5 gであった。

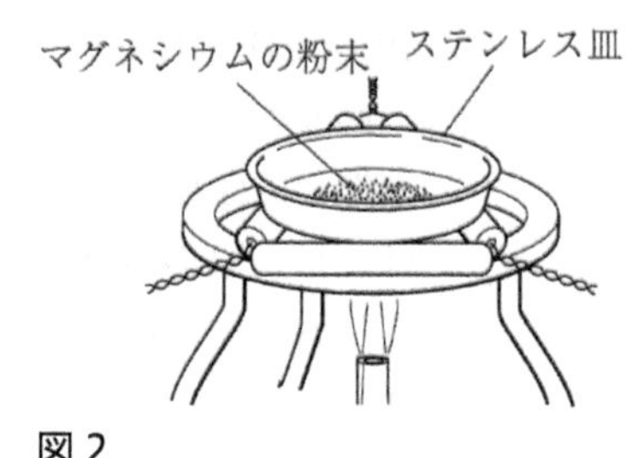

図2

①　**実験1**において，下線部のように，加熱をやめる前にガラス管を水そうから取り出したのはなぜか。その理由を簡単に説明しなさい。

②　次の文章は，**実験1**について考察したものである。文章中の［あ］，［い］に当てはまる言葉を書きなさい。

> 酸化銀を加熱すると，加熱後の物質の色は，加熱前の酸化銀の色とは異なっていた。また，加熱後の物質の質量は，加熱前の酸化銀の質量より小さくなっていた。質量が小さくなったのは，気体が発生したためだと考えられる。このように，酸化銀は，2種類以上の別の物質に変化したことが考察できる。このような化学変化を［あ］という。このとき，集めた気体に線香（せんこう）の火を近づけると［い］ことから，発生した気体は酸素と考えられる。

③　**実験2**における化学変化を化学反応式で書きなさい。

④　**実験1**と**実験2**の結果から，同じ質量の酸素と結びつく銀とマグネシウムの質量比を求め，最も簡単な整数の比（銀：マグネシウム）で書きなさい。

3 電熱線(でんねつせん)を用いて次の**実験**を行った。あとの(1)~(5)の問いに答えなさい。

実験　**図1**のように，電熱線の両端に加わる電圧と電熱線に流れる電流を同時に調べることのできる回路をつくり，電熱線の両端に加わる電圧を 2.0 V，4.0 V，6.0 V，8.0 V，10.0 V に変えて，それぞれのときに流れる電流の大きさを調べた。**表**は，実験の結果をまとめたものである。

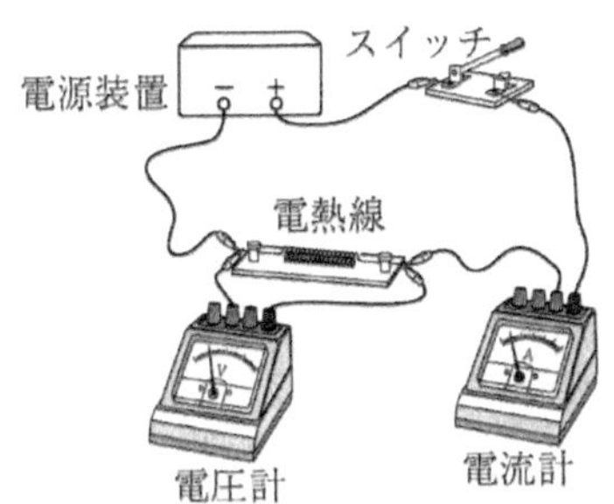

図1

表

電圧（V）	0	2.0	4.0	6.0	8.0	10.0
電流（A）	0	0.1	0.2	0.3	0.4	0.5

(1)　流れる電流の大きさが予測できないとき，最初に選ぶ電流計の－端子として正しいものを，次の**ア**～**エ**の中から一つ選んで，その記号を書きなさい。

ア　50 mA 端子　　**イ**　500 mA 端子　　**ウ**　5 A 端子　　**エ**　どの端子でもよい

(2)　**実験**の結果より，電熱線の抵抗は何Ωか，求めなさい。

(3)　この電熱線の両端に 8.0 V の電圧を 5 分間加え続けた。電熱線で消費された電力量は何 J か，求めなさい。

(4)　**図1**の電熱線と抵抗の値が同じ電熱線を，**図2**のように並列に2個接続した回路をつくった。**図2**の電熱線の両端に加わる電圧の値が 4.0 V のとき，電流計に流れる電流は何Aか，求めなさい。

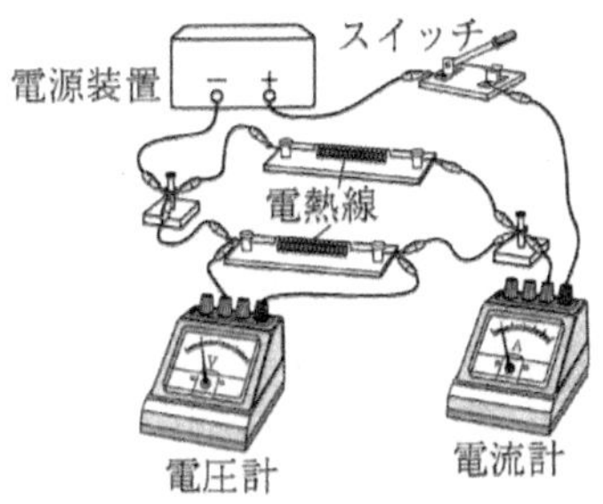

図2

(5) 家庭にある電気器具を調べたところ，こたつには100 V－600 W，テレビには100 V－300 W，アイロンには100 V－650 W，パソコンには100 V－200 W，電気ストーブには100 V－800 Wという表示がついていた。これらの中から3つの電気器具を，**図3**のような100 Vのコンセントに接続して，同時に使うとき，電流の合計が15 Aをこえない組み合わせとして正しいものを，次の**ア**～**エ**の中から一つ選んで，その記号を書きなさい。

ア こたつ，テレビ，電気ストーブ
イ こたつ，テレビ，パソコン
ウ アイロン，テレビ，電気ストーブ
エ 電気ストーブ，こたつ，パソコン

図3

4

Jさんは，気体の性質について調べるために，次の**実験1**，**2**を行った。あとの(1)～(4)の問いに答えなさい。

実験1 **図1**のように，塩化アンモニウムと水酸化カルシウムの混合物を加熱してアンモニアを発生させ，乾いた丸底フラスコに集めて色やにおいを調べた。

次に，アンモニアを集めた丸底フラスコにゴム栓をつけ，**図2**のような装置を組み立てた。フェノールフタレイン液を加えた無色の水にガラス管の先を入れ，水の入ったスポイトを用いて水を丸底フラスコの中に入れ，丸底フラスコ内の変化を観察した。

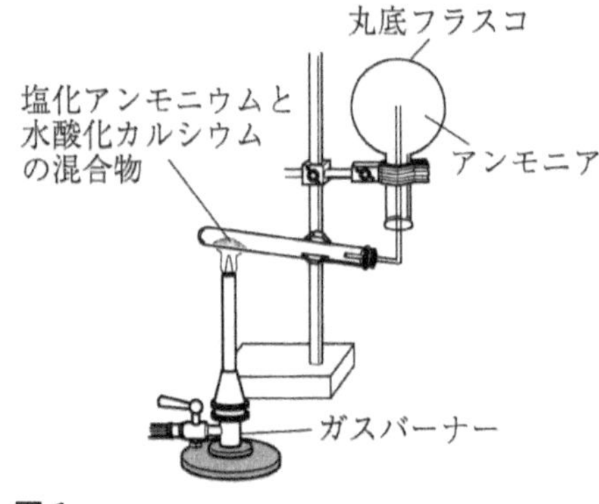

図1

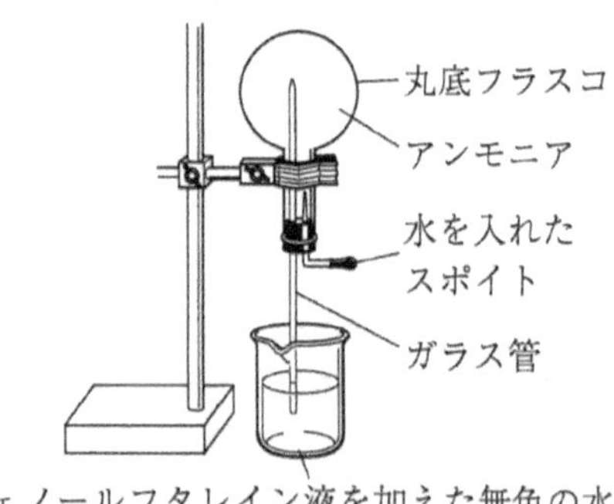

図2

実験2 同じ質量の4つのポリエチレンのふくろに，空気（密度 $0.0012\ g/cm^3$）と気体**A**～**C**を同じ体積ずつそれぞれ入れて密閉(みっぺい)した。その後，風の影響のない室内で**図3**のように，ふくろの口の部分を棒ではさみ，2人が同時に棒をはなしたときのようすを調べた。**表**は，そのときの結果をまとめたものである。

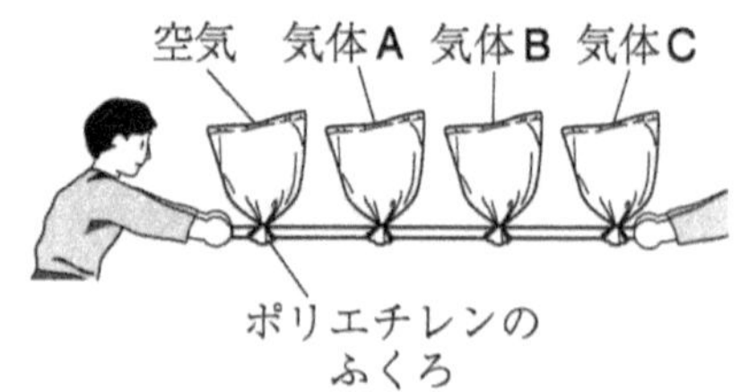

図3

表

気体	ポリエチレンのふくろのようす
空気	下降して床についた。
A	上昇して天井についた。
B	空気より短い時間で下降して床についた。
C	空気とほぼ同じ時間で下降して床についた。

(1) **実験1**で発生するアンモニアは化合物である。化合物とは何かを簡単に説明しなさい。

(2) 次の文章は，**実験1**の結果について述べたものである。文章中の［あ］，［い］に当てはまる言葉の組み合わせとして正しいものを，下の**ア**～**エ**の中から一つ選んで，その記号を書きなさい。

> **実験1**では，丸底フラスコ内に［あ］の噴水ができた。フェノールフタレイン液の色の変化から，アンモニアの水溶液は，［い］であるといえる。

ア　**あ**：青色　　**い**：酸性　　**イ**　**あ**：青色　　**い**：アルカリ性
ウ　**あ**：赤色　　**い**：酸性　　**エ**　**あ**：赤色　　**い**：アルカリ性

(3) **実験1**で，丸底フラスコに水を入れると噴水ができたのはなぜか。その理由を簡単に説明しなさい。

(4) **実験2**について，次の①，②の問いに答えなさい。

① ポリエチレンのふくろに空気を700 cm^3 入れたときの空気の質量は何gか，求めなさい。

② Ｊさんは，**表**から，気体の密度のちがいについて次のように考えた。Ｊさんの考えが正しくなるように，［う］に当てはまる内容を，「密度」という語を用いて簡単に書きなさい。

> **実験2**の結果から，気体によって密度がちがうと考えられる。気体**A**は明らかに空気や気体**B**，**C**と比べて［う］といえる。

5

タマネギの根の細胞分裂(ぶんれつ)のようすを調べるために，次の**観察**を行った。下の(1)～(5)の問いに答えなさい。

> **観察**　**図1**の**P**～**R**のうち，細胞分裂を観察するのに適した部分を切りとり，スライドガラスの上に置き，柄(え)つき針で細かくくずした。この根に<u>5％の塩酸を1滴落とし，5分間待ち</u>，塩酸をろ紙で十分吸いとったあと，［X］を1滴落とし，さらに5分間待った。その上にカバーガラスをかけ，根を指でゆっくりと押しつぶしてプレパラートをつくった。このプレパラートを顕微鏡で観察し，**図2**のように細胞の大きさと核のようすをスケッチした。

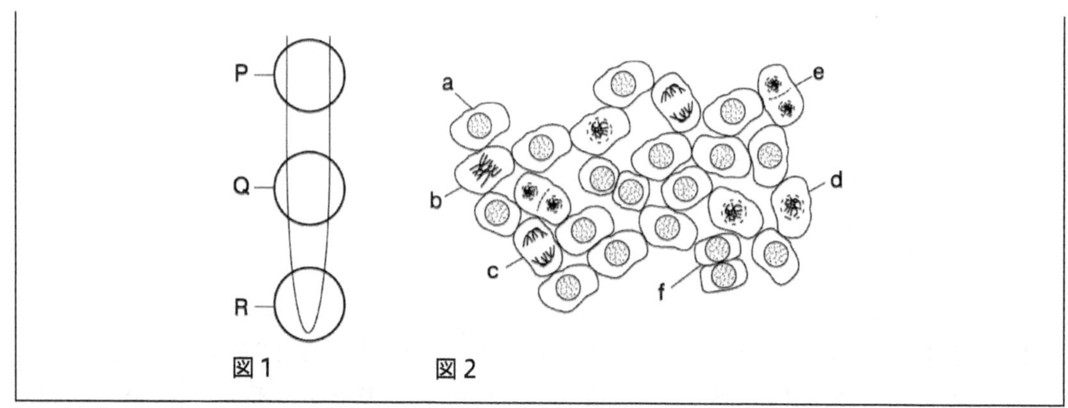

図1　図2

(1) 細胞分裂を観察するのに適した部分として正しいものを，図1のP～Rの中から一つ選んで，その記号を書きなさい。

(2) 下線部の操作をする目的を簡単に説明しなさい。

(3) 文中のXに当てはまる染色液(せんしょくえき)は何か。その名称を書きなさい。

(4) 図2のa～fは，細胞分裂の過程における異なる段階の細胞のようすである。a～fについてaを最初，fを最後として細胞分裂が進む段階の順に左から並べ，記号で書きなさい。

(5) タマネギの体細胞の染色体の数は16本である。タマネギの精細胞と受精卵(じゅせいらん)の染色体の数はそれぞれ何本か，求めなさい。

6 茨城県のある地点で，10月15日の午後6時から午後10時まで，2時間ごとに3回，カシオペヤ座と北極星を観察し，それぞれの位置を記録した。図1は，その観察記録である。また，図2は，10月15日の1か月後の11月15日の午後10時に，同じ地点で観察したカシオペヤ座と北極星の位置を記録したものである。下の(1)～(5)の問いに答えなさい。

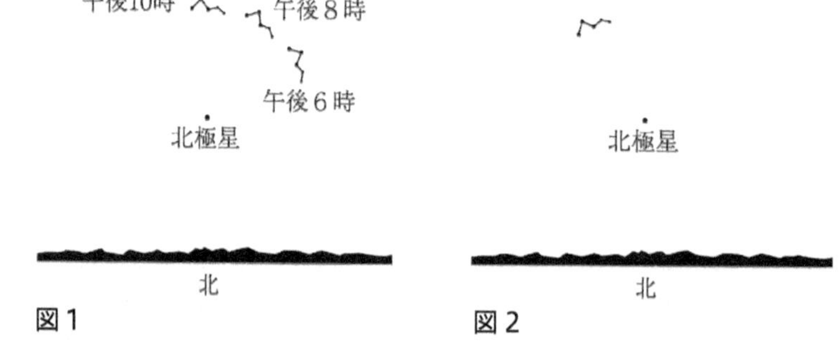

図1　図2

(1) 10月15日の観察で見られたカシオペヤ座の動きのように，1日の間で時間がたつとともに動く，星の見かけの動きを何というか。その名称を書きなさい。

(2) (1)のような星の見かけの動きが起こる理由を簡単に説明しなさい。

(3) 10月15日に観察している間，北極星の位置がほぼ変わらないように見えた理由を簡単に説明しなさい。

⑷ 図3のXは，図2に記録したカシオペヤ座の位置を表したものである。また，次の文は，11月15日の2か月後の1月15日の午後10時にカシオペヤ座がどの位置にあったかをまとめたものである。［あ］に当てはまる漢字2字の語を書きなさい。また，［い］に当てはまるものを，図3のa～dの中から一つ選んで，その記号を書きなさい。

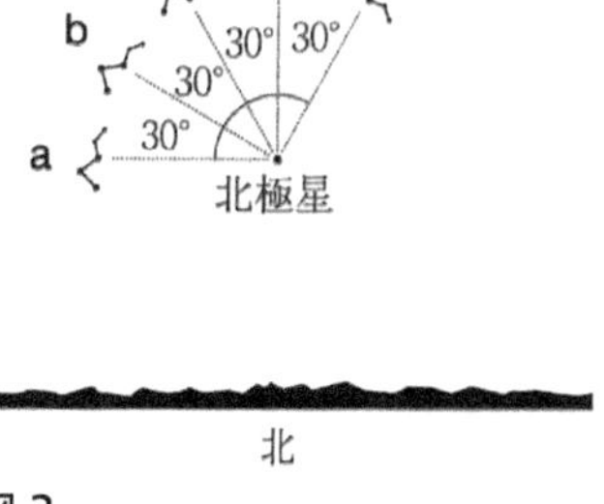

図3

> 1月15日の午後10時に見えたカシオペヤ座は，地球が［あ］していることから［い］の位置にあったといえる。

⑸ 1月15日の午後10時に見えたカシオペヤ座が，図3のXの位置にあった時刻は午後何時か，求めなさい。

【社　会】（50分）〈満点：100点〉

1　ある中学校の社会科の授業で，「中国・四国地方にはどのような特色があるのだろうか」というテーマで，班ごとにテーマを設定し，学習しました。次の1～3に答えなさい。

1　A班では，「中国・四国地方の気候の特色」というテーマを設定し，**資料1**，**資料2**を集めました。下の(1)～(3)の問いに答えなさい。

資料1

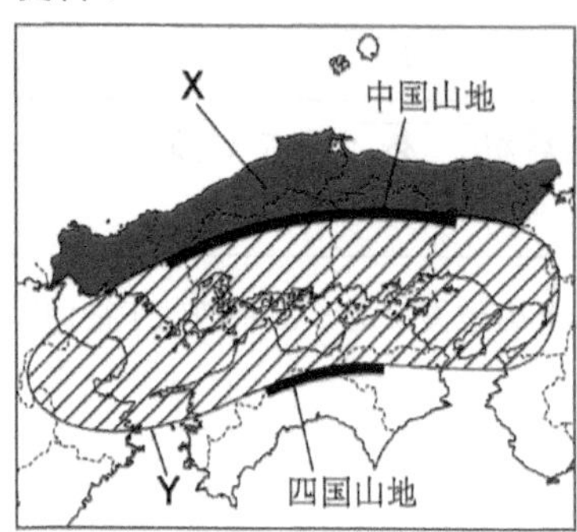

資料2

A

降水量
年平均気温 17.0℃
気温
500〔mm〕
30〔℃〕
年間降水量 2547.5mm
1　7　12(月)

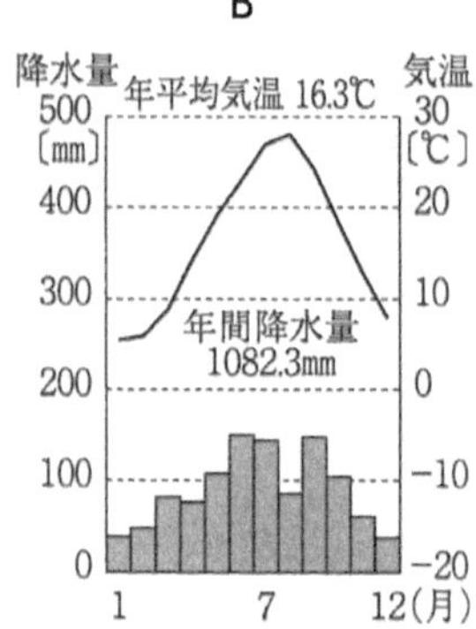

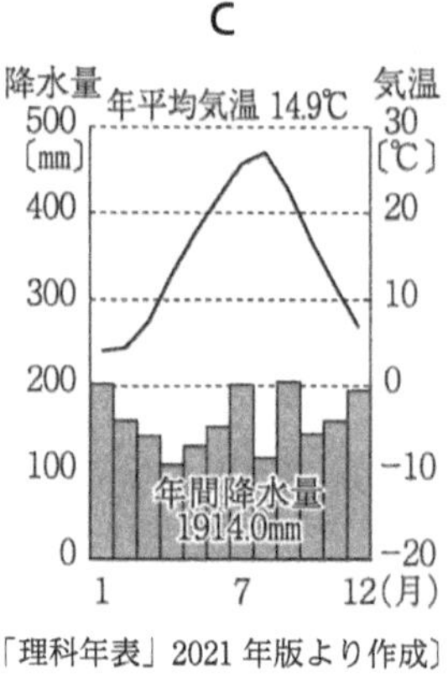

〔「理科年表」2021年版より作成〕

(1)　中国・四国地方を細かい地域に分けたときの，**資料1**中の**X**の地域の名称を，**漢字2字**で書きなさい。

(2)　A班は，**資料2**から読み取ったことをもとに，中国・四国地方の気候について調べ，次の＜メモ＞を作成しました。＜メモ＞の［　あ　］，［　い　］に当てはまる語の組み合わせとして最も適切なものを，下の**ア～エ**の中から一つ選んで，その記号を書きなさい。

＜メモ＞
　中国・四国地方の三つの地域は，それぞれ気候が異なっています。**資料2**中の**A～C**の雨温図のうち**A**の雨温図は，夏の降水量が多いことから，［　あ　］側に位置する［　い　］であることが分かります。

ア［**あ**　太平洋　**い**　高松市］　**イ**［**あ**　太平洋　**い**　高知市］
ウ［**あ**　日本海　**い**　高松市］　**エ**［**あ**　日本海　**い**　高知市］

(3)　A班は，**資料1**，**資料2**から，Yの地域の気候について，次の<**メモ**>を作成しました。<**メモ**>の［　う　］に当てはまる内容を，「山地」という語を用いて，**40字以内**で書きなさい。

> <メモ>
> 　中国・四国地方の三つの地域は，それぞれ気候が異なっています。中でも**資料2**中のBの雨温図で示したYの地域は，［　う　］という特徴があります。

2　B班では，「広島市の姉妹・友好都市」というテーマを設定し，話し合いました。あとの(1)，(2)の問いに答えなさい。

資料3

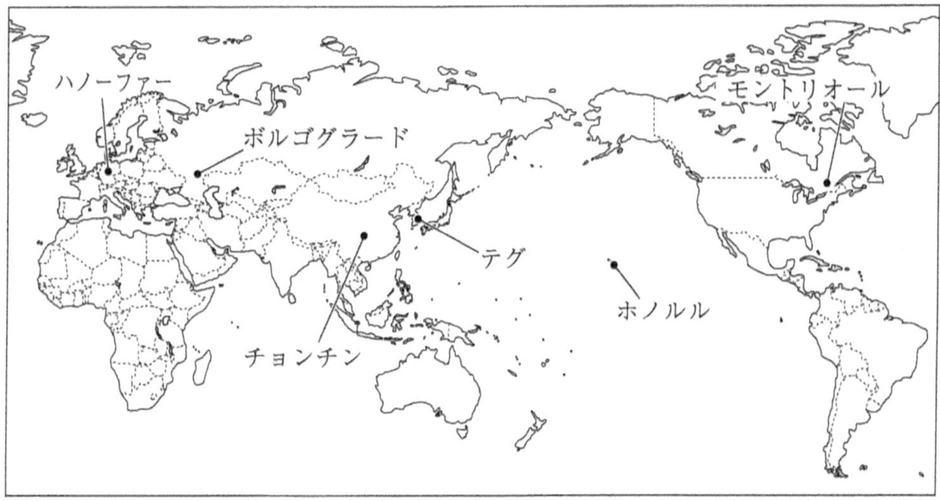

> 次郎：**資料3**の地図を見ると，広島市は海外の6都市と姉妹・友好都市提携を結んでいることが分かるね。
> 洋子：チョンチンは a 中華人民共和国の都市だよね。他の都市はどの国の都市なのかな。
> 次郎：b テグは大韓民国，ホノルルはアメリカ合衆国，モントリオールはカナダ，ハノーファーはドイツ，ボルゴグラードはロシア連邦の都市みたいだよ。

(1)　下線部aについて，洋子さんは，中華人民共和国の経済について調べ，**資料4**～**資料6**を集め，下の<**メモ**>を作成しました。**資料4**～**資料6**から読み取ったことをもとに，<**メモ**>の［　え　］に当てはまる内容を，「沿岸部」という語を用いて，**30字以内**で書きなさい。

資料４　中華人民共和国の一人当たりの地域別総生産額（2019年）

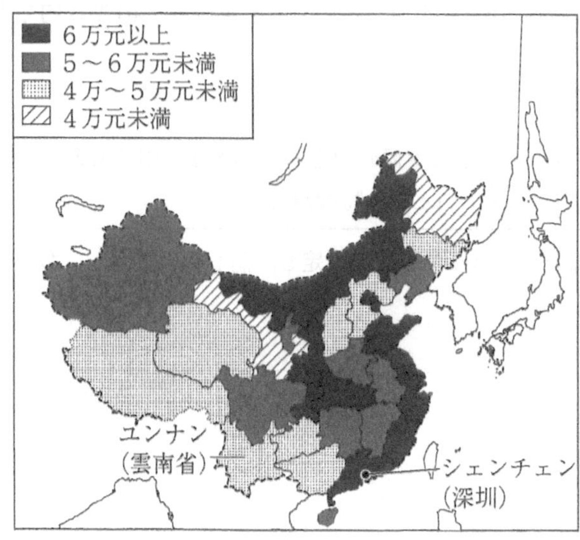

〔「中国統計年鑑」より作成〕

資料５　経済特区シェンチェン（深圳）

資料６　ユンナン（雲南省）の農村

> ＜メモ＞
> 近年，大きく経済発展を遂げた中華人民共和国ですが，国内を見てみると，［　え　］ということが分かりました。

(2)　下線部ｂについて，次郎さんは，広島市が姉妹・友好都市提携を結んでいる都市が位置する国について調べ，中華人民共和国とカナダを除く４か国に関する**資料７**を見つけました。**資料７**のうち，ドイツに当てはまるものを，**ア**～**エ**の中から一つ選んで，その記号を書きなさい。

資料７　４か国の統計

	人口密度（人/km²）	首都の年間平均気温（℃）	輸出額（百万ドル）	輸入額（百万ドル）
ア	234	10.0	1489153	1234455
イ	511	12.6	542602	502758
ウ	34	14.5	1641118	2498402
エ	9	5.8	419732	242628

〔「世界国勢図会 2020/21年版」などより作成〕

3　Ｃ班では，「中国・四国地方の産業」というテーマを設定し，調べたことをもとに**＜発表原稿＞**を作成しています。次ページの(1)～(4)の問いに答えなさい。

> **＜発表原稿＞**
> ・中国・四国地方では，自然環境を生かした農業や漁業が行われています。ｃ鳥取県の鳥取砂丘では，水がしみこみやすい土地でも農作物を栽培できる技術が開発されました。
> ・ｄ山間部や離島では，地域の特産品や観光産業を宣伝するなどの町おこしや村おこしが行われています。
> ・ｅ沿岸部には石油化学コンビナートが建設され，重化学工業がさかんに行われています。現在は，自動車生産もさかんに行われています。
> ・ｆ本州四国連絡橋が開通したことにより，人や物の移動がさかんになりました。

(1) 下線部**c**について，C班では，**資料8**の鳥取市の地形図を見つけました。**資料8**の地形図について述べた文として最も適切なものを，下の**ア**～**エ**の中から一つ選んで，その記号を書きなさい。

資料8

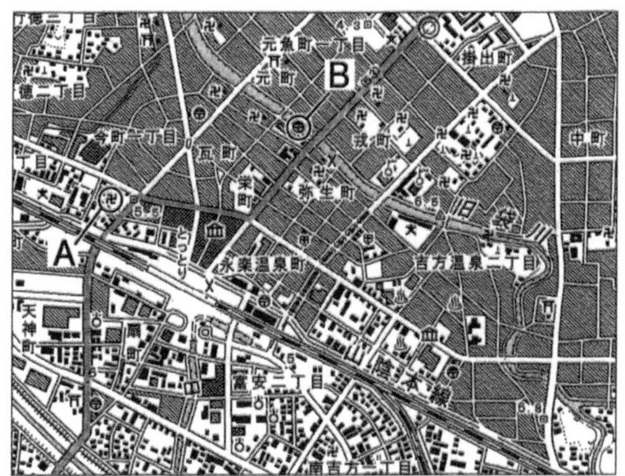

〔国土地理院発行2万5千分の1地形図「鳥取南部」より作成〕

ア　鳥取駅の南側には，美術館（博物館）がある。

イ　地形図上のA地点からB地点までの長さを約2.5 cmとすると，実際の距離は約750 mである。

ウ　市役所から見て，鳥取駅は南西にある。

エ　地形図上には，高等学校は見られるが，小・中学校は見られない。

(2) 下線部**d**について，C班では，中国・四国地方の山間部や離島で問題になっていることをまとめ，次の<**メモ**>を作成しました。<**メモ**>の［　お　］に当てはまる語を，**漢字2字**で書きなさい。

> <**メモ**>
> 中国・四国地方の山間部や離島には，人口の大幅な減少により地域社会の機能が維持できなくなる［　お　］化という現象が起こっている地域が多くあります。

(3) 下線部eについて，良子さんは，中国・四国地方の各県の工業を比較するため，山口県，広島県，香川県，岡山県の製造品出荷額等割合を示した**資料9**を見つけました。**資料9**のうち山口県に当てはまるものを**ア〜エ**の中から一つ選んで，その記号を書きなさい。また，これらの4県が属している工業地域名を書きなさい。

資料9　4県の統計（2018年）

ア

輸送用機械	鉄鋼	生産用機械	食料品	プラスチック製品	その他
34.8%	13.1%	9.1%	6.6%	5.7%	30.7%

イ

化学	石油・石炭製品	輸送用機械	鉄鋼	よう業・土石	その他
28.7%	16.8%	16.7%	10.1%	3.6%	24.1%

ウ

石油・石炭製品	化学	鉄鋼	輸送用機械	食料品	その他
17.9%	14.8%	12.1%	11.7%	6.5%	37.0%

エ

非鉄金属	食料品	輸送用機械	石油・石炭製品	電気機械	その他
18.0%	12.6%	10.4%	6.5%	6.3%	46.2%

〔「県勢 2021年版」より作成〕

(4) 下線部fについて，三郎さんは，本州四国連絡橋について調べ，**資料10**を見つけ，その中の四つの資料を使い，次のようにまとめました。三郎さんのまとめに必要のなかった資料を**資料10**のA〜Eの中から一つ選んで，その記号を書きなさい。

<まとめ>

本州四国連絡橋の開通により，中国地方と四国地方の間の移動時間が短縮され，四国地方に住む人が中国地方の企業に勤めたり，中国地方に住む人が四国地方の学校に通ったりするなどの変化が起こったが，鉄道や高速道路の整備により，フェリーの本数は減少していると予想される。

資料10

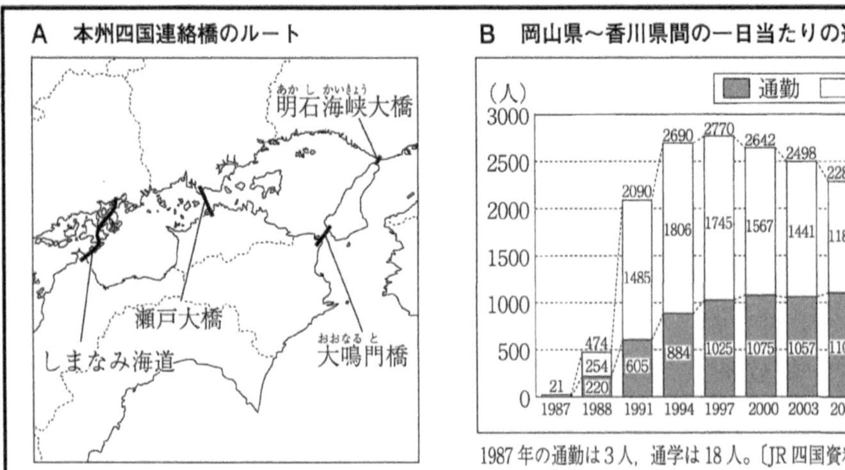

1987年の通勤は3人，通学は18人。〔JR四国資料より作成〕

C　四国～四国外のフェリー・旅客船輸送人員の推移

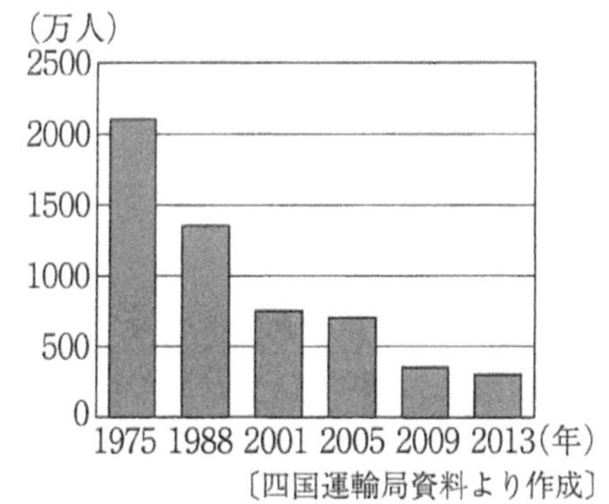

〔四国運輸局資料より作成〕

D　所要時間の変化

交通手段	ルート	およその所要時間	
		架橋前	架橋後
自動車	倉敷(くらしき)～坂出(さかいで)	120分	40分
	倉敷～高松	140分	70分
鉄道	岡山～坂出	130分	40分
	岡山～高松	100分	60分

〔運輸白書より作成〕

E　山陽新幹線の主な停車駅

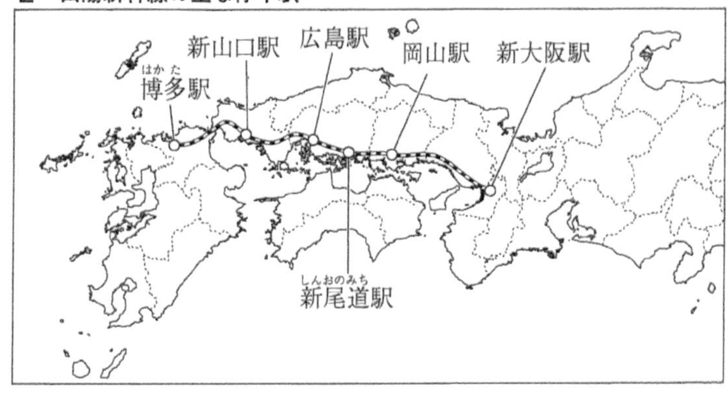

2　ある中学校の社会科の授業で，「それぞれの時代にはどのような特色があったのだろうか」というテーマで，班ごとにテーマを設定し，学習しました。次の１，２に答えなさい。

１　A班は，「各時代の民衆の動き」というテーマを設定し，資料を見つけ，カード１～カード４を作成しました。下の(1)～(6)の問いに答えなさい。

カード１　弥生時代の民衆	カード２　室町時代の民衆
稲作が九州地方から全国に広がると，人々は水田の近くに住むとともに，［　あ　］に収穫した稲を蓄えた。	有力な農民を中心として惣(そう)とよばれる自治組織がつくられ，近畿地方を中心に土一揆(つちいっき)が起こった。
カード３　江戸時代の民衆	**カード４　大正時代の民衆**
幕府のキリスト教禁止政策や年貢の厳しい取り立てに苦しむ人々が，天草四郎(あまくさしろう)（益田時貞(ますだときさだ)）を中心に一揆を起こした。	政党政治が発展し，民主主義が広がるとともに，一般大衆に向けた文化が発展した。

(1)　カード１の［　あ　］に当てはまる語を書きなさい。

(2) 太郎さんは，**カード１**の時代について調べていく中で，次の**資料１**を見つけ，花子さんと話し合いました。［　い　］に当てはまる内容を，「食料」「むら」という語を用いて，**30字以内**で書きなさい。

資料１

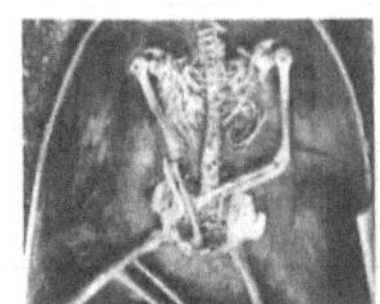

太郎：**資料１**のように，首のない人骨が見つかっているのはなぜだろう。
花子：弥生時代には，［　い　］みたいだよ。

(3) 花子さんは，**カード２**の土一揆に興味をもち，右の**資料２**を見つけました。**資料２**の碑文が宣言した内容として最も適切なものを，次の**ア**～**エ**の中から一つ選んで，その記号を書きなさい。

資料２

ア　新たな土地を与えること。　　**イ**　犯罪者を取りしまること。
ウ　借金を帳消しにすること。　　**エ**　外国との貿易を始めること。

(4) 太郎さんは，**カード３**の一揆について調べ，**資料３**，**資料４**を見つけました。多くのキリシタンが立てこもり，**資料３**でえがかれた戦いが行われた場所を，**資料４**の**ア**～**エ**の中から一つ選んで，その記号を書きなさい。

資料３

資料４

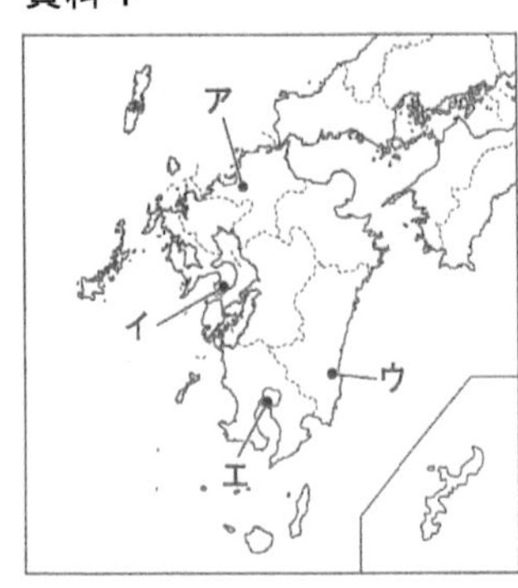

※県境は現在のもの。

(5) 花子さんは，太郎さんと**カード４**の時代に広がった風潮について話し合いました。［　う　］に当てはまる語を書きなさい。

花子：大正時代には，吉野作造の民本主義や美濃部達吉の天皇機関説などの思想が広がったんだね。
太郎：民主主義が広まったこの風潮を，［　う　］とよぶみたいだよ。

(6) **カード４**の時代の大衆文化と最も関係の深いできごとを，次の**ア**～**エ**の中から一つ選んで，その記号を書きなさい。

ア　ラジオ放送が開始された。
イ　太陽暦が採用された。
ウ　ランプやガス灯が普及した。
エ　冷蔵庫や洗濯機が普及した。

2　B班では，「茨城県の各時代の文化財」というテーマを設定し，集めた資料をもとに話し合いました。下の(1)～(3)の問いに答えなさい。

常陸国分寺（石岡市）
東西は約270 m，南北は約240 mで，全国の a 国分寺の中でも規模が大きい。国の特別史跡に指定されている。

鹿島神宮（鹿嶋市）
歴史は初代天皇とされる神武天皇までさかのぼると言われている。現在の社殿は，江戸幕府の２代将軍 b 徳川秀忠によって奉納された。

石岡第一発電所施設（北茨城市）
c 1911年に発電を開始した施設で，日本に現存する鉄筋コンクリート造の建造物として最古級のものとして貴重である。

(1)　次郎さんは，下線部aについて洋子さんと話し合いました。［ え ］に当てはまる内容を，「国家」という語を用いて，20字以内で書きなさい。

資料5　国分寺建立の詔（一部）

近頃不作が続き，病も流行っている。これも私（天皇）の不徳のせいであるとはじる思いが募っている。……

次郎：資料5の命令を出したのは聖武天皇だよね。聖武天皇はなぜ都に東大寺を置いて，国ごとに国分寺をつくらせたのかな。
洋子：資料5にあるように，社会が混乱していたから，［ え ］みたいだよ。

(2)　洋子さんは，下線部bについて次郎さんと話し合いました。［ お ］に当てはまる語を書きなさい。

洋子：２代将軍というと，江戸時代の初期だね。
次郎：うん，資料6の［ お ］が出されたころだね。

資料6　江戸時代初期の法令（一部）

一　学問や武芸にひたすら励むようにしなさい。
一　城についてはたとえ修理でも必ず報告すること。また，新たに城を築城することはかたく禁止する。
一　諸国の侍は，倹約をすること。

(3)　下線部cについて，石岡第一発電所施設が発電を開始した1911年よりも前に起こったできごとを，次のア～エの中から一つ選んで，その記号を書きなさい。

ア　ニューヨークでの株価大暴落をきっかけに，世界恐慌となった。
イ　サラエボ事件をきっかけに，ヨーロッパで第一次世界大戦が起こった。
ウ　義和団が「扶清滅洋」を掲げ，各国の公使館を包囲する義和団事件が起こった。
エ　アメリカのウィルソン大統領の提案により，国際連盟がつくられた。

3 ある中学校の社会科の授業で，「私たちの社会のしくみはどのようになっているのだろうか」というテーマで，班ごとにテーマを設定し，学習しました。次の１，２に答えなさい。

１　Ａ班は，「日本の政治のしくみ」というテーマを設定し，話し合いました。下の(1)～(4)の問いに答えなさい。

太郎：私たちが将来，政治に参加する方法は，どんなことが考えられるかな。
花子：私は a 選挙だと思うな。選挙で b 国会議員を選ぶことは，わかりやすい政治参加の方法だよ。
太郎：確かにそうだね。c 内閣の行う政治に対する世論も，国民が声を上げる手段としてあるよね。
花子：司法参加という意味では，d 裁判に参加する裁判員制度もあるね。

(1)　下線部ａについて，太郎さんは衆議院議員選挙に関係のある**資料１**を見つけ，次の＜ノート＞を作成しました。＜ノート＞の［　あ　］に当てはまる選挙区を，**資料１**の**ア**～**エ**から一つ選んで，その記号を書きなさい。また，＜ノート＞の［　い　］に当てはまる語を書きなさい。

資料１　（2018 年）

	選挙区名	有権者数（人）
ア	東京 13 区	476662
イ	東京８区	475088
ウ	鳥取２区	239015
エ	鳥取１区	237823

〔総務省選挙関連資料より作成〕

＜ノート＞
○**小選挙区制の選挙区割**
・**資料１**は，2018 年における有権者数上位２選挙区と，下位２選挙区を示している。
○**資料１から**
・**資料１**の４つの選挙区のうち，一票の価値が最も高いのは［　あ　］である。
○**小選挙区制の特徴**
・小選挙区制には，落選者に対する票を意味する［　い　］が多いという特徴がある。

(2)　下線部ｂについて，花子さんは国会について調べ，ある年の国会の動きを**資料２**にまとめました。**資料２**の［　う　］，［　え　］に当てはまる語の組み合わせとして最も適切なものを，次の**ア**～**エ**から一つ選んで，その記号を書きなさい。

資料２

月	国会の動き
１月	［　う　］の召集，予算の審議など
９月	衆議院の解散
10 月	衆議院議員総選挙
11 月	［　え　］の召集，内閣総理大臣の指名

ア［　う　常会　　え　緊急集会　］　　**イ**［　う　臨時会　　え　緊急集会　］
ウ［　う　常会　　え　特別会　］　　**エ**［　う　臨時会　　え　特別会　］

(3)　下線部ｃは，内閣総理大臣とその他の国務大臣で組織されています。内閣における国務大臣はどのように選ばれるか，「過半数」，「任命」の語を用いて，**40 字以内**で，解答用紙の言葉に続けて書きなさい。

(4) 下線部dについて，太郎さんは，裁判の種類について調べ，**資料3**を見つけました。**資料3**のような法廷で裁判が行われる事例として最も適切なものを，次の**ア**～**エ**から一つ選んで，その記号を書きなさい。

資料3

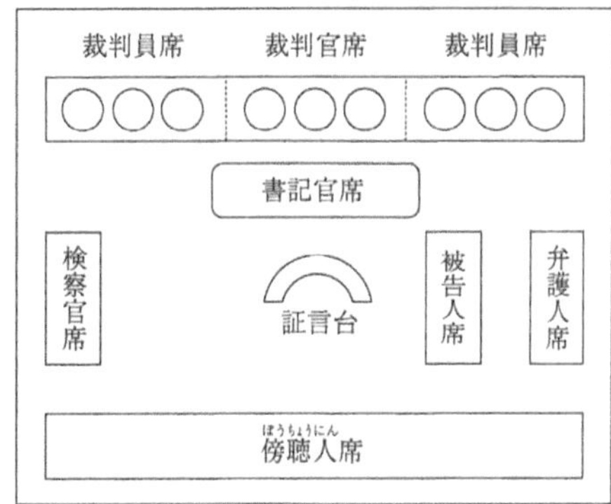

ア 事故を起こした相手に対して，損害賠償を求める裁判。
イ 現金をうばう目的で銀行に強盗に入った者を裁く裁判。
ウ 火力発電所の建設の中止を地方公共団体に求める裁判。
エ 貸したお金を返してくれない相手に返済を求める裁判。

2 B班では，「経済主体と経済活動」というテーマを設定し，**レポート**にまとめました。下の(1)～(3)の問いに答えなさい。

レポート

①経済主体について
・国民経済は，家計，企業，政府の三つの経済主体からなる。
②それぞれの経済活動
・家計…企業から財やサービスを購入して，e<u>消費</u>する。
・企業…財やサービスを生産する。最も多い法人企業はf<u>株式会社</u>。
・政府…社会資本や公共サービスを提供し，財政政策を行う。
③流通の工夫
・生産者から卸売業者やg<u>小売業者</u>を経由して消費者に届くこれまでの流通以外にも，直接仕入れや一括仕入れなど，流通の合理化が図られている。

(1) 下線部eについて，次郎さんは消費を行う消費者の権利について調べ，次の**<メモ>**を作成しました。**<メモ>**の［　お　］に当てはまる語を書きなさい。

<メモ>
消費者の権利を守るために，消費者が企業の欠陥商品などで被害をこうむったときの企業の責任について定めた［　お　］という法律があります。

(2)　下線部 f について，洋子さんは，株式会社における株主はその企業の所有者であるといわれることを知り，関連する**資料 4** を見つけ，次の＜メモ＞を作成しました。＜メモ＞の［　か　］に当てはまる内容を，「利潤」の語を用いて，**15 字以内**で書きなさい。

資料 4　株式会社のしくみ

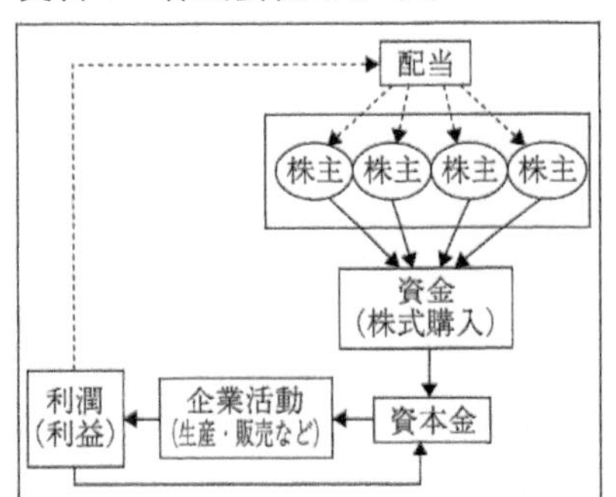

＜メモ＞
株式会社は資金を集めるために株式を発行することから，株主が企業の所有者であるといわれます。株主には，一年に一回以上開催される株主総会に出席して議決に参加する権利や，［　か　］権利が保障されています。

(3)　下線部 g について，次郎さんと洋子さんは，よく行く小売店について調べ，**資料 5**，**資料 6** を見つけ，下のように話し合いました。［　き　］，［　く　］に当てはまる語と内容の組み合わせとして最も適切なものを，下の**ア**～**エ**から一つ選んで，その記号を書きなさい。

資料 5　年間商品販売額（億円）

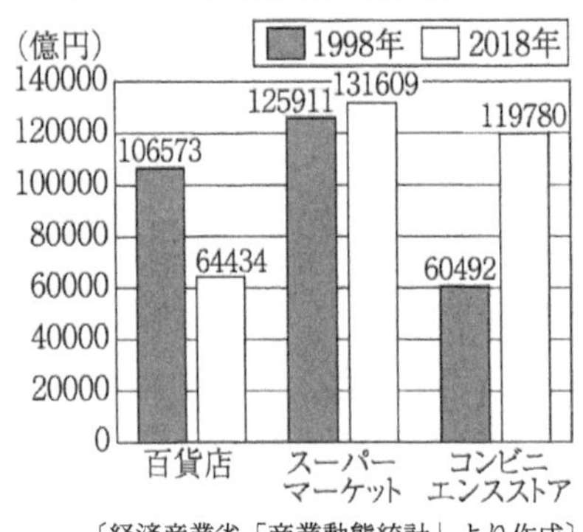

〔経済産業省「商業動態統計」より作成〕

資料 6　事業所数

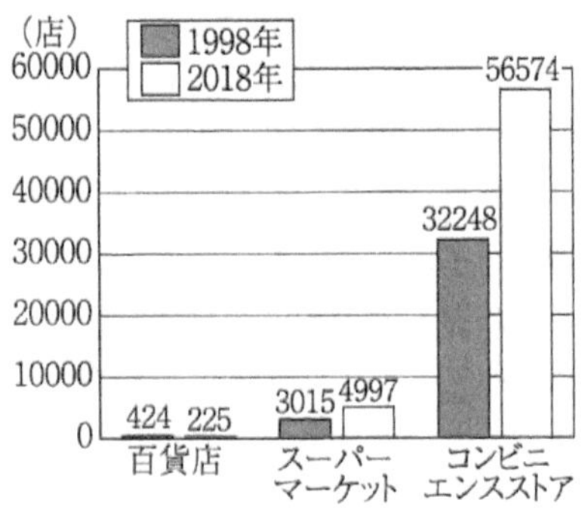

〔経済産業省「商業動態統計」より作成〕

次郎：2018 年におけるコンビニエンスストアの［　き　］は，スーパーマーケットの約 10 倍になっているね。

洋子：だけど，1 事業所当たりの年間商品販売額はスーパーマーケットの 10 分の 1 にも届いていないんだね。なぜだろう。

次郎：コンビニエンスストアは，［　く　］という特徴があるからではないかな。

ア　［　き　事業所数　　　　く　店舗が大規模で，客単価が高い　］
イ　［　き　事業所数　　　　く　店舗が小規模で，客単価が安い　］
ウ　［　き　年間商品販売額　く　店舗が大規模で，客単価が高い　］
エ　［　き　年間商品販売額　く　店舗が小規模で，客単価が安い　］

4 ある中学校の社会科の授業で,「日本の港町」というテーマにもとづき,班ごとに港町を一つずつ選び,学習しました。次の**1**～**3**に答えなさい。

1　A班は,「酒田港」を選び,調べたことをもとに話し合いました。下の(1)～(3)の問いに答えなさい。

地図

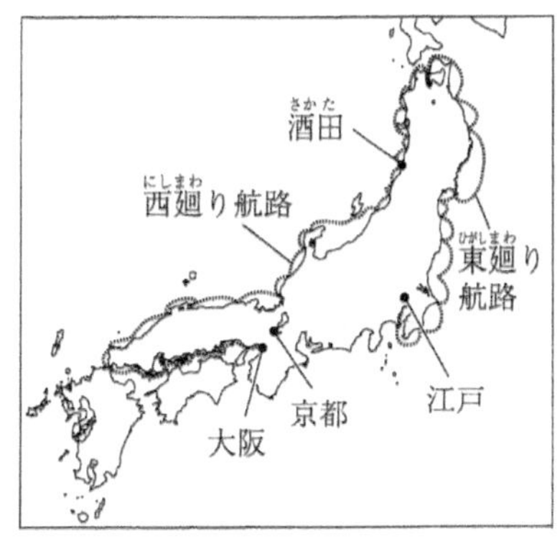

資料1　酒田市の漁業人口と漁獲量

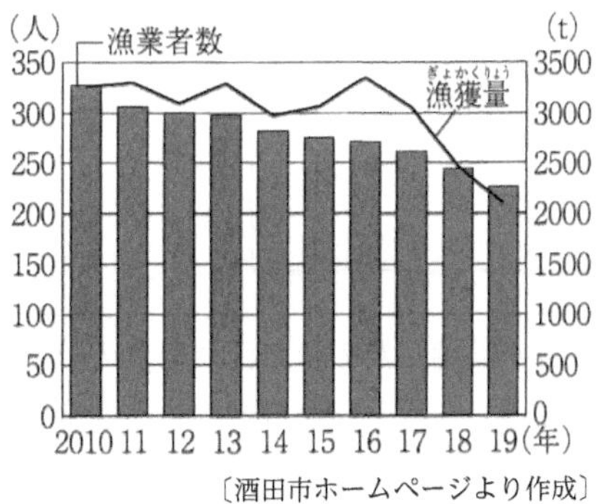

〔酒田市ホームページより作成〕

> 太郎：**地図**中の西廻り航路や東廻り航路は,[　あ　]ために江戸時代に河村瑞賢が開いた航路なんだよね。
>
> 花子：船がたくさん行き来していたのかな。東北地方は,漁業がさかんなイメージがあるよ。**資料1**を見ると,[　い　]ことがわかるね。
>
> 太郎：確かにそうだね。酒田港は,2010年に a 国土交通省によって「重要港湾」に指定されたらしいよ。
>
> 花子：江戸時代から変わらず,東北地方の主要な港であり続けているんだね。

(1)　[　あ　]に当てはまる内容を,「江戸」,「大阪」の語を用いて,**30字以内**で書きなさい。

(2)　[　い　]に当てはまる内容として最も適切なものを,次の**ア**～**エ**の中から一つ選んで,その記号を書きなさい。

ア　漁業者数,漁獲量ともに,2010年から毎年減り続けている
イ　漁業者数は250人を下回った年はないが,漁獲量は2500 tを下回った年がある
ウ　漁獲量は減少傾向にあるが,漁業者数は2015年ごろが最も少なく,それ以降はゆるやかな増加傾向にある
エ　漁獲量が3000 tをこえている年はいずれも,漁業者数が250人をこえている

(3)　下線部**a**について,A班は国土交通省について調べ,次の<メモ>を作成しました。<メモ>の[　う　],[　え　]に当てはまる語の組み合わせとして最も適切なものを,下の**ア**～**エ**から一つ選んで,その記号を書きなさい。

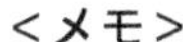

> <メモ>
>
> 国土交通省は[　う　]の下に置かれた省庁です。国土交通省の下には,その外局として[　え　]などがあります。

ア［ う 内閣　え 気象庁 ］　**イ**［ う 内閣　え 林野庁 ］
ウ［ う 国会　え 気象庁 ］　**エ**［ う 国会　え 林野庁 ］

2　B班は，「横浜港」を選び，調べたことをもとに話し合いました。下の(1)～(3)の問いに答えなさい。

年表

西暦	できごと
1859	b横浜開港
1868	神奈川県が置かれる
1917	新港(しんこう)ふ頭(とう)完成
1934	横浜税関完成
1961	マリンタワーオープン
1989	横浜ベイブリッジ開通

資料2　横浜税関

次郎：横浜港が開港したのは，江戸時代の終わりごろだね。それからどのような変化をしてきたのかな。
洋子：輸出入品の検査をするc税関ができたことも大きかったのではないかな。
次郎：横浜港は貿易の拠点の一つだもんね。**資料3**を見ると，d横浜港から輸出されている品目がわかるよ。

資料3　横浜港の輸出品目（2020年）

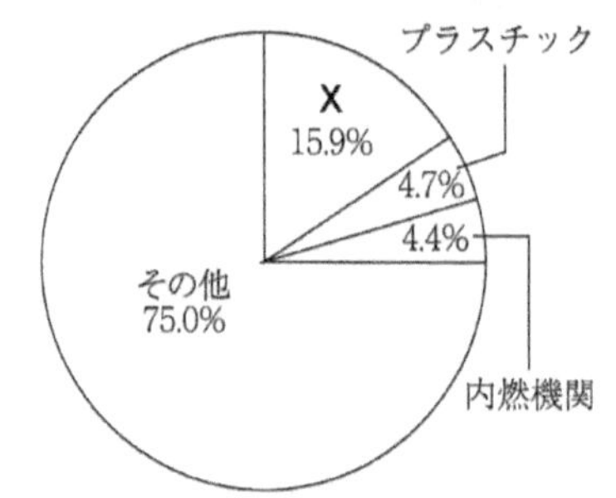

〔「日本国勢図会 2021/22 年版」より作成〕

(1)　下線部bについて，横浜港が開港するきっかけになった条約の名称を書きなさい。

(2)　下線部cについて，次郎さんは税関の役割について調べ，次の<メモ>を作成しました。<メモ>の［お］，［か］に当てはまる語の組み合わせとして最も適切なものを，下のア～エから一つ選んで，その記号を書きなさい。

> <メモ>
> 税関は輸出入品の最終的なチェックを行う場所です。現在では［お］化が進んだことで，簡単に外国のものが手に入るようになりました。しかし，食料品の輸入が増えたことで，日本の食料自給率が［か］していることが問題となっています。

ア　［ お　グローバル　　か　上昇 ］　　**イ**　［ お　リテラシー　　か　上昇 ］
ウ　［ お　グローバル　　か　低下 ］　　**エ**　［ お　リテラシー　　か　低下 ］

(3)　下線部dについて，**資料3**の**X**に当てはまる輸出品目として最も適切なものを，次の**ア**～**エ**の中から一つ選んで，その記号を書きなさい。

ア　科学光学機器
イ　自動車
ウ　半導体等製造装置
エ　石油

3　C班は，「下関港」を選び，調べたことをもとに＜**発表原稿**＞を作成しました。下の(1)～(4)の問いに答えなさい。

＜発表原稿＞

下関港は，沖合を暖流の［　き　］海流が流れており，漁業がさかんです。下関港という名称でよばれるようになったのは1902年に下関市に市名が改称されてからですが，それまでも西廻り航路の北前船が寄航するなど，漁港としての歴史があります。下関港がある下関市は，［　く　］の講和条約である下関条約が結ばれた場所としても知られています。

資料4　下関港周辺の地図

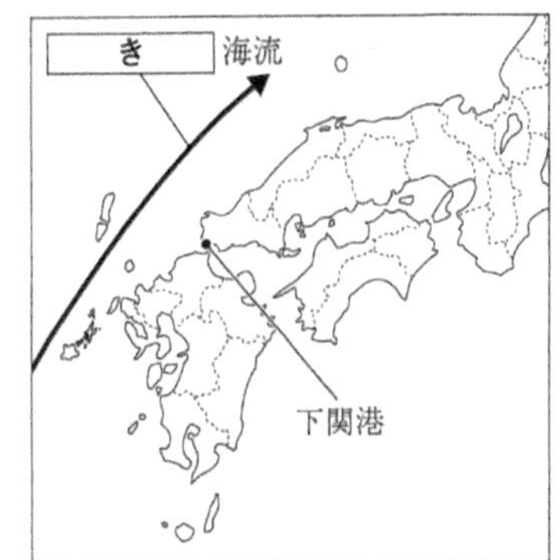

(1)　＜**発表原稿**＞と**資料4**の［　き　］に当てはまる語を，**漢字2字**で書きなさい。

(2)　＜**発表原稿**＞の［　く　］に当てはまる語を書きなさい。

(3)　三郎さんは，下関港のある下関市について調べ，**資料5**を見つけました。**資料5**の［　Y　］に当てはまる語として最も適切なものを，次の**ア**～**エ**の中から一つ選んで，その記号を書きなさい。

ア　教育　　　**イ**　信教
ウ　団結　　　**エ**　勤労

資料5　関心のある基本的人権

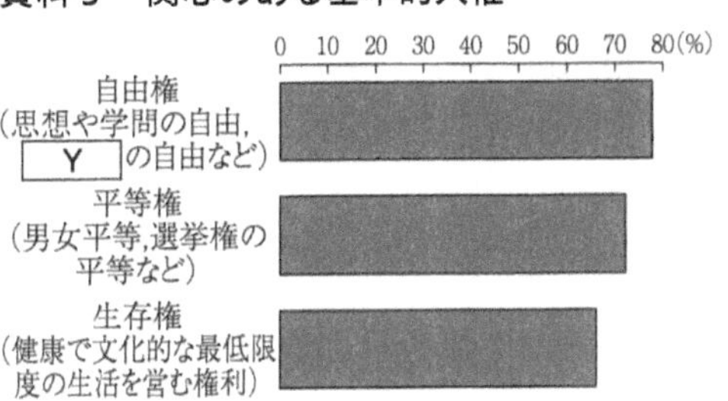

〔下関市「人権に関する市民意識調査」より作成〕

(4)　良子さんは，三郎さんと同じく下関市の人権に関する市民意識調査について調べ，**資料6**と＜**メモ**＞を作成しました。＜**メモ**＞の［　け　］に当てはまる語を，**カタカナ**で書きなさい。

資料6　市民へのアンケートの一部

問1　次のことがらで，問題があると思われるのはどのようなことですか。
□1　個人情報の不正な取扱いや信用情報，顧客データー等を盗用・横流し・流出（紛失）すること
□2　知らない企業や団体からダイレクトメールが届いたり，訪問や電話による勧誘を受けたりすること
□3　インターネットを介して大量の個人情報が流出する事件が多発していること
⋮
□5　自分や家族のことについて，他人に言いふらされること

＜メモ＞

資料6のアンケートは，一部ではありますが，個人情報に関する項目が問われていることから，［　け　］の保護に関するアンケートであることが分かります。

確認する役割。

㈦　本文と【Ⅰ】・【Ⅱ】を参考にして、情報伝達では要点を簡潔に伝えることと、本題や結論から伝えることのどちらに気をつけたらよいと考えるか、あなたの意見を書きなさい。ただし、以下の条件に従うこと。

1　百六十字以上、二百字以内で書くこと。（句読点を含む。）
2　二段落構成とし、第一段落には、情報伝達で大事だと考えることとして、要点を簡潔に伝えることと本題や結論から伝えることのいずれかを選び、その理由とともに書くこと。第二段落には、予想される反論に対する考えを、自分の経験や見聞に基づいて書くこと。
3　正しい原稿用紙の使い方をすること。ただし、題名と氏名は書かないこと。また、〔や〕＝等の記号（符号）を用いた訂正もしないこと。
4　文体は、常体「だ・である」で書くこと。

四　次の㈠～㈢の問いに答えなさい。

㈠　次の⑴～⑹の――線部について、片仮名の部分を漢字で、漢字の部分の読みを平仮名で書きなさい。

⑴　日本語科目をリシュウする。
⑵　つぼみがフクらむ。
⑶　コクソウ地帯について学ぶ。
⑷　畑の土を肥やす。
⑸　ほこりが浮遊する。
⑹　事件の真相に迫る。

㈡　次の行書で書かれた漢字を楷書で書くときの総画数と同じ総画数である漢字を、1～4の中から選んで、その番号を書きなさい。

1　扱
2　母
3　阻
4　医

㈢　次の【文章】の――線部について、品詞が**異なる**言葉を、1～4の中から一つ選んで、その番号を書きなさい。

【文章】

十三夜とは、十五夜に[1]次いで月がきれいに[2]見えるとされる夜のことだ。十三夜は、中国から伝わった十五夜と違い、日本で生まれた風習だと言われている。十五夜にあたる旧暦の八月十五日ごろ、日本は長雨や台風で月が雲に[3]隠れてしまうことがよくあったため、晴れることの多い旧暦の九月十三日に、月を見るならわしをつくったそうだ。十三夜は、日本の気候に[4]合わせてつくられたものなのである。

横田　うん。要約したりまとめたりした内容を伝えることが、必ずしもいいというわけではないんだね。

夢野　そうだね。情報を受け取る側の[　　]が足りないと、齟齬(そご)が生じやすくなってしまうからね。情報を要約したりまとめたりして伝えることは、相手に依存した方法とも言えるね。

中里　そのうえで、情報伝達で気をつけるべきことについて考えてみよう。

山岡　相手が内容を補充するということを意識するだけでも違ってくるんじゃないかな。

横田　私もそう思うな。情報の取捨選択に今まで以上に気をつけるようになると思う。

山岡　うん。これまでは相手が理解しやすいようにまとめていたけれど、相手がこちらの意図に沿った補充をしてくれるように、内容を意識してまとめるようになると思うな。

夢野　私は、相手が省略部分を補充することで食い違いが起こるのなら、なるべく省略せずに伝えた方がいいと思うな。要点だけに絞らずに伝えると情報量は多くなってしまうけれど、相手が内容を補充する部分は少なくなるよ。

中里　どちらの意見も、相手がこちらと食い違う補充の仕方をしない工夫をするという点は同じだね。夢野さんは、山岡さんや横田さんと違って、要点だけに絞らずに伝えるという意見だけれど、この点についても考える必要があるね。

㈣　本文と【Ⅰ】から読み取れることとして、最も適切なものを、次の1～4の中から選んで、その番号を書きなさい。

1　ことばでは表現するモノゴトの一部分しか伝えられないが、ことばによる情報伝達でわかりやすさや正確さを重視している生徒は多い。

2　食い違いを経験したことがない生徒がいるのは、受け手が想像をはたらかせて補充することから知的快感を得ているためである。

3　ことばの性質上、文章で思った通りに表現するのは不可能なのに、相手の伝え方に問題があると感じている生徒が半数近くいる。

4　食い違いを自分の伝え方のせいだと感じている生徒は多いため、書きことばよりも省略的でなく伝達性の高い話しことばを使うべきである。

㈤　【Ⅱ】の[　　]に入る最も適切な言葉を、本文中から五字で抜き出して書きなさい。

㈥　【Ⅱ】の中里さんの発言は、どのような役割を果たしているか。その説明として、最も適切なものを、次の1～4の中から選んで、その番号を書きなさい。

1　これまでの話し合いで出た意見に自分の意見を加えて、議論を深める役割。

2　これまでの話し合いで出た意見を分析して、話し合いの結論を出す役割。

3　これまでの話し合いで出た意見を整理して、話し合いの方向づけをする役割。

4　これまでの話し合いで出た意見について、疑問点を洗い出して

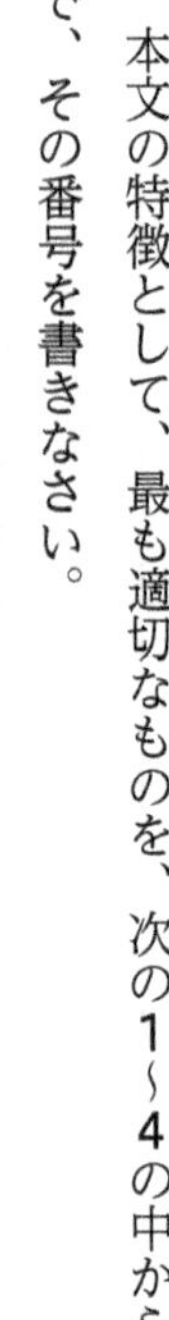

㈢ 本文の特徴として、最も適切なものを、次の1～4の中から選んで、その番号を書きなさい。

1 言語表現に関する問題提起を行い、それを具体例で詳しく説明する文章になっている。

2 異なる観点から自説の考察を積み重ねていきながら、結論を導く文章になっている。

3 複数の具体的な事例を根拠として示すことで、自説の妥当性を強める文章になっている。

4 言語で表現されたものを引き合いに出して、自説を繰り返し説明する文章になっている。

【Ⅰ】中里さんが通う北中学校の生徒対象のアンケート結果

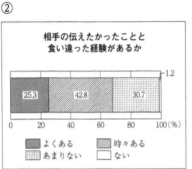

①

ことばによる情報伝達で重視していること

	(%)
情報をわかりやすく伝えること	35.2
情報を正確に伝えること	30.8
相手の状況に配慮して伝えること	12.4
内容に応じて適切な伝え方をすること	21.6

対象：北中学校の生徒 229 人

②

相手の伝えたかったことと食い違った経験があるか

よくある	時々ある	あまりない	ない
25.3	42.8	30.7	1.2

(%)

対象：北中学校の生徒 229 人

③

相手の伝えたかったことと食い違いがあった理由

	(%)
自分の受け取り方に問題があることが多いと感じる	50.1
相手の伝え方に問題があることが多いと感じる	34.2
どちらとも言えない	13.1
わからない	2.6

対象：相手の伝えたかったことと食い違った経験があると回答した生徒

【Ⅱ】グループでの話し合いの一部

中里　情報伝達で何か気をつけていることはあるかな。

山岡　私は、要点を簡潔に伝えるようにしているよ。

横田　私は、本題や結論から伝えるように気をつけているよ。

中里　なるほど。二人とも、相手が理解しやすいようにしているんだね。

夢野　でも【Ⅰ】②を見ると、相手の伝えたかったことと自分の受け取ったことが食い違っていた、という経験をした人は多いよ。私たちが読んだ文章には、省略される部分が多くなると相手にはわかりにくくなると書いてあったね。

山岡　要点だけを簡潔に伝えることで、相手は内容を理解しやすくなると思っていたけれど、相手には内容を補充するという作業が必要になるなんて驚いたな。

ことばでモノゴトを表現するのは、忠実に複写、コピーをつくるということではない。ことばという記号を使って対象をまとめることである。

「あるがままを書く」というのは、ことばとしても妥当ではない。

文章を書くというのは、ことばを用いて、なるべく忠実に対象を再構築することにほかならない。〈　3　〉はっきり言えば、創作である。いわゆるフィクション、すべての文章は、創造であり、創作であるということになる。

文章を書くのが、面倒であり、思うようにいかないのは、こういう事情にもとづくのである。どんなに短いはがき一枚書くのにも、ときとしてたいへんな時間を要し、しかも、納得がいかなくて破ってしまう、というようなことがあるのも、創作をしているのだと考えればいくらかわけがわかる。

文章を書くのは、文章を創ること、創作であるということを承認すれば、いろいろおもしろいことがわかってくる。

われわれは歴史によって過去を知ることができると思っている。〈　4　〉歴史が過去を忠実に、少なくとも、うまく再現しているという前提に立つからである。もし文章が創作であるとするならば、文章の集合体である歴史もまた創作だということになる。フィクションなら、同じ時代にまったく違った歴史がいくらあってもおかしくない。同じような歴史が複数あると、むりにも優劣をつけて正史[※2]をこしらえようとするが、〝正しい〟歴史はない。ひとつひとつの歴史はどれも創作だから完全な記録ではない。

文章は創作である。歴史も意図されない創作だ。

（外山滋比古「『忘れる』力」による。）

※1　妙味＝すぐれた味わい。
※2　正史＝正統の歴史書。

(一)　中里さんは、「文章」についてノートにまとめた。［ア］と［イ］に入る最も適切な語句を、本文中から［ア］は六字、［イ］は十一字で抜き出して書きなさい。（句読点を含む。）

> 文章　≠　表現対象　　　文章　＞　表現対象
>
> 文章で対象の［ア］することはできない。（要約・まとめになる）
>
> ↓
>
> 文章は、ことばで対象を再構築したもの。
>
> ＝
>
> 文章とは、［イ］。

(二)　次の一文は、本文中の〈　1　〉～〈　4　〉のどこに入るか。最も適切な箇所の番号を書きなさい。

> つまり、ことばはモノゴトと不可分な関係にあり、ことばはモノゴトを忠実に反映している、と信じられている。

1 「石の上にも三年」という言葉を思い出し、つらくても根気よく続けていれば、最後には報われるのだ

2 「いわしの頭も信心から」という言葉を思い出し、信じることで、どのようなものも尊いものになるのだ

3 「禍（わざわい）を転じて福となす」という言葉を思い出し、災難をうまく利用すれば、幸福への足がかりになるのだ

4 「塵（ちり）も積もれば山となる」という言葉を思い出し、毎日努力を続けることで、大きな成果が得られるのだ

三 中里さんは、国語の授業で、次の文章やアンケート結果をもとに、グループでの話し合いを行い、意見文を書くことになりました。次の文章と【Ⅰ】・【Ⅱ】について、後の㈠～㈦の問いに答えなさい。

文を作る、創る、造る――は、いずれも文章は表現しようとしているモノゴトと同じではない。コピーではない。要約であり、まとめである。

文章は、それが表そうとしているモノゴトよりも小さいのが普通である。モノゴトを、そのままことばに移すことはできない。要点のみを文章にして、そうでない部分は捨てる。すべてを表現しようとすれば、大混乱を起こして、何も伝えることができなくなってしまう。

〈 1 〉

〝思ったことを思った通り〟書くのは、こういうわけで不可能である。文字より声の方が伝達性が高いけれども、いくらすぐれた話し方のできる人でも、思ったことの半分も伝えられたら大したもの。言われない部分が多くなるにつれて、聴いている人にはわかりにくくなる。多くの部分が切り捨てられると、受け手は自らの責任で欠損部と思われるものを補充しようとし、それがかえって受け手に快感として意識される。話すことばに比べて、書く文字はいっそう省略的であるから文字、文章にすることのできる部分は話しことばよりさらに小さい。それだけに受け手は解釈と理解を求められる。

俳句は世界一短い詩である。言わんとするところのごくごく一部しか表現できないで、大部分が切り落とされざるを得ない。読む側は活発な想像をはたらかせて自分の意味を創らなくてはならない。この妙味[※1]に気がつけば、外国人にだっておもしろくなるのである。

作者は俳句という表現を創る。それはどうしても不完全な表現にならざるを得ないから、受け手にとっては大幅な増補が求められる。これがすなわち創造になる。俳句は作者側でも読者側でも創造的で、そこから二重の多義性が生じ、独特な知的快感を生ずるのである。

一般に、ことばはモノゴトなどを表現することができる、というように考えられている。〈 2 〉どうやらこれが、一種の迷信であると疑われ始めたのは世界的にも、近年のことである。

その新しい考えによると、ことばは決して対象をあるがままに表現することはない。ことばはそれを表現しようとするモノゴトのごく小さな一部を不完全にしか伝えることができないのだというのである。

こういう考えによれば、文章がモノゴトをあるがままに表現できるというこれまでの常識は根底からくつがえされることになる。

文章はそれが表そうとしている事柄と、もちろん関係はあるけれども、完全に同じではない。両者は別々に独立したものである。

いひて失せにけり。

深く信をいたしぬれば、かかる徳もありけるにこそ。

（「徒然草」による。）

※1　筑紫＝現在の九州地方。
※2　押領使＝役職の一つ。
※3　土大根＝大根の古称。
※4　館＝屋敷。
※5　兵＝武士。

【Ⅱ】葉山さんの発表原稿の一部

この古典は、兼好法師によって書かれた『徒然草』の一節です。『徒然草』の魅力は、作者の鋭いものの見方にあります。
この話で作者は、敵に襲われた押領使が助かったのは、押領使の行いによるものだと捉えています。押領使の行いがあったからこそ、［ア］が［イ］となって現れたと考えているのです。
こうした考え方は現代にも残っていますし、実感したことのある人もいるのではないでしょうか。

【Ⅲ】葉山さんの発表について、クラスで出た質問や感想の一部

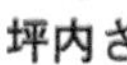
坪内さん：押領使の行いとは、どのようなことですか。

小泉さん：古典の最後にある「徳」という言葉の意味がわかりました。これは押領使が助けられたことを指しているのですね。

堀さん：私は、この古典や葉山さんの発表から、［　　　］と思いました。

㈠　【Ⅱ】の［ア］と［イ］に入る最も適切な語句を、【Ⅰ】の古典の文章中からそれぞれ三字で抜き出して書きなさい。

㈡　【Ⅲ】の坪内さんの質問に対する答えを、二十五字以内の現代語で書きなさい。（句読点を含む。）

㈢　【Ⅲ】の小泉さんの感想にある「徳」という言葉の意味として、最も適切なものを、次の1〜4の中から選んで、その番号を書きなさい。

1　神仏からの恵み　　2　道理にかなったこと
3　人を導く教え　　4　周囲からの信頼

㈣　【Ⅲ】の堀さんの感想の［　　］に入る内容として、最も適切なものを、次の1〜4の中から選んで、その番号を書きなさい。

【Ⅲ】構想をもとにした「風味◎」のポップ

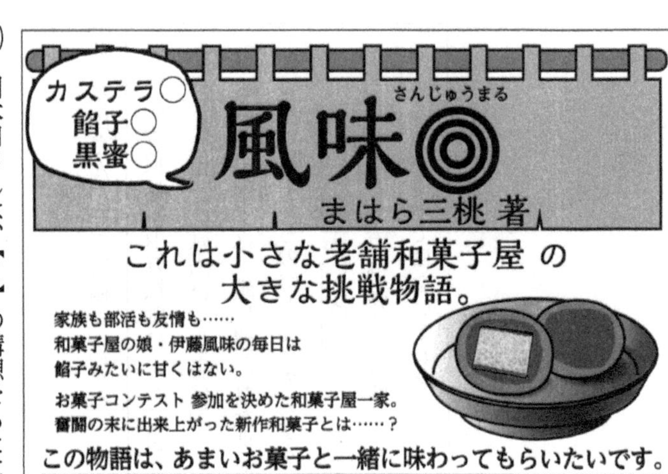

(四) 国木田さんは、【Ⅱ】の構想をもとにして、【Ⅲ】のようにポップを作った。作った際に気をつけた点として、**適切でないもの**を、次の1～4の中から一つ選んで、その番号を書きなさい。

1 キャッチコピーやイラストを用いることで、見る人の視覚に訴えるデザインにした。

2 体言止めや省略法などを使って表現を工夫することで、見る人の印象に残るようにした。

3 それぞれの情報を簡潔な表現で記すことで、伝えたいことが明確になるようにした。

4 図書委員の感想を語り口調で書くことで、この本の魅力が伝わりやすいようにした。

(五) 国木田さんは、【Ⅲ】のポップの この物語は、あまいお菓子と一緒に味わってもらいたいです。という箇所を、相手に提案する表現で書き直すことにした。「あまいお菓子と」という書き出しに続けて、同じ言葉を繰り返さないように、二十五字以上、三十字以内で書きなさい。（句読点を含む。）

二 葉山さんは、国語の授業で、【Ⅰ】の古典を読んだ感想を発表することになりました。次の【Ⅰ】～【Ⅲ】について、後の(一)～(四)の問いに答えなさい。

【Ⅰ】古典の文章

筑紫（※1つくし）に、なにがしの押領使（※2あふりやうし）などいふやうなるもののありけるが、土（※3つち）大根（おほね）を万（よろづ）にいみじき薬（すべての病に効く薬）とて、朝ごとに二つづつ焼きて食ひける事、年久しくなりぬ。ある時、館（※4たち）の内に人もなかりける隙（ひま）をはかりて、敵（かたき）襲ひ来（きた）りて囲み攻めけるに、館の内に兵（※5つはもの）二人出（い）で来て、命を惜しまず戦ひて、皆追ひかへしてげり。いと不思議に覚えて、「日ごろここにものし給（たま）ふとも見ぬ人々の（おいでなさるとも思われない人々が）、かく戦ひし給ふは、いかなる人ぞ」と問ひければ、「年来（としごろ）頼みて（長年頼りにして）、朝な朝な召しつる土大根らにさぶらふ（大根らでございます）」と

㈠ 【Ⅰ】に おじいさんがこの言葉を提案した理由 とあるが、【Ⅰ】の［　］の中で、その理由として、適切でない発言をしている人物は誰か。次の1〜4の中から一つ選んで、その番号を書きなさい。

1 野間　2 大江　3 国木田　4 徳永

㈡ 「さんじゅうまる、ですか?」、「風味さんじゅうまる」とあるが、「風味さんじゅうまる」という名前に対する風味の印象の変化を、本文中の言葉を使って、三十五字以上、四十五字以内で書きなさい。（句読点を含む。）

㈢ 【Ⅰ】の［　］に入る、本文の表現の特徴として、最も適切なものを、次の1〜4の中から選んで、その番号を書きなさい。

1 会話文に方言を用いることで、登場人物一人一人の人物像や物語の舞台を印象的に描き出している

2 風味の視点から物語を進めることで、登場人物の言動に心を動かされる風味の姿を鮮明に描き出している

3 登場人物の穏やかなやり取りを通して、筑豊の土地柄やそこに暮らす人々の思いを描き出している

4 一つのお菓子が誕生する過程を通して、先人の思いを継承しようとする家族の決意を描き出している

【Ⅱ】国木田さんのポップの構想

●あらすじをわかりやすく伝える。

中学生の伊藤風味は、老舗（しにせ）和菓子屋の娘。

家族のことや部活動のことなど上手くいかないことが多く悶々（もんもん）とする日々。

ある日、お菓子コンテストへの出場を誘われる。
出場条件は「新製品」を出品すること。
コンテスト出場を決めた風味たちは、新作和菓子を作ろうと奮闘するが……。

●本の雰囲気を感じられるようにする。

・新作和菓子「風味◎」がどのようなものか伝わるようにする。
・温かみや「和」を感じられる素材を使う。

●図書委員からのメッセージを載せる。

・「風味◎」を手に取ってもらえるようなものにする。
・本の内容を絡（から）めた表現にする。

【Ⅰ】図書委員の話し合い

国木田　今月のおすすめ本を紹介する図書室のコーナーで、「風味◎」をポップ※で紹介しようと思うんだ。どんな内容にしたらいいかな。

徳永　「風味さんじゅうまる」という言葉に着目して考えてみたらどうかな。タイトルにもなっているしね。

高見　そうだね。まずはおじいさんがこの言葉を提案した理由から考えてみよう。

1　野間　おじいさんは、炭鉱の仕事とこのお菓子は、どちらも三つの要素でできていると考えているよ。このお菓子は、自分が苦労して掘り出した石炭と同じくらいすばらしいものだと感じて、この名前を提案したんじゃないかな。

2　大江　炭鉱の仕事は「三重苦」だったけれど、このお菓子はどの素材も「良し」と話しているよ。つまり、石炭に似たお菓子のおかげで、つらかった仕事の思い出がいいものに塗りかえられたんじゃないかな。そのことへの感謝を表したかったんだと思う。

3　国木田　おじいさんは石炭とこのお菓子を重ねているよね。だから、このお菓子を「さんじゅうまる」と表現したら、自分の仕事を評価することができると考えたんだと思うよ。

4　徳永　石炭に似たお菓子に丸をつけて肯定することで、自分がしてきた炭鉱の仕事での苦労をねぎらいたかったんじゃないかな。

高見　なるほど、みんなの意見とおじいさんの言葉を合わせて、もう少し考えてみるね。

国木田　次は風味の心情について考えよう。風味がこの名前を口にしたのは、おじいさんが提案したときの「さんじゅうまる、ですか?」と、「風味さんじゅうまる」とつぶやいた最後の場面の二回だね。

徳永　二つの場面を見てみると、「風味さんじゅうまる」という名前に対する風味の印象が変わっていることがわかるね。

高見　うん。読む人には、こうした風味の心情やおじいさんの思いを感じてもらいたいよね。

野間　それから「風味◎」は□小説だと思うから、その雰囲気が伝わるポップがいいと思う。

国木田　いい案だね。ここまでの内容をもとに、ポップの作成に取りかかろう。

※　ポップ＝ここでは、あらすじをキャッチコピーで表したり、目を引くイラストを使ったりして本を紹介するもの。

「やけん、炭鉱の人たちには、感謝せんといかんとよ」
「うん」
いつもなら、「うざっ」と返すところだが、風味は神妙な返事をした。おじいさんの話をきいたせいか、ずっと和志の苦労を見ていたせいか、すんなり胸に入ってきた。
「そうやな。筑豊[※6](ちくほう)のこれからに願いもこめてな。過去、現在、未来、みんな丸のさんじゅうまるやな」
和志がうなずくと、典子がメモ帳を出してきた。
「こうしたらいいんやないかしら」
風味◎、と記号を書く。
「おう、そりゃいいな。なんかしらん、しゃれとる」
と和志は手を打った。
風味は、
「風味さんじゅうまる」
とつぶやいてみた。胸の中で、さんじゅうまるが転がる音が鈴のようにきこえた。

（まはら三桃「風味◎」による。）

※1　和志＝風味の父親。
※2　おじいさん＝三島さんの父親。三島さんと一緒に店に来ていた。
※3　ハイカラ＝しゃれていること。
※4　典子＝風味の母親。
※5　3K＝ここでは、過酷な労働環境での仕事のこと。
※6　筑豊＝福岡県と大分県にまたがる地域のこと。炭田があった。

【国　語】（五〇分）〈満点：一〇〇点〉

一　次の文章と【Ⅰ】～【Ⅲ】について、後の㈠～㈤の問いに答えなさい。

中学生の伊藤風味(いとうふうみ)の家は、「菓匠(かしょう)・一斗餡(いっとあん)」という和菓子屋を営んでいる。お菓子のコンテストに出場することになり、風味の父親は亡(な)くなった祖父のノートを参考にして、黒くて丸いお菓子を完成させる。風味たちはそのお菓子を、祖母のカンミや客の三島(みしま)さんたちと試食している。

カンミは、

「やっと食べられた」

と、顔いっぱいに笑い、

「上出来やね！」

と、特大の太鼓判を捺(お)した。

「そうやろう、そうやろう」

みんなの満足を確かめて、[※1]和志(かずし)は達成感をみなぎらせた。

「で、これは、なんというお菓子かね」

[※2]おじいさんがたずねた。湯のみのお茶が減っていないのは、口の中のおいしさをそのままにしておきたいのだろう。

「そうやった。それが、まだ決まってないんですよ」

和志がはっとしたように答える。

「娘の、風味っていう名前からとろうとは思っとるんですけどね」

「風味ケーキがいいんやないね。[※3]ハイカラで」

カンミが言い、

「アン風味はどうかしら。餡はカタカナでね」

[※4]典子(のりこ)も言った。

「そうねえ」

どちらも悪くはないと、風味は思う。

そのとき、おじいさんが口を開いた。

「風味さんじゅうまるっちゅうのは、どうやろうか」

「さんじゅうまる、ですか？」

和菓子の名前にしては、とっぴな感じの名前を風味は繰り返した。

「ああ。カステラ良し、餡子良し、黒蜜良しのさんじゅうまる。今から考えりゃあ、炭鉱の仕事は三重苦やったきな。危なくて、暗くて、汚かった。わしら毎日、汗まみれの黒狸(くろだぬき)みたいになって、穴から出てきよった」

「[※5]3Kの元祖みたいな仕事やったね」

三島さんが同意すると、おじいさんは、

「このお菓子は、あのころの石炭みたいに輝いとる。わしゃ、自分のしてきた仕事に丸をいっぱいつけちゃりたいんよ」

ふっと優しい顔をした。

「それはいいですね」

カンミも深くうなずいた。

「炭鉱の仕事あっての今ですきね」

カンミはいつもそう言うのだ。今の人の生活は、昔の人が積み重ねた上にある。便利になったいいところも、おかげで都合が悪くなったところもあるけれど、いいところの裏には、必ず苦労した昔の人がいるのだと。

2022年度

解 答 と 解 説

《2022年度の配点は解答欄に掲載してあります。》

<数学解答>

1 (1) ア -7 (2) $a=\sqrt{6}$ (3) ア (4) 右図

2 (1) ア $10m+n$ イ $m+n$ ウ m (2) ア 192 イ $18x-12y$ (3) ア 4 イ 8 (4) 解説参照

3 (1) ア 16度 (2) 解説参照 (3) $\frac{28}{5}$cm

4 (1) 4600円 (2) 70m^3 (3) 62.5m^3以上77.5m^3以下

5 (1) 24通り (2) $\frac{1}{24}$ (3) $\frac{1}{4}$

6 (1) ア C イ JF (2) ウ ㋒ (3) $(54+18\sqrt{3})\text{cm}^2$

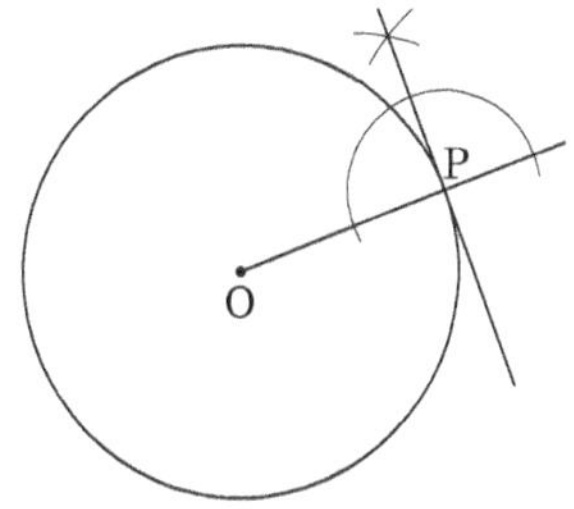

○配点○

1 各4点×4 2 各6点×4 3 (1) 4点 (2) 5点 (3) 6点

4 (1) 4点 (2) 5点 (3) 6点 5 (1) 4点 (2) 5点 (3) 6点

6 (1) 4点 (2) 5点 (3) 6点 計100点

<数学解説>

基本 1 (正負の数，平面図形，文字と式，作図)

(1) 基準との差の平均について，$\{5+ア+4+6+(-3)\}\div5=51-50$　$12+ア=5$　$ア=5-12=-7$

(2) 台形の面積は，$\frac{1}{2}\times(3a+6a)\times4a=18a^2$　$18a^2=108$　$a^2=6$　$a>0$より，$a=\sqrt{6}$

(3) 題意より，$a-9\times b\geqq20$　$a-9b\geqq20$　よって，ア

(4) 直線OPをひき，点Pにおける垂線を作図する。

2 (文字と式，連立方程式の利用，関数と図形，資料の整理)

基本 (1) 2けたの自然数は$10m+n$，この自然数の十の位の数と一の位の数の和は$m+n$と表せるので，$(10m+n)-(m+n)=9m$　mは整数だから，$9m$は9の倍数である。したがって，2けたの自然数から，この自然数の十の位の数と一の位の数の和をひいた差は9の倍数である。

基本 (2) 条件[1]より，$8+24x-24y=200$　よって，$24x-24y=192$　条件[2]より，$8+3x\times6-2y\times6=200$　よって，$18x-12y=192$

重要 (3) 点Aのx座標をtとすると，$\text{A}\left(t,\ \frac{1}{2}t^2\right)$，$\text{B}\left(t,\ -\frac{1}{2}t^2\right)$，$\text{C}\left(-t,\ -\frac{1}{2}t^2\right)$と表せる。AB－BC＝8より，$\left\{\frac{1}{2}t^2-\left(-\frac{1}{2}t^2\right)\right\}-\{t-(-t)\}=8$　$t^2-2t-8=0$　$(t-4)(t+2)=0$　$t>0$より，$t=4$　よって，点Aのx座標は4，線分BCの長さは$4-(-4)=8$

基本 (4) 80回以上90回未満の階級の相対度数は，A中学校が$\frac{38}{100}=0.38$，B中学校が$\frac{42}{150}=0.28$なので，A中学校の方が大きいから，太郎さんが話していることは正しくない。

3 (平面図形－角度，証明，線分の長さ)

基本 (1) △ABCにおいて，ABは直径だから，∠ACB＝90°　線分ADは∠CABの二等分線だから，

$\angle CAB=2\angle BAD=2\times37°=74°$　　よって，$\angle GBC=180°-90°-74°=16°$

基本　(2)　△ABDと△AFDにおいて，共通な辺だから，AD＝AD…①　　線分ADは∠CABの二等分線だから，∠BAD＝∠FAD…②　　ABは直径だから，∠ADB＝90°…③　　∠ADF＝180°－∠ADB＝180°－90°＝90°…④　　③，④より，∠ADB＝∠ADF…⑤　　①，②，⑤より，1組の辺とその両端の角がそれぞれ等しいので，△ABD≡△AFD

重要　(3)　線分ADとCGとの交点をIとする。CG//FBだから，平行線と比の定理より，CI：FD＝AC：AF＝2：(2＋1)＝2：3　　△ABD≡△AFDより，BD＝FDだから，CE：BE＝CI：BD＝2：3　△ABC：△FBC＝AC：CF＝2：1だから，△FBCの面積をSとすると，△ABCの面積は2Sとなる。△CHG：△ABC＝HG：ABだから，$\triangle CHG=\frac{HG}{16}\times2S=HG\times\frac{S}{8}$　　四角形CEDF＝△FEC＋△FED　　△FEC：△FBC＝CE：CB＝2：(2＋3)＝2：5だから，$\triangle FEC=\frac{2}{5}S$　　△FED：△FEB＝FD：FB＝1：2，△FEB：△FBC＝EB：CB＝3：5だから，$\triangle FED=\frac{1}{2}\triangle FEB=\frac{1}{2}\times\frac{3}{5}\triangle FBC=\frac{3}{10}S$　　よって，四角形CEDFの面積は，$\frac{2}{5}S+\frac{3}{10}S=\frac{7}{10}S$　　したがって，$HG\times\frac{S}{8}=\frac{7}{10}S$　　$HG=\frac{28}{5}$(cm)

4 (1次関数の利用)

基本　(1)　表より，1800＋60×40＋40×(50－40)＝4600(円)

(2)　ガスの使用量が40m³をこえた分の利用料金は，プランAでは，$y=4200+40(x-40)=40x+2600$　　プランBでは，$y=3600+60(x-40)=60x+1200$と表せる。利用料金が等しくなるとき，$60x+1200=40x+2600$　　$20x=1400$　　$x=70$　　よって，70m³より少ないときプランBの方が安くなる。

(3)　$x<70$のとき，プランAの方が150円高くなるのは，$(40x+2600)-(60x+1200)=150$　$-20x=-1250$　　$x=62.5$　　$x>70$のとき，プランBの方が150円高くなるのは，$(60x+1200)-(40x+2600)=150$　　$20x=1550$　　$x=77.5$　　よって，62.5m³以上77.5m³以下

5 (場合の数，確率)

基本　(1)　4×3×2×1＝24(通り)

基本　(2)　題意を満たすのは1通りだから，求める確率は，$\frac{1}{24}$

(3)　たとえば，1と2の数字が同じときは，枠の上のカードの置き方は順に1，2，4，3の1通りしかなく，同じ数字が，1と3，1と4，2と3，2と4，3と4の場合もそれぞれ1通りずつであるから，求める確率は，$\frac{6}{24}=\frac{1}{4}$

6 (空間図形)

基本　(1)　正八面体では1つの頂点に4つの面が集まるから，点Aは点Cと重なり，点Hは点Jと重なる。よって，辺HIは辺JFと重なる。

基本　(2)　展開図の各頂点に記号をふると，右の図のようになるから，㋒が正しい。

P
R　P　Q　R
U　S　T　U
T

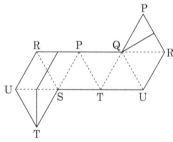

重要　(3)　求める立体は1辺の長さが3cmの正方形の面が6個と1辺の長さが3cmの正三角形の面が8個からなる14面体である。1辺の長さがaの正三角形の高さは$\frac{\sqrt{3}}{2}a$で表せるから，この立体の表面積は，$3^2\times6+\frac{1}{2}\times3\times\frac{\sqrt{3}}{2}\times3\times8=54+18\sqrt{3}$ (cm²)

★ワンポイントアドバイス★

昨年と出題構成や難易度に変化はなく，取り組みやすい内容の問題が続く。ミスのないように慎重に解いていこう。

＜英語解答＞

1 (1) No. 1 ウ No. 2 ア No. 3 エ No. 4 イ No. 5 エ (2) No. 1 ウ No. 2 エ No. 3 ウ No. 4 エ (3) No. 1 ウ No. 2 イ (4) ① イ ② I would like to write English stories.

2 (1) ① wrote ② meeting ③ nicest (2) ④ wait ⑤ how ⑥ since

3 (1) ウ (2) イ→ウ→ア

4 (1) ① エ ② ア ③ エ ④ ウ ⑤ ウ
(2) can we go there on March 12

5 (1) イ，オ，キ (2) 3 (3) ① people in some countries are so poor that they can't buy enough food to eat ② he will make a school newspaper about food problems of the world (4) ① I agree with him because I think people in poor countries can buy more food. ② I think we can tell them how to grow fruit and vegetables so they can eat more.

6 The most important person for me is my brother. He is a good soccer player, and I want to be a player like him. He always practices with me and teaches how to play soccer to me.

○配点○

1(1)・(2)，2，4(1) 各2点×20 1(3)・(4)，3(1)，4(2)，5(1)・(2) 各3点×10
3(2)，5(3)・(4) 各4点×5 6 10点 計100点

＜英語解説＞

1 リスニング問題解説省略。

基本 **2** (語句補充)

(全訳) A こんにちは，シンディ。

お元気ですか。4月2日のフードフェスティバルについて伝えるね。先日，メールで日本食が好きだと①書いていたね。それを聞いてうれしいです。フェスティバルは10時から始まるので，9時30分に駅で②会うのはどうですか。あなたは料理が好きで，夢はイギリスで③一番素敵な日本食レストランを持つことですよね？それでは，フードフェスティバルを楽しんでいただければ幸いです。すぐにぼくにメールを書いてください。

B こんにちは，ユウタ。

メールありがとう。フードフェスティバルが本当に楽しみです。私はその日を④待つことができないよ。いろんな種類の日本食が食べられるので嬉しいです。私にとって素晴らしい経験になると

信じています。今は毎日一生懸命日本語を勉強しています。料理学校にも通っていて，日本食を作る⑤方法を習っています。日本食レストランを持つことは，小さいとき⑥からの夢です。じゃあね！

(1) ① 先日のメールなので，過去形を用いるのが適当である。 ② How about ~ing ?「～するのはどうですか」 ③ the の後なので，最上級を用いるのが適当である。

(2) ④ wait for ~ 「～を待つ」 ⑤ how to ~ 「～する方法」 ⑥ <have[has]＋過去分詞＋ since ~> 「～からずっと…している」

基本 3 (会話文：要旨把握，文整序)

(1) (全訳) 夜はぐっすり眠れるか？できない場合は，これを学ぶ必要がある。朝起きるときに太陽からの光を浴びるべきだ。太陽からの光があるとき，私たちの「体内時計」は脳にメッセージを送る。このメッセージをキャッチすると，約14時間後に眠くなる。だから，朝6時に起きて部屋に太陽の光があると，夜の8時頃に眠くなる。今日，私たちは昼と夜にやるべきことがたくさんある。しかし，それぞれの活動を行うのに適切な時期がある。そのため，朝早く起きて太陽からの光を楽しもう。 ア 「太陽からの光が当たった後に起きた方が良いことを知っておくべきだ」 第3文参照。起きたときに太陽の光を浴びるべきなので不適切。 イ 「健康を維持するためには，約14時間眠る必要がある」 第5文参照。14時間は，太陽の光をキャッチしてから眠くなるまでの時間であるので不適切。 ウ 「夜よく眠りたいなら，早起きして太陽の光を浴びることが重要だ」 第1文～3文参照。夜眠れない場合には，太陽の光を浴びるべきだとあるため適切。 エ 「今日は昼間も夜も忙しいので，長く寝るのが難しくなってきている」 第7文参照。率も夜もやるべきことがあることで長く寝られないとは書かれていないので不適切。

(2) (全訳) コンタクトレンズは，通常のメガネよりも高価で面倒だ。 イ しかし，いくつかの良い点がある。→ウ コンタクトレンズは壊れにくく，目に合うのでよく見える。→ア 何よりも，それらを身につけている人がより良く見える。一部の人々は，よりハンサムまたは美しく見えるようにするために，より多くのお金とより多くの時間を費やすだろう。

4 (会話文：語句補充，適文補充)

(全訳) ヒロシ ：ルーシー，さくら歴史博物館のパンフレットがあるよ。

ルーシー：ああ，それはいいね。私は歴史にとても興味があるの。

ヒロシ ：両親と二人の姉妹と一緒に行く予定なんだ。一緒に来ない？

ルーシー：もちろん！私は17歳なので，200円払う必要があるのね？

ヒロシ ：うん。ぼくの年齢はきみと同じだね。ぼくの両親はどちらも48歳です。妹のユキは14歳，妹のエミは9歳です。だから我が家は全部で①1100円払わなきゃいけないね。

ルーシー：えええと....博物館の会員になろうか？

ヒロシ ：それはいい考えだね。会員になるには1500円を支払わなければならないけど，その後は1年間無料で博物館を訪れることができるよ。

ルーシー：ええ，②毎月歴史雑誌も手に入れられるね！

ヒロシ ：そうだね。メンバーになろう。

ルーシー：いいね。いつ行くの？

ヒロシ ：2月19日か26日に行かない？イベントを楽しむことができるよ。

ルーシー：じゃあ，3月12日に行ける？

ヒロシ ：もちろん，その日は行けるけれど，どうして？

ルーシー：祖父は日本の歴史に興味があるので，博物館に連れて行きたいんだ。3月6日に来日するの。

ヒロシ　：なるほど。彼は喜ぶと思うよ。そして，その日のイベントで③鎌倉時代について学ぶことができるよ。
ルーシー：ヒロシ，ありがとう。どうやって行くの？
ヒロシ　：電車とバスだよ。まず南線に乗り，その後④青葉駅から博物館までバスに乗るんだ。
ルーシー：わかったわ。何時に行こうか？
ヒロシ　：イベントは朝の10時からなので，9時に電車に乗るつもりなんだ。駅からだいたい50分だよ。
ルーシー：博物館の⑤お土産屋さんにも行きたいな。祖父はそこでお土産を買ってくれるよ。
ヒロシ　：わかった。午後4時まで開いているよ。お昼ご飯を食べてから行ってみようよ。

(1)　①　ヒロシの家族が払う料金は，両親(48歳)で300円×2＋妹のユキ(14歳)で200円＋妹のエミ(9歳)で100円＋ヒロシ(17歳)で100円となるので，1100円となる　②　博物館の会員になると「1年間入場料無料」「毎月歴史の雑誌を手に入れられる」という特典がある。　③　3月12日のイベントでは鎌倉時代について学ぶことができる。　④　南線に乗った後，博物館に行くには，青葉駅から博物館までバスに乗る必要がある。　⑤　ルーシーの祖父が，そこでお土産を買ってくれるとあることから判断できる。

重要　(2)　3月6日に来日するルーシーの祖父が参加できるイベントは，3月12日である。したがって「私たちは3月12日にそこに(博物館に)行くことができますか」とすればよい。

5 (長文読解問題・物語文：内容吟味，要旨把握，英問英答，条件英作文)

(全訳)　タクマは中学生だ。ある土曜日，彼は食糧不足に関するテレビのニュースを見た。彼は，世界中の多くの人々が食べるのに十分な食べ物を手に入れることができないことを学んだ。彼はいくつかの国に十分な食糧があることを知っている。「なぜこんなに多くの国の人々は飢えているのだろう」と思った。

その夜，インターネットでタクマは食糧不足について調べた。彼は食糧不足の理由の一つが悪天候であることを学んだ。一部の国では，雨があまり降らないか，雨が降りすぎる。そのような国に住んでいる人々は十分な食糧を得ることができない。雨が降らないと農産物がうまく育たない。雨が降りすぎると，破損しまう。人々が食べ物を手に入れるのは簡単ではない。

翌日，タクマは自宅近くの図書館に行って，食糧不足についてさらに詳しく調べた。彼は食糧問題に関する本を何冊か読んだ。ある本から，別の理由があることを学んだ。一部の国の人々は非常に貧しいので，食べるのに十分な食べ物を買うことができない。それを知って悲しかった。

その晩，タクマは両親と祖母にそのことを話した。祖母は「タクマ，日本には食べ物がたくさんあるのは知っているよね。毎日十分な食べ物を食べることができるね。夕食を食べるとき，お母さんがお皿に盛られた食べ物を全部食べるようによく言うのよ」彼は祖母が正しいと思った。彼は母親に「お母さん，食べ物を無駄にしたくないから，お皿に盛られた食べ物を全部食べるようにするよ」と言った。

月曜日，彼は学校で，授業中に食糧不足についてスピーチをした。「世界中の飢えた人々を助けるために，わたしたちは何ができるでしょうか。彼らを助ける方法があります。例えば，日本には食べ物がたくさんあるので，彼らに食べ物を送ることができます。食べ物を送るのは簡単ではないと考えていますよね？では，もっと多くのことができます。それは彼らにお金を送ることです。お金を送ることは食べ物を送るよりも簡単です。世界中の飢えた人々を助ける他の方法をインターネットや本で探すことができます。私たちはまた，食糧問題の原因を学ぼうとすべきです」

今，タクマは世界の食糧問題にもっと興味を持っている。彼は学校の生徒たちに，自分と一緒に問題について考えてほしいと願っている。彼は学校新聞を作り，それについて書くことに決めた。

「私の学校のより多くの生徒が，学校の新聞でそれについて読めば，問題に興味を持ち始めるでしょう。そして，貧しい国々の飢えた人々を助けることができることを願っています。わたしたちは彼らを助けるために多くのことができます」

(1)　ア 「タクマは，世界中の多くの人々が十分な食べ物をもらえないことを学校で知った後，自宅のテレビでこの話題のニュースを見た」 第1段落第1文参照。タクマは食糧不足についてテレビのニュースで知ったので不適切。　イ 「タクマはインターネットで，食糧不足の理由の一つが悪天候にあることを知った」 第2段落第2文参照。タクマは食糧不足の原因が悪天候だとインターネットで知ったので適切。　ウ 「タクマは土曜日に図書館で食糧不足についてもっと学んだ」 第3段落第1文参照。タクマが図書館に行ったのは，土曜日の翌日(＝日曜日)なので不適切。　エ 「タクマが家で夕食を食べるとき，祖母からよく皿に盛られた食べ物を全部食べるように言われる」 第4段落第4文参照。皿に乗った食べ物を全部食べるように言うのはタクマの母なので不適切。　オ 「授業で，タクマは世界中の飢えた人々を助ける方法があると言った」 第5段落第3文参照。タクマはスピーチで助ける方法があると言っているので適切。　カ 「タクマは，世界中の飢えた人々にお金を送ることは，食べ物を送ることよりも難しいと言った」 第5段落第7文参照。お金を送ることは食糧を送ることよりも簡単だと言っているので不適切。
キ 「タクマはクラスメートに食糧問題の原因を探るように言った」 第5段落最終文参照。食糧問題の原因を学ぼうとするべきだと言っているので適切。　ク 「タクマはクラスメートに貧しい国々の飢えた人々を助けるためにできることはほとんどないと言った」 第6段落最終文参照。助けるために多くのことをすることができるとあるので不適切。

(2)　私たちがもっとできることについて書かれているのは，飢えた人々に食糧を送るのではなくお金を送ることについて書かれている部分である。

やや難 (3)　① 「タクマは図書館で食料不足の原因は何であると学んだか」 第3段落に「非常に貧しいので，食べるのに十分な食べ物を買うことができない」とある。<so ~ that…>「とても～ので…できない」という表現を使って英文を作ればよい。　② 「この話の後，タクマは何をするつもりだと思うか」 第6段落に「学校新聞を作り，食糧問題について書くことに決めた」とある。

やや難 (4)　① タクマの考えについての意見を問われているので，I agree ~. や I don't agree ~ で英文を始めるとよい。15語以上にするためには，さらに理由を加えれば長い英文となる。　② 「世界中の飢えた人々を助けるために私たちは何ができるか」という問いなので，<we can ＋一般動詞～>で始めればよい。ただし，「それはタクマの考えと違っているね」とあるので，タクマの考えと同内容にならないようにしなければならない。

やや難 **6 (条件英作文)**

「自分にとって最も大切な人」について尋ねられている。したがって，

・The most important person for me is ～ .　という始まりにしたい。また，そのように考える理由を入れなければならない。したがって because を用いて英文を作ろう。語数が不足する場合には，理由を複数書くとよい。その場合には，

・I have two reasons. First, ~ . Second, … .　という表現を用いることができる。

さらにわかりやすい英文にするには，For example を用いて具体例を入れて書くこともできる。

★ワンポイントアドバイス★

記述量が非常に多いため，同じような問題を多く解いて，慣れるようにしたい。過去問を何度も解いて傾向をつかむようにしよう。

<理科解答>

1 (1) ウ　(2) ア　(3) ア　(4) イ

2 (1) ① 脊椎動物　② カ　③ イ　④ ウ　(2) ① ウ　② 0.5J　③ ウ　④ 25cm　(3) ① 試験管内に水が逆流するのを防ぐため　② あ 分解　い 激しく燃えた　③ $2Mg+O_2 \rightarrow 2MgO$　④ 9：1

3 (1) ウ　(2) 20Ω　(3) 960J　(4) 0.4A　(5) イ

4 (1) 2種類以上の元素[原子]からできている物質　(2) エ　(3) アンモニアは水に溶けやすい性質をもつから。　(4) ① 0.84g　② 密度が小さい

5 (1) R　(2) 細胞どうしを離れやすくするため。　(3) 酢酸カーミン液[酢酸オルセイン液]　(4) a→d→b→c→e→f　(5) (精細胞) 8本　(受精卵) 16本

6 (1) 日周運動　(2) 地球が自転しているから。　(3) 北極星が地軸の延長線上にあるから。　(4) あ 公転　い a　(5) 午後6時

○配点○

1 各3点×4　2 各2点×12((3)②完答)　3 (3) 4点　他 各3点×4

4 各4点×4((4)完答)　5 (4) 4点　他 各3点×4((5)完答)

6 (4) 4点(完答)　他 各3点×4　計 100点

<理科解説>

重要 1 (総合問題―小問集合)

(1) 電子は－の電気を帯びており，電極Aから飛び出して＋極の電極Bに達する。十字形の金属板に当たらなかった電子が蛍光面に当たって発光し，十字形の影ができる。

(2) コケ植物には維管束がない。

(3) 硫酸に水酸化バリウム水溶液を加えると中和反応が起きる。溶液Bにさらに水酸化バリウム水溶液を加えると新たな沈殿が生じたので，Bはまだ反応していない硫酸を含んでおり，溶液Aよりは弱いが酸性である。酸性が強いほどpHの値が小さいので，pHの小さい順に，溶液A，溶液B，純粋な水となる。

(4) 24km地点から48km地点までP波が達するのに4秒かかるので，P波の速さは24÷4＝6km/sであり，S波は達するのに6秒かかるので，S波の速さは24÷6＝4km/sである。震源から110kmの観測点までP波，S波が達するのにかかる時間は，$\frac{110}{6}$秒，$\frac{110}{4}$秒であり，初期微動継続時間は$\frac{110}{4}-\frac{110}{6}=\frac{110}{12}=9.1 \fallingdotseq 9$秒である。

重要 2 (総合問題―小問集合)

(1) ① 背骨のある動物を脊椎動物，ない動物を無脊椎動物と呼ぶ。　② Aに分類されるのは

鳥類とハ虫類でaが鳥類のハトなので，Aの分類基準は体表が羽毛で覆われているかどうかである。bはハ虫類のトカゲである。Bは両生類か魚類なのでBの分類基準は，幼生はえらと皮膚で，成体は肺と皮膚で呼吸するかどうかであり，cが両生類のイモリ，dが魚類のフナである。Cは無脊椎動物で，昆虫などの節足動物とイカなどの軟体動物の違いは，外骨格があるかないかである。fはカマキリ，gはイカである。eは哺乳類のイヌである。 ③ ②の解説より，bはトカゲ，cはイモリ，gはカマキリである。 ④ フズリナは古生代，アンモナイトは中生代，ビカリアは新生代の示準化石である。

(2) ① 物体にかかる重力が5Nで，ばねの伸びが一定になるように引き上げるとき，ひもにかかる力も5Nである。 ② 質量500gの物体にかかる重力は5Nで，これと反対向きに0.1m引き上げるとその時の仕事は5×0.1＝0.5Jである。 ③ 仕事率は仕事の大きさを時間(秒)で割ったものである。実験1も2も仕事の量は同じだが，かかった時間が5秒と10秒なので，実験2の仕事率は実験1の半分である。 ④ 物質を垂直方向に10cm持ち上げたときと斜面方向にBまで持ち上げたときで，仕事の大きさは同じになる。よってAB間の長さをx(cm)とすると斜面方向の力の大きさは2Nなので，$2\times\frac{x}{100}=5\times\frac{10}{100}$ $x=25$cmである。

(3) ① 試験管の中の温度が高くなっているので圧力も大きい。加熱をやめると温度が下がり圧力が低下するので，ガラス管を水そうに入れたままでは水そうの水が試験管に逆流してしまう。 ② 1種類の物質から数種類の物質に分かれる反応を分解という。酸化銀を加熱すると，銀と酸素に分解する。集めた気体は酸素で，線香の火を近づけると激しく燃える。 ③ $2Mg+O_2\rightarrow 2MgO$ マグネシウムが空気中の酸素と反応する。 ④ 2.9gの酸化銀から2.7gの銀が生じたので，初めの酸化銀中の酸素は2.9－2.7＝0.2(g)であった。0.3gのマグネシウムが燃焼して0.5gの酸化マグネシウムが発生したので，結びついた酸素は0.5－0.3＝0.2(g)であった。同じ質量の酸素と結びつく銀とマグネシウムの質量比は，2.7：0.3＝9：1になる。

3 (電流と電圧―オームの法則)

基本 (1) 電流の大きさがわからないので，端子は大きな値の端子に接続し，徐々に小さな値に変えてゆく。

基本 (2) オームの法則より，抵抗＝電圧÷電流なので2.0÷0.1＝20(Ω)

(3) 電力量(J)＝電力(W)×時間(秒)より，8.0Vのとき電流の大きさが0.4Aなので，8.0×0.4×5×60＝960(J)

(4) 並列回路ではそれぞれの回路にかかる電圧の大きさが等しいので，4.0÷20＝0.2(A)の電流がそれぞれの回路に流れる。電流計では回路全体の電流の大きさを測っているので，0.2＋0.2＝0.4(A)の大きさになる。

重要 (5) 電力＝電流×電圧より，それぞれの電気器具に流れる電流の大きさは，こたつは6A，テレビが3A，アイロンは6.5A，パソコンは2A，電気ストーブは8Aである。イの組み合わせでは電流の合計が11Aで15Aを超えない。

4 (気体の発生とその性質―気体の性質・密度)

基本 (1) 2種類以上の元素からできる物質を化合物という。1種類の元素でできる物質を単体という。

(2) フラスコ内にビーカー中のフェノールフタレインを含む水が吸い上げられる。アンモニアがその水に溶け込むので，赤色の水の噴水ができる。フェノールフタレインはアルカリ性では赤色になる。

(3) アンモニアは大変水に溶けやすく，水に溶けるとフラスコ内の圧力が減少し，その結果水が吸い上げられて噴水になる。

重要 (4) ① 空気の密度が0.0012g/cm^{3}なので，700cm^{3}の空気の質量は0.0012×700＝0.84(g)である。

② 密度は同体積での質量の大小を表すので，密度が小さい物質ほど軽い。気体Aは上昇したが，その他はすべて下降したので，Aは他の気体より密度が小さい。

5 (植物の体のしくみ―細胞分裂)

基本 (1) 根の先端付近に，最も細胞分裂の活発な成長点がある。その部分で観察する。

(2) 塩酸を加えると，細胞がばらばらになって観察しやすくなる。

重要 (3) 酢酸カーミンや酢酸オルセインは，細胞核を染色する。

重要 (4) 体の細胞の分裂を体細胞分裂という。変化の過程は，(a)→染色体があらわれる(d)→染色体が中央に並ぶ(b)→染色体が両極に分かれる(c)→細胞質が分裂し始める(e)→2つの細胞ができる(f)，の順序になる。

重要 (5) 生殖細胞である精細胞や卵細胞の染色体数は体細胞の半分(8本)である。精細胞と卵細胞が受精してできる受精卵の染色体数は体細胞と同じ16本になる。生殖細胞ができる分裂を減数分裂という。

6 (地球と太陽系―星の日周運動)

基本 (1) 星の1日の見かけの動きを日周運動という。

基本 (2) 日周運動は星が動くのではなく，地球が自転しているために起きる。

基本 (3) 北極星は地軸の延長線上にあるため，地球が自転しても北極星の位置は変化しない。

重要 (4) 図1，2からわかるように，星は1か月で約30°東から西へ移動するように見える。これは，地球が太陽の周りを公転しているために生じる。2か月後の同じ時間にはXから60°西のaの位置にカシオペア座は見られる。

重要 (5) 星の日周運動では，1時間で15°東から西へ移動する。1月15日の午後10時にaの位置にあったカシオペア座がXの位置にあったのは，60÷15＝4時間前の午後6時である。

★ワンポイントアドバイス★

基本問題が大半なので，基礎知識をしっかりと身に着けるようにしたい。物理や化学の分野の計算問題は，類題の練習をして解き方を理解し覚えて使えるようにしておくこと。

<社会解答>

1 1 (1) 山陰 (2) イ (3) (例) 雨や雪を降らせる雲を中国山地や四国山地がさえぎるため，降水量が少ない。 2 (1) (例) 沿岸部とその他の地域との間で経済格差が広がっている。 (2) ア 3 (1) ウ (2) 過疎
(3) (記号) イ (語) 瀬戸内 (4) E

2 1 (1) 高床倉庫 (2) (例) 蓄えた食料をめぐり，むらどうしで争いが起こるようになった。 (3) ウ (4) イ (5) 大正デモクラシー (6) ア
2 (1) (例) 仏教の力で国家を安定させるためだった。 (2) 武家諸法度 (3) ウ

3 1 (1) (記号) エ (語) 死票 (2) ウ (3) (例) 国務大臣は内閣総理大臣によって任命され，その過半数は国会議員でなければならない。 (4) イ
2 (1) 製造物責任法[PL法] (2) (例) 利潤に応じて配当を得る。 (3) イ

4 1 (1) (例) 東北地方や北陸地方の年貢米や特産物を江戸や大阪に運ぶ。 (2) エ

(3) ア　2 (1) 日米修好通商条約　(2) ウ　(3) イ　3 (1) 対馬
(2) 日清戦争　(3) イ　(4) プライバシー

○配点○

1 1(3), 2(1)　各4点×2　3(4)　3点　他　各2点×7
2 1(1)・(5), 2(2)　各2点×3　1(2)　4点　他　各3点×5
3 1(3)　4点　他　各3点×7
4 1(1)　4点　1(2)・(3), 2(1)　各3点×3　他　各2点×6　計100点

<社会解説>

1 (地理―地形図・自然・産業など)

1 (1) 中国・四国は山陰・瀬戸内・南四国に三分，日本海側は律令制下では山陰道と呼ばれた。
(2) 黒潮が流れる南四国は温暖で夏から秋にかけてはしばしば台風も直撃し降水量が多い。
重要 (3) 中国・四国の両山地が季節風をさえぎるため年間を通じて晴れの日が多い。半面，水不足に悩まされることがあり，現在でも多くのため池が利用されている。

2 (1) 1980年代の改革開放政策で沿岸部に経済特区を設置，かつて寂(さび)れた寒村であったシェンチェンは中国のシリコンバレーとして発展，今では人口1700万人以上の大都市に成長している。
(2) ドイツは中国・アメリカに次ぐ貿易大国。イは韓国，ウはアメリカ，エはロシア。

3 (1) 市役所の地図記号は◎。博物館(🏛)は駅の北側，2.5cmの実際の距離は625m，高等学校は㊇，小中学校は文。 (2) 高度経済成長下で人口の都市への流出が加速，高齢者の割合が
やや難 50%を超えると限界集落と呼ばれ消失に向かうとされる。 (3) 山口には石油化学コンビナートがあるほか，石灰岩の一大産地でセメント工業も盛んである。アは広島，ウは岡山，エは香川。 (4) 四国は新幹線が走っておらず，山陽新幹線の停車駅の資料の必要性は薄い。

2 (日本の歴史―古代～近代の政治・経済・文化史など)

1 (1) 湿気を防ぐ働きがあり，銅鐸などにも描かれている。 (2) 生産力や人口が増えた弥生時代は富をめぐる争いも増加，各地に防御を目的とした環濠集落や高地性集落が生まれた。
(3) 碑文には「正長元年より…神戸四ケ郷に負債はない」と刻まれている。 (4) キリシタンを中心とする約3万8000人が原城跡に立てこもった島原・天草一揆。幕府は12万人を動員し半
重要 年かけてこれを鎮圧した。 (5) 大正時代に盛り上がった自由主義的・民主主義的な風潮。政党内閣や普通選挙を求める声が各地で噴出した。 (6) ラジオ放送の開始は1925年。太陽暦やランプ・ガス等の普及は明治初期，冷蔵庫や洗濯機は高度経済成長下の三種の神器。

2 (1) 飢饉や疫病，有力貴族の反乱などに悩まされた聖武天皇は平城京を離れ5年の間に3度の
重要 遷都を繰り返した。 (2) 大坂の陣で豊臣氏を滅ぼした直後に秀忠の名で発布した大名統制策。将軍の代替わりごとに修正発布された。 (3) 反キリスト教運動から外国人の排斥に発展，列強諸国の出兵で北清事変につながっていった事件。アは1929年，イは1914年，エは1920年。

3 (公民―憲法・政治のしくみ・経済生活など)

1 (1) 有権者と議員定数の不均衡は法の下の平等に反する。一つの選挙区から一人の代表を選ぶ小選挙区は選挙人の意思が議席に反映されない割合が大きい。 (2) 常会は毎年1月に召集される国会で次年度の予算審議が議題の中心となる。特別会は総選挙後30日以内に召集され首
重要 相の指名が最大の議題である。 (3) 内閣は国会の信任の下に成立し国会に対して連帯して責任を負うという議院内閣制の原則。 (4) 犯罪行為を裁く裁判で，検察官が国家を代表して犯罪被疑者を起訴するもの。重大な刑事裁判の第1審は裁判員が参加する。ア・エは民事，ウは行

政裁判。

2 (1) 欠陥商品による被害者の救済を目的とする法律。製造業者の過失の有無は問わず消費者に対し責任を負う無過失責任を定めたもの。 (2) 株主総会での議決権や配当は株数に応じて与えられる。また，仮に倒産しても出資した分以上の責任を追及されることはない。 (3) コンビニの数はスーパーの11倍以上だが，1店当たりの販売額はスーパーの約26億円に対しコンビニは2億円程度に過ぎない。

重要

4 (総合ー日本の産業・近世〜近代の政治史・人権・政治のしくみなど)

1 (1) 日本海側から関門海峡を通って大坂に至るのが西廻り，津軽海峡を通って江戸に至るのが東廻り航路。 (2) 漁獲量は2017年まで3000tを維持，その間は漁業者数も250人以上となっているが2017年以降はともに減少し続けている。 (3) 2001年の省庁再編で建設省・運輸省・国土庁・北海道開発庁が統合されて誕生。外局には気象庁のほか，海上保安庁や観光庁などが存在，林野庁は農林水産省の外局。

2 (1) 日米修好通商条約では神奈川の開港を約束。幕府は東海道の重要な宿場であった神奈川を避け，隣接する小さな漁村の横浜を整備して開港した。 (2) グローバル化とは通信技術や交通手段などの発展により世界が社会的，経済的に一体化した状態の意味。生産性の向上などのメリットも多いが文化の衝突や産業の空洞化などデメリットにも注意を払う必要がある。
(3) 横浜港は日本を代表する貿易港であり，県内には大手自動車メーカーの工場があるほか，近隣の県で生産される自動車の輸出基地にもなっている。

基本

3 (1) 世界最大クラスの暖流である黒潮から分かれて日本海を北上する海流。 (2) 日清戦争の講和会議は全権代表でもあった当時の首相・伊藤博文に関係の深い下関の料亭で調印された。
(3) 信教の自由は表現の自由などと同じ精神の自由に分類される。教育や団結，勤労は社会権に分類。 (4) 私生活をみだりに公開されない権利であるが，最近は自分に関する情報を自らが管理する権利にまで拡大されている。憲法に明記はされていないが，憲法13条の幸福追求権が根拠とされ判例でも認められている。

重要

★ワンポイントアドバイス★

記述問題についてはまずキーとなる言葉を箇条書きに出してみることである。字数や前後のつながりなどについては後から調整するようにしよう。

<国語解答>

一 (一) 2 (二) (例) 最初はとっぴな名前だと思ったが，みんなの話を聞いて，すんなり胸に入るようになった。 (三) 3 (四) 4 (五) (例) あまいお菓子と一緒に，この物語を味わってみませんか。

二 (一) ア 土大根 イ 兵二人 (二) (例) 毎朝二本ずつ大根を焼いて食べていたこと。 (三) 1 (四) 2

三 (一) ア すべてを表現 イ 創造であり，創作である (二) 2 (三) 4
(四) 1 (五) 解釈と理解 (六) 3 (七) (例) 私は，要点を簡潔に伝えることが大事だと思う。なぜなら，要点がきちんと伝われば，大きな食い違いは起こらないからだ。

もちろん，これでは相手が補充する部分が多くなり齟齬が生じる。しかし，以前部活動で練習方法を提案した際に，伝えたいことをすべて説明したところ，うまく理解してもらえず，何度も質問を受けた。このように，すべてを伝えようとするとわかりにくくなるため，要点を簡潔に伝えるべきだと考える。

四　(一)　(1)　履修　(2)　膨(らむ)　(3)　穀倉　(4)　こ(やす)　(5)　ふゆう　(6)　せま(る)　(二)　4　(三)　2

○配点○

一　(二)・(五)　各6点×2　他　各5点×3　二　(一)　各2点×2　他　各4点×3

三　(一)　各3点×2　(七)　10点　他　各4点×5

四　(一)　(1)～(3)　各3点×3　(4)～(6)　各2点×3　(二)・(三)　各3点×2

計100点

＜国語解説＞

一　(小説－情景・心情，内容吟味，脱文・脱語補充，漢字の書き)

(一)　おじいさんの言う「自分のしてきた仕事に丸をいっぱいつけちゃりたいんよ」は，「つらかった仕事の思い出がいいものに塗りかえられた」ということではない。おじいさんは自分の炭鉱の仕事に誇りを持っているのでいいものに塗りかえる必要はない。

やや難　(二)　初めの波線部の直後に「とっぴな感じの名前を風味は繰り返した」とある。二つ目の直後には「胸の中で，さんじゅうまるが転がる音が鈴のようにきこえた」とある。設問は「印象の変化」とあるので，初めは「とっぴな感じ」でよい。二つ目の「鈴のようにきこえた」は，印象として言い換えれば，心地よいものとして感じていると解釈できる。「風味さんじゅうまる」という名前が心地よいものとして「すんなり胸に入ってきた」のである。受け入れた理由は「おじいさんの話をきいたせいか，ずっと和志の苦労を見ていたせいか」とあるが，ここは話をしている場面なので「みんなの話を聞いて」とまとめる。

基本　(三)　本文の場面は，お菓子の名前をめぐって登場人物たちが会話をしている場面である。そして，会話の内容は炭田で栄えた「筑豊の土地柄やそこに暮らす人々の思い」についてが中心になっている。1，登場人物一人一人の人物像は描き出されてはいない。2，風味の視点ではなく，作者の俯瞰した視点で物語は進められている。4，お菓子が誕生する過程は描かれていない。

(四)　【Ⅲ】のポップの語り口調の表現にあてはまるのは，「この物語は，あまいお菓子と一緒に味わってもらいたいです」であるが，感想ではなくメッセージである。2，「～挑戦物語」「～和菓子屋一家」は体言止め。「友情も……」「新作和菓子とは……」は省略法。3，【Ⅱ】にあるあらすじは，【Ⅲ】では「これは小さな……挑戦物語」と表現されている。本の雰囲気は，「カステラ○，餡子○，黒蜜○」の吹き出しでお菓子を説明したり，のれんのイラストなどに「和」を感じさせたりすることで表現されている。

重要　(五)　「相手に提案する表現」であるから，「～ませんか」という表現にすればよい。書き出しは「あまいお菓子と」であるから，傍線部のもとの表現を入れ替えて「一緒に，この物語を味わってみませんか」とする。

二　(古文－主題，内容吟味，脱語補充，語句の意味，ことわざ・慣用句)

〈口語訳〉　筑紫に，何々の押領使などという者がいたのだが，(この者は)大根をすべての病に効く薬として，毎朝二本ずつ焼いて食べることが，長年にわたった。ある時，(押領使が仕える)館の中に人もいなかった隙を見計らって，敵が襲ってきて(館を)取り囲んで攻めたときに，館の中に兵士が二人出てきて，命を惜しまずに戦って，(敵を)皆追い返してしまった。(押領使はこの二人のことを)とても不思議に思って，「普段こちらにおいでなさるとも思われない人々が，このように戦ってくださるとは，どのようなお方ですか」と質問してみたところ，「長年(あなたが薬と)頼りにして，毎朝毎朝召しあがった大根らでございます」と言って消えてしまった。

深く信仰をいたせば，このような神仏からの恵みもあるのだ。

(一)　【Ⅰ】の古典の文章によれば，「押領使の行い」とは，「土大根を万にいみじき薬とて，朝ごとに二つづつ焼きて食ひける事」である。そして，「年来頼みて，朝な朝な召しつる土大根らにさぶらふ」という答えは，館の内に出で来た兵二人に対してなにがしの押領使がした「かく戦ひし給ふは，いかなる人ぞ」という問いに対するものである。

基本　(二)　「朝ごとに二つづつ焼きて食ひける事」を現代語訳すればよい。

(三)　「深く信仰をいたせば，このような神仏からの恵みもあるのだ」ということである。

やや難　(四)　押領使は，大根をすべての病に効く薬と信じて毎朝二本ずつ食べていたことで，神仏からの恵みを受けたのである。

三　**(論説文－要旨，内容吟味，文脈把握，脱文・脱語補充，課題作文)**

基本　(一)　ア　第一段落に「文章は表現しようとしているモノゴトと同じではない」とある。これをノートでは「文章≠表現対象」と表している。さらに，「文章は，それが表そうとしているモノゴトよりも小さいのが普通である」を「文章＜表現対象」と表している。読み進むと「要点のみを文章にして，そうでない部分は捨てる。すべてを表現しようとすれば……何も伝えることができなくなってしまう」とある。この内容を言い換えれば，「文章で対象のすべてを表現することはできない。(要約・まとめになる)」となる。　イ　第十段落に「文章を書くというのは，ことばを用いて，なるべく忠実に対象を再構築することにほかならない」とある。そして，「すべての文章は，創造であり，創作であるということになる」とある。

やや難　(二)　抜き出した文は，言い換えるときに用いる「つまり」という接続語で始まっている。そして，「ことばはモノゴトと不可分な関係にあり，ことばはモノゴトを忠実に反映している，と信じられている」とある。「不可分」とは，ものごとが密接に結びついて分けることができないという意味である。〈2〉の直前の文に「一般に，ことばはモノゴトなどを表現することができる，というように考えられている」とある。「モノゴト」という共通する語に注目すると，〈2〉に入ると判断できる。〝ことばはモノゴトを表現できる。ことばはモノゴトと密接に結びついている〟というつながりである。

(三)　第一段落で「文を作る，創る，造る――は，いずれも文章は表現しようとしているモノゴトと同じではない」と述べ，文章は創作であると主張している。そして，俳句や歴史を引き合いに出して自説を説明している。(一)・(二)の問いで確かめたように，また，最後の段落にあるように「文章は創作である」ということを繰り返し説明している。　1　具体例で詳しく説明はしていない。　2　異なる観点は示されていない。　3　複数の具体的な事例は示されていない。

(四)　本文の第七段落に「ことばはそれを表現しようとするモノゴトのごく小さな一部を不完全にしか伝えることができない」とある。【Ⅰ】の①のグラフでは，情報伝達で重視していることとして，「情報をわかりやすく伝えること」が35.2%，「情報を正確に伝えること」が30.8%である。2　食い違いの経験と本文の第五段落で説明されている「知的快感」には関係性はない。　3　「相手の伝え方に問題があることが多いと感じる」生徒は34.2%で半数近くではない。　4　【Ⅰ】の資料中に「食い違いを自分の伝え方のせいだと感じている」という項目はない。

(五)　要約したりまとめたりして内容を伝えることについて説明しているのは，第一～第三段落である。第三段落の最後に「受け手は解釈と理解を求められる」とある。受け取る側の解釈と理解が足りないと，齟齬(＝食い違い)が生じやすくなるのである。

やや難 (六) 中里さんは，話し合いで出た意見の同じ点と違った点を整理したうえで，違った点について考える必要があると発言している。

重要 (七) 解答例は第一段落で，情報伝達で大事だと考えることとして「要点を簡潔に伝えること」を選び，「なぜなら……からだ」という形で理由を述べている。第二段落では，「相手が補充する部分が多くなり齟齬が生じる」という反論を挙げている。その反論に対しては，部活動での経験に基づいて考えを述べている。

四 **(漢字の読み書き，画数，品詞・用法)**

(一) (1) 「履修」は，既定の学科・課程などを修めること。「履」の訓は「は‐く」。「尸」を「戸」と書かないように注意する。「履歴」「履行」などの熟語がある。「修」は「終」や「収」などの同音異字に注意する。「シュ」の音もある。訓は「おさ‐める・おさ‐まる」。「修行」「修得」などの熟語がある。 (2) 「膨」の音は「ボウ」。「膨張」「膨大」などの熟語がある。 (3) 「穀倉」は，穀物を多く産する土地。「穀」は形の似た「殻(カク・から)」と区別する。「穀物」「脱穀」などの熟語がある。「倉」の訓は「くら」。「倉庫」「営倉」などの熟語がある。 (4) 「肥やす」は，栄養を与えてふとらせるの意味。「肥」の音は「ヒ」。訓は「こ‐える・こえ・こ‐やす・こ‐やし」。「肥満」「肥料」などの熟語がある。 (5) 「浮遊」は，空中や水面にふわふわとうかびただようこと。「浮」の訓は「う‐く・う‐かれる・う‐かぶ・う‐かべる」。「浮沈」「浮力」などの熟語がある。 (6) 「迫」は，形の似た「追(ツイ・お‐う)」と区別する。「迫」の音は「ハク」。「迫害」「圧迫」などの熟語がある。

(二) 「花」と「医」は7画。「医」の部首の「匚」は2画で書く。1「扱」は6画。2「母」は5画。3「阻」は8画。

(三) 2の「に」は，形容動詞「きれいだ」の連用形「きれいに」の活用語尾。1・3・4の「に」は体言に付く格助詞「に」。

★ワンポイントアドバイス★

小説は，場面の様子をふまえて心情や会話の理由をとらえながら読んでいこう。また，表現の意味を考えよう。古文は，どんなことについて書いているのか，内容を正しくとらえよう。論説文は，筆者の考えや主張，説明の仕方を，説明の筋道をたどって正確に読み取ろう。

2021年度

★★★★★★★★★★★★★★★★★★★★★★★

入　試　問　題

2021年度

常総学院高等学校入試問題

【数　学】（50分）〈満点：100点〉

1 次の各問に答えなさい。

⑴　右の**表**は，ある店で，金曜日，土曜日，日曜日の3日間で売れた商品の個数を表したものである。前日との差は，売れた個数が前日より多い場合，その差を正の数で，少ない場合，その差を負の数で表す。

このとき，**ア**に当てはまる数を求めなさい。

表

曜日	金	土	日
売れた個数（個）	146	172	164
前日との差（個）	＼	＋26	**ア**

⑵　右の**図**のように，円Oの周上に4点A，B，C，Dがこの順に並んでおり，線分BCは円Oの直径である。

$\angle CBD=23^\circ$，$\angle ADB=38^\circ$のとき，$\angle ABD$の大きさを求めなさい。

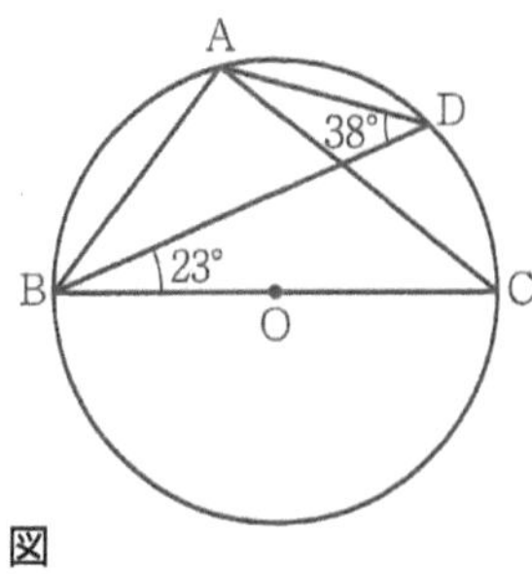

図

⑶　250ページある本を，はじめは1日にxページずつ8日間，その後，1日にyページずつ6日間読んだところ，ちょうど読み終えた。

この数量の関係を表した等式として正しいものを，次の**ア**～**エ**の中から一つ選んで，その記号を書きなさい。

ア　$6x+8y=250$　　　**イ**　$8x+6y=250$

ウ　$8x-6y=250$　　　**エ**　$14(x+y)=250$

⑷　下の**図1**のようなAD//BCの台形ABCDの形をした紙がある。この紙を，**図2**のように頂点Aを通る線分を折り目として頂点Dが辺AB上にくるように折る。

このとき，折り目となる線分を作図によって求めなさい。

ただし，作図に用いた線は消さずに残しておくこと。

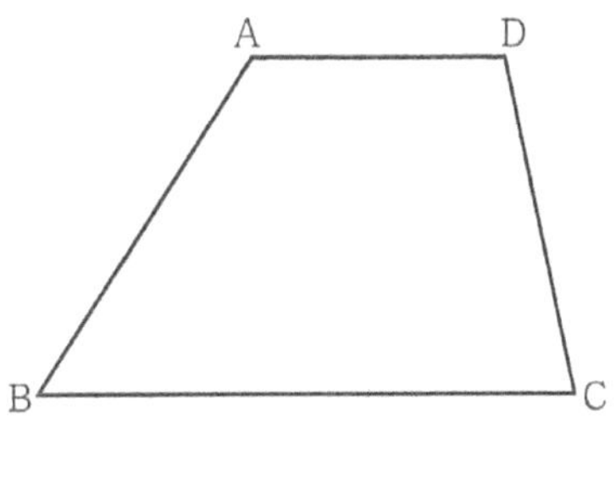

図1

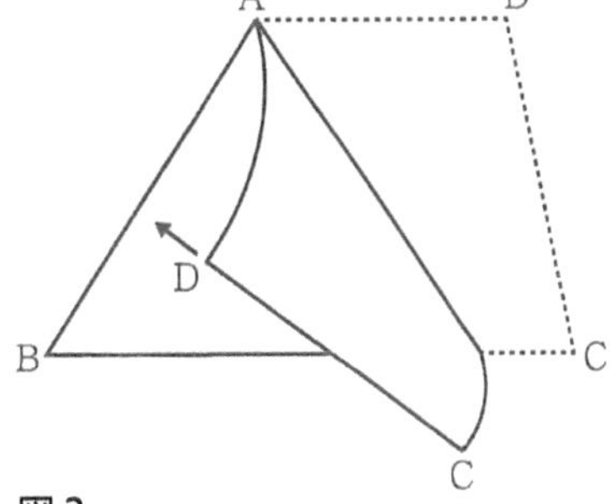

図2

2 次の各問に答えなさい。

(1) 右の**表**は，縦と横がともに5マスである正方形のそれぞれのマスに，左上から，自然数を1から順に1つずつ書いたものである。

表の中のマスを縦と横がともに2マスの正方形で囲み，上段の2マスに書かれた数の積をP，下段の2マスに書かれた数の積をQとする。

「Q－Pの一の位の数は必ず0になる」

このことを次のように説明した。

表

1	2	3	4	5
6	7	8	9	10
11	12	13	14	15
16	17	18	19	20
21	22	23	24	25

(説明)

4つの数のうち，左上の数をnとすると，

右上の数は$n+1$，左下の数は$n+5$，右下の数は［ア］と表すことができる。

$\mathrm{P}=n^2+n$，$\mathrm{Q}=n^2+11n+30$だから，

$\mathrm{Q}-\mathrm{P}=n^2+11n+30-(n^2+n)$

$=10n+30$

$=10($［イ］$)$

［イ］は自然数だから，$10($［イ］$)$は10の倍数である。

したがって，Q－Pの一の位の数は必ず0になる。

このとき，上の［ア］，［イ］に当てはまる式を，それぞれ書きなさい。

(2) 年齢の差が28歳の父と子がいる。今から6年後には父の年齢が子の年齢の3倍になるという。

今の父の年齢と子の年齢を求めるために，今の父の年齢をx歳，子の年齢をy歳として連立方程式をつくると，次のようになる。

$$\begin{cases} [\text{ア}]=28 \\ x+6=[\text{イ}] \end{cases}$$

このとき，上の［ア］，［イ］に当てはまる式を，それぞれ書きなさい。

(3) 下の**図**で，3点A，B，Cは関数$y=\dfrac{1}{2}x^2$のグラフ上の点であり，線分ABはx軸に平行である。点Aのx座標は負，点Bのx座標は正であり，点Cのx座標は点Aのx座標よりも小さい。y軸上に点Dをとったところ，四角形ABDCが平行四辺形になり，点Dのy座標は8になった。

このとき，2点B，Cを通る直線の式を求めなさい。

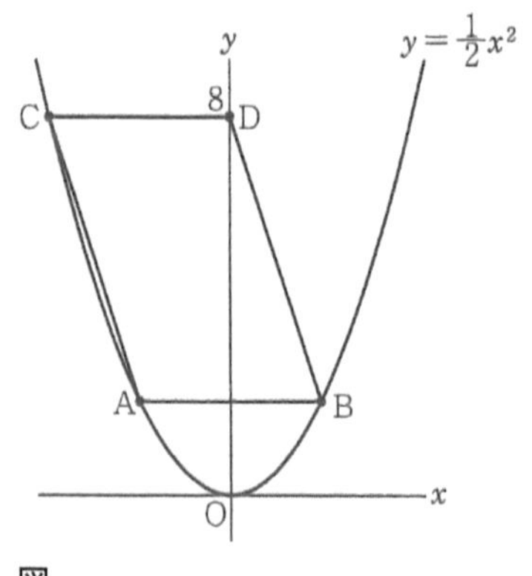

図

(4) 下の図のように，AからEまでのアルファベットが書かれたマスがあり，はじめにコマをAのマスに置く。1から5までの数字が1つずつ書かれた5枚のカードから同時に2枚のカードをひき，ひいたカードに書かれた数の積だけ，コマを1マスずつ右へ移動させる。Eまで移動させたあとは1マスずつ左のマスへ移動させ，Aまで移動させたあとは1マスずつ右のマスへ移動させ，以降は同じ操作を続ける。例えば，ひいた2枚のカードに書かれた数の積が12のとき，コマはAからB，C，D，E，D，C，B，A，B，C，D，Eの順に移動し，Eのマスに止まる。

このとき，コマがCのマスに止まる確率を求めなさい。

ただし，どのカードをひくことも同様に確からしいものとする。

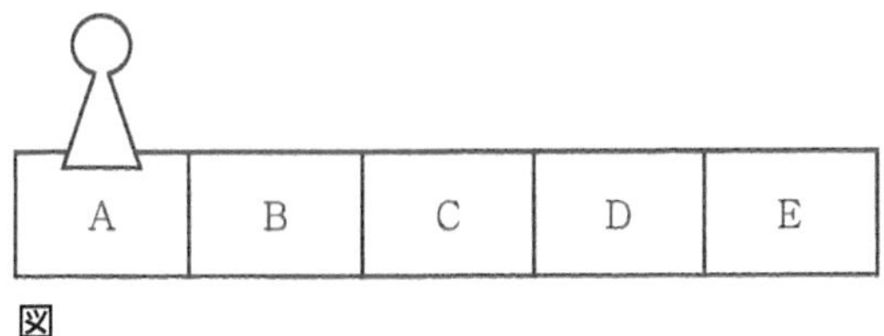

図

3

平行四辺形ABCDがあり，その頂点Aから対角線BDに垂線をひき，交点をEとする。辺AD上に点Fをとり，線分FCと対角線BDとの交点をGとする。

下の図1，図2は，点Fを辺AD上のいろいろな位置に動かして調べたときのようすがわかるコンピューターの画面である。ただし，点Fは2点A，D上にないものとする。

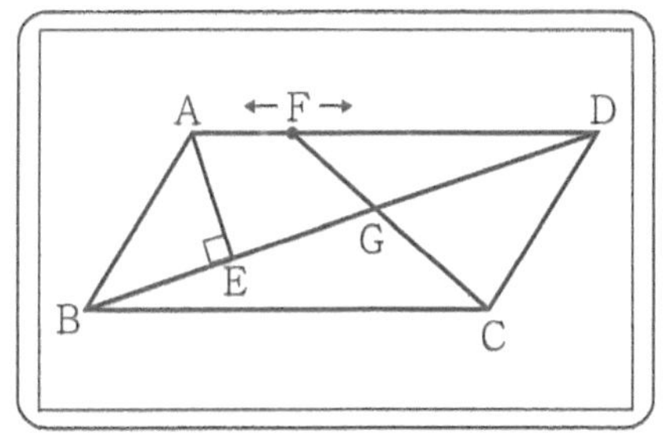

図1

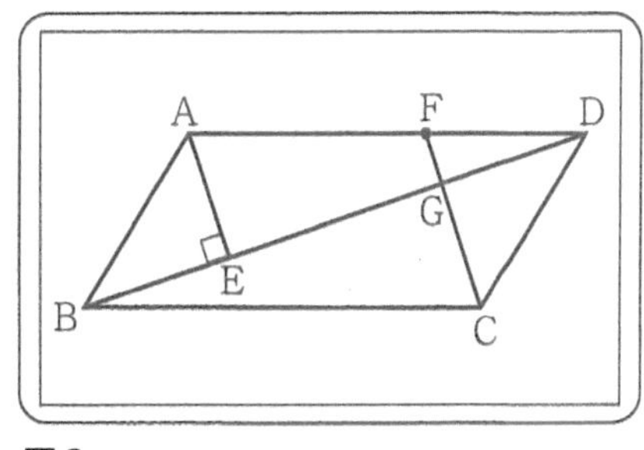

図2

太郎さんと花子さんの次の会話を読んで，あとの(1)～(3)の問いに答えなさい。

（太郎さんと花子さんの会話）
太郎：点Fをいろいろな位置に動かすと，大きさが変わる角があるね。
花子：長さが変わる線分もあるよ。
太郎：そうだね。図1，図2の中には平行な線分があるよ。
花子：平行線の錯角は等しいね。他にも等しい角が見つかりそう。
太郎：合同な三角形もありそうだね。
花子：図2の△ABEと△CDGは合同になっているように見えるよ。
太郎：確かに合同になっているように見えるね。
　　　でも合同になるためには，等しい角とか，何か条件が必要だよ。
花子：(a)∠AEBと∠CGDが等しいときに，△ABE≡△CDGになると思うよ。

(1) 右の図3のように，

DC＝DG，∠EAB＝50°

のとき，∠BGCの大きさを求めなさい。

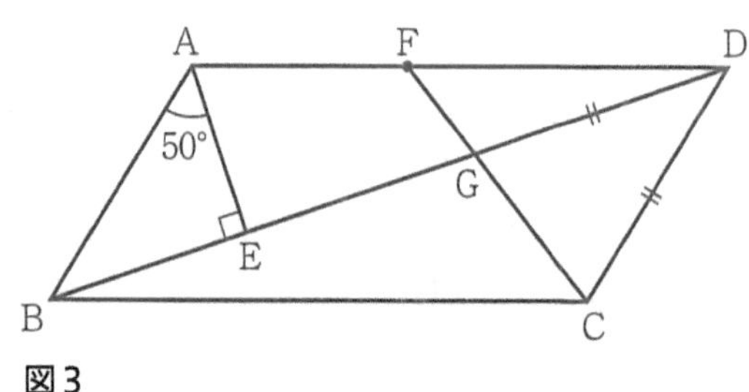

図3

(2) 右の図4は，会話文中の下線部(a)について考えるために，∠AEB＝∠CGDとなるように点Fをとったものである。

このとき，△ABE≡△CDGであることを証明しなさい。

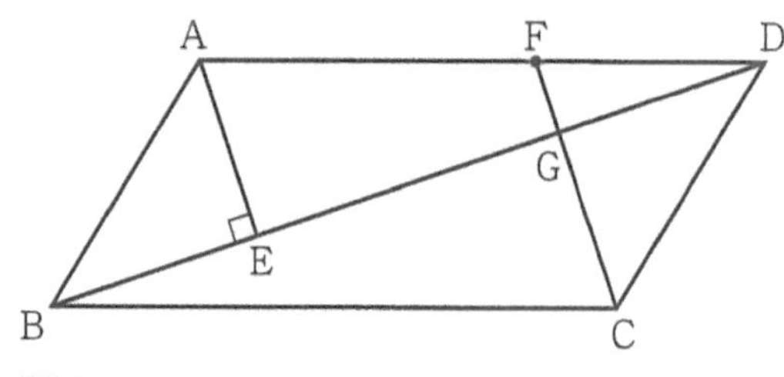

図4

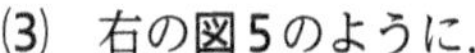

(3) 右の図5のように，

AB＝6 cm，BC＝12 cm，BF＝8 cm，

∠ABF＝∠DBC

のとき，線分DGの長さを求めなさい。

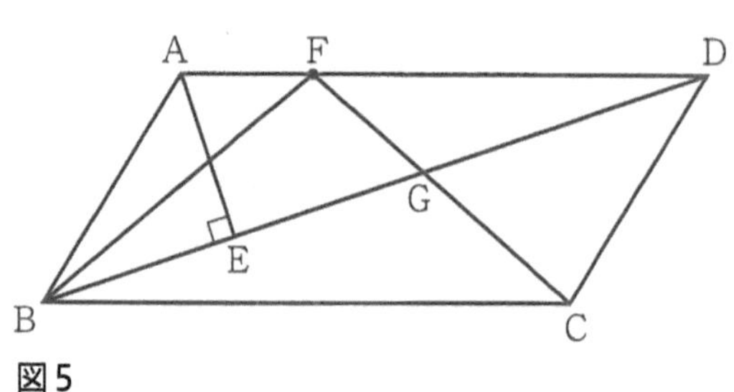

図5

4 太郎さんの家には，やかんAとやかんBがある。それぞれのやかんを火にかけて温めると，中の水の温度は一定の割合で上がり，温めるのをやめると中の水の温度は一定の割合で下がる。それぞれのやかんについて，中に入れた水の温度の上がり方と下がり方は下の**表1**，**表2**のようになっている。はじめにやかんAに16℃，やかんBに20℃の水を入れて同時に温め始め，やかんAの中の水の温度が100℃になるのと同時に，2個のやかんを温めるのをやめた。下の**図**は，温め始めてからx分後のやかんAの中の水の温度をy℃として，xとyの関係を表したグラフの一部である。

このとき，下の(1)～(3)の問いに答えなさい。

表1　やかんA

中の水の温度の上がり方 ・中の水は1分間に12℃ずつ温度が上がる。 中の水の温度の下がり方 ・中の水は1分間に6℃ずつ温度が下がる。 ・20℃まで下がると，それ以降は20℃のままである。

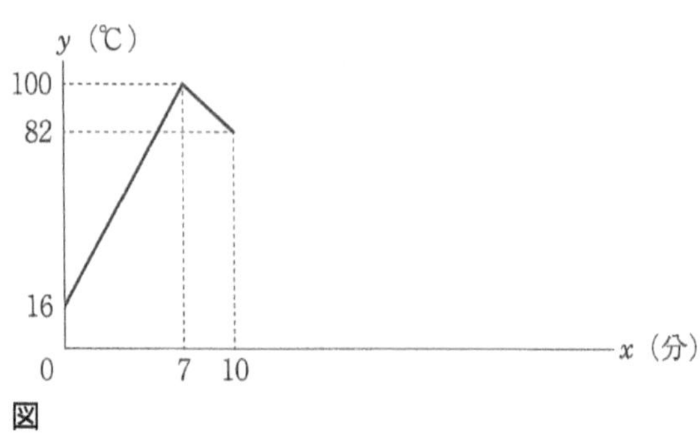

図

表2　やかんB

中の水の温度の上がり方 ・中の水は1分間に8℃ずつ温度が上がる。 中の水の温度の下がり方 ・中の水は1分間に3℃ずつ温度が下がる。 ・20℃まで下がると，それ以降は20℃のままである。

(1)　やかんAについて，温め始めてから3分後の中の水の温度を求めなさい。

(2)　温め始めてから5分後の中の水の温度は，やかんAとBのどちらが何℃高いか求めなさい。

(3)　2個のやかんの中の水の温度が2度目に同じになるのは，温め始めてから何分後か求めなさい。

5　ある中学校の3年1組の生徒40人に，前の日の家庭学習の時間を聞いた。下の図はその結果をヒストグラムに表したものであり，平均値は76.5分であることがわかっている。

この図から，例えば，家庭学習の時間が150分以上180分未満の生徒は2人いたことがわかる。

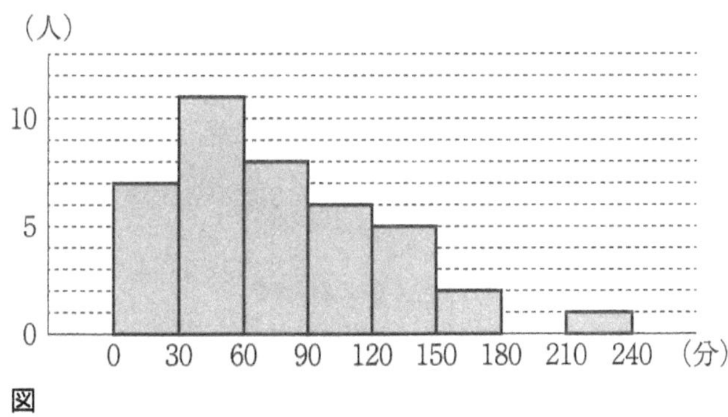

図

このとき，次の(1)～(3)の問いに答えなさい。

(1)　階級の幅を求めなさい。

(2)　中央値(メジアン)を含む階級の階級値を求めなさい。

(3)　このクラスの担任の先生と太郎さんは，上の結果について，次のように話している。

(先生と太郎さんの会話) 太郎：平均値はクラスのみんなで決めた目標である80分より少ないですね。 先生：家庭学習の時間が30分未満の人全員が，あと30分多く勉強すると，平均値は80分を超えますよ。 太郎：家庭学習の時間が30分未満の人全員が前の日より30分多く勉強し，それ以外の人の勉強時間が変わらないとき，平均値は76.5分より［ア］分多くなりますね。

このとき，上の［ア］に当てはまる数を書きなさい。

6 右の**図1**のように，AB＝8 cm，AD＝12 cm，AE＝6 cm の直方体ABCDEFGHがある。Pは線分AC上の点，Qは辺BF上の点で，
BQ：QF＝1：2である。
このとき，次の(1)〜(3)の問いに答えなさい。

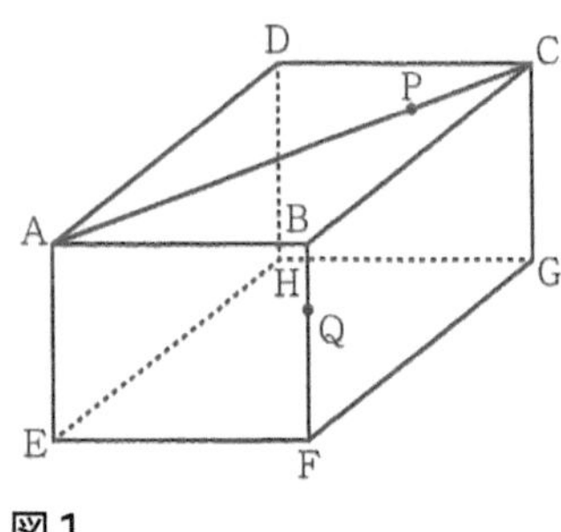

図1

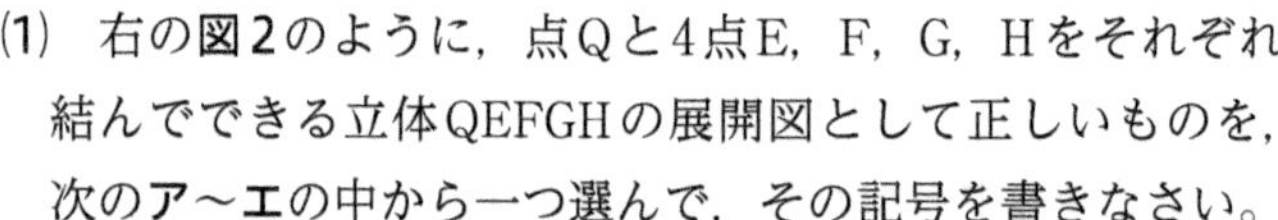

(1) 右の**図2**のように，点Qと4点E，F，G，Hをそれぞれ結んでできる立体QEFGHの展開図として正しいものを，次の**ア**〜**エ**の中から一つ選んで，その記号を書きなさい。

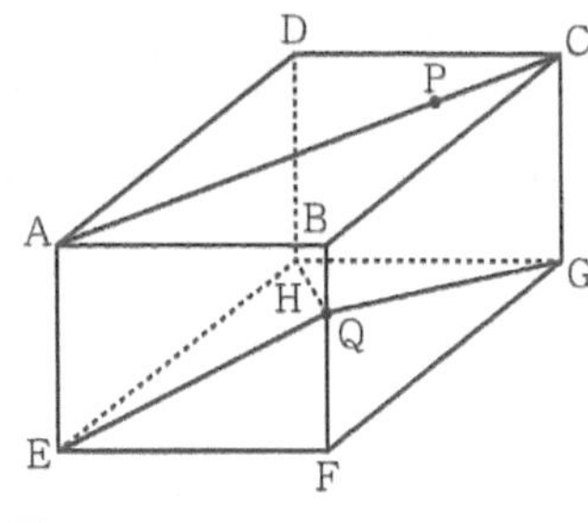

図2

ア

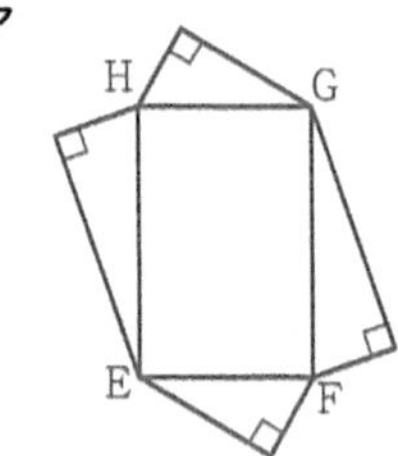

イ

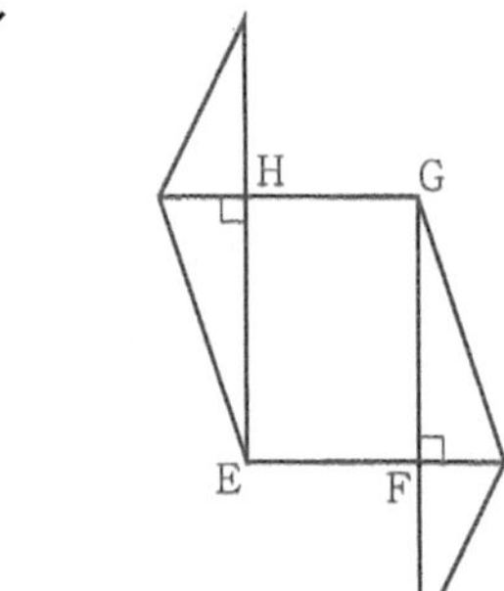

ウ

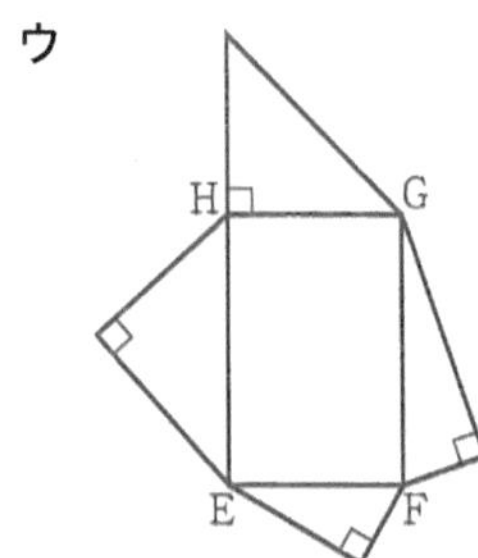

エ

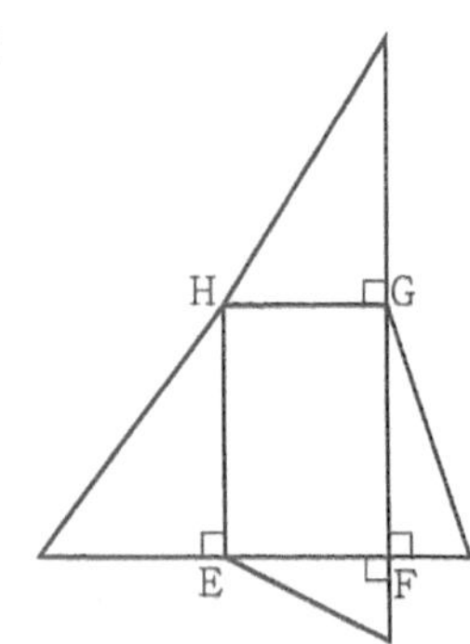

(2) AP：PC＝1：1のとき，△PBQの面積は△QFHの面積の何倍か求めなさい。

(3) 右の**図3**で，AP:PC＝3:1のとき，6点P，Q，E，F，G，Hを頂点とする立体PQEFGHの体積を求めなさい。

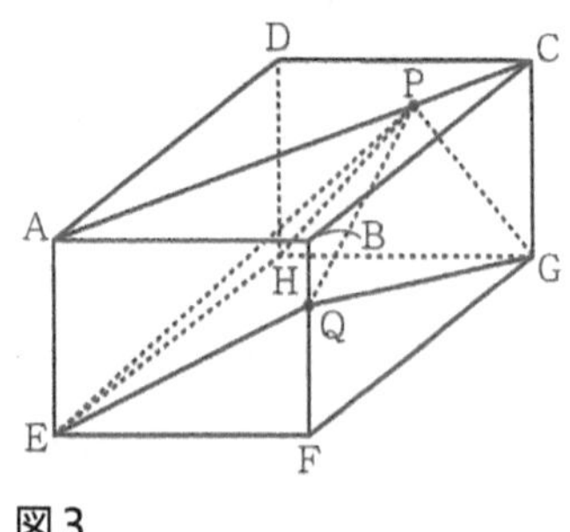

図3

【英　語】（50分）〈満点：100点〉

1 次の(1)～(4)は，放送による問題です。それぞれの放送の指示にしたがって答えなさい。

(1) これから，**No.1**から**No.5**まで，五つの英文を放送します。放送される英文を聞いて，その内容に合うものを選ぶ問題です。それぞれの英文の内容に最もよく合うものを，ア，イ，ウ，エの中から一つ選んで，その記号を書きなさい。

No. 1

No. 2

No. 3

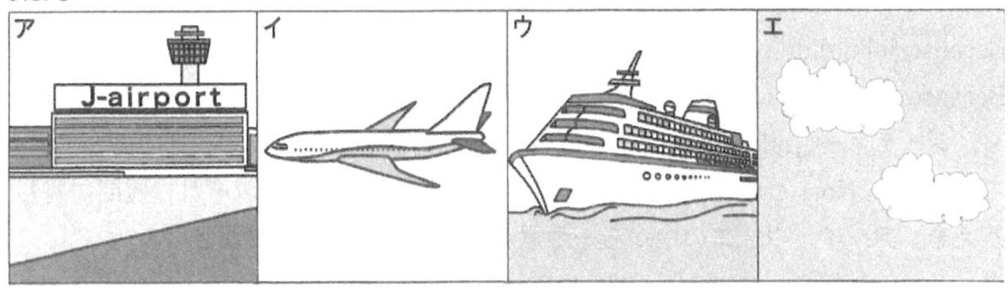

No. 4

ア

水戸　→　東京
8月10日(11:33発)
(13:03着)
10号車5-B席

イ

水戸　→　東京
8月10日(11:33発)
(12:46着)
10号車5-B席

ウ

東京　→　水戸
8月10日(11:33発)
(13:03着)
10号車5-B席

エ

東京　→　水戸
9月10日(11:33発)
(12:46着)
10号車5-B席

No. 5

ア　時間割

	木	金
1	理科	英語
2	英語	数学
3	音楽	理科

イ　時間割

	木	金
1	英語	理科
2	数学	音楽
3	理科	英語

ウ　時間割

	木	金
1	英語	美術
2	理科	英語
3	音楽	数学

エ　時間割

	木	金
1	美術	英語
2	英語	理科
3	数学	音楽

(2) これから，**No.1** から **No.4** まで，四つの対話を放送します。それぞれの対話のあとで，その対話について一つずつ質問します。それぞれの質問に対して，最も適切な答えを，ア，イ，ウ，エの中から一つ選んで，その記号を書きなさい。

No. 1

ア He is three years old.
イ He is seven years old.
ウ He is eight years old.
エ He is ten years old.

No. 2

ア She told him to study English harder.
イ She told him to read a lot of books about American culture.
ウ She told him to learn a lot of things about Japanese culture or history.
エ She told him to ask many American people questions about their country.

No. 3

ア She will do science homework with Akira at the school library.
イ She will go to the library to look for Akira.
ウ She will ask Akira where they will play tennis tomorrow.
エ She will send Akira an e-mail about tomorrow's plan.

No. 4

ア Because John called her late at night yesterday.
イ Because she missed the bus because of John.
ウ Because John didn't come to the meeting place on time.
エ Because John didn't agree with her idea of running to the hall.

(3) これから，ジュディー(Judy)とエイタ(Eita)の二人の対話を放送します。そのあとで，その内容について **Question No.1** と **Question No.2** の二つの質問をします。それぞれの質問に対して，最も適切な答えを，ア，イ，ウ，エの中から一つ選んで，その記号を書きなさい。

No. 1

ア For six years.
イ For seven years.
ウ For nine years.
エ For eleven years.

No. 2

ア He was in his mother's car around one yesterday afternoon.
イ He went to a stadium, and he was seen by Judy on the way there yesterday.
ウ He is on the soccer team of his school and is a good player.
エ He often learns a lot of things about playing basketball from his father.

(4) ヨシコ(Yoshiko)のクラスの授業で，インド出身のラージ(Raj)がスピーチをしています。これからその内容を放送します。ラージがクラスメートに伝えた内容について正しいものはどれですか。下のア，イ，ウ，エの中から一つ選んで，その記号を①に書きなさい。

また，あなたがヨシコの立場なら，ラージの質問に対して何と答えますか。英語1文で②に書きなさい。

① ラージがクラスメートに伝えた内容について正しいもの

ア Raj's father wanted to have his own curry restaurant, and he finally opened it a week ago.

イ Raj's mother likes Japanese music, but she doesn't have any Japanese music CDs.

ウ Raj's brother teaches at a university and knows a lot of things about animals.

エ Raj's sister is five years younger than Raj, and she is good at math.

② ラージの質問に対する答え

( )

〈リスニングテスト放送台本〉

ただいまから1番の，放送による聞き取りテストを行います。問題は，(1)から(4)までの四つです。放送中メモをとってもかまいません。

それでは(1)の問題から始めます。

(1) これから，**No.1**から**No.5**まで，五つの英文を放送します。放送される英文を聞いて，その内容に合うものを選ぶ問題です。それぞれの英文の内容に最もよく合うものを，ア，イ，ウ，エの中から一つ選んで，その記号を書きなさい。

それぞれの英文は，2回放送します。

では，はじめます。

No. 1

Saki is drawing a picture of the dog eating food.

No. 2

The boy wearing a T-shirt is walking at the beach.

No. 3

We use this to go to many places. We sometimes see it in the sky.

No. 4

Yuri's brother lives in Tokyo, and she went to Tokyo from Mito on August tenth by train. The train left Mito at eleven thirty-three in the morning, and it arrived in Tokyo an hour and thirty minutes later. Then she went to her brother's house by bus, and she got there at two in the afternoon.

No. 5

Shota is a junior high school student, and he lives in Ibaraki. He likes English the best, and he also likes music and science. He is happy on Friday because he has a music class after his English and science classes.

これで，(1)の問題を終わります。

次に，(2)の問題に移ります。

(2) これから，**No.1**から**No.4**まで，四つの対話を放送します。それぞれの対話のあとで，その対話について一つずつ質問します。それぞれの質問に対して，最も適切な答えを，ア，イ，ウ，エの中から一つ選んで，その記号を書きなさい。

対話と質問は，2回放送します。

では，はじめます。

No. 1

A：My family and I are going to visit Osaka next month and stay there for three days, Taro. You are from Osaka, right? Can you tell me a good *okonomiyaki* restaurant there?

B：Sure, Emma. You should go to Hikari Restaurant. It opened ten years ago, and it's very popular.

A：Oh, thank you. My parents and I are going to have my brother's eighth birthday party on our second day. We are thinking about the place to have it. So, I'll tell them about the restaurant.

B：That's good.

Question：How old is Emma's brother?

No. 2

A：I'm going to stay in America for two weeks, so I'm studying English hard. I'm also reading some books about American culture to understand it, Ms. Brown.

B：Oh, that's good, Yuto. Well, do you know about Japanese things like Japanese culture or history?

A：No. Do I have to learn about them?

B：Yes. The people in America will ask you a lot of things about them, so you'll be sad if you can't answer them. So, you should learn about them.

Question：What did Ms. Brown tell Yuto to do?

No. 3

A：Hi, Kota. Do you know where Akira is?

B：Well, I saw him in the school library about thirty minutes ago, Cathy. He was using the Internet to do his science homework there, but I don't think he is there now because he has a guitar lesson today. Why are you looking for him?

A：Tomorrow, he and I are going to play tennis in Sakura Park, but we haven't decided what time we will start. So, I want to talk about that with him. OK, I'll write an e-mail to him. Thank you.

B：I see. You're welcome.

Question：What will Cathy do next?

No. 4

A：John, what time is it now? I told you to come here at ten, but now, it's already ten thirty!

B：Oh, sorry, Eri. Actually, I was studying until late at night yesterday, and I couldn't get up early this morning. Then, I missed the bus. I tried to call you, but I left my smartphone at home.

A：Oh, really? OK. I understand. Anyway, let's run to the hall. The concert will start soon.

B：Yes, let's.

Question：Why was Eri angry?

これで，(2)の問題を終わります。

次に，(3)の問題に移ります。

(3)　これから，ジュディー(Judy)とエイタ(Eita)の二人の対話を放送します。そのあとで，その内容について**Question No.1**と**Question No.2**の二つの質問をします。それぞれの質問に対して，最も適切な答えを，**ア**，**イ**，**ウ**，**エ**の中から一つ選んで，その記号を書きなさい。

対話と質問は，2回放送します。

では，はじめます。

Judy：You were walking along the Kaede River with a boy around one yesterday afternoon, right? I was in my host mother's car then, and I saw you from the window.

Eita：Yes, Judy. I was going to Minami Stadium to watch soccer games with my brother, Koji. We like soccer very much.

Judy：That's nice. I like soccer, too. Do you play soccer?

Eita：Yes. I started playing soccer when I was nine. So, I've played it for six years.

Judy：I see. Our school has a soccer team. Are you on the team at our school?

Eita：No. My brother and I are on the soccer team in our city. He is a good player. I often learn a lot of things about playing soccer from him. Do you play any sports?

Judy：Yes. I'm a basketball player. I became interested in basketball when I was seven years old after watching a basketball game on TV. Then I started to learn how to play basketball from my father. He was a good basketball player when he was young.

Eita：That's great. Then you have played basketball for eleven years, right?

Judy：Right. I really like playing basketball. When I'm playing, I'm very happy.

Eita：I understand you. I'm also very happy when I'm playing soccer.

Questions：

No. 1　How long has Judy played basketball?　　**No. 2**　What can we say about Eita?

これで，(3)の問題を終わります。

次に，(4)の問題に移ります。

(4)　ヨシコ(Yoshiko)のクラスの授業で，インド出身のラージ(Raj)がスピーチをしています。これからその内容を放送します。ラージがクラスメートに伝えた内容について正しいものはどれですか。下の**ア**，**イ**，**ウ**，**エ**の中から一つ選んで，その記号を①に書きなさい。

また，あなたがヨシコの立場なら，ラージの質問に対して何と答えますか。英語1文で②に書きなさい。

英文は，2回放送します。

では，はじめます。

Hi, everyone. My name is Raj. I'm fifteen. I came to Japan from India a week ago. Now, I live with my parents, a brother and a sister. My father works at a curry restaurant in our city. He doesn't have his own restaurant yet, but he wants to have one in the future. My mother likes music, and she sings very well. She has some Japanese music CDs. My brother is nineteen. He is a university student. He likes animals, and he knows a lot of things about them. My sister is ten years old. She is an elementary school student. She is good at math. I like my family very much, and I like to watch movies at home with my family on Sundays. I have a good time with my family on Sundays. What do you usually do on Sundays?

2 次のAとBの英文は，高校生の里美(Satomi)と，カナダにいる友だちのケビン(Kevin)がやり取りしたメールの一部です。それぞれの英文を読んで，下の(1)，(2)の問いに答えなさい。

A

> Hello, Kevin
> Thank you for sending me a picture of your school. I can't believe that it was ①(build) one hundred years ago. It looks nice! I'm *attaching a picture of my school to this e-mail. Please look at it. My school is ②(new) than yours, but it's one of the oldest schools in our city. My father also went to the school. There is a big tree in the school *playground. When my father was a student, he often ③(sit) under it and talked with his friends. Actually, I also do that now! That's interesting, right? I like to talk with my friends. How about you? What do you like to do with your friends?

＊attaching ～ to ... …に～を添付している　playground 運動場

B

> Hello, Satomi
> Thank you for your e-mail and the picture of your school. Your school also looks nice and has a ④(l　　　) history. You asked me a question in your e-mail. I'll write about it. I'm ⑤(f　　　) of dancing with my friends. There is a park next to our school, and we often go there to dance after school. Dancing ⑥(m　　　) me excited because it is a lot of fun!

(1) Aの英文が完成するように，文中の①～③の(　　　)の中の語を，それぞれ1語で適切な形に直して書きなさい。

(2) Bの英文が完成するように，文中の④～⑥の(　　　)内に，最も適切な英語を，それぞれ1語ずつ書きなさい。なお，答えはすべて(　　　)内に示されている文字で書き始めるものとします。

3 次の(1)，(2)の問いに答えなさい。

(1) 次の英文は，新聞記事の一部です。この記事が伝えている内容として最も適切なものを，下のア～エの中から一つ選んで，その記号を書きなさい。

Today, many people use the Internet and do a lot of things. There are many kinds of websites on the Internet, so we can learn a lot from them. We can *communicate with people we don't know, and we can learn a lot of things from them. So, using the Internet is very useful. However, there are some people who write something bad about someone. Some people sometimes *disclose someone's *private information on the Internet. That's very dangerous because anyone can see the information on the Internet. We can write about anything on the Internet, but we must be careful when we do that. It's one of the most important things we have to remember when we use the Internet.

＊communicate with ～ ～と連絡を取る　disclose ～ ～を公開する　private 個人的な

ア　It's very useful for us to use the Internet because we can make websites to get a lot of information.

イ　We can communicate with people we don't know on the Internet, but we must not believe them.

ウ　It's important for us to choose the right information because some information is wrong.

エ　We must be careful about the information we show on the Internet because anyone can see it.

(2)　次の英文中の［　　　］には，下のア～ウの三つの文が入ります。意味の通る英文になるように，ア～ウの文を並べかえて，記号で答えなさい。

I'll talk about my good friend, Asami. She and I met when we were elementary school students. ［　　　］ I'm sure that she also thinks so. I'm happy to have such a good friend.

ア　However, we will be good friends forever.

イ　We have been good friends since then.

ウ　After finishing junior high school, we are going to go to different high schools.

4　高校生のリョウタ(Ryota)と，家族と日本に住んでいるナンシー(Nancy)は，次のページのポスターを見ながら話をしています。下の対話文を読んで，(1)，(2)の問いに答えなさい。

Ryota：Look at this. It's a *poster for the English club. I'm in the club.

Nancy：Oh, the English club? That sounds nice. I'm interested in the club.

Ryota：Really? Then, please join us! My sister, Hana, is a *second-year student in our school, and she is in the club, too.

Nancy：That's good. Are there any of our classmates in the club?

Ryota：No. Actually, (　①　). There are only five students in total.

Nancy：Oh, really?

Ryota：Yes. As (　②　) says in the messages of the poster, we can make a lot of friends in this club. So, I think many students, especially, the first-year students should join us.

Nancy：I see. ［　　　］

Ryota：We meet on Mondays, Wednesdays, the first Saturday and the third Saturday. But I can't (　③　).

Nancy：Oh, I see. Well, the members of the club have four events!

Ryota：Yes. I'm interested in (　④　)!

Nancy：That's nice. I'm interested in *producing an English drama at the school festival.

Ryota：Well, that sounds difficult, but I'm also interested in it! By the way, will you join our club next Saturday?

Nancy：Well, next Saturday is the third Saturday, right?

Ryota：(　⑤　). But why? Do you have any plans after that?

Nancy：Yes. My family and I are going to visit my father's friend's house that day.

Ryota：I see.

*poster　ポスター　　～-year student　～年生　　producing an English drama　英語の劇を上演すること

The English Club

We always enjoy learning English from Ms. Green in Room A. Why don't you join us?

Our members

	Boys	Girls
■ the first-year students	3	2
■ the second-year students	3	8
■ the third-year students	4	4

Our activities

◆ every Monday (4:30 p.m. − 6:00 p.m.)	・watch a short English movie
◆ every Wednesday (4:30 p.m. − 6:00 p.m.)	・play English games
◆ the first Saturday (9:30 a.m. − 11:30 a.m.)	・write an English speech
◆ the third Saturday (1:00 p.m. − 3:00 p.m.)	・make an English speech

Our events

● in May	・take part in Hikari English Speech Contest
● in August	・work as volunteers at Kaede International Festival
● in November	・produce an English drama at the school festival
● in February	・take part in Aozora English Speech Contest

Messages from members

Daiki

Some of you may not be good at English, but that's OK. At first, I was not good at it, but now, I'm good at it! Anyone who wants to learn English is welcome.

Yumi

Ms. Green is from America, and she often tells us about her country. We can learn English and American culture in our club.

Taro

I joined this club because I like English. All the members are very kind. I made a lot of good friends in our club. I think you can do that, too! I really enjoy learning English here with other members.

Ai

Before joining this club, I didn't know how to study English, but I was able to learn that from the members. Many of them are good at English, so we can learn a lot of things from them.

(1) 対話文中の(①)～(⑤)に入る最も適切なものを，ア～エの中から一つ選んで，その記号を書きなさい。

① ア The number of the second-year students is larger than that of the first-year students.
　イ The total number of the boy students is smaller than that of the girl students.
　ウ The number of the third-year students is the largest.
　エ The number of the first-year students is the smallest.

② ア Daiki　　イ Yumi　　ウ Taro　　エ Ai

③ ア play English games in the club because I go to a piano school every Monday
　イ play English games in the club because I go to a piano school every Wednesday
　ウ write an English speech in the club because I go to a piano school every Monday
　エ make an English speech in the club because I go to a piano school every Wednesday

④ ア taking part in Aozora English Speech Contest in May
イ taking part in Aozora English Speech Contest in August
ウ joining the international festival and working as a volunteer in May
エ joining the international festival and working as a volunteer in August

⑤ ア Yes, so we will finish our activity at three
イ Yes, so we will have our activity for one hour and thirty minutes
ウ No, but we will have our activity for one hour and thirty minutes
エ No, but we will finish our activity at three

(2) 対話の流れに合うように，文中の［　　　］に入る適切な英文を，**4語以上9語以内**で書きなさい。なお，符号(, . ? ! など)は，語数には含まないものとします。

5 下の英文を読んで，次のページの(1)～(4)の問いに答えなさい。

Nightingale was born in a rich family in the U.K. in 1820. Her family lived a *wealthy life, but she *felt guilty about that because she knew there were many poor people. She often thought, "I can live a wealthy life, but there are many poor people who can't even see a doctor when they get sick." She didn't think it was good for her to live a wealthy life. She always thought about what she could do for the poor people. Her family often enjoyed *attending parties, but she thought studying was more interesting than attending them. Actually, she enjoyed studying a lot.

When Nightingale was twenty-four years old, she decided something and told her parents. She said to them, "I want to be a nurse and help people in need." At that time, nursing was not a good job. ［ 1 ］ Women in the lower *classes worked as nurses. So, Nightingale's parents didn't agree with her. However, she continued to study hard to be a nurse.

When Nightingale was thirty years old, she finally became a nurse. Her father finally *acknowledged her great effort.

At that time, hospitals were very *dirty, and sick people could not receive *medical treatment there. Nightingale tried to change this bad situation. She rebuilt hospitals and changed the way of taking care of sick people.

One year later, the war started on *the Crimean Peninsula, and many *soldiers in the U.K. were taken there. In hospitals, many soldiers didn't receive *adequate medical treatment, so they died there. Nightingale learned of the bad situation by reading a newspaper and decided to go there with other nurses. ［ 2 ］ She bought some nice food for the soldiers with her own money.

When Nightingale and other nurses arrived at the hospital on the Crimean Peninsula, they were very surprised. The hospital was very dirty, and there were only a few beds at the hospital, so many *injured soldiers *were lying on the floor. So, she and other nurses cleaned the hospital. After that, they took good care of the injured soldiers. At first, the doctors of the hospital didn't think the nurses could help them and the injured soldiers. ［ 3 ］ They acknowledged the great work of the nurses because many soldiers were helped a lot.

After the war, Nightingale was sad because many soldiers died in the war. She often thought, "How many people was I able to help?" People in the U.K. learned of Nightingale's great work on the Crimean Peninsula and looked forward to seeing her. [4] She didn't think she did anything important. So, she thought they *overestimated her, and she didn't like that. She went back to the U.K. *secretly.

Nightingale hoped that everyone could receive medical treatment when he or she was sick. She *appealed to her country. Many people agreed with her ideas and *donated a lot of money to her. Then, she *established a school in London. The students of the school studied hard, and from the school they became good nurses. So, people around the world started to understand that nursing was an important job helping people.

Nightingale died in 1910. She worked hard for so many people in her life. Thanks to her, the job of nursing was acknowledged all over the world. We must not forget her great work.

＊wealthy 裕福な　felt guilty 罪悪感を抱いた　attending ～ ～に参加すること　class(es) 階級
acknowledged ～ ～を認めた　dirty 汚い　medical treatment 治療
the Crimean Peninsula クリミア半島　soldier(s) 兵士　adequate 適切な　injured 負傷した
were lying 横たわっていた　overestimated ～ ～を過剰評価した　secretly こっそりと　appealed 訴えた
donated ～ ～を寄付した　established ～ ～を設立した

(1) 本文の内容に合う文を，次のア～クの中から三つ選んで，その記号を書きなさい。

ア Nightingale was born in the U.K., and she tried to help poor people around her because she was from a poor family.

イ Nightingale's parents didn't want her to become a nurse because they didn't think nursing was a good job.

ウ In the hospital on the Crimean Peninsula, many soldiers received medical treatment, but they died because the doctors there were not good.

エ Nightingale was very surprised to see the hospital on the Crimean Peninsula because it had many beds there.

オ Nightingale was very happy because many people in her country acknowledged her great work on the Crimean Peninsula and looked forward to seeing her.

カ Nightingale thought everyone had to receive medical treatment, and many people in her country agreed with her idea.

キ Many people donated money to Nightingale, and she bought some nice food for the injured soldiers with the money.

ク The students from the school established in London by Nightingale became good nurses after finishing the school.

(2) 次の文は，文中の[1]～[4]のどこに入るのが最も適切か，番号で答えなさい。

However, they soon changed their minds.

(3) 次の①，②の質問に，それぞれ指定された語数の英文で答えなさい。ただし，符号(, . ? ! など)は，語数には含まないものとします。

① What did Nightingale enjoy more than attending parties? (3語以上)

② How did Nightingale learn of the bad situation on the Crimean Peninsula? (6語以上)

(4) 次の対話文は，本文を読んだ先生と生徒とのものです。①，②に入る英文をあなたの立場で，それぞれ**15語以上20語以内**で書きなさい。なお，記入例にならい，符号(, . ? ! など)は，その前の語につけて書き，語数には含まないものとします。

記入例	Are	you	Ms.	White?
	No,	I'm	not.	

Teacher：What do you think about Nightingale?
Student ：(　①　)
Teacher：I see. She studied very hard, and I think you also study hard. Why do you study hard?
Student ：(　②　)
Teacher：I understand that. Thank you.

6 あなたは，ALTのブラウン先生(Mr. Brown)から次のようなメールをもらいました。ブラウン先生からの宿題について，英語**30語以上**で書きなさい。なお，記入例にならい，符号(, . ? ! など)は，その前の語につけて書き，語数には含まないものとします。

【あなたがブラウン先生からもらったメール】

Hello. I'm writing to tell you about the homework for the next class. In the next class, you are going to talk about something with your classmates. The *topic is "the way of getting books." Some people borrow books from libraries, and some people buy them at bookstores. Which way of getting books do you like? Please choose your favorite way and write about that with reasons.

*topic　話題

記入例	Are	you	Ms.	Brown?
	No,	I'm	not.	

【理　科】（50分）〈満点：100点〉

1　次の(1)～(4)の問いに答えなさい。

(1)　図1のように，石灰石とうすい塩酸を入れた a 容器全体の質量をはかる。次に，図2のように，容器を傾（かたむ）けて気体を発生させたあと，b 容器全体の質量をはかる。さらに，図3のように，容器のふたをとったあと，c 容器全体の質量をはかる。

下線部a，b，cの容器全体の質量の関係を，等号や不等号を使って表したものとして最も適当なものを，下のア～エの中から一つ選んで，その記号を書きなさい。

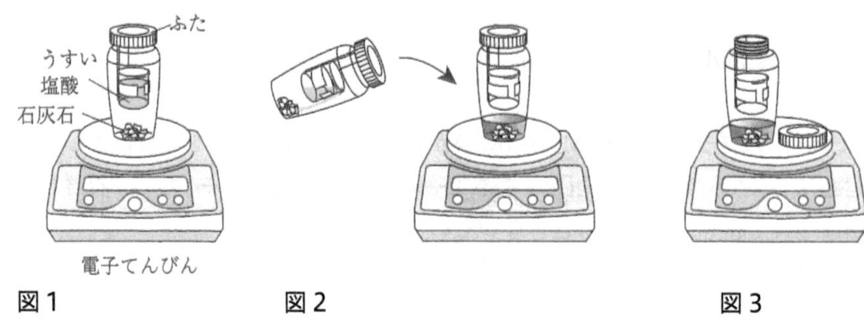

図1　　図2　　図3

ア　a＞b＝c　　イ　a＞b＞c　　ウ　a＝b＝c　　エ　a＝b＞c

(2)　右の図のように，棒磁石のN極を下にして持ち，すばやくコイルの上から近づけたところ，検流計の針は＋（プラス）側に振（ふ）れた。

次に，棒磁石のS極を下にして持ち，すばやくコイルの上から近づけて静止させたのち，再びすばやく引き上げた。このときの検流計の針の動きとして最も適当なものを，次のア～エの中から一つ選んで，その記号を書きなさい。

ア　＋側→0→＋側　　イ　＋側→0→－（マイナス）側
ウ　－側→0→－側　　エ　－側→0→＋側

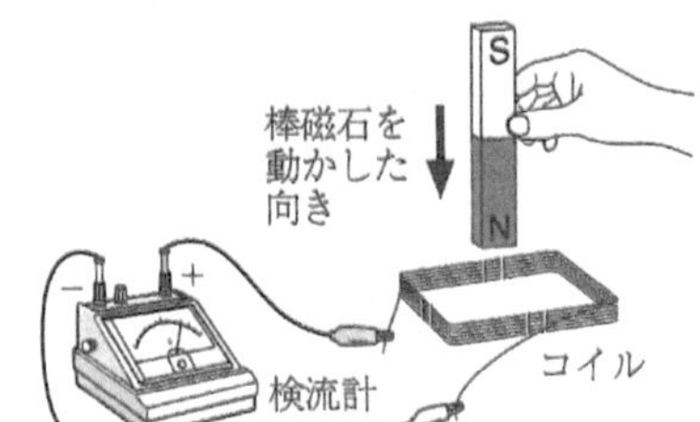

図

(3)　図は，ある生態系における生物どうしの「食べる・食べられる」という食物連鎖（しょくもつれんさ）の観点を数量関係で表したピラミッドである。

あるとき，草食動物の数量が，何らかの理由で急に減少したとき，数量関係を表すピラミッドは，一時的にどのように変化するか。最も適当なものを，次のア～エの中から一つ選んで，その記号を書きなさい。

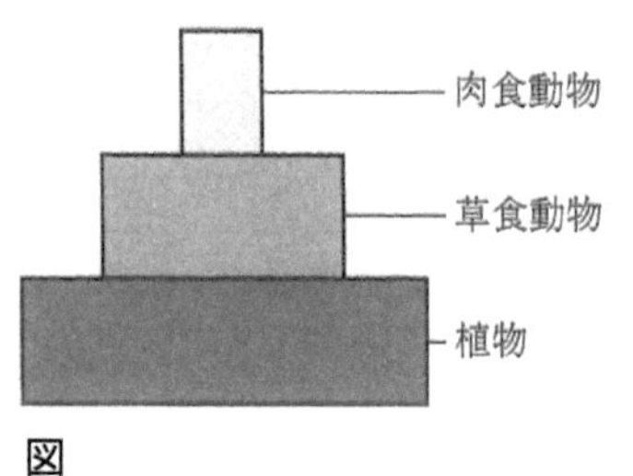

図

ア

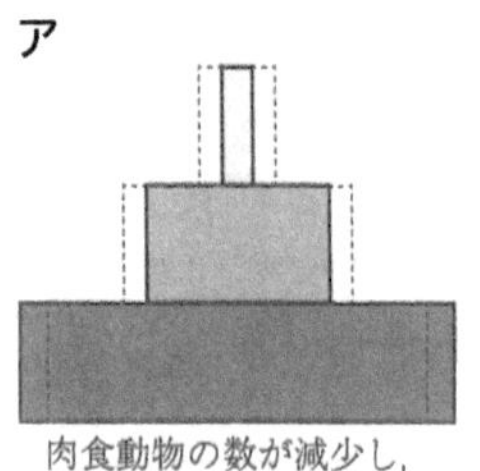

肉食動物の数が減少し，
植物の数が増加する。

イ

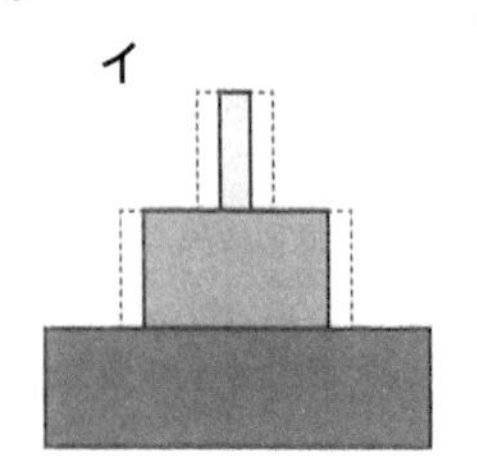

肉食動物の数だけが減少する。

ウ

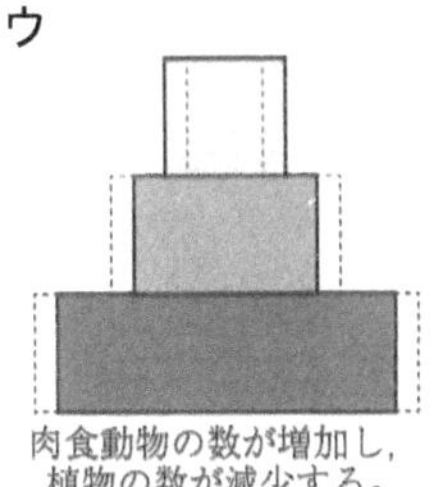

肉食動物の数が増加し，
植物の数が減少する。

エ

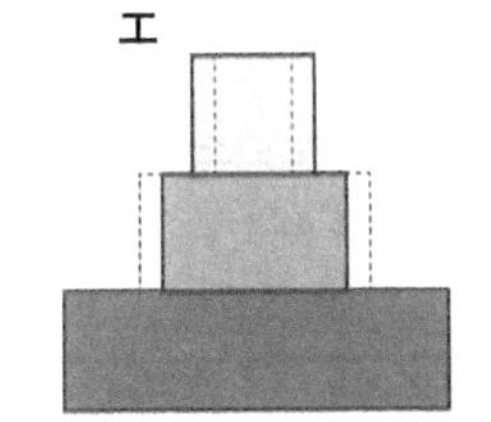

肉食動物の数だけが増加する。

(4) 図は，日本の典型的な冬型の気圧配置を示した天気図である。この天気図からわかることとして最も適当なものを，次の**ア**～**エ**の中から一つ選んで，その記号を書きなさい。

ア 日本列島上に梅雨前線が停滞しているため，ぐずついた天気が続く。

イ 大陸上に高気圧，太平洋上に低気圧があるため，西高東低の気圧配置で，日本海側で大雪が降る。

ウ 太平洋上に高気圧，大陸上に低気圧があるため，湿った南東の季節風がふく。

エ 移動性の高気圧が，次々と西から東へ通り過ぎていくため，温暖で乾燥した晴天になる。

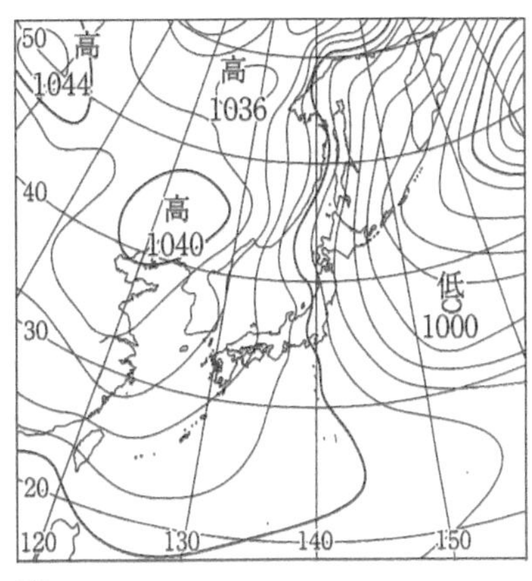

図

2 次の(1)～(3)の問いに答えなさい。

(1) 美咲(みさき)さんは，ホットケーキを焼くとふくらむことに興味をもち，実験を行い，ノートにまとめた。あとの①～④の問いに答えなさい。

美咲さんの実験ノートの一部

【課題】 ホットケーキを焼くとなぜふくらむのだろうか。

【事前に調べたこと】 ホットケーキは，卵や牛乳を混ぜた生地(きじ)に重曹(じゅうそう)（炭酸水素ナトリウム）を加えて焼くとふくらむ。

【実験】

❶ 図のように，試験管Aに炭酸水素ナトリウムを入れて加熱すると，液体が生じるとともに気体が発生した。

❷ ❶で発生した気体を試験管Bに集めた。

❸ 気体を集めた試験管Bに石灰水(せっかいすい)を加えて振(ふ)り，変化を調べた。

❹ ❶で試験管Aの口元についた水滴に青色の塩化コバルト紙をつけ，変化を調べた。

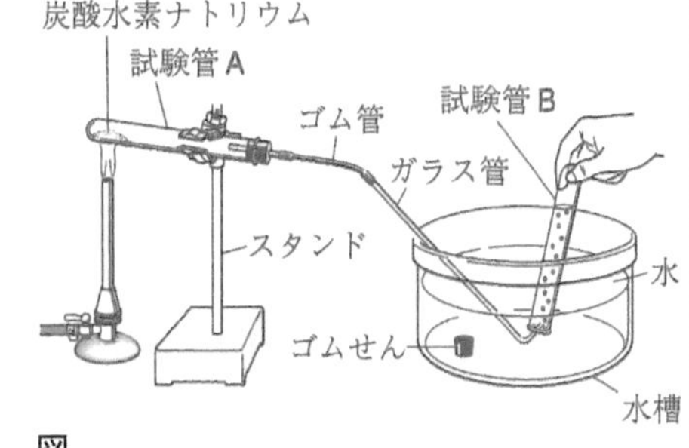

図

❺ 加熱後に試験管Aに残った固体と炭酸水素ナトリウムについて，水への溶(と)けやすさと，フェノールフタレイン液を入れたときの変化を比べた。

【結果】 実験❸で，a石灰水は白くにごった。
実験❹で，b塩化コバルト紙は赤色に変化した。
実験❺の結果を下の表にまとめた。

表

	水への溶けやすさ	フェノールフタレイン液を入れたときの変化
試験管Aに残った固体	よく溶けた	濃い赤色に変化した
炭酸水素ナトリウム	溶け残りがあった	うすい赤色に変化した

【考察】 ホットケーキがふくらむのは，炭酸水素ナトリウムが熱せられて分解したときに，［　　あ　　］からである。

① 図のように，気体を試験管Bに集める方法を何というか。その名称を書きなさい。

② 【結果】の下線部a，下線部bより，それぞれで生じた物質の組み合わせとして最も適当なものを，次のア～エの中から一つ選んで，その記号を書きなさい。

ア　a：酸素　　b：水　　イ　a：酸素　　b：炭酸水
ウ　a：二酸化炭素　　b：水　　エ　a：二酸化炭素　　b：炭酸水

③ 炭酸水素ナトリウムが分解すると，何種類の物質に変化するか。数字を書きなさい。

④ 【考察】の文中の［　あ　］に当てはまる内容を書きなさい。

(2) 斜面上や水平面上を運動する台車について，あとの①～④の問いに答えなさい。

【実験１】 一輝(かずき)さんの所属する理科クラブでは，斜面を下る台車の運動のようすを調べる実験を行った。一輝さんは，図１のような水平面と斜面とがなめらかにつながった装置をつくり，斜面上のP点に記録テープを取り付けた台車を置いた。次に，記録タイマーのスイッチを入れ，台車を静かにはなして，運動のようすを記録テープに打点した。ただし，実験に使った記録タイマーは，１秒間に50回打点し，斜面と水平面は摩擦がないものとする。

【実験２】 図１の斜面の角度を変えて，同様の実験を行い，運動のようすを記録した。

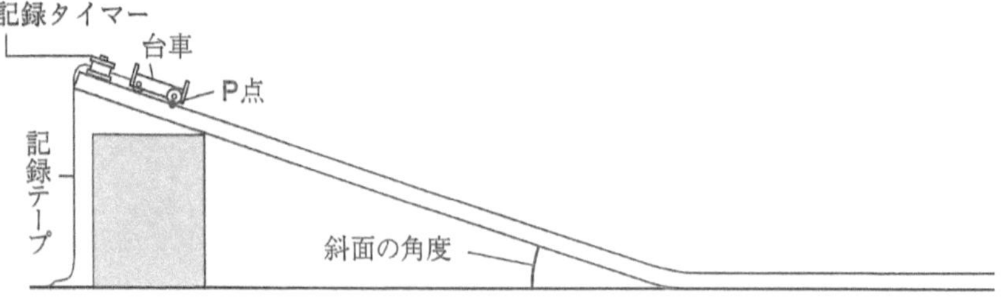

図１

【結果】 実験１の斜面上を台車が運動するようすを記録したテープを５打点ごとに切って，図２のa～dのように貼り付けた。また，図３は，実験２の記録テープを同様に切って貼り付けたものである。

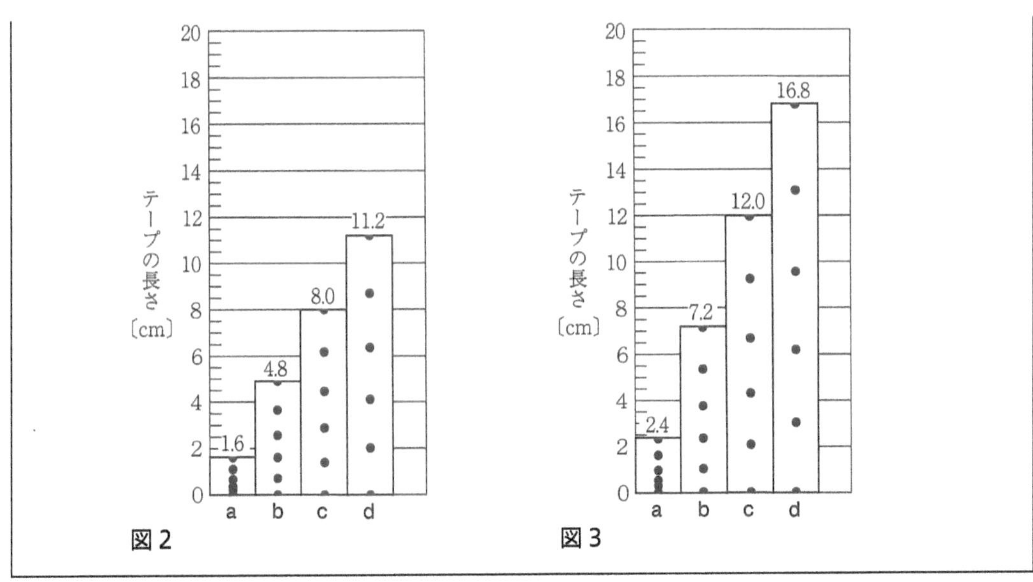

① **実験1**において，台車が**図2**の**a**～**d**の4枚のテープを記録した区間を運動するときの平均の速さは何 cm/s か，求めなさい。

② **実験1**において，台車が斜面上を運動するとき，台車にはたらく重力の大きさと，重力の斜面に平行な分力の大きさは，時間とともにどのように変化するか。最も適当な組み合わせを，次の**ア**～**ケ**の中から一つ選んで，その記号を書きなさい。

	重力の大きさ	重力の斜面に平行な分力の大きさ
ア	しだいに大きくなる	しだいに大きくなる
イ	しだいに大きくなる	しだいに小さくなる
ウ	しだいに大きくなる	変化しない
エ	しだいに小さくなる	しだいに大きくなる
オ	しだいに小さくなる	しだいに小さくなる
カ	しだいに小さくなる	変化しない
キ	変化しない	しだいに大きくなる
ク	変化しない	しだいに小さくなる
ケ	変化しない	変化しない

③ **実験1**において，台車が斜面上から水平面上にかけて運動するときの時間と速さの関係を表すグラフとして最も適当なものを，次の**ア**～**エ**の中から一つ選んで，その記号を書きなさい。

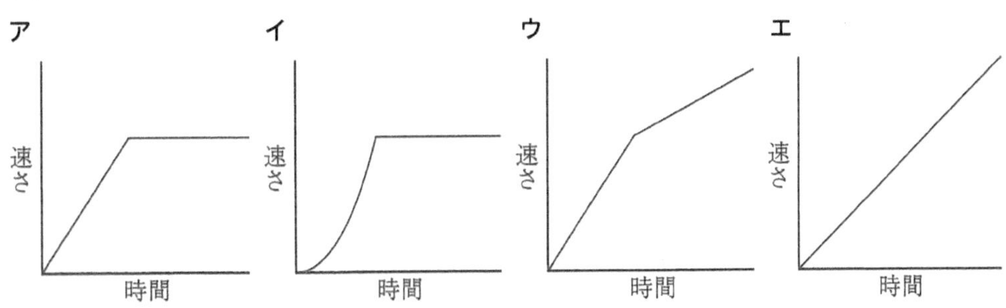

④ 次の文は，**実験2**において，斜面の角度と台車の運動の関係についてまとめたものである。文中の[あ]，[い]に当てはまる語の組み合わせとして最も適当なものを，下の**ア**～**エ**の中から一つ選んで，その記号を書きなさい。

> ［結果］から，**実験1**よりも**実験2**のほうが台車の速さの変化する割合が[あ]ので，**実験2**のほうが**実験1**よりも斜面の角度が[い]といえる。

ア **あ**：大きい　**い**：小さい　　**イ** **あ**：大きい　**い**：大きい
ウ **あ**：小さい　**い**：小さい　　**エ** **あ**：小さい　**い**：大きい

(3) 一輝(かずき)さんと美咲(みさき)さんは，植物のふえ方について調べるために，次の実験をした。あとの①～④の問いに答えなさい。

【実験】

❶ 図1のように，ショ糖水溶液(すいようえき)をホールスライドガラスに1滴(てき)落とした。

❷ ❶でつくったホールスライドガラスの上に，**図2**のように筆につけたホウセンカの花粉をまいた。

❸ 一定時間ごとに，100倍の倍率にした顕微鏡で花粉のようすを観察した。

❹ 観察しないときは，試料がかわかないように，**図3**のように，ペトリ皿に入れておいた。

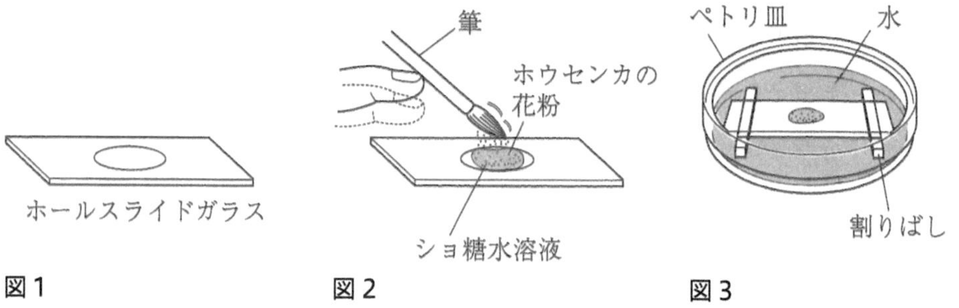

図1　　**図2**　　**図3**

【観察結果】 0分後，2.5分後，10分後に観察して記録すると，**図4**のように，花粉から時間とともに**X**がのびていった。

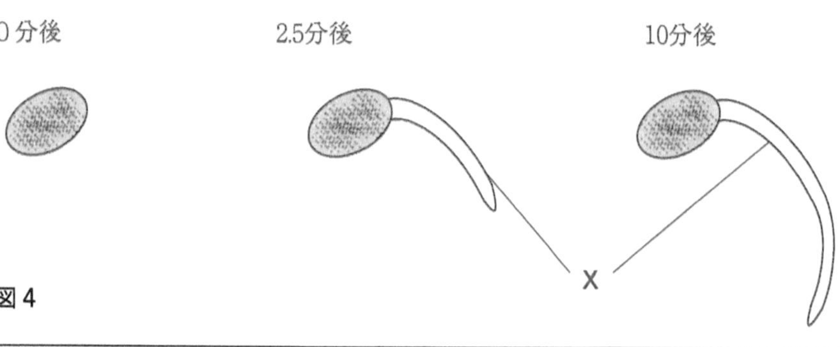

図4

① **【実験】**に用いたホウセンカは，被子植物の双子葉類に分類される。ホウセンカの茎の断面と根のつくりを模式的に示した図として最も適当なものを，次の**ア**～**エ**の中から一つ選んで，その記号を書きなさい。

ア　　　　イ　　　　ウ　　　　エ

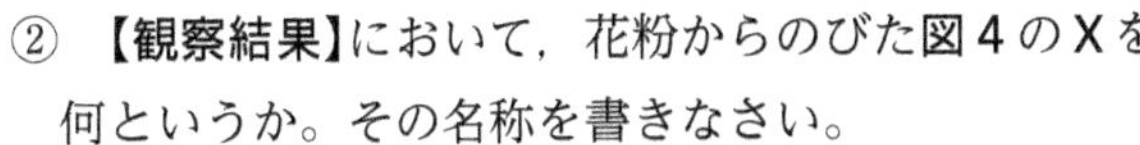

② **【観察結果】**において，花粉からのびた図４のXを何というか。その名称を書きなさい。

③ 図５は，ホウセンカの花粉がめしべの柱頭についた後の状態を模式的に示したものである。また，次の文は，受粉してから種子ができるまでの過程を説明したものである。文中の［あ］，［い］に当てはまる語の組み合わせとして最も適当なものを，下のア～エの中から一つ選んで，その記号を書きなさい。

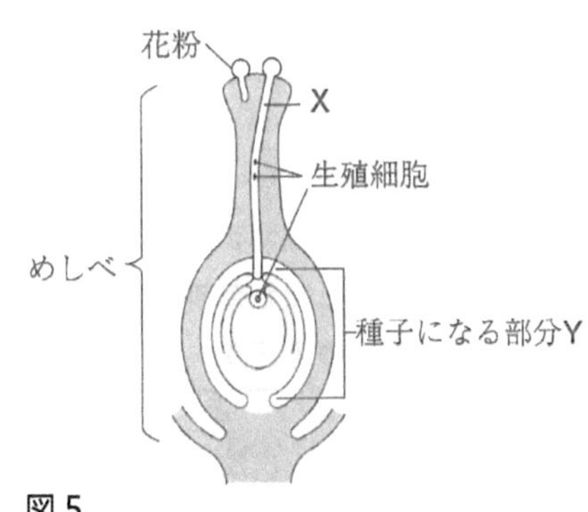

図５

> ホウセンカが受粉すると，花粉から柱頭の内部へXがのびる。その後Xの中にある［あ］という生殖細胞と，将来種子になる部分Yの中にある生殖細胞が受精する。この，将来種子になる部分Yを［い］という。

ア　あ：卵細胞　い：胚珠　　イ　あ：卵細胞　い：子房
ウ　あ：精細胞　い：胚珠　　エ　あ：精細胞　い：子房

④ ホウセンカPの体細胞の染色体の対(つい)をAA，ホウセンカQの体細胞の染色体の対をaaで表すとき，ホウセンカPとQが受精してできるホウセンカの体細胞の染色体を表したものとして最も適当なものを，次のア～エの中から一つ選んで，その記号を書きなさい。

ア　A　　イ　a　　ウ　AAaa　　エ　Aa

3

一輝(かずき)さんと美咲(みさき)さんは，アルカリ性や酸性を示すものの正体を調べる実験を次のように計画した。その後，実験結果について予想し，先生と話し合いながら実験を行った。あとの(1)～(5)の問いに答えなさい。

実験の計画

【課題】 うすい水酸化ナトリウム水溶液(すいようえき)やうすい塩酸に電圧を加えて電流を流したとき，リトマス紙の色はどのように変化するのだろうか。

【手順】

❶ 図のように，スライドガラスに塩化ナトリウム水溶液をしみこませたろ紙を置き，クリップでとめる。

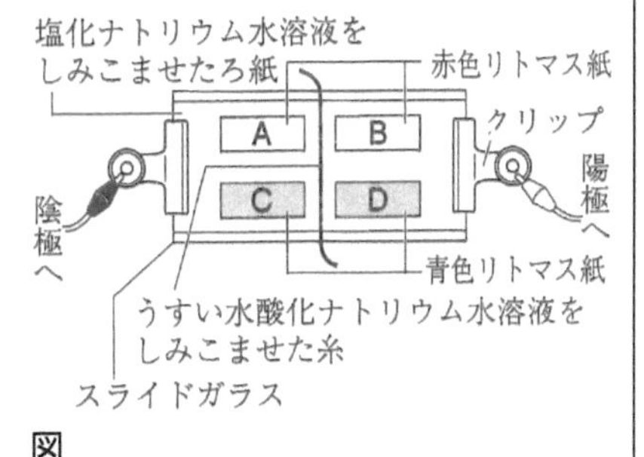

図

❷ ❶のろ紙の上に，赤色リトマス紙AとB，青色リトマス紙CとDを置く。

❸ ❷の装置の中央にうすい水酸化ナトリウム水溶液をしみこませた糸を置く。

❹ 一方のクリップを電源装置の陰極(いんきょく)に，もう一方のクリップを陽極につないで，9.0 Vの電圧を加え，リトマス紙の色の変化を調べる。

❺ ❶，❷と同じ装置を用意し，装置の中央にうすい塩酸をしみこませた糸を置き，同様の操作を行う。

一輝さんと美咲さんは，実験前に先生と次のような会話をした。

先生：水酸化ナトリウムのように，水に溶(と)かしたとき，水溶液に電流が流れる物質を何といいますか。

一輝：授業で習いました。電解質といいます。

先生：そのとおりですね。では，電解質が水に溶けて陽イオンと陰イオンに分かれることを何といいますか。

美咲：それは，[あ]といいます。

先生：では，水に溶けて陽イオンと陰イオンに分かれている水溶液に電圧を加えるとどのようになると思いますか。

一輝：陽イオンは＋(プラス)の電気を帯びた粒子(りゅうし)だから，陰極に引き寄せられると思います。

美咲：一方，陰イオンは－(マイナス)の電気を帯びた粒子だから，陽極に引き寄せられると思います。

先生：そうすると，陽イオンや陰イオンが移動するのは，どのようにして確認すればよいのでしょうか。実際に組み立てた装置に電流を流してみましょう。

一輝さんと美咲さんは，実験後に先生と次のような会話をした。

一輝：手順❹で1つだけ色が変化したリトマス紙がありました。

美咲：そうですね。[い]のリトマス紙の色が変化しました。

先生：なぜ，そのリトマス紙の色が変化したのだと思いますか。

一輝：それは，[う]が電極に引き寄せられて移動したからだと思います。

先生：そのとおりです。ところで，水酸化ナトリウム水溶液は，酸性・中性・アルカリ性のうち，どの性質を示しますか。

美咲：以前，緑色のBTB溶液を水酸化ナトリウム水溶液に加えたとき，青色に変化したので，水酸化ナトリウム水溶液はアルカリ性といえます。

一輝：そうすると，アルカリ性を示すものの正体は[う]といってよいですね。

先生：二人ともよくできました。つまり，アルカリとは，水に溶けて[う]を生じる物質といえますね。次は，うすい塩酸を使った実験についてもまとめておきましょう。

(1) 文中の[あ]に当てはまる語を書きなさい。

(2) 実験の手順❶において，ろ紙に塩化ナトリウム水溶液をしみこませた理由を「電流」という語を用いて書きなさい。

(3) 文中の[い]に当てはまるリトマス紙の記号と，[う]に当てはまるイオン式の組み合わせとして最も適当なものを，次のア～クの中から一つ選んで，その記号を書きなさい。

	い	う
ア	A	Na^+
イ	A	OH^-
ウ	B	Na^+
エ	B	OH^-
オ	C	Na^+
カ	C	OH^-
キ	D	Na^+
ク	D	OH^-

(4) 下線部のうすい塩酸が，水に溶けて陽イオンと陰イオンに分かれるようすを，化学式とイオン式を使って書きなさい。

(5) 装置の中央にうすい塩酸をしみこませた糸を置いて，同様の実験を行ったとき，色が変化するリトマス紙として最も適当なものを，A～Dの中から一つ選んで，その記号を書きなさい。

4 次は，美咲（みさき）さんがヒトの血液の成分とその循環（じゅんかん）について図書館で調べ，まとめたノートの一部である。あとの(1)～(5)の問いに答えなさい。

美咲さんのノートの一部

〈ヒトのからだの血液循環〉

【調べ学習１】 ヒトの血液にはどのような成分があるのだろうか。

【わかったこと１】 ヒトの血液には，次の**表**のような，固形成分と液体成分がある。

表

	成分	はたらき
固形成分	赤血球	酸素をからだ中の細胞に運搬（うんぱん）する。
	白血球	からだに入った細菌（さいきん）などをとらえる。
	血小板	出血したときに血液を固まらせる。
液体成分	血しょう	栄養分をからだ中の細胞に運搬し，二酸化炭素や不要物を運び去る。

【調べ学習２】 血液はヒトのからだをどのように循環するのだろうか。

【わかったこと２】 ヒトのからだには，血液が心臓から出て肺に送られ，再び心臓にもどる肺循環と，心臓から肺以外の全身に送られ，再び心臓にもどる体循環の２つの経路がある。

次の**図１**は，血液の循環経路を模式的に示したものであり，**図２**は，**図１**の心臓を拡大して示したものである。

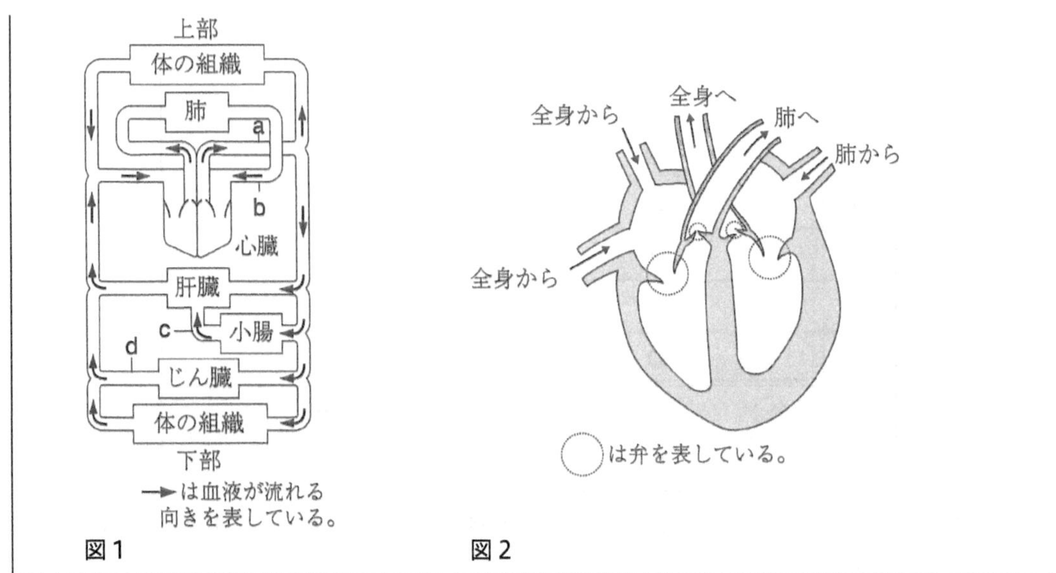

図１　　図２

(1) 次の文は，**表**の赤血球が酸素を運搬するしくみについてまとめたものである。文中の［あ］に当てはまる語をカタカナで書きなさい。また，［い］に当てはまる内容を，「酸素」という語を用いて，赤血球のまわりにある酸素の量にもふれながら書きなさい。

> 赤血球には［あ］という物質がふくまれている。
> この物質は，［い］という性質をもっている。そのため，赤血球は酸素を運搬することができる。

(2) **表**の血しょうのはたらきの下線部について，栄養分をもっとも多くふくむ血液が流れている血管として最も適当なものを，**図１**の**a**～**d**の中から一つ選んで，その記号を書きなさい。

(3) **図１**の肝臓は，タンパク質が分解されたときにできる有害なアンモニアを，無害な物質に変えるはたらきがある。その後，この無害な物質は，血液によってじん臓へと送られる。この無害な物質の名称を書きなさい。

(4) **【わかったこと２】**の下線部の肺循環について，血液の流れとして最も適当なものを，次の**ア**～**エ**の中から一つ選んで，その記号を書きなさい。

ア　心臓　→　肺動脈　→　肺　→　肺静脈　→　心臓
イ　心臓　→　大動脈　→　肺　→　大静脈　→　心臓
ウ　心臓　→　肺静脈　→　肺　→　肺動脈　→　心臓
エ　心臓　→　大静脈　→　肺　→　大動脈　→　心臓

(5) **図２**に示したように，心臓には，心房と心室の間や，心室から送り出される血液が流れる血管に弁がついている。この弁のはたらきを説明しなさい。

5　一輝(かずき)さんと美咲(みさき)さんは，物体にはたらく力について調べる実験を行い，次のように記録した。また，その記録をもとに，実験結果からわかることを先生と話し合った。あとの(1)～(5)の問いに答えなさい。ただし，100 g の物体にはたらく重力の大きさを１Ｎとする。

一輝さんと美咲さんの実験の記録

【目的】 物体にはたらく力のうち，重力と浮力に注目し，その関係を調べる。

【手順】

❶ 図１のような，各辺の長さがそれぞれ，4cm，3cm，5cmの直方体の物体を用意する。

❷ 図１の物体のＡ面にばねばかりを取り付け，図２のように，物体の底面Ａを水を入れた水槽(すいそう)の水面と平行になるようにして，ゆっくりと水中に沈めていった。

❸ ❷のとき，ばねばかりの示す値(あたい)を読みとった。

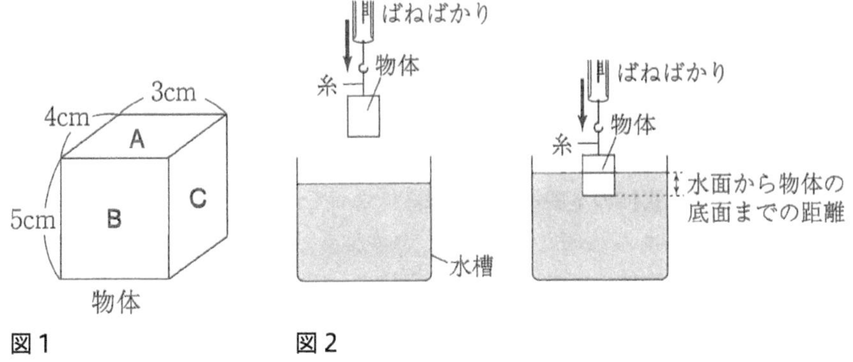

図１　　　図２

【結果】

水面から物体の底面までの距離と，ばねばかりの値は，次の**表**のようになった。

表

水面から物体の底面までの距離〔cm〕	0	1	2	3	4	5	6	7
ばねばかりの値〔N〕	1.62	1.50	1.38	1.26	1.14	1.02	1.02	1.02

一輝さんと美咲さんは，実験結果について，先生と次のような会話をした。

一輝：実験で用いた直方体の物体は，何でできているのですか。
先生：では，物質固有の値である密度を計算してみましょう。
美咲：密度がわかると，物質を特定する手がかりにできますね。
一輝：ところで，水面から物体の底面までの距離が，0cm～5cmまでは，ばねばかりの値は少しずつ小さくなっていますね。
美咲：それは物体に浮力がはたらいているからだと思います。
先生：そのとおりです。ですから，物体に浮力がはたらく分だけ，ばねばかりの示す値は小さくなるのです。
一輝：水面から物体の底面までの距離が，5cm以上のときは，ばねばかりの値は変化しませんね。
先生：それには，物体にはたらく浮力の大きさが関係しています。

(1)　下線部について，実験に用いた物体の密度は何 g/cm^3 か，求めなさい。

(2)　物体がすべて水中にあるとき，物体にはたらく水圧のようすを表した図として最も適当なものを，次の**ア**～**エ**の中から一つ選んで，その記号を書きなさい。ただし，図中の矢印の向きと長さはそれぞれの水圧がはたらく向きと水圧の大きさを示している。

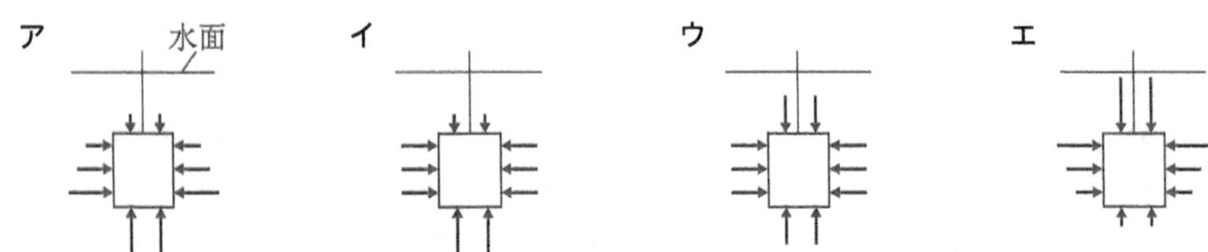

(3) 水面から物体の底面までの距離が2cmのとき，物体にはたらく浮力の大きさは何Nか，求めなさい。

(4) ばねばかりの値が1.20 Nのとき，水面から物体の底面までの距離は何cmか，求めなさい。

(5) 結果の**表**からわかることとして最も適当なものを，次の**ア**～**エ**の中から一つ選んで，その記号を書きなさい。

ア 浮力の大きさは，物体の水中における深さによっては変わらないが，水中にある物体の体積が小さいほど大きい。

イ 浮力の大きさは，物体の水中における深さによっては変わらないが，水中にある物体の体積が大きいほど大きい。

ウ 浮力の大きさは，物体の水中における深さが浅いほど大きくなるが，水中にある物体の体積の大きさによっては変わらない。

エ 浮力の大きさは，物体の水中における深さが深いほど大きくなるが，水中にある物体の体積の大きさによっては変わらない。

6 一輝（かずき）さんは修学旅行で訪れた長崎の雲仙普賢岳（うんぜんふげんだけ）について，レポートにまとめた。あとの(1)～(5)の問いに答えなさい。

一輝さんのレポートの一部

〈おもな火山の形〉

① 火山の形は，おもに**図1**のような3種類に分類できる。そのうち，雲仙普賢岳は**P**に分類できる。

② 火山の形のちがいは，a マグマのねばりけのちがいによるところが大きく，その結果，火山の b 噴火にも影響（えいきょう）を与える。

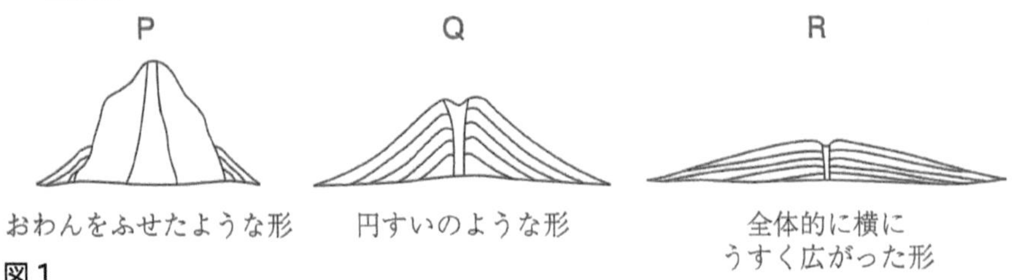

図1

〈マグマが冷え固まった岩石〉

① マグマが冷え固まってできる岩石を火成岩という。

② 火成岩は，c マグマが冷やされる場所や時間によってつくりがことなり，図２の火成岩X，Yのようなつくりをもつ２種類に分類できる。

③ 火成岩Xは，d 大きく成長した鉱物の結晶（けっしょう）が，e 細かな鉱物の集まりやガラス質の部分に散らばっている。一方，火成岩Yは，f 大きな鉱物の結晶がすきまなく組み合わさってできている。

火成岩X

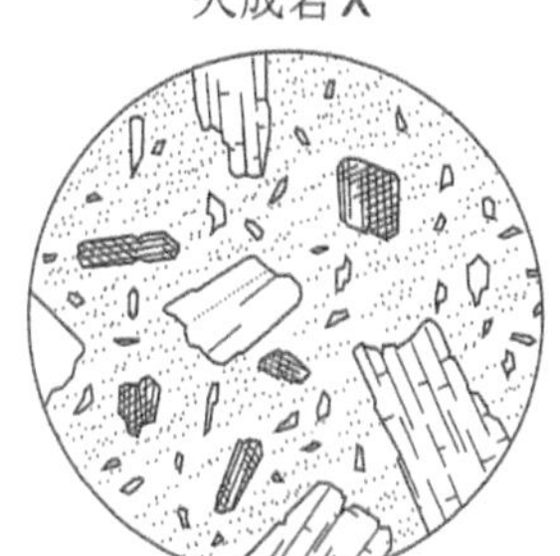

火成岩Y

図２

⑴ 下線部aの「マグマのねばりけのちがい」やbの「噴火」について，雲仙普賢岳のようすとして最も適当なものを，次のア～エの中から一つ選んで，その記号を書きなさい。

ア マグマのねばりけは弱く，噴火のようすはおだやかである。

イ マグマのねばりけは強く，噴火のようすはおだやかである。

ウ マグマのねばりけは弱く，噴火のようすは爆発的で激しい。

エ マグマのねばりけは強く，噴火のようすは爆発的で激しい。

⑵ 火成岩Xはどのようにしてできたか。下線部cの冷やされる場所や時間について説明しなさい。

⑶ 火成岩Xと同じようにしてできた火成岩の名称と，下線部d，下線部eの名称の組み合わせとして最も適当なものを，次のア～エの中から一つ選んで，その記号を書きなさい。

	Xと同じようにしてできた火成岩	d	e
ア	深成岩	石基	斑晶
イ	深成岩	斑晶	石基
ウ	火山岩	石基	斑晶
エ	火山岩	斑晶	石基

⑷ 下線部fのように，火成岩Yに見られるつくりを何というか。その名称を書きなさい。

⑸ 次の文は，火成岩Yの鉱物を観察した結果をまとめたものである。文中の［あ］に当てはまる語を書きなさい。また，［い］に当てはまる語を，あとのア～エの中から一つ選んで，その記号を書きなさい。

> 火成岩Yは白っぽい岩石で，無色鉱物のセキエイと［あ］，有色鉱物のクロウンモからできていた。したがって，火成岩Yは，［い］である。

ア 流紋岩（りゅうもん） イ 玄武岩（げんぶ） ウ 花こう岩 エ 斑れい岩（はん）

【社　会】（50分）〈満点：100点〉

1　ある中学校の社会科の授業で，「世界の地域統合」というテーマで，班ごとに課題を設定し，学習しました。次の**1**～**3**に答えなさい。

1　A班では，「EU（ヨーロッパ連合）のつながり」という課題を設定し，EUとEUに関係する国について調べたことを次の**資料1**にまとめました。あとの**(1)**，**(2)**の問いに答えなさい。

資料1

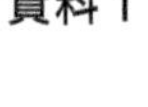

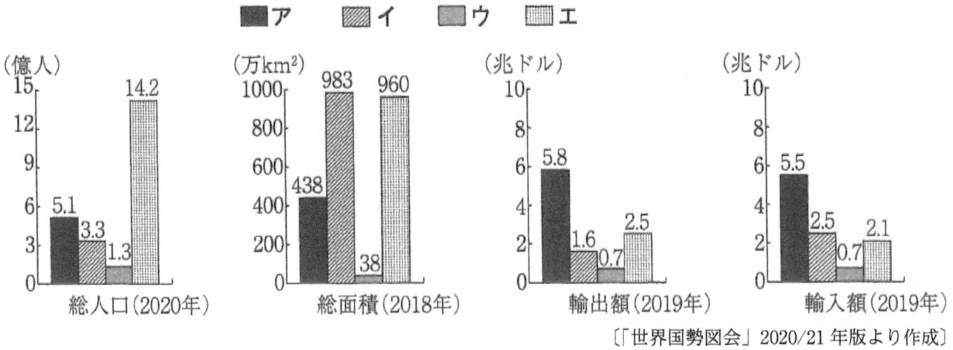

〔「世界国勢図会」2020/21年版より作成〕

(1)　**資料1**中の**ア**～**エ**はそれぞれ日本，中国，アメリカ合衆国，EUのいずれかを示しています。**ア**～**エ**のうち，EUに当てはまるものを一つ選んで，その記号を書きなさい。

(2)　右の**資料2**は，現在EUに加盟している国で，1919年に出された［ あ ］です。［ あ ］は，生存権などの［ い ］を最初に定めたものとして知られています。［ あ ］，［ い ］に当てはまる語の組み合わせとして最も適切なものを，次の**ア**～**エ**の中から一つ選んで，その記号を書きなさい。

資料2

> 第151条
> 　経済生活の秩序は，全ての人に人間に値する生存を保障することを目指す，正義の諸原則にかなうものでなければならない。
> （部分要約）

ア〔 **あ**　人権宣言　　　**い**　社会権 〕
イ〔 **あ**　人権宣言　　　**い**　自由権 〕
ウ〔 **あ**　ワイマール憲法　**い**　社会権 〕
エ〔 **あ**　ワイマール憲法　**い**　自由権 〕

2　B班では，「メルコスール（南アメリカ州の地域連合）のつながり」という課題を設定し，加盟国や準加盟国について調べました。次の(1)～(3)の問いに答えなさい。

(1)　南アメリカ州の多くの国々がスペイン語を公用語とする中で，ポルトガル語を公用語とする国を，右の**地図１**中の**ア**～**エ**から一つ選んで，その記号を書きなさい。

地図１

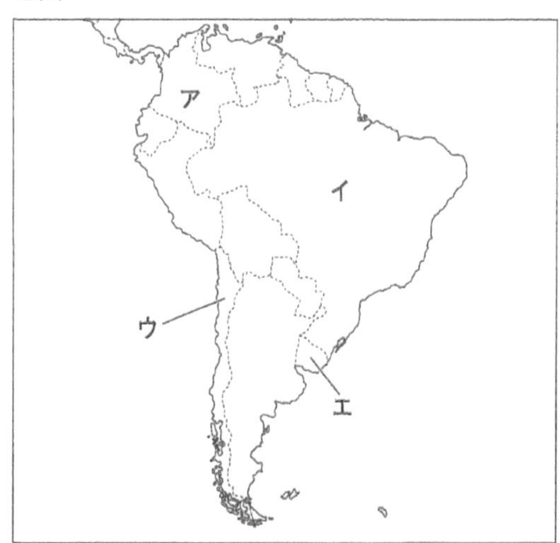

(2)　B班は，南アメリカ州の歴史について調べ，右の**資料３**をもとに下のような<メモ>を作成しました。<メモ>の［　あ　］に当てはまる語を書きなさい。

資料３　マチュピチュ遺跡

<メモ>
・南アメリカ州には，太陽神を信仰し，高度な石造建築技術を持つ，［　あ　］帝国が栄えていた。
・マチュピチュ遺跡は［　あ　］帝国の遺跡で，アンデス山脈の尾根，標高 2000 m 以上の高地に位置している。

(3)　B班は，南アメリカ州の気候について調べ，次の**資料４**を作成しました。**資料４**は，南アメリカ州のブラジルの都市であるマナウスの気温と降水量を示しています。**資料４**をもとに，マナウスの気候の特徴として最も適切なものを，あとの**ア**～**エ**の中から一つ選んで，その記号を書きなさい。

資料４　マナウスの気温と降水量

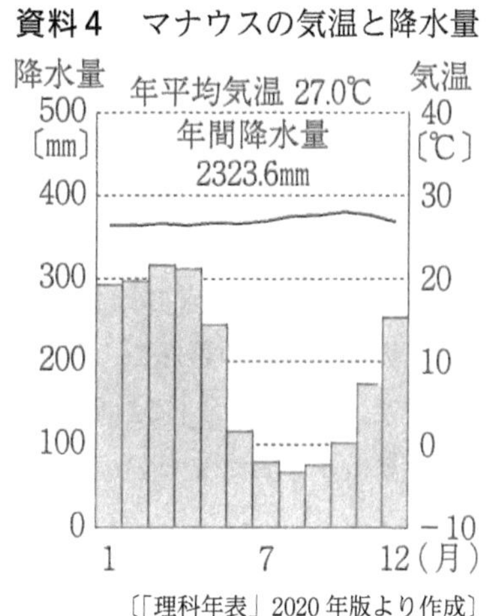

〔「理科年表」2020 年版より作成〕

ア　同じ緯度の他の地域よりも気温が低い，標高が高い地域で見られる気候である。

イ　夏の時期に乾燥し，冬の時期に雨が降る地中海性気候である。

ウ　雨季と弱い乾季の２つの時期に分かれ，熱帯雨林が生いしげる気候である。

エ　雨が少なく気温が高く，たけの短い草原が見られるステップ気候である。

3　C班では，「ASEAN（東南アジア諸国連合）のつながり」という課題を設定し，調べました。次の**(1)**，**(2)**の問いに答えなさい。

(1)　東南アジアの国を示した次の**地図２**中の**A**～**E**のうち，**C**，**E**の国の説明として最も適切なものを，あとの**ア**～**オ**の中からそれぞれ一つずつ選んで，その記号を書きなさい。

地図２

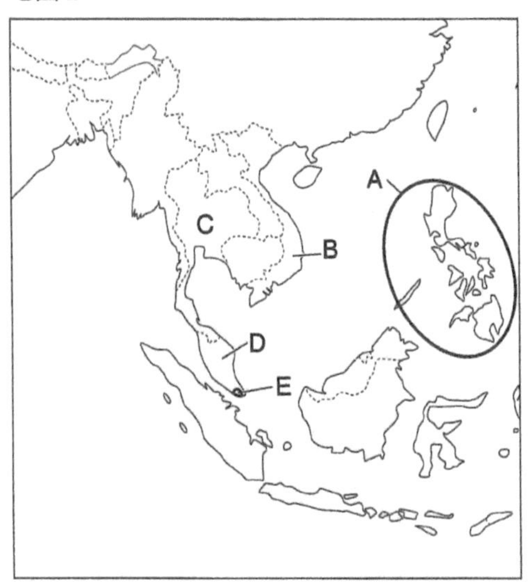

ア　島国であるこの国では，植民地の時代に天然ゴムやコーヒーなどのプランテーションが開かれた。

イ　インドシナ半島に位置する国で，かつて冷戦（冷たい戦争）の影響により戦争がおこった。

ウ　世界有数の米の輸出国で，首都のバンコクではスラムが問題化している。

エ　1980年代は石油が主な輸出品であったが，近年は機械類の輸出が増えている。

オ　ほぼ赤道直下に位置し，韓国や台湾などとともにアジアNIESに数えられる。

(2)　C班では，ASEAN加盟国の一つであるインドネシアで，1955年にアジア・アフリカ会議が開かれたことを知り，アジア・アフリカ会議について次のようにまとめました。＜まとめ＞の［　い　］に当てはまる内容を，あとの**ア**～**エ**の中から一つ選んで，その記号を書きなさい。また，［　う　］に当てはまる政党の名称を，**漢字５字**で書きなさい。

資料５　アジア・アフリカ会議

<まとめ>
資料5で示したアジア･アフリカ会議には，インドなどの提案で29か国が参加した。インドネシアのバンドンで開催され，［い］などが決議された。また，同年には日本で55年体制が始まり，その後［う］が38年間にわたって政権をとり続けた。

ア　貿易の自由化　　**イ**　温室効果ガスの削減
ウ　核兵器の廃絶　　**エ**　植民地支配への反対

2　ある中学校の社会科の授業で，「人間の権利と法律」というテーマで，課題を設定し，学習しました。次の**1**，**2**に答えなさい。

1　太郎さんたちは，「権利と法律」について話し合いました。あとの(1)～(3)の問いに答えなさい。

太郎：日本国憲法では，基本的人権の尊重が保障されているよね。
花子：そうだね。憲法で定められた基本的人権にもとづいて，a さまざまな法律が制定されているよ。
太郎：日本国憲法に記載がない b 新しい人権についても，保障されることが大切だよね。これからも新しい人権が増えていくかもしれないね。
花子：基本的人権の尊重以外にも，国民主権や c 三権分立など，憲法についての理解を深めることが必要だね。

(1)　下線部aについて，日本国憲法の理念にもとづいた，人権保障に関する法律が制定されています。基本的人権と法律の組み合わせとして最も適切なものを，次の**ア**～**エ**の中から一つ選んで，その記号を書きなさい。
ア　自由権－教育基本法
イ　社会権－個人情報保護法
ウ　平等権－男女共同参画社会基本法
エ　参政権－生活保護法

(2)　下線部bについて，新しい人権の一つで，個人が自分の生き方を自由に決定する権利の名称を，**漢字5字**で書きなさい。

(3)　下線部cについて，右の**資料1**は，三権分立のうち司法を担当する裁判所での裁判のしくみを示したものです。日本の裁判が，**資料1**のような三審制をとっている目的を，次の**ア**～**エ**の中から一つ選んで，その記号を書きなさい。
ア　有罪となる人を増やすため。
イ　裁判をより慎重に行うため。
ウ　短い期間で審議を行うため。
エ　裁判員が参加をしやすくするため。

資料1

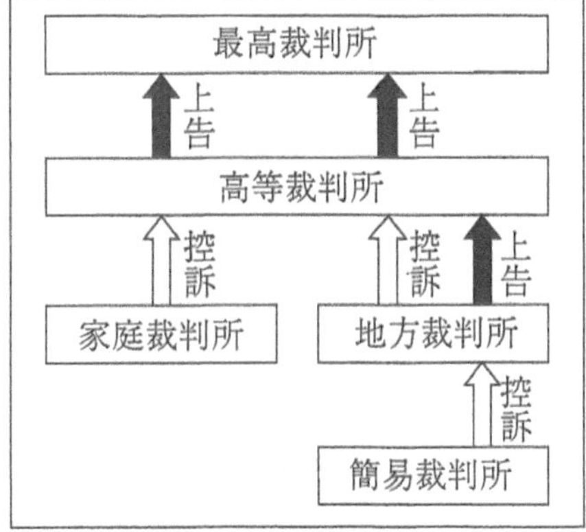

2　花子さんは，「地方公共団体の権利の拡大」という課題を設定し，学習しました。次の(1)～(3)の問いに答えなさい。

(1)　右の**資料2**は，内閣府が発行している，仕事や財源を国から地方に移すことを目的とした［　あ　］改革の提案募集についてのハンドブックを示しています。［　あ　］に当てはまる語を，**漢字4字**で書きなさい。また，内閣が持つ権限として最も適切なものを，次の**ア**～**エ**の中から一つ選んで，その記号を書きなさい。

ア　最高裁判所長官の指名を行う。
イ　弾劾裁判所の設置を行う。
ウ　法律の違憲審査を行う。
エ　裁判官の国民審査を行う。

資料2　［　あ　］改革・提案募集方式

〔内閣府ホームページより作成〕

(2)　花子さんは，太郎さんと，地方議会と国会について話し合いました。次の文中の［　い　］に当てはまる語を，**算用数字**で書きなさい。また，［　う　］に当てはまる内容として最も適切なものを，あとの**ア**～**エ**の中から一つ選んで，その記号を書きなさい。

> 花子：地方議会と国会の議員は，いずれも選挙によって選ばれるね。地方議会議員の被選挙権は［　い　］歳以上で，衆議院議員と共通しているよ。
> 太郎：そうだね。ただ，衆議院議員は［　う　］の選挙で選ばれるという点で，地方議会議員と異なっているね。

ア　大選挙区制　　**イ**　小選挙区制
ウ　大選挙区比例代表並立制　　**エ**　小選挙区比例代表並立制

(3)　次の**資料3**は，2018年度における茨城県の歳入の内訳を示しています。**資料3**中の**X**，**Y**に当てはまる語の組み合わせとして最も適切なものを，あとの**ア**～**エ**の中から一つ選んで，その記号を書きなさい。

資料3　茨城県の歳入（2018年度）

X	Y	Z	国庫支出金	その他
34.3%	16.7%	10.7%	11.5%	26.8%

〔茨城県ホームページより作成〕

ア　X－地方交付税　Y－地方債　　**イ**　X－地方税　Y－地方債
ウ　X－地方交付税　Y－地方税　　**エ**　X－地方税　Y－地方交付税

3 ある中学校の社会科の授業で,「九州地方」というテーマで，班ごとに課題を設定し，学習しました。次の**1**～**3**に答えなさい。

1 A班では,「九州地方の自然環境と農業の特徴」という課題を設定し，九州地方の自然環境や農業に関連する**資料1**～**資料4**を集めました。あとの(1)~(3)の問いに答えなさい。

資料1

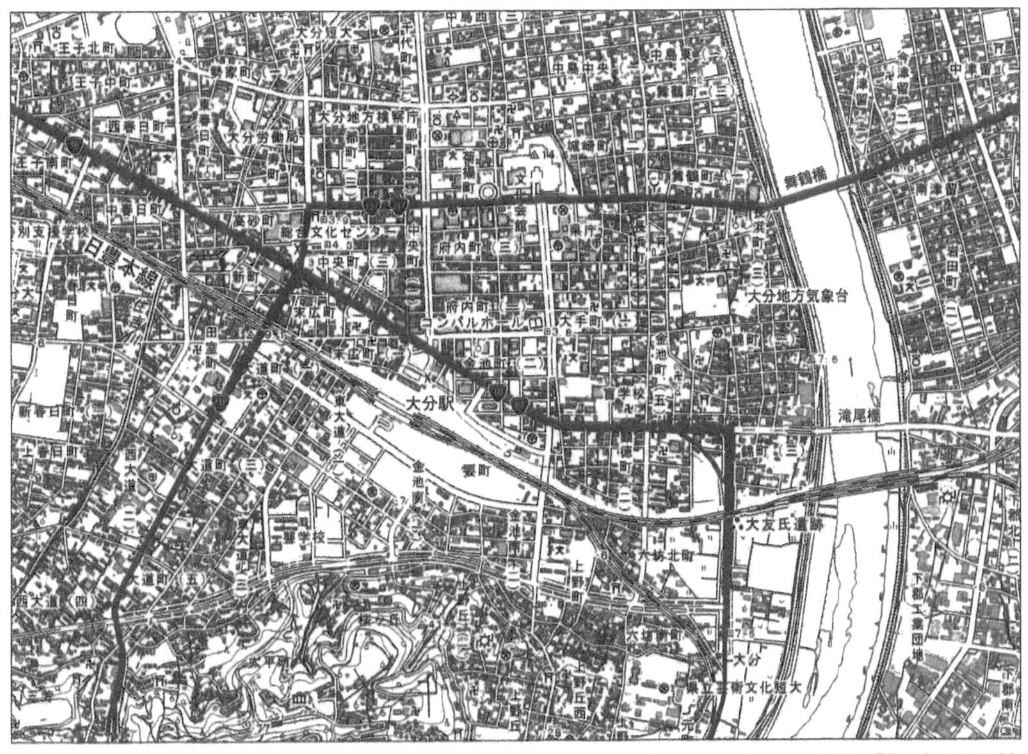

〔国土地理院発行2万5千分の1地形図「大分」より作成〕

(1) **資料1**の地形図について述べた文として最も適切なものを，次の**ア**～**エ**の中から1つ選んで，その記号を書きなさい。

ア 川の東側の線路沿いに，工場が見られる。

イ 舞鶴橋(まいづる)と滝尾橋(たきお)の中間に，大分地方気象台がある。

ウ 市役所は，大分駅から見ると南西の方角にある。

エ 大分地方裁判所は，日豊本線(にっぽう)より南に位置している。

(2) A班では，九州地方の宮崎県や鹿児島県でさかんな豚の飼育に注目しました。太郎さんは，世界の豚の飼育に興味を持ち，右の**資料2**を見つけて，次のような＜メモ＞を作成しました。＜メモ＞の[あ]に当てはまる内容を，あとの**ア**～**エ**の中から一つ選んで，その記号を書きなさい。

資料2 州別の豚飼育頭数（2018年）

州名	飼育頭数（万頭）
アジア州	55941
ヨーロッパ州	18825
アフリカ州	4032
北アメリカ州	11590
南アメリカ州	6771
オセアニア州	539

〔「世界国勢図会」2020/21年版より作成〕

<メモ>
州別で見るとアジア州の豚飼育頭数が最も多いが，［　あ　］ため，西アジアの豚飼育頭数はほぼゼロに近いほど少ない。

ア　気候が豚の飼育に不向きな　　**イ**　ヨーロッパからの輸入に頼っている
ウ　1990年代以降工業化が進んだ　　**エ**　イスラム教を信仰する人が多い

(3)　A班では，九州地方の自然について，次の**資料3**，**資料4**をもとにあとのような<メモ>にまとめました。<メモ>の［　い　］に当てはまる語を，**漢字4字**で書きなさい。また，［　う　］に当てはまる山脈を，下の**ア**～**エ**から一つ選んで，その記号を書きなさい。

資料3　カルデラのようす

資料4　世界の造山帯

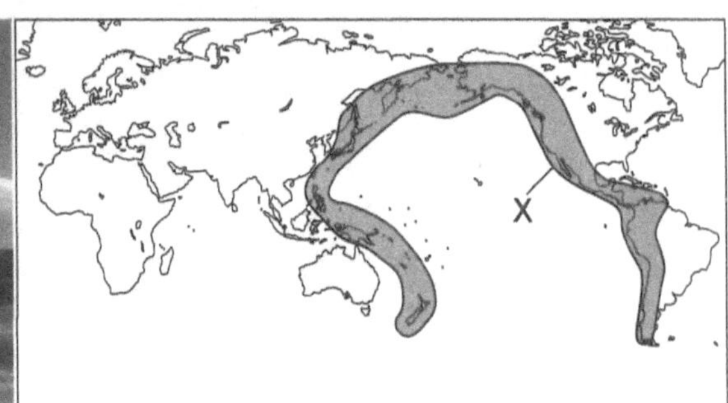

<メモ>
○**資料3から**
・九州のほぼ中心には，阿蘇(あそ)山の噴火で溶岩や火山灰が吹き出したあとがくぼんでできたカルデラが見られる。
○**資料4から**
・阿蘇山をふくむ日本の山地や山脈は，**資料4**の**X**の［　い　］造山帯に属している。この造山帯には，その他［　う　］山脈などの山脈がふくまれている。
○**さらに調べてみたいこと**
・阿蘇山のような規模のカルデラは世界のどのような地域に見られるのか。

ア　ウラル　　**イ**　アンデス　　**ウ**　アパラチア　　**エ**　ヒマラヤ

2　B班では，「九州地方の工業の発展と取り組み」という課題を設定し，**資料5**，**資料6**をもとに話し合いました。あとの(1)～(4)の問いに答えなさい。

資料5　九州地方北部

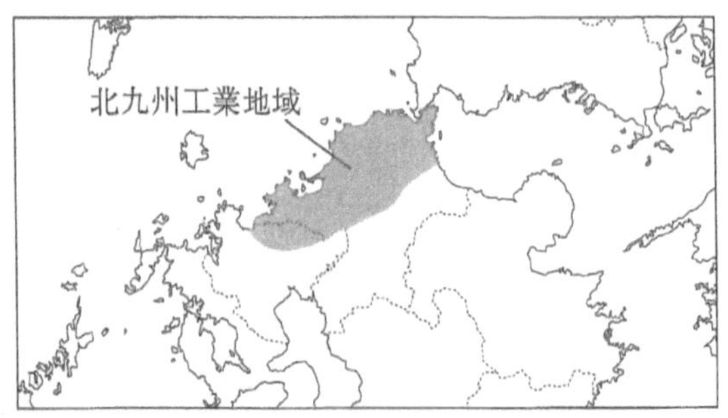

資料６　北九州市の工業について

> 北九州市では，明治時代に本格的な製鉄所が建設され，鉄鋼業が発展したが，環境問題が発生したことにより，現在ではエコタウンが形成されている。

> 太郎：**資料５**を見ると，九州の北部では a <u>北九州工業地域</u>が広がっていることがわかるね。
> 花子：そうね。**資料６**にある b <u>北九州市</u>は，北九州工業地域の中心の都市だよね。現在はエコタウンとして，環境都市のモデルになっているよね。
> 太郎：九州地方では他の地域でも c <u>公害問題</u>が発生したことがあるし，［　え　］な社会を実現するためにも，環境への配慮はとても大切なことだね。

(1)　下線部aについて，右の**資料７**は，北九州工業地域の工業生産の割合の変化を示したものです。**資料７**中のW，Xに当てはまる工業製品の組み合わせとして最も適切なものを，次の**ア～エ**から一つ選んで，その記号を書きなさい。

資料７　北九州工業地域の工業生産の割合の変化

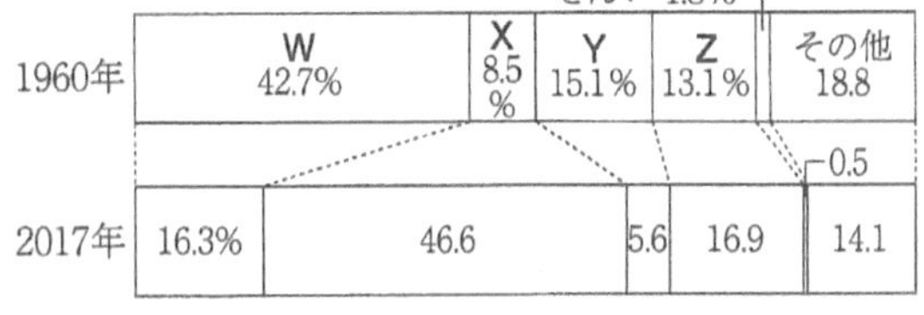

〔「日本国勢図会」2020/21年版などより作成〕

ア　W－機械　X－金属　　**イ**　W－金属　X－化学
ウ　W－金属　X－機械　　**エ**　W－食料品　X－機械

(2)　下線部bについて，現在の北九州市に建設された日本初の本格的な製鉄所の名称を，**漢字**で書きなさい。

(3)　下線部cについて，かつて日本でおこった四大公害病のうち，九州地方でおこった公害病の名称を，**漢字**で書きなさい。また，その公害病がおこった都市を，右の**地図**中の**ア～エ**から一つ選んで，その記号を書きなさい。

地図

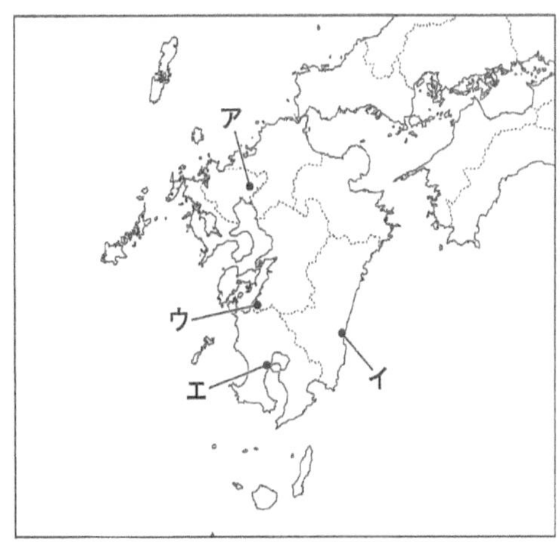

(4)　文中の［　え　］に当てはまる，未来の人々に良い社会を残しつつ，現在の開発を進めていくことを示す語を，**漢字４字**で書きなさい。

3　C班では，「沖縄県の自然環境と土地利用の特徴」という課題を設定し，調べたことをまとめました。あとの(1)～(3)の問いに答えなさい。

<まとめ>
d沖縄県では，独自の文化が形成されており，自然環境も日本列島の他の地域とは異なっている。沖縄のe土地利用については，現在も議論が続いている。

(1)　下線部dについて，沖縄県の県庁所在地名を，**漢字**で書きなさい。また，右の**資料8**は，青森県，東京都，愛知県，沖縄県の産業別人口割合を示しています。沖縄県に当てはまるものを，**資料8**中の**ア～エ**から一つ選んで，その記号を書きなさい。

資料8　4都県の産業別人口割合

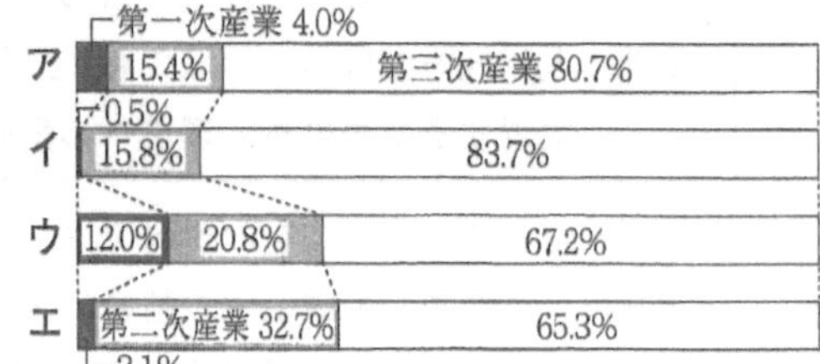

※四捨五入の関係で100%にならないことがある。
〔「データでみる県勢」2020年版より作成〕

(2)　下線部eについて，右の**資料9**は，沖縄の土地利用を示しています。沖縄の土地利用の特徴について述べた文として最も適切なものを，次の**ア～エ**の中から一つ選んで，その記号を書きなさい。

ア　耕地は，島の北部のみに分布している。
イ　市街地は，島の全体に点在している。
ウ　南部には，森林・緑地が広がっている。
エ　市街地に近いところに，アメリカ軍軍用地がある。

資料9　沖縄の土地利用

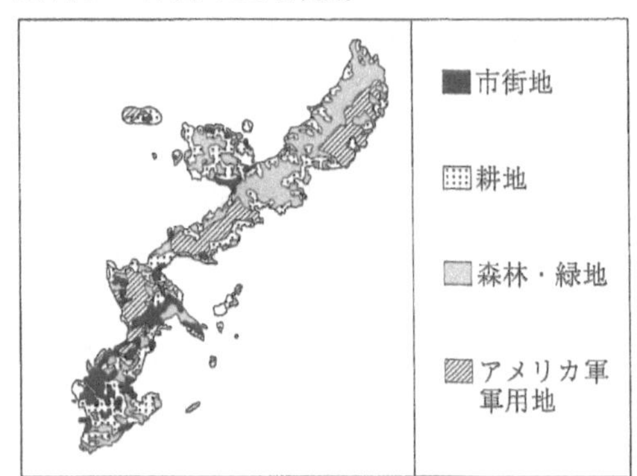

(3)　C班でさらに調べていくと，沖縄県が属する南西諸島は，日本の他の地域に比べて，ある自然災害による影響を受けやすいことがわかりました。C班では，次の**資料10**，**資料11**を参考にして，あとのような<追加のまとめ>を作成しました。<追加のまとめ>の［　お　］，［　か　］に当てはまる語の組み合わせとして最も適切なものを，下の**ア～エ**の中から一つ選んで，その記号を書きなさい。

資料10　茨城県と沖縄県の県庁所在地の気温と降水量

	7月		1月	
	気温	降水量	気温	降水量
茨城県	23.5℃	134.0mm	3.0℃	51.0mm
沖縄県	28.9℃	141.4mm	17.0℃	107.0mm

〔「理科年表」2020年版より作成〕

資料 11　沖縄県の伝統的な住居

＜追加のまとめ＞
沖縄県は，［ お ］の気候帯に属している。また，沖縄県は［ か ］の被害を受けることが多いため，沖縄県の伝統的な住居は屋根が低くつくられている。

ア〔 お 熱帯　か 津波 〕
イ〔 お 温帯　か 津波 〕
ウ〔 お 熱帯　か 台風 〕
エ〔 お 温帯　か 台風 〕

4 ある中学校の社会科の授業で，「外交の歴史」というテーマにもとづき，時代の特色を考える学習をしました。次の１，２に答えなさい。

1　花子さんは，様々な時代の外交について調べ，**カード１**～**カード３**を作成しました。あとの(1)～(4)の問いに答えなさい。

カード１　a朝鮮(ちょうせん)半島から一族で移り住んだ人々が技術や文化を伝えた。また，百済(くだら)から仏教が伝わり，日本初の仏教文化が栄えた。

カード２　［ あ ］は，盲目(もうもく)になりながらも来日し，日本に正しい仏教の教えを広めた。また，b平清盛(たいらのきよもり)は，外国との貿易で大きな利益を得た。

カード３　安土(あづち)城などを代表とする豪華な城が建てられた。また，南蛮(なんばん)貿易によって，cヨーロッパの文化が数多く日本にもたらされた。

(1)　下線部aについて，このような人々の名称を，**漢字**で書きなさい。
(2)　**カード２**の［ あ ］に当てはまる，遣唐使(けんとうし)とともに日本を訪れた人物の名前を，**漢字**で書きなさい。
(3)　花子さんは，下線部bの人物について調べ，あとのようにまとめました。平清盛が整備した港の位置を，次の**地図**中の**ア**～**エ**から一つ選んで，その記号を書きなさい。また，あとの＜まとめ＞の［ い ］に当てはまる中国の王朝名を，**漢字１字**で書きなさい。

地図

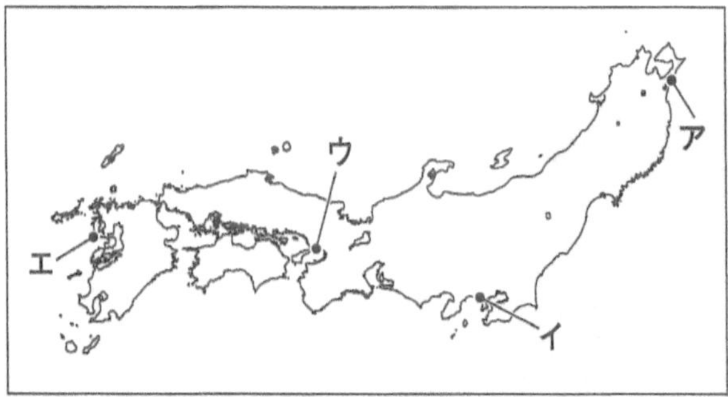

資料1　厳島神社(いつくしまじんじゃ)

<まとめ>
平清盛は，[　い　]との貿易の安全を祈り，上の**資料1**の厳島神社に参詣(さんけい)していた。

(4)　花子さんは，下線部**c**のころの文化の特徴について話をしています。次の文中の[　う　]に当てはまる内容を，あとの**ア**～**エ**から一つ選んで，その記号を書きなさい。

花子：この文化は，豪華ではなやかな印象があるね。
太郎：でも，[　う　]のもこの文化のころだね。大名たちが好んでいたそうだよ。

ア　千利休(せんのりきゅう)がわび茶を大成した　　**イ**　兼好法師(けんこうほうし)が「徒然草(つれづれぐさ)」を書いた
ウ　雪舟(せっしゅう)が水墨画(すいぼくが)を大成した　　**エ**　「新古今和歌集(しんこきんわかしゅう)」が編さんされた

2　太郎さんは，右の年表をもとに近現代の政治について調べました。次の(1)～(4)の問いに答えなさい。

西暦	で　き　ご　と
	[A]
1858	d日米修好通商条約を結ぶ
	[B]
1902	e日英同盟を結ぶ
	[C]
1945	fポツダム宣言を受諾する
	[D]

(1)　年表中の[A]～[D]と，その時期におこったできごとの組み合わせとして最も適切なものを，次の**ア**～**エ**の中から一つ選んで，その記号を書きなさい。

ア　[A]－ロシア革命がおこった。
イ　[B]－三・一独立運動がおこった。
ウ　[C]－甲午(こうご)農民戦争がおこった。
エ　[D]－日ソ共同宣言が出された。

(2) 太郎さんは，下線部 d の条約が結ばれたあとの，日本と外国との貿易について調べました。次の**資料 2** 中の［ え ］に当てはまる貿易品名を書きなさい。また，次の**資料 3** について，1860 年から 1865 年にかけて，アメリカの割合が大きく減っているのは，ある戦争がおこったことが原因です。その戦争の名称を，**漢字**で書きなさい。

資料 2　日本の貿易品（1865 年）

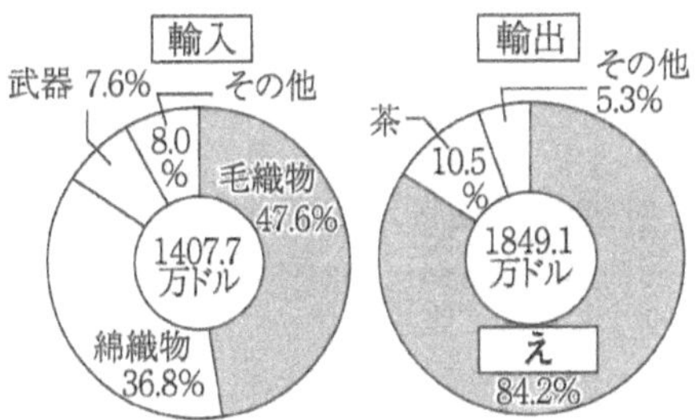

資料 3　貿易相手国の推移

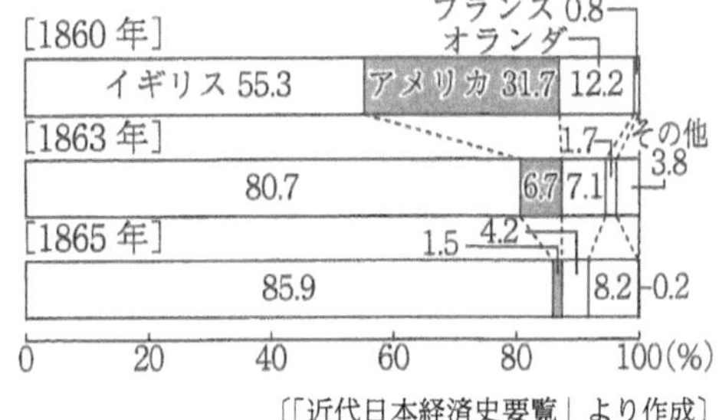

〔「近代日本経済史要覧」より作成〕

(3) 太郎さんは，日本が，下線部 e の同盟を理由に第一次世界大戦に参戦したことを知り，第一次世界大戦について調べました。右の**資料 4** 中の X に当てはまる国名を書きなさい。また，第一次世界大戦終戦後，世界平和のために設立された国際機関の名称を，**漢字 4 字**で書きなさい。

資料 4　三国協商と三国同盟

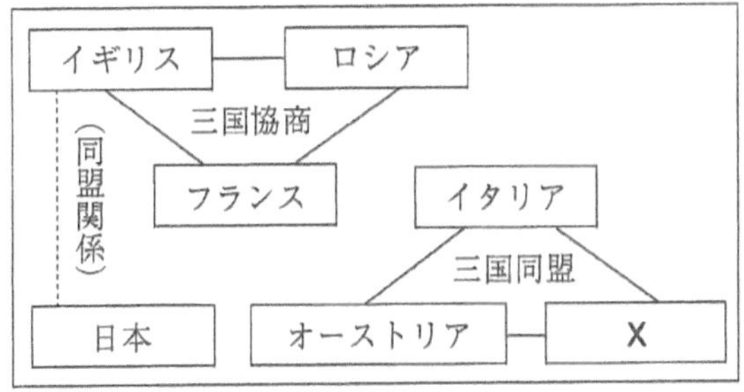

(4) 太郎さんは，下線部 f を受諾したあとの民主化政策について調べ，右の**資料 5** を見つけました。**資料 5** において，1946 年に有権者数が大きく増えている理由を書きなさい。

資料 5　有権者数の推移

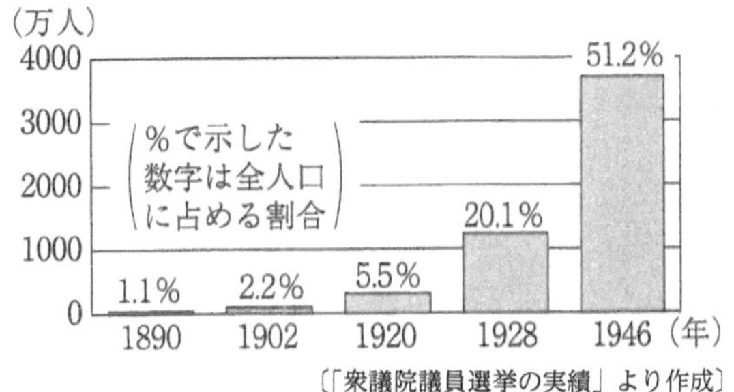

〔「衆議院議員選挙の実績」より作成〕

○今年の目標の案

A 「点滴穿石（てんてきせんせき）」（小さなことでも、続ければ大きなことを成し遂げられるという意味。）

B 「一致団結」（多くの人が心を一つに合わせて、固く結ばれるという意味。）

(一) ア やうやく の読み方を現代仮名遣いに直して、全て平仮名で書きなさい。

(二) イ 技術 とあるが、この熟語と同じ構成のものを、次の1～4の中から一つ選んで、その番号を書きなさい。

1 因果　2 激痛　3 帰還　4 延期

(三) 上の【Ⅰ】の文章で述べられている内容に合致**しない**ものを、次の1～4の中から一つ選んで、その番号を書きなさい。

1 老人は、石で斧をこすって針にしようとしていた。

2 老人は、自分の作業を見せることで李白を諭した。

3 李白は、途方もないことをしている老人の姿に感動した。

4 小野道風は、蛙の姿から努力を継続する大切さを知った。

(四) 【Ⅱ】の文章中の□に入る最も適切な言葉を、【Ⅰ】の文章中から十字以内で抜き出して書きなさい。（句読点等を字数に含む。）

(五) 上の話し合いの後、今年の目標を決める部会が行われることになっています。部会では、希望する目標について、それぞれが意見を発表した後、話し合いによって今年の目標を決定します。あなたが希望する目標を【Ⅲ】の中から一つ選び、【Ⅰ】と【Ⅱ】を参考にして、あなたの考えを書きなさい。

ただし、次のページの条件に従うこと。

1 百六十字以上、二百字以内で書くこと。（句読点等を字数に含む。）

2 二段落構成とし、第一段落には、あなたが希望する目標とその理由を書くこと。第二段落には、自分が希望する目標に賛成を得られるような内容を、自分の経験や見聞に基づいて、選ばなかったもう一つの目標の言葉と比較して書くこと。

3 題名と氏名は書かないこと。

4 正しい原稿用紙の使い方をすること。

5 〰〰や＝＝の記号（符号）を用いた訂正はしないこと。

6 文体は、「です・ます」体で書くこと。

四　男子バレーボール部の三年生は、今年の目標について話し合う際に、国語の授業で読んだ次の古典の文章を用いて話し合い、そこで出た意見をもとにして、今年の目標について意見文を書くことになりました。次の【Ⅰ】～【Ⅲ】について、下の(一)～(五)の問いに答えなさい。

【Ⅰ】古典の文章

むかし李白書を匡山によむ。ア<u>やうやくうみて他行せし時</u>（疲れて他の場所に行った時）、道にして老人の石にあてて斧をする（こする）にあふ。是をとへば針となすべきとてすりしと云ひけるに感じて、勤めて書をよみ、終にその名をなせり（名声を得た）。小野道風は、本朝名誉の能書なり（我が国の有名な書の達人である）。わかかりしとき手をまなべども（書の技法を学んだが）、進まざることをいとひ（上達しないことを嫌に思い）、後園にたちやすらひけるに（裏庭で休んでいる時に）、蛙の泉水のほとりの枝垂れたる柳にとびあがらんとしけれどもとどかざりけるが、次第次第に高く飛んで、後には終に柳の枝にうつりけり。道風是より芸のつとむるにある事をしり、学んでやまず、其の名今に高くなりぬ（広く知られるようになった）。

（「梅園叢書」による。）

【Ⅱ】三年生の話し合い

（川端）　今日は、古典の文章を参考にして、男子バレーボール部の今年の目標について話し合います。

（谷崎）　古典の文章には、李白と小野道風の名が知られるようになった話が書かれていますね。老人や蛙がそのきっかけになっているようです。

（志賀）　二人はどうして成功することができたのでしょうか。

（永井）　きっかけになった老人と蛙は、どちらも一つのことを地道に続けています。そうした姿を見て、二人も努力を続けるようになったのですね。文章にも、李白については「□」と、小野道風については「学んでやまず」と書いてあります。

（志賀）　何かを成し遂げるには、努力を続けることが大切なのですね。

（川端）　他に意見はありますか。

（谷崎）　昨年は僅差で負ける試合が多かったですよね。あと一歩のところで勝利を逃してしまうのは、イ<u>技術</u>などの問題ではなく、チームとしてのまとまりが足りないからではないでしょうか。

（志賀）　私も、チーム一丸となることはとても大切だと思います。

（中略……この後も話し合いは続いた。）

（川端）　みなさんから出た意見は、大きく二つに分けられますね。一つは「努力を続けること」、もう一つは「チーム一丸となること」です。では、話し合いで出た意見を参考にして、部会で発表するための意見文を書いてみましょう。

【Ⅲ】男子バレーボール部の今年の目標について、三年生の話し合いで出た案

【感想の交流の一部】

（三島）　この文章を読むと、この歌は二つのものが照応する形になっていることが分かりますね。
（幸田）　二つのものとは、遠い沼の真菰の茂っている方に□のことですね。
（三島）　そうですね。両者の関係が分かると、この歌の情景をより味わえるようになると思いました。
（幸田）　文章にも、二つのものの照応によって情景に深みが出るとあります。関係し合っているものを見ることが大切なのですね。

(一)　上の文章中の[A]に入る最も適切な言葉を、次の1～4の中から選んで、その番号を書きなさい。

1　価値　2　構造　3　調和　4　主体

(二)　次の文字は、上の文章中の相当(ア)を行書で書いたものである。この文字の○で囲んだ①から④の部分に表れている行書の特徴の説明に合っているものとして、最も適切なものを、あとの1～4の中から選んで、その番号を書きなさい。

相当（①②③④）

1　①の部分は、点画を省略せずに形を変えて書かれている。
2　②の部分は、横画から縦画へ連続して書かれている。
3　③の部分は、左払いからの筆脈を意識して書かれている。
4　④の部分は、左払いから横画へ連続して書かれている。

(三)　ない(イ)と品詞が異なるものを、次の1～4の中から一つ選んで、その番号を書きなさい。

1　この二つに違いはない。　2　秘密は人に教えられない。
3　彼はまだ来ていない。　4　明日の天気は分からない。

(四)　上の文章中の[B]に入る最も適切な言葉を、上の文章中から六字で抜き出して書きなさい。

(五)　上の文章の内容に合っているものとして、最も適切なものを、次の1～4の中から選んで、その番号を書きなさい。

1　物を見るときに一つの物を多角的に見るようにすることで、物の真実や核心が捉えやすくなる。
2　物の真実や核心は二つのものが関わり合う中で生まれるので、照応するものを見つける必要がある。
3　物の真実や核心をつかむには、物を見るときにそれに関わっている何かを捉える見方をするとよい。
4　あらゆる物は関係し合っており、その関係を捉えることが物の真実や核心をつかむということである。

(六)　【感想の交流の一部】の□に入る適切な内容を、上の文章中の言葉を使って、二十字以上、三十字以内で書きなさい。（句読点等を字数に含む。）

【ノートの一部】

人間関係は移ろいやすくなり、複雑化している。

↓

仲間との円滑な[　　]ために、関係の同質化やキャラを駆使する。

〈キャラの効果〉

・自分の存在を強く印象づけられる。

・互いの反応が予想しやすくなり、人間関係の見通しがよくなる。

三 次の文章と【感想の交流の一部】を読んで、下の㈠～㈥の問いに答えなさい。

短歌のようなものは、ただ一つのことをいって一つの歌が成立つ。だけども、短歌といえども相対的な関係を見ることによって出来ている歌がかなりある。二つのものを相対的に考えることによって物の[A]とか秩序というものを捉えている。そういう歌が相当(ア)に多い。

斎藤茂吉の作品について一つ二つ例を言う。

春の雲かたよりゆきし昼つ方とほき真菰に雁しづまりぬ　（「白桃」）

飛んでいた雁が、向うの遠い沼の真菰の茂っているところに降りて静かになったという、心の和むような情景である。だけども「とほき真菰に雁しづまりぬ」だけでは少し単調だ。そういう一つの情景も、春の雲がかたよって行った昼という、春の雲が動いて一方に、若しかしたら、遠い真菰のある方角に沈むように片寄って行ったのであろう。雁もその方へ向って行って、降りて静かになったという。この「春の雲かたよりゆきし昼つ方」というものと、雁が照応するような形になっていることによって、情景に深みというものが出て来る。つまり二つのものの照応によって形成される味わいというものを含んだ歌である。

私達が物を見る場合でも、そういうふうに、ただ一つのものだけ見るのではなくて、それと関係し合っているものがある、それを見ることが必要である。技術的な言い方でいえば、「捉える」というのがそれだ。そういうものを見つけることによって、美しさとか、物の核心のようなものをつかむことが出来る場合が多い。

物の真実とか核心というものはなかなか見えない(イ)。深みがあるとか、いいところを見ることは困難な場合が多い。殊に作歌をはじめたばかりの人においてはそうである。それで実際的な一つの行き方としていえば、物の対照するような、照応するような、[B]というものを見るようにするのがいい。向うに桜の木か何か見える、それと何か関係し合っているものがある。それを引き立てるかあるいはそれに意味を与えているものが何かある。そういうものをつかむような物の見方をするのがいい。たいていのものは、そういうように相対的な関係で成立っている。

（佐藤佐太郎「短歌を作るこころ」による。）

ならぬ配慮を払っておかなければ、維持することの難しい関係でもある。特定の相手との抜けがけは許されず、つねに仲間全体の動向を気にかけていなければならない。［B］、その道具としてネットが駆使されるようになって、イツメンとの社交の場が学校での対面状況に限定されなくなった。その結果、(3)皮肉なことに、腹を割って話せるような親友を見つけることが、今日ではかえって難しくなっている。一日中イツメンへの配慮から逃れられなくなったからである。

仲間とけっして衝突することなく、このような人間関係を営みつづけるのは容易なことではない。そこで昨今の若者たちは、互いにキャラをたて、それを演じあうことで、この関係の困難さを乗り越えようとしている。ハローキティやミッフィーなどを想起すればわかるように、最小限の線で描かれた単純な造形であるキャラは、私たちに強い印象を与え、全体像の把握も容易である。それは生身の人間の場合も同様であって、あえて人格の多面性を削ぎ落とし、最小限の要素だけで性格を描き出したキャラは、単純明瞭で※2デフォルメされたものであるがゆえに、周囲の人びとに自らの存在を強く印象づけられる。また、単純なイメージで人格を固定してやれば、互いの反応が予想しやすくなり、人間関係の見通しもよくなる。

このように、複雑化した人間関係に安定した枠組みを与えるために、関係の同質化とともに駆使されるものがキャラである。それは、人間関係の先行きが不透明化し、不確実性が増している中で、それでも人間関係を破綻させることなく、滑らかに運営していくためのシンボル操作の一つである。また、集団のなかに自分の居場所を確保するための工夫でもある。いわばコミュニケーションをスムーズに回していくための相互作用の技法の一つなのである。

（土井隆義「ネット・メディアと仲間関係」による。）

※1　セーフティ・ネット＝安全網。

※2　デフォルメ＝おおげさに表現すること。

(一)　上の文章中の(1)——〜(3)——の漢字の読みを平仮名で書きなさい。

(二)　上の文章中の［A］と［B］に入る言葉の組み合わせとして、最も適切なものを、次の1〜4の中から選んで、その番号を書きなさい。

1　A　けれども　　B　だから
2　A　すると　　B　つまり
3　A　しかし　　B　さらに
4　A　たとえば　　B　そして

(三)　ア安全な居場所　とあるが、この内容を比喩を用いて表現した言葉を、上の文章中から一語で抜き出して書きなさい。

(四)　イ互いに深入りをしない若者が増えている　とあるが、深入りをしない理由を、三十五字以上、四十五字以内で書きなさい。（句読点等を字数に含む。）

(五)　国語の授業で上の文章を読み、昨今の若者たちの人間関係について考えることになった。次は、ある生徒の【ノートの一部】である。［　］に入る最も適切な言葉を、上の文章中から十一字で抜き出して書きなさい。

号を書きなさい。

1　利益だけを考えて蛍の生命を軽んじる人たちがいるという事実を聞かされて、怒りに震えている。

2　蛍をよみがえらせるために苦労したことを理解してもらえずに嘆く老人に同情し、胸を痛めている。

3　蛍で金もうけしようとする人間への老人の怒りに、蛍への老人の思いの純粋さを感じ取っている。

4　蛍をただの道具と見なされ自身の行為を愚弄された老人の怒りの激しさに、戸惑いを隠せずにいる。

(五)　上の文章に描かれている老人の心情として、最も適切なものを、次の1～4の中から選んで、その番号を書きなさい。

1　蛍に対する俊一郎の熱意や愛情を感じて安心し、知識や経験を伝えることに意欲的になっている。

2　俊一郎が自分の気持ちを理解して寄り添ってくれたことに満足し、すっきりした気持ちになっている。

3　同じ目的を持つ俊一郎に親近感を覚え、一緒に蛍を飼育できることが楽しみになっている。

4　俊一郎の願いは自分と同じだと分かって彼を受け入れることができ、穏やかな気持ちになっている。

二　次の文章を読んで、下の(一)～(五)の問いに答えなさい。

本来、学校という枠の中には多種多様な価値観をもった生徒がいるはずである。［A］、クラスや部活といった制度的な枠組みに人間関係が縛られなくなり、自分と気の合う相手だけとしか付きあわなくなると、異なった価値観の人間と出会う機会は逆に減ってくる。人間関係の流動性を促したはずのネット・メディアの発達も、人間関係の幅を逆に狭め(1)、価値観の共有できる相手だけと同質性を強めていくことに寄与(2)するようになっているのである。

昨今の若者たちは、人間関係の流動性が増していく中で、こうして人間関係を分節化し、同質化することで、少しでも安全な居場所(ア)を確保しようとしている。その結果、彼らの生活圏は逆に狭くなっている。(中略)選択的な関与が広がった結果、共通点がない相手との関係は逆に疎遠になっているのである。この点に着目すれば、希薄化という指摘が当たっている面もあるといえるかもしれない。

このように価値観の似通った者どうしでつながり、つねに行動を共にしている仲間は、友人の獲得競争が熾烈(しれつ)を極める今日の学校で、その日常を何とか無事に生き抜いていくためのセーフティ・ネット[※1]としての色彩が強い。彼らは、そのような仲間をイツメン（いつも一緒のメンバー）と呼ぶ。それは、学校の中でけっして独りにならないように掛けておく保険のようなもので、心を許しあえる間柄であるとは必ずしもかぎらない。青少年研究会の調査によれば、友人と意見が合わなかったときに納得のいくまで話しあいをする若者は、二〇〇二年の約五〇％から二〇一二年の約三五％へと大幅に減少しており、互いに深入りをしない若者が増えている(イ)。もし人間関係が軋(きし)みでもしたら、もう後がないと考えるからである。かつてのように組織や制度が人間関係の修復のための後ろ盾にならないため、なるべく深入りは避けたほうが無難と考えるのである。

自分だけが孤立しないための保険であるイツメンは、日頃から掛金(かけきん)

たいと思い、教えを乞いに来た、と言った。

老人は、黙っていた。その表情に、俊一郎はそうした用件で訪れた自分に好感をいだいていないらしいことに気づいた。

「お教えいただけませんでしょうか」

かれは、恐るおそるたずねた。

「蛍などを、なぜ……」

老人の表情は、かたい。

俊一郎は、高校生時代まで眼にした蛍がほとんど町に見られなくなり、東京の生活をはなれて帰郷した自分には、蛍を眼にできぬのは堪えがたいことだ、と言った。

「ただ、見たいというだけですか」

「その通りです。川筋を蛍が光って飛ぶのを眼にできれば、と願っています」

老人が、口もとをゆるめた。

「あの記事が新聞に出ましたら、翌日、大きなホテルの支配人という男が来ましたよ。ホテルの庭に蛍を放して、子供連れの客に団扇(うちわ)をもたせ捕(とら)えさせる(3)モヨオしを企画したいというのです。蛍を客集めに使おうというのです。断(こと)わりました」

老人は、顔をしかめた。

「考えそうなことですね」

俊一郎は、苦笑した。

「呆(あき)れたものです。苦労をして産み出した蛍を金銭の代償にされ、団扇でたたき落(おと)されてはたまりませんよ。蛍をなんだと思っているんでしょうかね」

老人の眼に、憤(いきどお)りの色が浮かんだ。

ウ俊一郎は、口をつぐんでいた。蛍の生命をよみがえらせようと努めている老人が、それを金銭を得るための道具に利用しようとする人間に対して激しい怒りをいだくのは当然だ、と思った。

「あなたには、教えてさしあげてもよさそうだ。この年になると、人の見分けもつく。私もあなたと同じように、蛍の光が舞うのを見たいだけの目的ではじめたことです。新聞の記事にされるのも、実は迷惑でしてね。自分が好きでやっているにすぎないことなのですから……」老人の顔に、やわらいだ表情が浮かんだ。

（吉村昭「蛍の舞い」による。）

※1　醸造家＝ここでは、酒などをつくる家。

※2　国鉄＝日本国有鉄道の略称。以前は、国が鉄道の運営をしていた。

※3　孟宗竹＝竹の一種。

(一)　上の文章中の(1)――〜(3)――の片仮名の部分を漢字で書きなさい。

(二)　ア不思議な感動をおぼえた　とあるが、なぜ感動したのか。その理由にあたる言葉を、「〜から。」につながる形で、上の文章中から四十字程度で抜き出し、その初めと終わりの五字を書きなさい。
（句読点等を字数に含む。）

(三)　イ老人の住む町に行った　とあるが、俊一郎（「かれ」）が「老人の住む町に行った」理由を、四十字以上、五十字以内で書きなさい。
（句読点等を字数に含む。）

(四)　ウ俊一郎は、口をつぐんでいた　とあるが、このときの俊一郎の様子として、最も適切なものを、次の1〜4の中から選んで、その番

【国　語】〈五〇分〉〈満点：一〇〇点〉

一　次の文章を読んで、下の㈠〜㈤の問いに答えなさい。

帰郷した翌年の初夏、かれは、川筋におりて石の上に腰をおろした。対岸の醸造家[※1]の土塀に沿って、一筋の光がゆるやかに飛んで消えた。蛍にちがいなかった。

かれは、眼をこらしていたが、闇の中に再び光は湧かなかった。(1)ヨウショウ時代に乱れ飛んでいた蛍の光が思い起された。町と蛍はかたくむすびついたものであったが、その光が絶えていることに淋しさを感じた。

翌朝、姉と二人で食事をしている折、そのことを口にすると、姉は、

「蛍ね、もう長い間、見ることもなくなったわ」

と、言った。

秋が深まった頃、かれは、県内紙の小さな記事に眼をとめた。隣接した県の川沿いの町に住む老人が、ほとんど絶滅した蛍の人工飼育につとめ、ようやくその夏、五十四近い蛍を産み出すことに成功し、来年にはさらに多くの蛍を誕生させる期待が寄せられている、と書かれていた。

かれは、その記事にア不思議な感動をおぼえた。蛍を飼育し増殖させてみても、金銭の対象にはならない。食料になる動植物などのように、人間の実生活を利するものではなく、わずかな期間、その光が人の眼を楽しませてくれるにすぎない。

蛍の飼育方法は、おそらく微妙なものにちがいなく、なんの実質的な報いもないのに蛍の光をよみがえらせようと努力している人間が実在していることに、興味をいだいた。

近くの小都市が空襲で焼かれた夜、炎に染まった空の反映で、朱色をおびた蛍の光が飛び交っていた情景が思い起された。蛍は町とともにあったが、それもほとんど見られなくなっている。もしも、川筋に蛍の光が舞うようになったら、とかれは思った。数は少くとも、それらが闇を明るませれば、町は自分の故郷として、一層強く自分の内部に根を張るにちがいなかった。

数日後、かれは、ボストンバッグを手に家を出た。国鉄[※2]の駅から普通列車に乗り、小駅で降りてイバスで老人の住む町に行った。

町は、旧街道に面した古い宿場で、明治時代に鉄道が通ることに反対したためさびれたことで知られている。由緒正しい寺があり、古い家並も残っていた。

俊一郎は、道をたずねながら老人の家の前に立った。門がまえの大きな家だったが、土塀の壁土ははがれ、瓦も落ちていた。

かれは、門をくぐった。家の背後は孟宗竹[※3]の繁る高みになっていて、藁ぶきの屋根には苔と雑草がのっている。前庭に、(2)ミキの太い欅が枝葉をひろげていた。

老人が、庭石に腰をおろして空に眼をむけていた。髪は白く、体格は逞しい。

俊一郎は近づくと、

「本堂さんでしょうか」

と、言った。

老人は立つと、さようでございます、と折目正しい言葉で答えた。

俊一郎は、新聞記事のことを口にし、自分も蛍の人工飼育をしてみ

MEMO

大切なことはメモしておこうネ！

T.G

2021年度

解 答 と 解 説

《2021年度の配点は解答欄に掲載してあります。》

<数学解答>

1 (1) -8 (2) 29度 (3) イ (4) 右の図

2 (1) ア $n+6$ イ $n+3$ (2) ア $x-y$ イ $3(y+6)$ (3) $y=-x+4$ (4) $\frac{3}{10}$

3 (1) 110度 (2) 解説参照 (3) $\frac{48}{7}$cm

4 (1) 52℃ (2) やかんAが16℃高い (3) 15分後

5 (1) 30分 (2) 75分 (3) 5.25

6 (1) エ (2) $\frac{1}{4}$倍 (3) 256cm^3

○配点○

1 各4点×4 2 各6点×4 3 (1) 4点 (2) 5点 (3) 6点

4 (1) 4点 (2) 5点 (3) 6点 5 (1) 4点 (2) 5点 (3) 6点

6 (1) 4点 (2) 5点 (3) 6点 計100点

<数学解説>

基本 **1** (正負の数，角度，文字と式，作図)

(1) $164-172=-8$

(2) BCは直径だから，$\angle BAC=90^\circ$ $\overset{\frown}{CD}$の円周角だから，$\angle CAD=\angle CBD=23^\circ$ $\triangle ABD$の内角の和は180°だから，$\angle ABD=180^\circ-(90^\circ+23^\circ)-38^\circ=29^\circ$

(3) 題意より，$x\times8+y\times6=250$ $8x+6y=250$ よって，イ

(4) 折り目の直線と線分BCとの交点をEとすると，$\angle DAE=\angle BAE$だから，$\angle BAD$の二等分線を作図すればよい。

2 (文字と式，連立方程式の利用，関数と図形，確率)

基本 (1) 右下の数は，左下の数より1大きいので，$(n+5)+1=n+6$と表せる。$Q-P=(n+5)(n+6)-n(n+1)=n^2+11n+30-n^2-n=10n+30=10(n+3)$ $n+3$は自然数だから，$10(n+3)$は10の倍数である。したがって，Q−Pの一の位の数は必ず0になる。

基本 (2) 年齢の差が28歳であることから，$x-y=28$ 今から6年後には父の年齢が子の年齢の3倍になることから，$x+6=3(y+6)$

重要 (3) 四角形ABDCは平行四辺形だから，CD//AB，CD=AB 点Cのy座標は点Dのy座標に等しく$y=8$ 点Cは$y=\frac{1}{2}x^2$上の点だから，$8=\frac{1}{2}x^2$ $x^2=16$ $x=\pm4$ よって，C$(-4, 8)$ また，$AB=CD=0-(-4)=4$より，点Bのx座標は$\frac{4}{2}=2$ 点Bは$y=\frac{1}{2}x^2$上の点だから，$y=\frac{1}{2}\times2^2=2$ よって，B$(2, 2)$ 直線BCの傾きは，$\frac{2-8}{2-(-4)}=-\frac{6}{6}=-1$ 直線BCの式を$y=$

$-x+b$とおくと，点Bを通るから，$2=-2+b$　$b=4$　したがって，$y=-x+4$

(4)　2枚のカードの数字の組み合わせは，(<u>1，2</u>)，(1，3)，(1，4)，(1，5)，(<u>2，3</u>)，(2，4)，(<u>2，5</u>)，(3，4)，(3，5)，(4，5)の10通り。このうち，コマがCのマスに止まるのは，数の積が2，6，10の場合で，下線の3通りあるから，求める確率は，$\frac{3}{10}$

3 (平面図形－角度，証明，線分の長さ)

基本 (1)　△ABEにおいて，$\angle ABE=180°-50°-90°=40°$　AB//DCより，平行線の錯角は等しいから，$\angle CDG=\angle ABE=40°$　DC＝DGより，$\angle DGC=(180°-40°)\div 2=70°$　よって，$\angle BGC=180°-70°=110°$

基本 (2)　△ABEと△CDGにおいて，仮定より，$\angle AEB=\angle CGD=90°$…①　四角形ABCDは平行四辺形だから，AB＝CD…②　AB//DCより，平行線の錯角は等しいから，$\angle ABE=\angle CDG$…③　①，②，③より，直角三角形の斜辺と1つの鋭角がそれぞれ等しいから，△ABE≡△CDG

重要 (3)　△ABFと△CBDにおいて，仮定より，$\angle ABF=\angle CBD$…①　四角形ABCDは平行四辺形だから，$\angle BAF=\angle BCD$…②　①，②より，2組の角がそれぞれ等しいから，△ABF∽△CBD　AB：CB＝AF：CDより，$AF=\frac{6\times 6}{12}=3$　よって，$FD=AD-AF=12-3=9$　また，AB：CB＝BF：BDより，$BD=\frac{12\times 8}{6}=16$　平行線と比の定理より，DG：GB＝FD：BC＝9：12＝3：4　したがって，$DG=\frac{3}{3+4}BD=\frac{3}{7}\times 16=\frac{48}{7}$(cm)

4 (1次関数の利用)

基本 (1)　3分間で$12\times 3=36$(℃)温度が上がるので，$16+36=52$(℃)

基本 (2)　5分後のやかんAの中の水の温度は，$16+12\times 5=76$(℃)　やかんBの中の水の温度は，$20+8\times 5=60$(℃)　よって，やかんAが$76-60=16$(℃)高い。

(3)　やかんAの沸騰前のxとyの関係は，$y=12x+16$…①　沸騰後のxとyの関係を，$y=-6x+b$とすると，$x=10$，$y=82$を代入して，$82=-6\times 10+b$　$b=142$　よって，$y=-6x+142$…②　やかんBの沸騰前のxとyの関係は，$y=8x+20$…③　①と③からyを消去して，$12x+16=8x+20$　$4x=4$　$x=1$　よって，2個のやかんの中の水の温度が1度目に同じになるのは1分後。③の式に，$x=7$を代入すると，$y=8\times 7+20=76$　ここで温めるのをやめたので，これ以降のやかんBのxとyの関係を，$y=-3x+c$とすると，$x=7$，$y=76$を代入して，$76=-3\times 7+c$　$c=97$　よって，$y=-3x+97$…④　2個のやかんの中の水の温度が2度目に同じになるのは，②と④からyを消去して，$-3x+97=-6x+142$　$3x=45$　$x=15$(分後)

基本 5 (資料の整理)

(1)　階級の幅は，$30-0=30$(分)

(2)　資料数40の中央値は，家庭学習の時間を少ない順に並べたときの20番目と21番目の平均である。度数の合計は少ない方から，$7+11=18$，$18+8=26$より，20番目と21番目はともに60分以上90分未満の階級に含まれる。よって，その階級の階級値は，$\frac{60+90}{2}=75$(分)

(3)　家庭学習の時間が30分未満の人は7人だから，全員が30分多く勉強すると，$30\times 7=210$(分)時間が増える。よって，平均値は，$\frac{210}{40}=5.25$(分)多くなる。

6 (空間図形の計量)

基本 (1)　$\angle EQF<90°$であるから，アとウは正しくない。また，$\angle EHQ<90°$であるから，イは正しくない。よって，正しいものはエ。

(2)　長方形の対角線はそれぞれの中点で交わるから，BP：PD＝1：1　平面BDHFを考えると，

$\triangle PBQ=\frac{1}{2}\times BP\times BQ=\frac{1}{2}\times\frac{1}{2}BD\times\frac{1}{3}BF=\frac{1}{12}BD\times BF$　　$\triangle QFH=\frac{1}{2}\times HF\times QF=\frac{1}{2}\times BD\times\frac{2}{3}BF=\frac{1}{3}BD\times BF$　　よって，△PBQの面積は△QFHの面積の$\frac{1}{12}\div\frac{1}{3}=\frac{1}{4}$(倍)

重要 (3)　立体PQEFGHの体積は，三角錐H－PEG，Q－PEG，Q－EFGの体積の和に等しい。長方形EFGHにおいて，点F，Hから対角線EGにそれぞれひいた垂線の長さは等しい。その垂線の長さを$h$cmとすると，三角錐H－PEG$=\frac{1}{3}\times\triangle PEG\times h=\frac{1}{3}\times\frac{1}{2}\times EG\times AE\times h=\frac{1}{6}\times 6\times EG\times h=EG\times h$　　同様に，三角錐Q－PEG$=EG\times h$　　ここで，$\triangle EGH=\frac{1}{2}\times EG\times h=\frac{1}{2}\times HE\times HG$より，$EG\times h=HE\times HG=12\times 8=96$　　また，三角錐Q－EFG$=\frac{1}{3}\times\triangle EFG\times QF=\frac{1}{3}\times\frac{1}{2}\times 8\times 12\times\left(\frac{2}{3}\times 6\right)=64$　　よって，立体PQEFGHの体積は，$96+96+64=256(\mathrm{cm}^3)$

★ワンポイントアドバイス★

1，2の独立小問の内容や大問数と小問構成に変化が見られるが，難易度は変わらない。あらゆる分野からバランスよく出題されている。不得意分野をなくすようにしよう。

<英語解答>

1 (1) No. 1　エ　　No. 2　ウ　　No. 3　イ　　No. 4　ア　　No. 5　エ
(2) No. 1　イ　　No. 2　ウ　　No. 3　エ　　No. 4　ウ
(3) No. 1　エ　　No. 2　イ　　(4) ①　エ　　②　I usually clean my room.

2 (1) ①　built　②　newer　③　sat　(2) ④　long　⑤　fond　⑥　makes

3 (1) エ　(2) イ→ウ→ア

4 (1) ①　エ　②　ウ　③　イ　④　エ　⑤　ア
(2) When do the members (you) meet ?

5 (1) イ，カ，ク　(2) 3　(3) ①　She enjoyed studying (more).
②　She learned of it by reading a newspaper.　(4) ①　I think she is great because she worked hard to help a lot of poor people.　②　Because I want to go to a university and study science to be a scientist.

6 I like to get books by borrowing from libraries because I don't need to use money. I want to read a lot of books, but I don't want to use much money for that.

○配点○

1(1)(2)，2，4(1)，5(1)　各2点×23　　1(3)(4)，4(2)，5(2)(3)　各3点×8
3　各4点×2　　5(4)　各5点×2　　6　12点　　計100点

＜英語解説＞

1 リスニング問題解説省略。

2 **(語句補充)**

(全訳) A やぁ，ケビン

学校の写真を送ってくれてありがとう。100年前に①建てられたなんて信じられないよ。素敵そうだね。私の学校の写真をこのEメールに添付したわ。見てね。私の学校はあなたの学校よりも②新しいけれど，私たちの町では最も古い学校の一つなの。父も通っていたんだ。校庭には大きな木があるの。父が学生のとき，よく木の下で③座って友だちと話したんだって。実際に，私も今そうしているんだ。面白いと思わない？私は友だちと話すのが好きよ。あなたはどう？友だちと何をするのが好きですか。

B こんにちは，里美

Eメールと学校の写真ありがとう。君の学校も素敵で④長い歴史があるね。君はEメールで僕に質問したよね。それについて書こうと思います。友だちと踊ることが⑤好きです。学校の隣に公園があって，放課後に踊るためによくそこに行くんだ。踊ることはとても楽しいから，僕をワクワク⑥させるんだ！

基本 (1) ① <be 動詞＋過去分詞>で「～される」という受動態になる。 ② 後に than があることから比較級があてはまる。 ③ 前後で過去形を用いられているため，過去形が適切。

やや難 (2) ④ 里美の町では最も古い学校の一つなので，長い歴史がある。 ⑤ be fond of ~ing「～することが好きだ」 ⑥ ＜ make ＋ A ＋ B ＞「AをBにする」

3 **(長文読解問題，説明文，要旨把握)**

(1) (全訳) 今日，多くの人がインターネットを使い，多くのことをしている。インターネットには多くの種類のウェブサイトがあるので，それらから多くのことを学ぶことができる。私たちが知らない人と連絡を取ることができ，彼らから多くのことを学ぶことができる。だから，インターネットを使うことはとても役に立つ。しかしながら，誰かについて悪いことを書く人もいる。誰かの個人的な情報をインターネットに書く人もいる。誰でもインターネットで情報を見ることができるので，それはとても危険だ。私たちはインターネットで何でも書くことができるが，そうするときは注意しなければならない。それは，インターネットを使うときに覚えておかなければならない最も大切なことの一つだ。

ア 「たくさんの情報を得るためにウェブサイトを作ることができるので，インターネットを使うことが私たちにとって役に立つ」 2文目参照。情報を得るためにウェブサイトを作るのではないため，不適切。 イ 「私たちはインターネットで知らない人と連絡を取ることができるが，彼らを信じてはいけない」 3文目参照。知らない人と連絡を取り，たくさんのことを学ぶことができるため，不適切。 ウ 「いくつかの情報は誤っているため，正しい情報を選ぶことは私たちにとって重要だ」 6文目参照。誤った情報ではなく，個人情報について書かれているため不適切。

エ 「誰でも見ることができるので，私たちがインターネットで示す情報について気をつけなければならない」 7，8文目参照。インターネットは誰でも見られるため，注意しなければならないと書かれているため適切。

(2) (全訳) 親友のアサミについて話そうと思います。彼女と私は，小学生の時に出会いました。イ それ以来私たちは親友です。→ウ 中学を終わった後，私たちは違う高校に進学します。→ア しかしながら，私たちは永遠に親友でしょう。きっと彼女もそう思っていると思います。そのような親友を持ててうれしいです。

4 (会話文：語句補充)

(全訳)　リョウタ：これを見て。英語部のポスターだよ。僕はその部に入っているんだ。

ナンシー：あら，英語部？よさそうね。その部に興味があるわ。

リョウタ：本当？では，参加しなよ！姉のハナは僕たちの学校の2年生で，彼女も英語部に入っているんだ。

ナンシー：それはいいね。その部にだれかクラスメートいるの？

リョウタ：いいえ。実は，①1年生の人数は最も少ないんだ。合計で5人しかいないんだよ。

ナンシー：あら，本当に？

リョウタ：うん。ポスターのメッセージで②タロウが言っているように，この部でたくさんの友達を作ることができるよ。だから，多くの生徒，特に1年生は参加すべきだと思うな。

ナンシー：わかったわ。いつ部員は会っているの？

リョウタ：僕たちは，月曜日，水曜日，第一土曜日と第三土曜日に会っているよ。でも，僕は③毎週水曜日にピアノ教室があるからクラブでの英語のゲームをすることはできないんだ。

ナンシー：わかりました。クラブのメンバーは4つの行事があるのね。

リョウタ：そうだよ。僕は④8月に国際フェスティバルに参加してボランティアとして働くことに興味があるんだ。

ナンシー：それはいいわね。私は文化祭で英語の劇を上演することに興味があるわ。

リョウタ：えぇっと，それは難しそうだね，でも僕もそれに興味があるな！ところで，次の土曜日に僕たちの部に参加しない？

ナンシー：次の土曜日は第三土曜日よね。

リョウタ：⑤そうだよ。だから3時に活動は終わるんだ。でもどうして？そのあと何か予定があるの？

ナンシー：そうなの。私の家族と私は，その日に父の友達の家を訪れる予定なの。

リョウタ：そうなんだ。

基本　(1)　①　ポスターより，合計5人の学年は1年生だとわかる。　②　ポスターの『メンバーからのメッセージ』の中で，「友だちをたくさん作る」ことが書いてあるのはタロウである。　③　ポスターの『私たちの活動』の中で，曜日と活動内容が一致しているのは，イの「水曜日」に「英語のゲームをする」である。　④　ポスターの『私たちの行事』の中で，月と行事内容が一致しているのは，エの「8月」に「カエデ国際フェスティバルでボランティアとして働く」である。　⑤　第三土曜日は午後1時から午後3時の活動である。

重要　(2)　この後で，曜日を答えていることから when「いつ」を用いて疑問文を作る。英問英答の場合には，答えの主語・動詞に注目する必要がある。

5 (長文読解問題・物語文：内容吟味，要旨把握，英問英答，語句補充，条件英作文)

(全訳)　ナイチンゲールは1820年イギリスの豊かな家庭に生まれた。彼女の家族は裕福な生活をしていたが，彼女はそれに罪悪感を抱いていた。なぜならたくさんの貧しい人々がいることを知っていたからだ。彼女はよく「私は裕福な生活を送っているけれど，病気のときに医者にさえいけない多くの貧しい人がいる」と思っていた。彼女は，裕福な生活を送ることは彼女にとって良くないと思っていた。彼女はいつも，そのような貧しい人々に何ができるかについて考えていた。彼女の家族は，よくパーティーに参加して楽しんでいたが，彼女はパーティーに参加することよりも勉強することが楽しいと思っていた。実際に，彼女はたくさん勉強をした。

ナイチンゲールは24歳のとき，何かを決心し両親に話した。彼女は両親に「私は看護師になって，必要とする人々を助けたい」と言った。当時，看護は良い仕事ではなかった。下流階級の女性

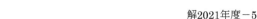

が看護師として働いていた。だから，ナイチンゲールの両親は彼女に賛成しなかった。しかしながら，彼女は看護師になるために一生懸命勉強し続けた。

ナイチンゲールが30歳のとき，彼女はついに看護師になった。彼女の父は，ついに彼女の努力を認めた。

当時，病院はとても汚く，病人は治療を受けることができなかった。ナイチンゲールはこの悪い状況を変えようとした。彼女は病院を建て直し，病人を世話する方法も変えた。

1年後，クリミア半島で戦争が始まり，イギリスの多くの兵士が捕らえられた。病院では，多くの兵士が適切な治療を受けなかったので，そこで死んでいった。ナイチンゲールはその悪い状況を新聞を読むことで聞きつけ，他の看護師とそこに行くことを決心した。彼女は自分のお金で，兵士のために良い食料を買った。

ナイチンゲールと他の看護師がクリミア半島の病院に着いたとき，とても驚いた。病院はとても汚く，病院にはほんの少ししかベッドがなかった。だから多くの負傷した兵士は床に横たわっていた。だから，彼女と他の看護師は病院をきれいにした。その後，彼女たちは負傷した兵士の世話をよくした。はじめは，病院の医師は，看護師は医師や負傷した兵士を助けることができないと思っていた。しかし，医師はすぐに考えを変えた。多くの兵士が助けられたので，看護師たちの大いなる働きを認めたのだ。

戦後，ナイチンゲールは悲しかった。なぜなら戦争では多くの兵士が亡くなったからだ。彼女は「私は何人の人を助けられただろうか」とよく思った。イギリスの人々は，クリミア半島でのナイチンゲールの偉大な働きを聞きつけ，彼女に会うことを楽しみにしていた。彼女は大事なことを何もしていないと思っていた。だから，彼女は，イギリスの人々は自分を過剰評価していると思い，それを好まなかった。彼女はこっそりとイギリスに戻った。

ナイチンゲールは，みんなが病気のときは治療を受けることができることを望んだ。彼女は国家に訴えた。多くの人が彼女の考えに賛成し，多くのお金を彼女に寄付した。そして，彼女はロンドンに学校を設立した。その学校の学生は一生懸命に勉強し，その学校から良い看護師になった。だから，世界中の人々は，看護は人々を助ける重要な仕事だと理解し始めた。

ナイチンゲールは1910年に亡くなった。彼女は一生で非常に多くの人々のために一生懸命働いた。彼女のおかげで，看護の仕事は世界中で認められた。私たちは彼女の偉大な働きを忘れてはならない。

重要 (1) ア「ナイチンゲールはイギリスで生まれ，貧しい家庭で生まれたので周囲の貧しい人を助けようとした」第1段落第1文参照。ナイチンゲールは裕福な家庭で生まれたので不適切。
イ「ナイチンゲールの両親は，看護は良い仕事だとは思わなかったので，彼女に看護師になってほしいと思わなかった」第2段落第3文参照。当時は看護は良い仕事ではなく，両親は賛成しなかったので適切。　ウ「クリミア半島の病院では，多くの兵士が治療を受けたが，そこの医者がよくなかったため亡くなった」第5段落第2文参照。多くの兵士が適切な治療を受けずに亡くなったので不適切。　エ「クリミア半島の病院には多くのベッドがあったため，ナイチンゲールは病院を見て驚いた」第6段落第2文参照。病院にはほんのわずかしかベッドがなかったため不適切。　オ「ナイチンゲールは，母国の多くの人がクリミア半島での彼女の偉大なる働きを認め，会うのを楽しみにしていたので，とても嬉しかった」第7段落第5文参照。ナイチンゲールは過剰評価されていると思い，それを好まなかったので不適切。　カ「ナイチンゲールはみんなが治療を受けなければならないと思い，母国の多くの人が彼女の考えに同意した」第8段落第1，3文参照。ナイチンゲールはみんなが治療を受けることを望み，多くの人がそれに同意をしたため適切。　キ「多くの人がナイチンゲールに寄付をし，彼女はそのお金で負傷した兵士に食料を買った」 第8段落第3，4文参照。ナイチンゲールは寄付されたお金で学校を設立したため不適切。 ク 「ナイチンゲールがロンドンに設立した学校の学生は，卒業後良い看護師になった」 第8段落第5文参照。ナイチンゲールが設立した学校を出た学生は，熱心に勉強し，良い看護師になったため適切。

(2) changed their minds「考えが変わった」部分にあてはまるのは，医師はナイチンゲールたちが負傷した兵士を助けられると思っていなかったが，その後は彼女たちの働きを認めたことである。

重要 (3) ① 「ナイチンゲールはパーティーに参加することよりも何を楽しんだか」 第1段落第6文参照。パーティーに参加することよりも勉強することが楽しかったとある。 ② 「ナイチンゲールはクリミア半島の悪い状況をどのように聞きつけたか」 第5段落第3文参照。新聞を読むことでクリミア半島の悪い状況を聞きつけたとある。

(4) ① What do you think about ~ ? とあるので，英文の出だしは I think that she ~ . にする。あとはナイチンゲールの偉大な業績について触れればよい。15語以上20語以内と語数が比較的多いため，because などを用いて理由を付け加えて説明をする。 ② Why do you study hard ? という問いに対する答えなので，出だしは Because とする。この後は，自分自身が熱心に勉強する理由を説明すればよい。 I want to ~.「私は~したい」や It is ~ for me to …「…することは私にとって~だ」などを用いるとよい。

やや難 **6** **(条件英作文)**

「本を手に入れる方法」について「図書館から本を借りる」か「書店で本を買う」のどちらの方法が好きか問われている。また，理由についても書かなければならない。これらの条件にあてはまる内容にする必要がある。したがって，

- I like to get books by borrowing[buying] them from libraries[at the bookstores] because ~
- I like to borrow[buy] books from libraries[at the bookstore] to get them because ~

という始まりにしたい。

また，英文を書く場合には，問題に書かれている表現を使用するように注意をしたい。たとえば，「図書館」は問題文では libraries と複数形を用いているので，同じように表現しよう。

★ワンポイントアドバイス★

リスニングの配点が比較的高いうえに，英作文の語数も多いため，バランスよく学習する必要がある。過去問を繰り返し解いて，傾向をつかむようにしよう。

<理科解答>

1 (1) エ (2) エ (3) ア (4) イ

2 (1) ① 水上置換(法) ② ウ ③ 3種類 ④ 気体[二酸化炭素]が発生する
(2) ① 64cm/s ② ケ ③ ア ④ イ (3) ① ウ ② 花粉管
③ ウ ④ エ

3 (1) 電離　(2) 電流を流しやすくするため。　(3) エ　(4) $HCl \rightarrow H^{+} + Cl^{-}$
(5) C

4 (1) あ ヘモグロビン　い 酸素が多いところでは酸素と結びつき，酸素が少ないところでは酸素をはなす　(2) c　(3) 尿素　(4) ア　(5) 血液の逆流を防ぐはたらき

5 (1) $2.7g/cm^3$　(2) ア　(3) 0.24N　(4) 3.5cm　(5) イ

6 (1) エ　(2) マグマが地表や地表付近で急に冷やされてできた。　(3) エ
(4) 等粒状組織　(5) あ チョウ石　い ウ

○配点○

1 各3点×4　2 各2点×12　3 (4) 4点　他 各3点×4
4 (1)い，(5) 各4点×2　他 各2点×4　5 (1) 4点　他 各3点×4
6 (1)，(3) 各3点×2　(2) 4点　他 各2点×3　計100点

<理科解説>

重要 1 (小問集合)

(1) ふたをした状態では，石灰石と塩酸が反応して二酸化炭素が生じても容器の中にとどまるので反応前後の重さは変わらない。しかしふたを取ると，二酸化炭素が逃げ出すので重さは軽くなる。

(2) 誘導電流は棒磁石の磁力線を弱める向きに磁界が生じるように流れる。棒磁石のN極を近づけるとコイルでは上向きに磁力線が発生し，その結果検流計の針が＋側に振れた。棒磁石のS極をコイルに近づけると，N極を近づけたときと逆向きに磁力線が生じ検流計の針は－極側に振れる。棒磁石を静止すると，電流は流れなくなる。棒磁石を引き上げるとS極を近づけたときと逆に電流が生じ＋側に振れる。

(3) 草食動物が減ると，それをエサとする肉食動物も減少するが，草食動物のエサになる植物は増える。

(4) 日本付近では西高東低の気圧配置は冬の特徴である。このとき，日本海側では雪が降り，太平洋側では乾燥した晴天が続く。

重要 2 (小問集合)

(1) ① 水に溶けない気体を捕集する図のような方法を，水上置換法という。　② 石灰水を白く濁らせる気体は二酸化炭素である。青色の塩化コバルト紙は水分を吸収すると赤色になる。
③ 炭酸水素ナトリウムを熱分解すると，炭酸ナトリウム，水，二酸化炭素の3種類の物質が発生する。　④ ホットケーキがふくらむのは，炭酸水素ナトリウムが熱で分解し二酸化炭素を発生するためである。

(2) ① 各テープは5打点の距離を示している。5打点は0.1秒に相当する。図2のaの速度は，$1.6 \div 0.1 = 16$cm/sで，以下同様に48cm/s，80cm/s，112cm/sになる。この4区間の平均速度は，$(16+48+80+112) \div 4 = 64$cm/sである。　② 台車に働く重力の大きさは台車の重さで決まる。また，重力の斜面方向の分力の大きさも，重力と斜面の角度が一定なので台車が動いても変化しない。　③ 台車が斜面を下るとき，各区間の速度の増加量は一定になる。これは時間を横軸に速度を縦軸に取ると，右上がりの直線になる。台車が水平面を動いているときは一定の速度で移動するので，横軸に平行なグラフになる。これを満たすのはアのグラフである。　④ 実験1では，速度の増加量は32cm/sであるのに対し，実験2では48cm/sである。台車2の方が速度の変化する割合が大きい。これは実験2の方が斜面の角度が大きかったためである。

(3) ① 双子葉類の特徴は，維管束が環状に並ぶことや葉脈が網目状，根は主根と側根であること。単子葉類は，維管束がばらばらで葉脈は平行脈であり，根はひげ根である。 ② 花粉から伸びる管を花粉管という。花粉管は胚珠まで延び，その中を精細胞が移動して卵細胞と受精する。 ③ 花粉の中の精細胞が花粉管の中を通って胚珠の卵細胞と受精する。 ④ Pからは1本に分かれた染色体Aが，Qからはaが生殖細胞に分かれて入り，これが合体して新しい対の染色体Aaができる。

3 (酸とアルカリ・中和—電離)

基本 (1) 電解質が水に溶けてイオンに分かれることを電離という。

(2) 水だけでは電流が流れないので，塩化ナトリウムを溶かすことで電離して生じるイオンが電流を流れやすくする。

重要 (3) 水酸化ナトリウムは電離してNa^{+}とOH^{-}に分かれる。OH^{-}は陽極にひかれて移動し，Bの赤色リトマス紙を青くする。このことから，アルカリ性の正体がOH^{-}であるとわかる。

重要 (4) 塩酸は水素イオンと塩化物イオンに電離する。反応式は$HCl \rightarrow H^{+} + Cl^{-}$となる。

重要 (5) 塩酸から生じた水素イオンが陰極にひかれ，Cの青色リトマス紙が赤色に変わる。このことから酸性の正体がH^{+}であることがわかる。

基本 4 (ヒトの体のしくみ—血液)

(1) 赤血球に含まれ酸素を運ぶ役割をするものはヘモグロビンである。ヘモグロビンは酸素の量が多い肺で酸素と結びつき，動脈を伝わって体に運ばれる。体の各部では血液中の酸素濃度が低いため酸素を放出し二酸化炭素と結びつき，再び心臓を経由して肺に戻りまた酸素を受け取る。

(2) 小腸で栄養素が吸収され，血液中に取り込まれる。この栄養素を多く含んだ血液を肝臓に送る血管がcで，肝門脈という。

(3) 毒性の強いアンモニアは肝臓で毒性の弱い尿素に変えられ，腎臓からぼうこうを経て尿として排出される。

重要 (4) 心臓から出てゆく血管が動脈，入ってくる血管が静脈である。右心室から肺に向かう血管は肺動脈であるが，酸素が少ない血液であるので静脈血である。また，肺から左心房へ戻る血管は肺静脈であるが，流れる血液は酸素を多く含む動脈血である。

(5) 心臓の弁には，血液の逆流を防ぐ役割がある。

5 (力・圧力—浮力)

基本 (1) 物体が水につかっていないときのばねばかりの値は1.62Nなので，物体の質量は162gである。物体の体積は$3 \times 4 \times 5 = 60(cm^3)$なので，密度は$162 \div 60 = 2.7(g/cm^3)$である。

(2) 水の深さの深いところほど大きな水圧がかかるので矢印が長くなる。

重要 (3) 表より，水面から物体までの距離が2cmの時，ばねばかりの値は1.38Nになる。水につかっていないときとの差は$1.62 - 1.38 = 0.24(N)$であり，これが浮力に当たる。

重要 (4) ばねばかりの値が1.20Nの時の浮力は$1.62 - 1.20 = 0.42(N)$である。浮力は物体が押しのけた水の重力に相当するので，42gの水が押しのけられた。水の密度が$1.0g/cm^3$なので，42gの水の体積は$42cm^3$であり，水面から物体の底までの距離は底面積が$12cm^2$なので，$42 \div 12 = 3.5(cm)$になる。

(5) 水面から底面までの距離が5cm以上ではばねばかりの値は一定になる。このことから，物体の水中における深さは浮力の大きさに関係しないことがわかる。また，距離が0～4cmまではばねばかりの値が増加するので，浮力の大きさは物体が押しのける水の体積が大きいほど大きくなることがわかる。

6 (地層と岩石―火山・火山岩)

重要 (1) 図1のP の火山はマグマの粘り気が強いもので，Rは弱いものである。Pの火山の噴火は爆発的で激しく，Rの噴火は穏やかでマグマが流れ出すように噴火する。雲仙普賢岳はPの形の火山である。

重要 (2) 火成岩には，マグマが地表や地下の浅い部分で急激に冷やされてできる火山岩と，深いところでゆっくりと冷やされてできる深成岩がある。火成岩Xは図2の様子から火山岩とわかる。

基本 (3) 火山岩の大きく成長した結晶部分を斑晶といい，細かい鉱物の集まりやガラス質の部分を石基という。

基本 (4) 火成岩Yは深成岩であり，その特徴は鉱物の大きさが大きく粒の大きさがそろっている。これを等粒状組織という。

重要 (5) 無色の鉱物にはセキエイ，チョウ石があり，有色の鉱物には黒雲母(黒色)，角閃石(黒，濃い緑色)，輝石(緑色，褐色)，カンラン石(黄緑色)がある。深成岩の中で白っぽいものは花崗岩であり，黒っぽいものが斑レイ岩である。火山岩では白っぽいものが流紋岩であり，黒っぽいものが玄武岩である。

★ワンポイントアドバイス★

基本問題が大半なので，基礎知識をしっかりと身につけるようにしたい。物理や化学の分野の計算問題は，類題の練習をして解き方を理解し覚えて使えるようにしておくこと。

<社会解答>

1 1 (1) ア (2) ウ 2 (1) イ (2) インカ(帝国) (3) ウ
3 (1) C ウ E オ (2) い エ う 自由民主党

2 1 (1) ウ (2) 自己決定権 (3) イ 2 (1) (語) 地方分権 (記号) ア
(2) い 25(歳以上) う エ (3) エ

3 1 (1) イ (2) エ (3) い 環太平洋(造山帯) う イ 2 (1) ウ
(2) 八幡(製鉄所) (3) (名称) 水俣病 (記号) ウ (4) 持続可能(な社会)
3 (1) (名称) 那覇(市) (記号) ア (2) エ (3) エ

4 1 (1) 渡来人 (2) 鑑真 (3) (記号) ウ (王朝名) 宋 (4) ア
2 (1) エ (2) (貿易品) 生糸 (名称) 南北(戦争) (3) (国名) ドイツ
(機関) 国際連盟 (4) (例) 選挙権が与えられる年齢が20歳以上に引き下げられ，女性の参政権が認められたから。

○配点○

1 1(1)・2(3) 各3点×2 他 各2点×7
2 1(1)・(2)・2(2) 各2点×4 他 各3点×4
3 1(1)・2(1)・(4)・3(1)記号 各3点×4 他 各2点×9
4 1(1)～(3) 各2点×4 2(4) 4点 他 各3点×6
計100点

＜社会解説＞

1 (総合―世界の地域統合・国際政治など)

重要 1 (1) 2020年1月，イギリスが離脱し現在27か国より構成される組織。1999年からは共通通貨も一部導入，貿易では世界の約3分の1を占める。イはアメリカ，ウは日本，エは中国。 (2) 第1次世界大戦で敗れたドイツが制定，男女普通選挙など当時最も民主的といわれた憲法。社会権とは人間らしい生活を営むため国に対し積極的な政策を要求できる権利。

2 (1) 南米大陸のほぼ半分を占めるブラジル。1500年，ポルトガル人が漂着して以降その植民地となり国民の大部分を白人とムラート(白人と黒人の混血)が占める。 (2) 北はエクアドルから南はチリ中部に至るアンデス山中に栄えた国家。1533年，スペインのピサロによって滅ぼされた。 (3) マナウスはアマゾン川中流の河港都市。熱帯雨林の中心部に位置しアマゾン観光や開発の拠点として発展しているブラジルを代表する大都市。

3 (1) C インドシナ半島の中央に位置し，東南アジアで唯一独立を維持することができた立憲王国。 E マレー半島南端の都市国家。住民の4分の3が華人で世界の金融センターとして発展している。 (2) い アジア・アフリカ29か国が参加，反植民地や民族自決，軍縮などの平和十原則を発表した。 う 保守・革新の二大政党が成立(55年体制)し自民党の単独政権が存続。1993年，自民党の分裂を契機に非自民連立内閣が成立したことにより崩壊した。

2 (公民―人権・政治のしくみなど)

1 (1) 男女が社会の対等な構成員となり，政治・経済・社会・文化的利益を均等に享受する社会を促進するための法律。教育基本法と生活保護法は社会権，個人情報保護法は新しい人権。 (2) 髪形などの外観から結婚などのライフスタイル，尊厳死など幅広く主張される権利で憲法13条の幸福追求権が根拠とされる。 (3) 人権を守り公正で誤りのない裁判を行うための制度。

2 (1) 中央集権に対する言葉。地方の実情に合わせそのニーズをくみ取るサービスの実現を目指す考え方。天皇は内閣の指名に基づいて最高裁判所長官を任命する(憲法6条)。イとエは国会，ウは裁判所の権限。 重要 (2) 2015年に選挙年齢は引き下げられたが被選挙権には変更がなかった。衆議院は289の小選挙区と全国を11のブロックに分けた比例代表から構成，重複の立候補も認められている。 (3) 地方交付税は財政格差を是正するため国から交付，国庫支出金は国が使途を特定して交付される補助金。全国平均でも自主財源である地方税の割合は45％程度に過ぎず国に依存する自治体が大多数である。

3 (地理―地形図・地形・産業など)

重要 1 (1) 東側にあるのは発電所(☼)，市役所は◎，裁判所は♤。 (2) イスラム教の聖典であるコーランには豚肉やアルコールの禁止など様々なタブーが記載，調理にはハラールという一定の作法が要求されている。 基本 (3) い 太平洋を取り囲む造山帯。世界の活火山の4分の3，地震の9割が集中している。 う アンデスは南米の太平洋岸を南北に走る世界最長の山脈。

2 (1) かつては八幡製鉄所に代表される金属工業に依存していたが，現在は自動車産業を中心とする機械工業を中心に発展している工業地域。 (2) 日清戦争の賠償金を用いて設立，日本の重工業における産業革命に大きく貢献した製鉄所。 (3) 熊本県南部の化学工場から排出された汚染物質が水俣湾に流出して発生した有機水銀中毒。イタイイタイ病などとともに4大公害訴訟といわれる。 (4) 1992年の地球サミットで打ち出された発展と環境保護との調和を目指す考え。2015年には国連で「だれ一人取り残されない」を理念としたSDGs(持続可能な開発目標)を採択。

3 (1) 耕地が少ない沖縄県は観光など第3次産業に依存する割合が極めて高い。イは東京都，ウは青森県，エは愛知県。 (2) 日本にある米軍施設の約7割が沖縄に集中，特に沖縄本島では面積の15%を占め大きな社会問題となっている。 (3) 年間の温度差が小さく冬でも暖かい沖縄は亜熱帯気候とも呼ばれる。台風に備え漆喰(しっくい)で屋根の瓦を固めたりサンゴで作られた石垣などが多いが，最近ではコンクリート製の建物も増えている。

4 (日本と世界の歴史ー古代〜現代の政治・社会・文化史など)

1 (1) 4世紀以降，朝鮮半島や中国から多くの人が渡来，優れた技術のほか文字や宗教など様々な文化をもたらした。 (2) 戒律を伝えるため請われて来日，東大寺に初めて戒壇を設け聖武天皇らに受戒した唐の高僧。 (3) 神戸港の古い呼び名。日宋貿易の利益に着目した清盛が港を拡張，輸入の中心となった宋銭は国内の貨幣流通を促進させた。宋は唐滅亡後中国を統一した王朝で元によって滅ぼされた。 (4) わび茶を発展させ茶道を大成，晩年は秀吉の怒りに触れ切腹を命じられた。イ・エは鎌倉，ウは東山文化。

2 (1) 1956年，鳩山首相が訪ソしソ連との国交を回復。ロシア革命は1917年，三・一独立運動は1919年，甲午農民戦争は1894年。 (2) 当時フランスで蚕の病気が流行，日本の生糸への需要が高まっていた。1861年に始まった南北戦争によりアメリカとの貿易は激減した。 (3) 19世紀末，オスマン帝国への進出をめぐりドイツ・オーストリア陣営とイギリス・フランス・ロシア陣営の対立が激化。国際連盟はアメリカ大統領・ウィルソンの提唱で成立，日本もイギリス・フランス・イタリアと並び常任理事国に就任。 (4) 政治の民主化の中，1945年12月に選挙法が改正，翌年4月の総選挙では39名の女性議員も誕生した。

重要

★ワンポイントアドバイス★

最近は分野をまたいだ出題が増える傾向にある。問題を解く際には常にいろいろな角度から考え，疑問点があれば必ず自分で調べる習慣をつけよう。

＜国語解答＞

一 (一) (1) 幼少 (2) 幹 (3) 催(し) (二) なんの実質〜在している
(三) (例) 老人に人工飼育を学び，故郷に蛍の光を取り戻すことで，自分の内部に故郷を根づかせたいと考えたから。 (四) 3 (五) 4

二 (一) (1) せば(め) (2) きよ (3) ひにく (二) 3 (三) 保険
(四) (例) 人間関係が軋み，孤立しても，組織や制度が人間関係の修復の助けにならないから。 (五) 人間関係を営みつづける

三 (一) 2 (二) 4 (三) 1 (四) 相対的な関係 (五) 3
(六) (例) 片寄って行った春の雲と，同じ方向に向かい，降りて静かになった雁

四 (一) ようやく (二) 3 (三) 2 (四) 勤めて書をよみ
(五) (例) 私が希望する目標は「点滴穿石」です。なぜなら，勝つためには努力を続けて確実に力をつけることが大切だと思うからです。

　私が所属していた野球部では，部員たちがそれぞれ課題を決めて努力していました。その結果，個々の力が高まり，三年生最後の大会で優勝することができました。たしかに仲間を信じて一致団結することは大切ですが，気持ちだけでは勝てません。地道な努力を続けることが勝利につながるのだと思います。

○配点○

一　(一)　各3点×3　(三)　6点　他　各4点×3
二　(一)　各2点×3　(四)　6点　他　各5点×3
三　(六)　6点　他　各3点×5　四　(一)　3点　(五)　10点　他　各4点×3
計100点

<国語解説>

一　(小説－情景・心情，内容吟味，漢字の書き)

(一)　(1)　「幼少」は，幼いこと。「幼」は形の似た「幻(ゲン・まぼろし)」と区別する。「少」は「小」と誤りやすいので注意する。「幼」の訓は「おさな‐い」。「幼稚」「幼児」などの熟語がある。　(2)　「幹」は，へんを「車」と書かないようにする。「幹」の音は「カン」。「根幹」「幹事」などの熟語がある。　(3)　「催」は，形の似た「権」と区別する。「催」の音は「サイ」。「開催」「主催」などの熟語がある。

(二)　直後に，蛍を産み出すことについて「金銭の対象にはならない」「人間の実生活を利するものではなく」とある。この内容を続く段落で「なんの実質的な報いもないのに蛍の光をよみがえらせようと努力している人間が実在している」と言い換えている。

重要　(三)　二つ後の段落に，「もしも，川筋に蛍の光が舞うようになったら……町は自分の故郷として，一層強く自分の内部に根を張るにちがいなかった」とある。読み進めると，「自分も蛍の人工飼育をしてみたいと思い，教えを乞いに来た，と言った」とある。この内容を指定字数でまとめる。理由を問われているので，まとめる順序は，条件(手段)→目的の順にするとよい。

(四)　「口をつぐむ」は，物を言わない，言葉を発しないということ。直前の「憤りの色が浮かんだ」は，怒りの様子が表れたということ。直後にあるように，俊一郎は「蛍の生命をよみがえらせようと努めている老人が，それを金銭を得るために道具に利用しようとする人間に対して激しい怒りをいだくのは当然だ，と思った」ので，蛍が光って飛ぶところを見たいという自分の願望も，老人には怒ることに思えるのではないかと考えて，言葉が出なくなったのである。

(五)　4については，最後の老人の会話に注目する。「あなたには，教えてさしあげてもよさそうだ」「私もあなたと同じように，蛍の光が舞うのを見たいだけの目的ではじめたことです」という会話があって，そう話す老人の様子を「老人の顔に，やわらいだ表情が浮かんだ」と表現している。1は「意欲的になっている」，2は「すっきりした気持ち」，3は「楽しみになっている」が，「穏やかな気持ち」とは異なる。

二　(論説文－要旨，内容吟味，文脈把握，接続語の問題，漢字の読み)

(一)　(1)　「狭」の訓は「せま‐い・せば‐める・せば‐まる」。音は「キョウ」。形の似た字に，てへんの付く「挟(キョウ・はさ‐む・はさ‐まる)」がある。「狭」は，けものへん。「狭」には「狭小」「狭義」，「挟」には「挟撃」などの熟語がある。　(2)　「寄与」は，他のものの役に立つこと。「寄」の訓は「よ‐る・よ‐せる」。「与」の訓は「あた‐える」。それぞれ，「寄付」「寄贈」，「付与」「贈与」などの熟語がある。　(3)　「皮肉」は，ここでは，予想・期待・希望に反した結果が現れること。「皮肉を言う」の場合の「皮肉」は，相手の欠点・弱点などを直接に指摘せず，遠回しに意地悪く非難すること。

基本　(二)　Aの前では，「多種多様な価値観をもった生徒がいるはず」として学校の本来の姿を示している。後では，「異なった価値観の人間と出会う機会は逆に減ってくる」と前の内容には合わないことが述べられている。逆接。Bの前で述べたイツメンとの関係の在り方について，後でも付け加えている。並立・累加。したがって，3「A　しかし，B　さらに」が適切。

（三）「比喩」「一語」を手がかりにする。まず，「安全な居場所」とは人間関係についての「安全な居場所」である。それを，続く段落で「行動を共にしている仲間は……今日の学校で，その日常を何とか無事に生き抜いていくためのセーフティ・ネットとしての色彩が強い。彼らは，そのような仲間をイツメン(いつも一緒のメンバー)と呼ぶ。それは，学校の中でけっして独りにならないように掛けておく保険のようなもので」と説明している。「イツメン」は独りにならないためのもので，「安全な居場所」の役割をするのである。「ような」は直喩を表す言葉であるので，一語で抜き出すと「保険」となる。

重要 （四）直後に「もし人間関係が軋みでもしたら，もう後がないと考えるからである」と理由を述べている。「もう後がない」とはどういうことかは，続く文で説明している。「組織や制度が人間関係の修復のための後ろ盾にならない」ということである。これらの内容に，必要な言葉を補って解答をまとめる。「人間関係が軋む」とは，人間関係がぎくしゃくするということで孤立することにつながる。解答例は「人間関係が軋み，孤立しても～」と補っている。

（五）ノートの中の言葉が，文章のどの部分と対応しているかに注目する。「人間関係は移ろいやすくなり」は，第二段落の「人間関係の流動性が増していく」と対応する。「複雑化」は，第四段落に「維持することの難しい関係」「一日中イツメンへの配慮から逃れられなくなった」と対応する。すると，第五段落の「仲間と決して衝突することなく」が「仲間との円滑な」に対応することになるから，空欄には「人間関係を営みつづける」が入ると判断できる。続く「関係の同質化やキャラを駆使する」は，第六段落の「関係の同質化とともに駆使されるものがキャラである」と対応している。〈キャラの効果〉については，第五段落の後半に説明されている。

三　（論説文－要旨，内容吟味，文脈把握，脱語補充，筆順・画数，品詞・用法）

（一）例として挙げている斎藤茂吉の短歌を上の句と下の句に分けて，どのように組み立てられているかを説明している。「組み立て」という意味にあてはまるのは「構造」である。「秩序」は，物事の正しい順序・筋道。短歌は，二つのものを相対的に考えることで物の組み立てや物事の順序・筋道を捉えているというのである。

やや難 （二）④の部分は，楷書では「当」と切り離して書かれる。行書では連続して書かれる。①の部分は，本来は「木」だから二画だが一画で書かれている。②の部分は，縦画から横画へ書かれている。③の部分は，払いの形にはなっていない。

基本 （三）「ない」には，形容詞と助動詞がある。「見えない」の「ない」は，同じ否定の助動詞「ぬ」に言い換えられるので助動詞。2「教えられない」，3「いない」，4「分からない」の「ない」は「ぬ」に言い換えられるので助動詞。1「違いはない」の「ない」は「ぬ」に言い換えられないので形容詞。また，直前に助詞「は」があり「ない」は文節を作っていることからも，自立語の形容詞と判断できる。

（四）直前に「対照するような，照応するような」とあるので，短歌の成り立ちについて，二つのものの関係を表す言葉が入ると判断できる。〝二つのものの関係というものを見る〟という内容で言葉を探すと，第一段落に「短歌といえども相対的な関係を見ることによって出来ている歌がかなりある」とある。

（五）3は，第四段落に「私達が物を見る場合でも……ただ一つのものだけ見るのではなくて，それと関係し合っているものがある，それを見ることが必要である」とある。また，最後の段落にも「それと何か関係し合っているものがある。それを引き立てるかあるいはそれに意味を与えているものが何かある。そういうものをつかむような物の見方をするのがいい」とある。1は，「多角的に見る」とは述べていない。2は，「物の真実や核心は二つのものが関わり合う中で生まれる」が誤り。物の真実や核心を見ようとするときは，関係し合っている二つのものをつかむとよいと述べている。4は，「あらゆる物は関係し合っており」とは述べていないので誤り。

重要 (六) 斎藤茂吉の歌の，「二つのもの」をとらえる。「遠い沼の真菰の茂っている方に」，「春の雲が片寄って行った」のと「雁もその方へ向って行って，降りて静かになった」のである。このふたつのものを空欄に合うようにまとめればよい。

四 (古文・課題作文－主題，内容吟味，脱語補充，熟語，仮名遣い)

〈口語訳〉 昔，李白が書物を匡山で読んだ。次第に疲れて他の場所に行った時，道で老人が石にあてて斧をこするのに会う。これを(何をしているのかと)問えば針にしようとしてこすっていると言うのに感動して，いっそう努力して書物を読み，ついに名声を得た。小野道風は，我が国の有名な書の達人である。若かったとき書の技法を学んだが，上達しないことを嫌に思い，裏庭で休んでいる時に，蛙が泉のほとりの垂れ下がっている柳に飛び上がろうとするけれども届かないのを，次第次第に高く飛んで，その後ついに柳の枝に移った。道風はこのときから技芸とは努力することにあることを知り，学んで終ることがなく，その名は今に広く知られるようになった。

やや難 (一) 「au」の音は「ô」に直す。「やう」は「yau」で「yô(よう)」となる。

基本 (二) 「技術」は「技」と「術」で，3「帰還」は「帰る」と「還(元へ戻る)」で，似た意味の字の組み合わせ。1「因果」は「原因」と「結果」ということで，反対の意味の字の組み合わせ。2「激痛」は「激しい痛み」で，修飾関係。4「延期」は「期を延ばす」で，下の字が上の動作の目的語になっている。

(三) 老人が作業しているのを，李白が偶然見かけたのであるから，2は合致しない。

(四) 李白が努力を続けたのは，書物を読むことである。

重要 (五) 条件に従って書くことに注意する。模範解答はA「点滴穿石」を目標として書いている。部員たちのそれぞれの課題が「点滴(小さなこと)」であり，個々が課題をこなしていくことで「個々の力が高まり」，優勝という大きなことを成し遂げた(＝穿石)という構成。「一致団結」との比較では，抽象的な気持ちと具体的な努力という観点で比べている。

★ワンポイントアドバイス★

小説は，出来事をふまえて心情や行動の理由をとらえながら読んでいこう。論説文・鑑賞文は，筆者の考えや主張を，説明の筋道をたどって正確に読み取ろう。古文は，どんなことについて書いているのか，内容を正しくとらえることを心がけよう。

MEMO

大切なことはメモしておこうネ！

T.G

解答用紙集

○月×日 △曜日　天気(合格日和)

◆ご利用のみなさまへ

＊解答用紙の公表を行っていない学校につきましては、弊社の責任において、解答用紙を制作いたしました。

＊編集上の理由により一部縮小掲載した解答用紙がございます。

＊編集上の理由により一部実物と異なる形式の解答用紙がございます。

人間の最も偉大な力とは、その一番の弱点を克服したところから生まれてくるものである。――カール・ヒルティ――

東京学参株式会社

常総学院高等学校　2024年度

◇数学◇

※ 122％に拡大していただくと，解答欄は実物大になります。

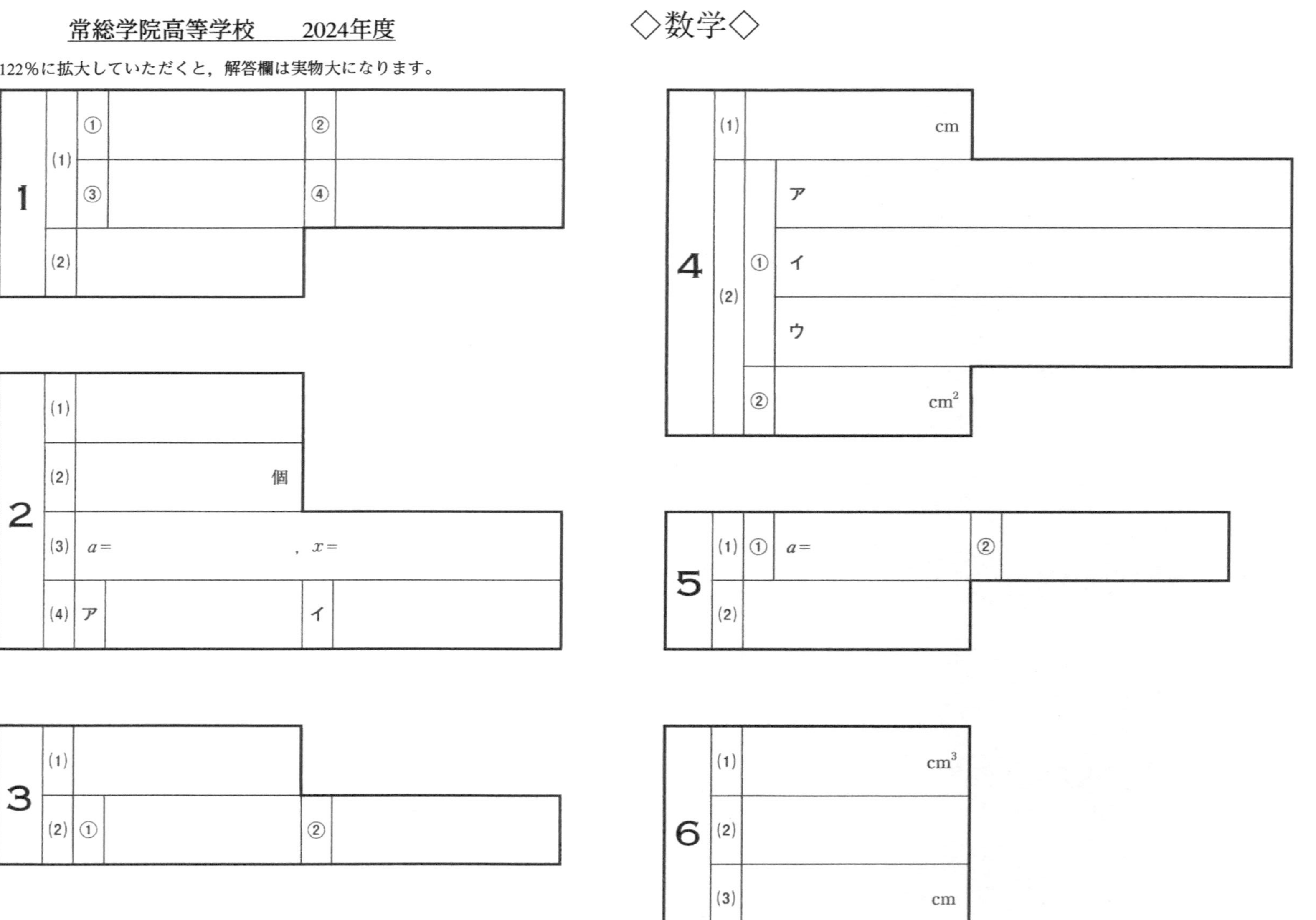

1					
1	(1)	①		②	
		③		④	
	(2)				

2				
2	(1)			
	(2)	個		
	(3)	$a=$	, $x=$	
	(4)	ア	イ	

3					
3	(1)				
	(2)	①		②	

4			
4	(1)		cm
	(2)	①	ア
			イ
			ウ
		②	cm^2

5					
5	(1)	①	$a=$	②	
	(2)				

6		
6	(1)	cm^3
	(2)	
	(3)	cm

常総学院高等学校　2024年度

◇英語◇

※ 152％に拡大していただくと，解答欄は実物大になります。

1					
(1)	No.1	No.2	No.3	No.4	
	No.5				
(2)	No.1	No.2	No.3	No.4	
(3)	No.1	No.2			
(4)	① → → →				
	②				

2		
(1)	①	②
	③	
(2)	④	⑤
	⑥	

3	
(1)	
(2)	→ →

4			
(1)	①	②	③
	④	⑤	
(2)			

5		
(1)		
(2)		
(3)	①	②
(4)		
(5)	①	
	②	

6	
①	→ → → →
②	→ → → →
③	→ → → →
④	→ → → →

常総学院高等学校　2024年度

※ 161％に拡大していただくと，解答欄は実物大になります。

◇理科◇

1	(1)		(2)		(3)		(4)	
	(5)		(6)		(7)		(8)	

2	(1)	
	(2)	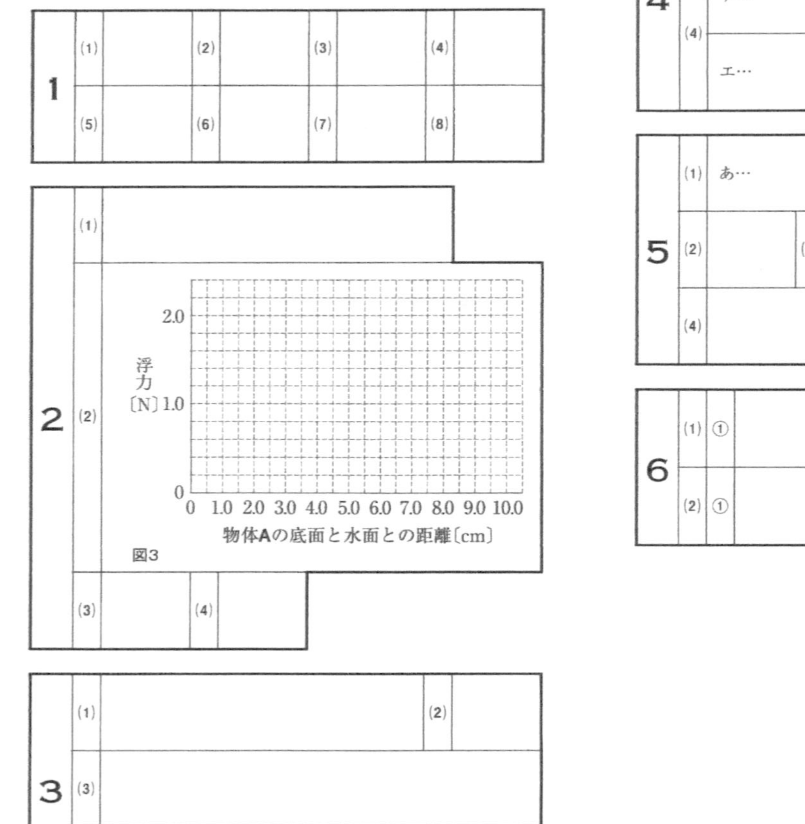
	(3)	(4)

図3

3	(1)		(2)	
	(3)			
	(4)		(5)	酸化銅：炭素＝　：

4	(1)		(2)		(3)	
	(4)	ア…	イ…	ウ…		
		エ…	オ…			

5	(1)	あ…	い…
	(2)		(3)
	(4)		

6	(1)	①		②	
	(2)	①		②	

常総学院高等学校　2024年度

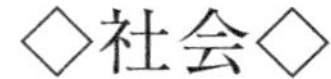

※ 130％に拡大していただくと，解答欄は実物大になります。

1						
1	(1)		(2)			
	(3)	月　日　午前・午後　時				
	(4)	①		②		③
2	(1)		(2)			
	(3)	ア	イ	ウ	エ	

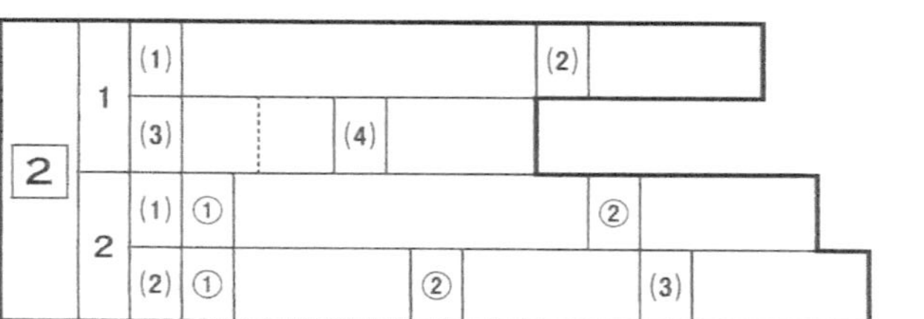

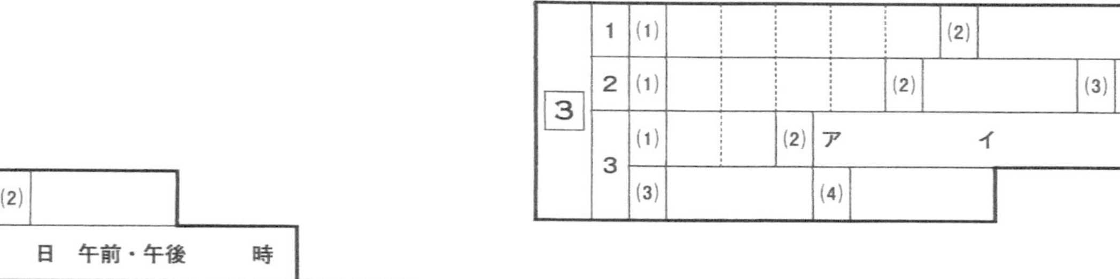

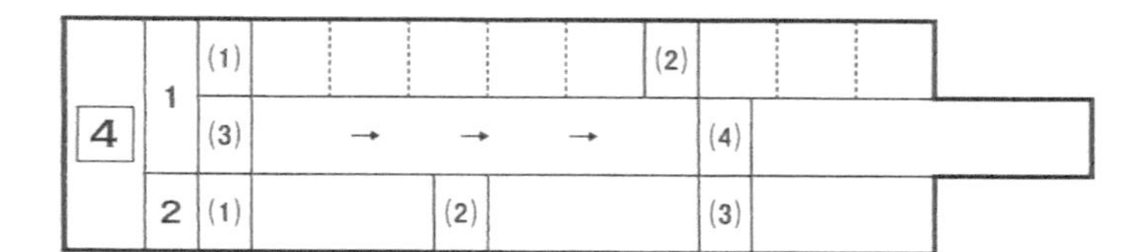

常総学院高等学校　２０２４年度

※１３２%に拡大していただくと、解答欄は実物大になります。

◇国語◇

一
㈠
㈡ 40 50 と考えている。
㈢
㈣
㈤

二
㈠
㈡
㈢
㈣
㈤ 15 20 人について書かれている。

三

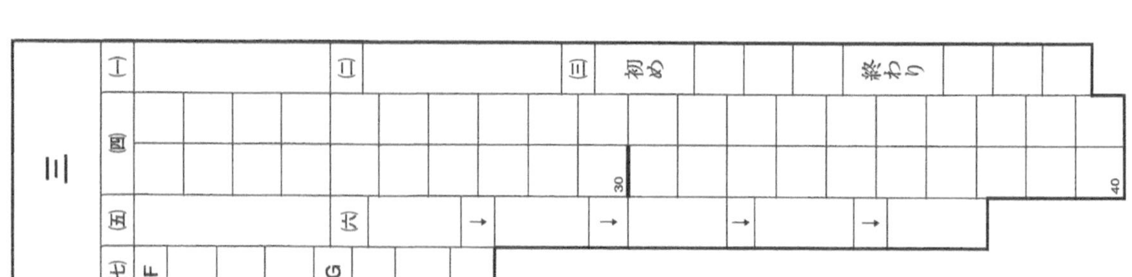

㈠
㈡
㈢ 初め 終わり
㈣ 30 40
㈤
㈥ → → → →
㈦ F G

四
㈠ (1) (2)
㈡ (1) (2) る (3) される (4)
㈢

常総学院高等学校　2023年度

◇数学◇

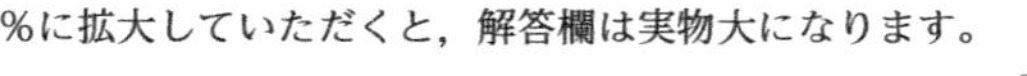

※ 175％に拡大していただくと，解答欄は実物大になります。

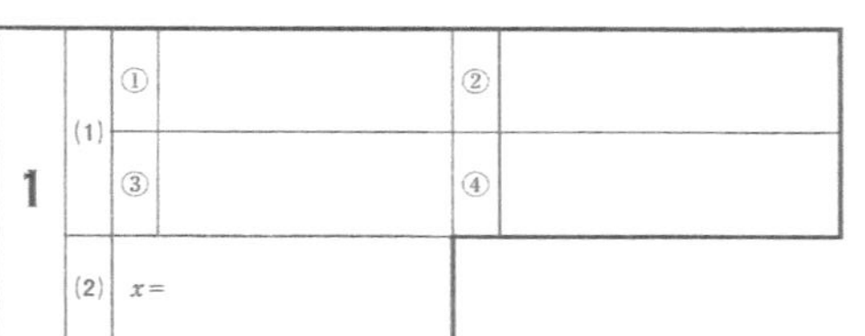

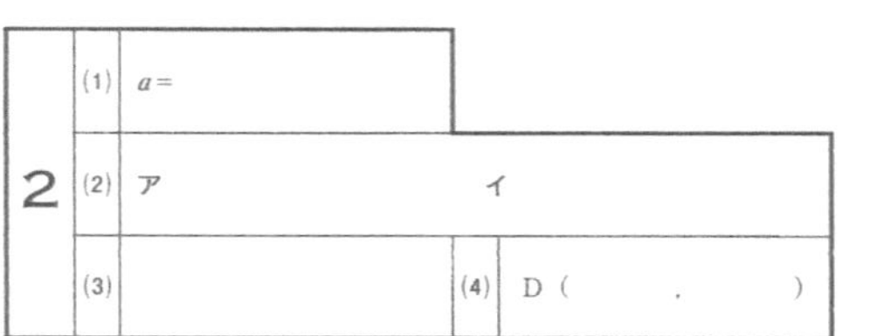

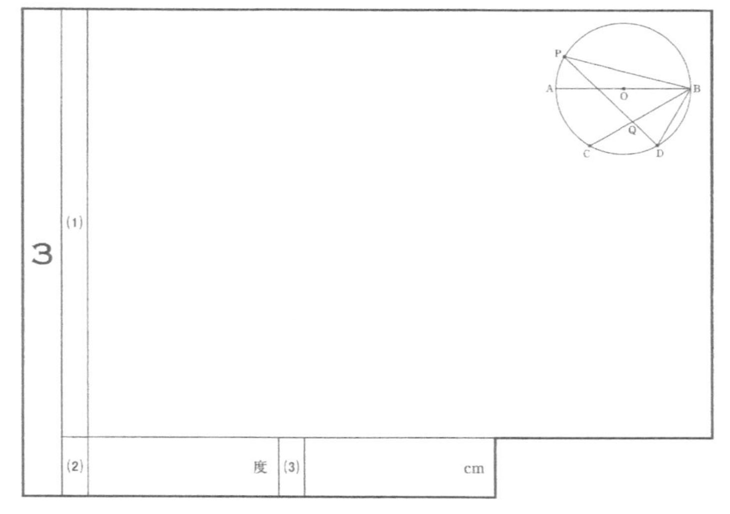

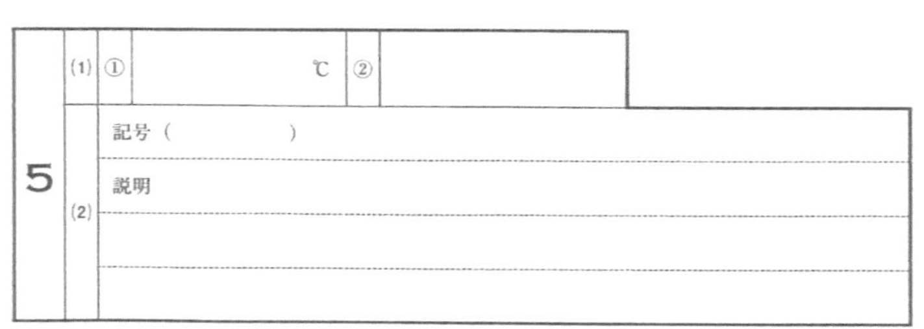

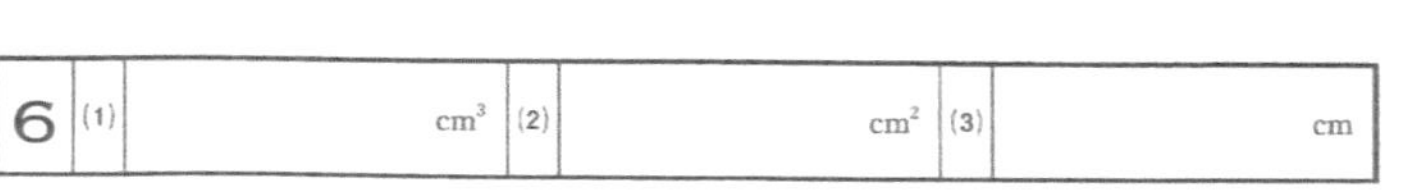

常総学院高等学校　2023年度

◇英語◇

※ 164％に拡大していただくと，解答欄は実物大になります。

1

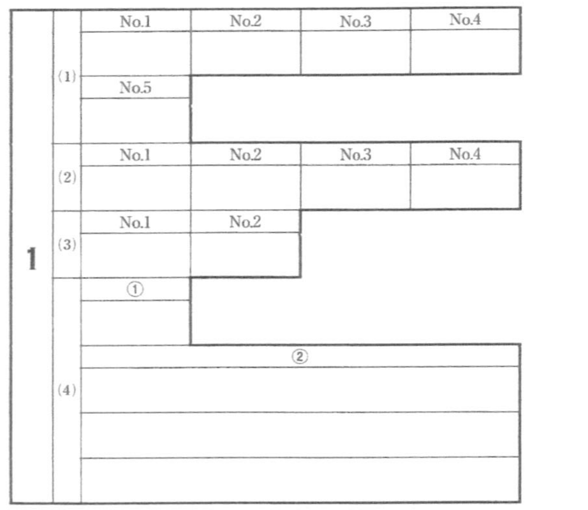

2

(1)	①	②	③
(2)	④	⑤	⑥

3

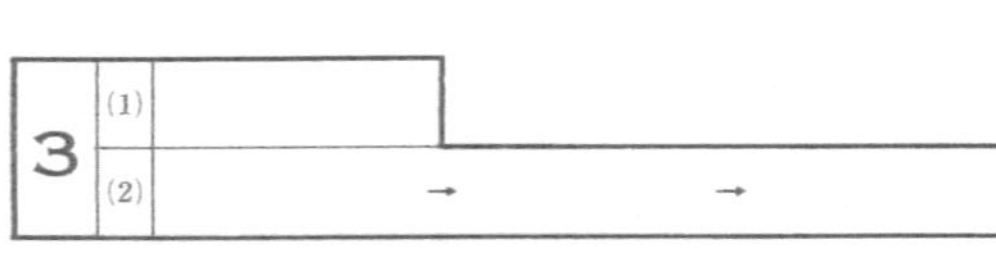

4

(1)	①	②	③
	④	⑤	

(2) Why (　　　　)?

5

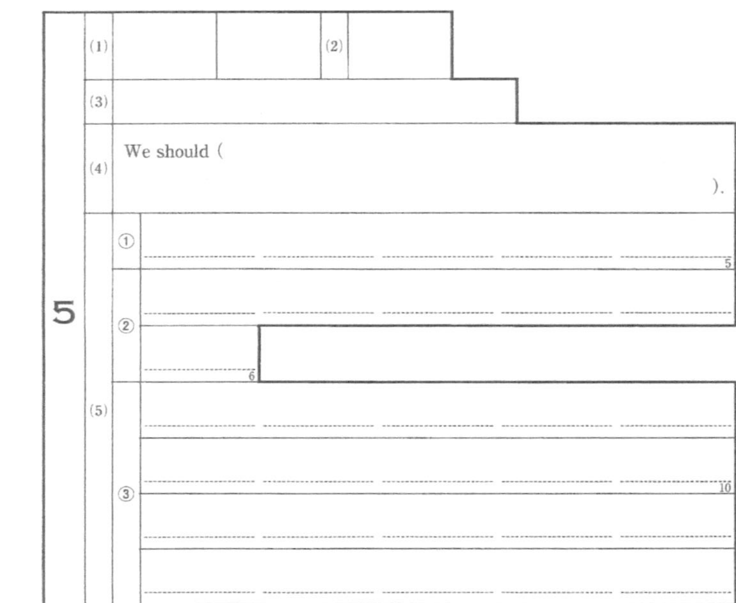

問題６の解答欄は，裏側にあります。

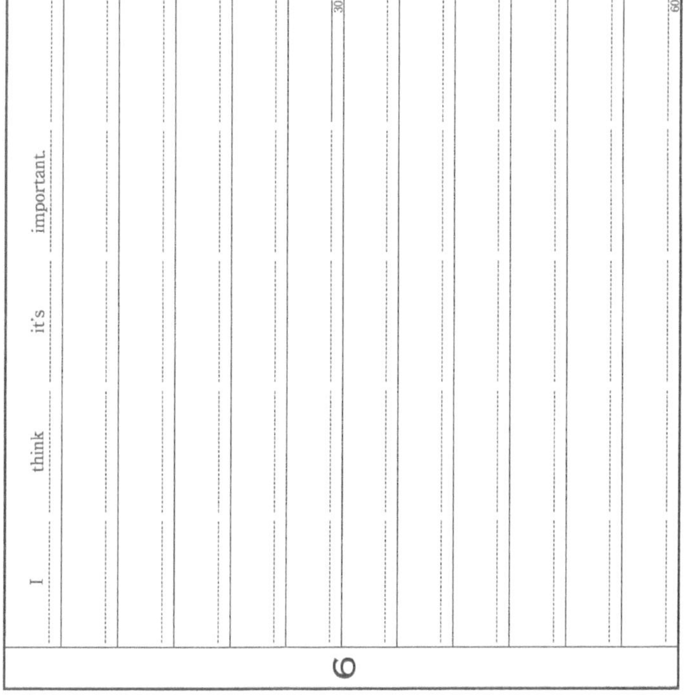
9
I think it's important.
30
60

常総学院高等学校　2023年度

◇理科◇

※ 161％に拡大していただくと，解答欄は実物大になります。

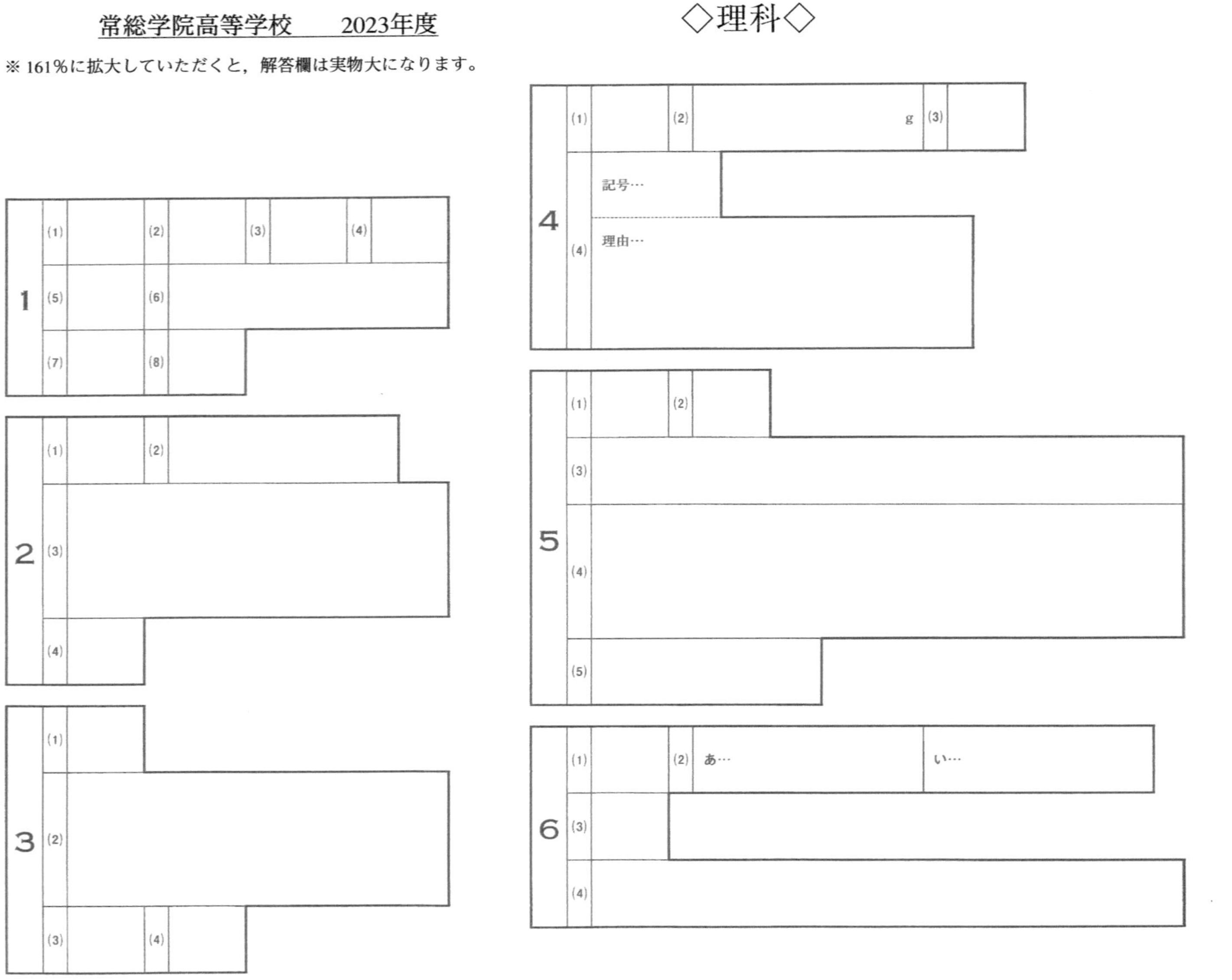

常総学院高等学校　2023年度

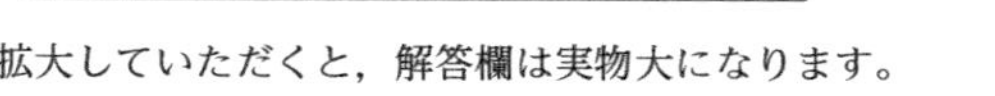

※ 152%に拡大していただくと，解答欄は実物大になります。

◇社会◇

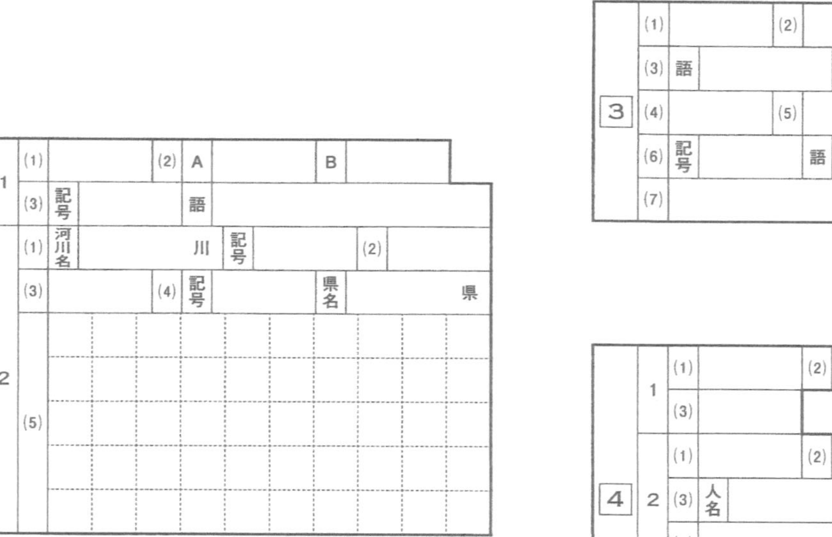

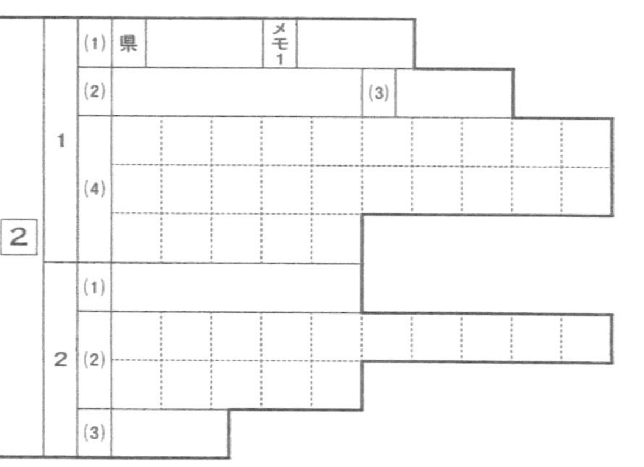

3			
(1)		(2)	
(3)	語	記号	
(4)		(5)	
(6)	記号	語	
(7)			

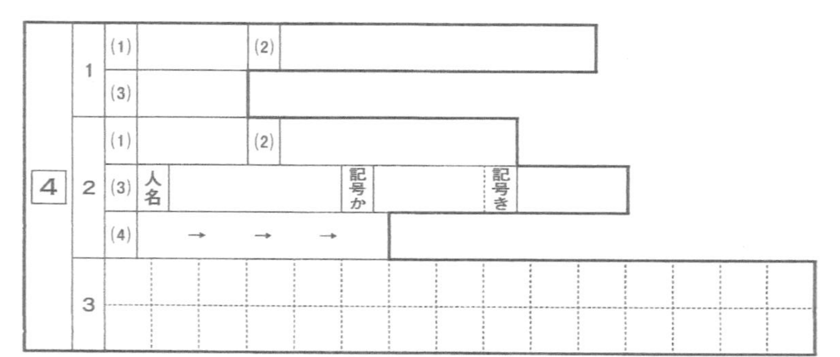

◇国語◇

常総学院高等学校　２０２３年度

※１４５％に拡大していただくと、解答欄は実物大になります。

一

(一)

(二)

(三)　50字以内、40字以上

(四)

(五)

二

(一)

(二)

(三)

(四)　30字以内、20字以上

(五)

三

(一)　50字以内、40字以上

(二)

(三)

(四)

(五)

(六)

(七)　C　D

四

(一)

(二)

(三)　(1)　(2)

(四)　(1)　　った　(2)　(3)　　す

常総学院高等学校　2022年度

◇数学◇

※ 169%に拡大していただくと，解答欄は実物大になります。

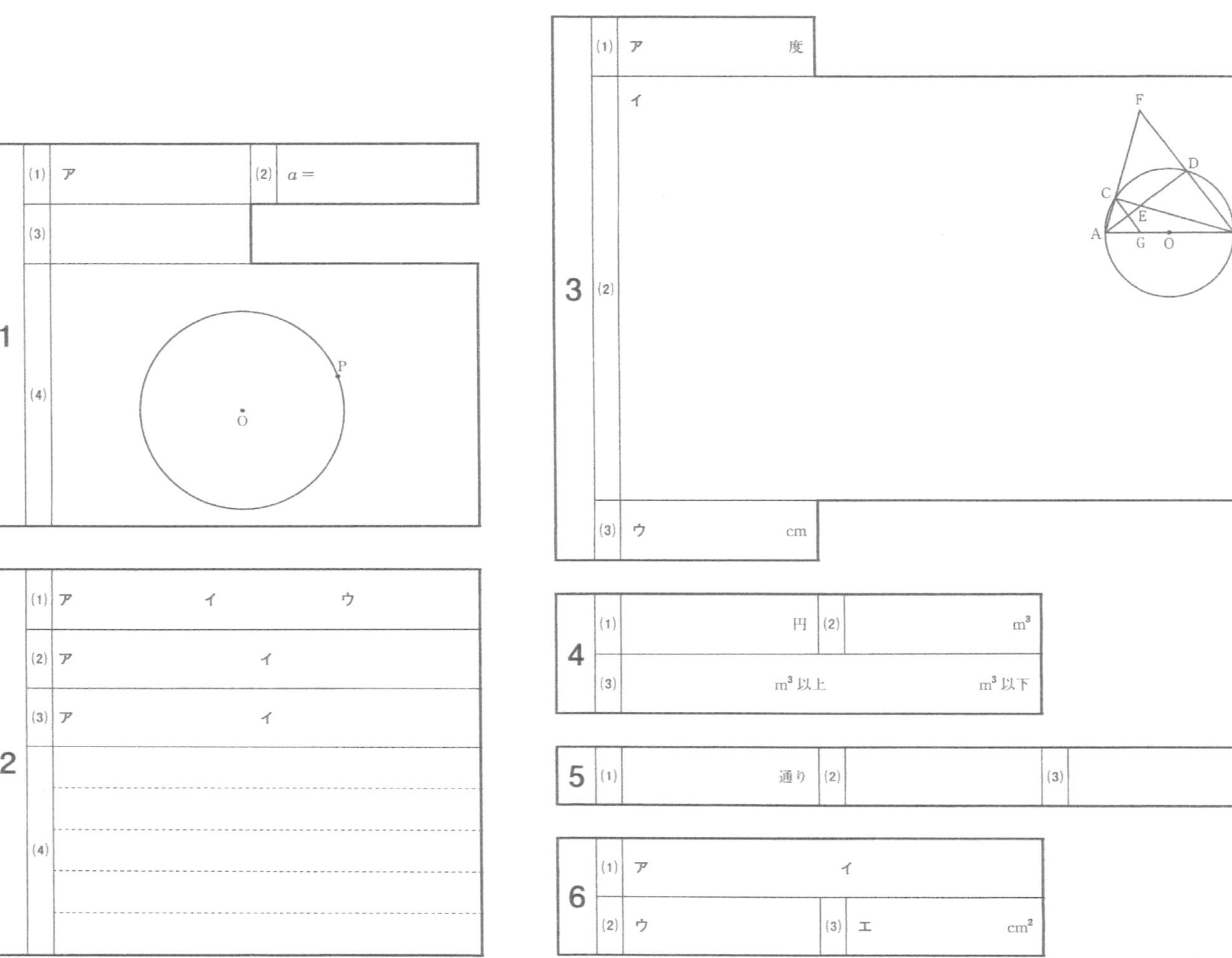

常総学院高等学校　2022年度

◇英語◇

※ 169%に拡大していただくと，解答欄は実物大になります。

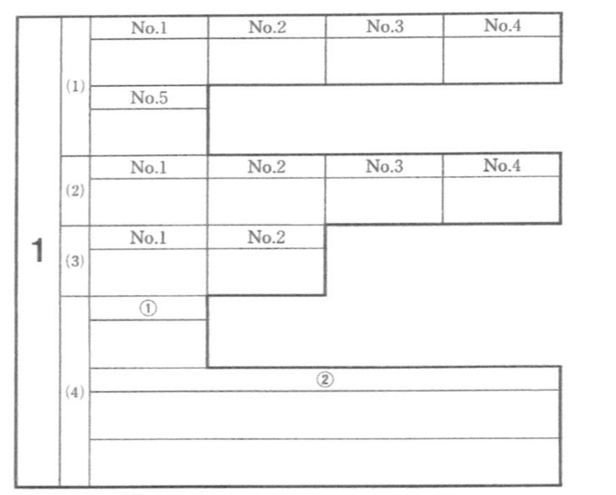
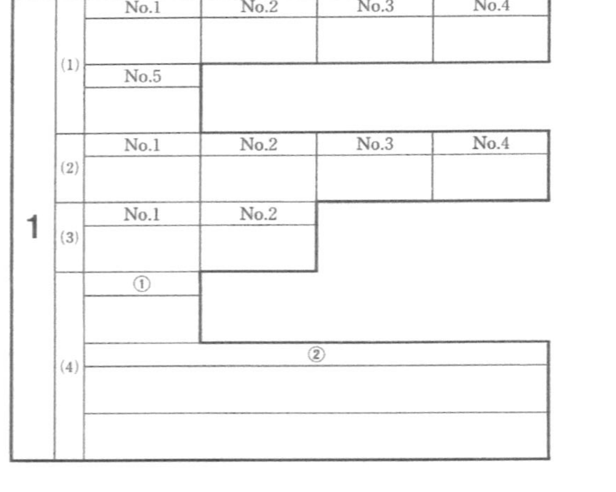

1					
(1)	No.1	No.2	No.3	No.4	
	No.5				
(2)	No.1	No.2	No.3	No.4	
(3)	No.1	No.2			
(4)	①				
	②				

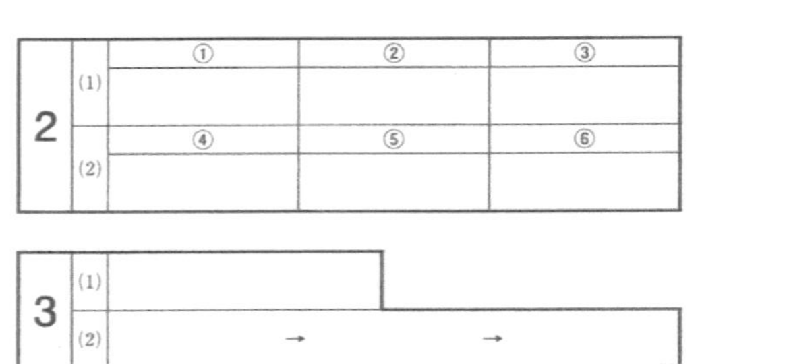

2			
(1)	①	②	③
(2)	④	⑤	⑥

3	
(1)	
(2)	→ →

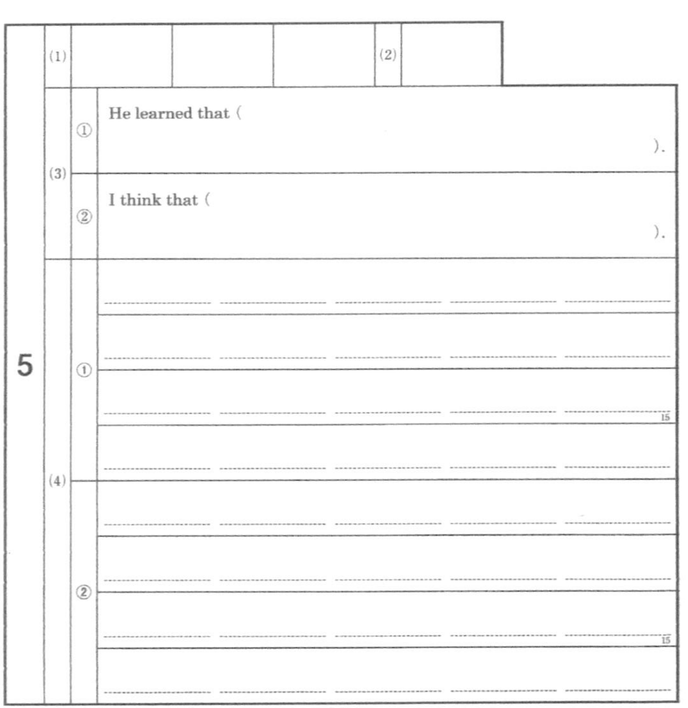

4			
(1)	①	②	③
	④	⑤	
(2)			

5		
(1)		(2)
(3)	①	He learned that ( ).
	②	I think that ( ).
(4)	①	15
	②	15

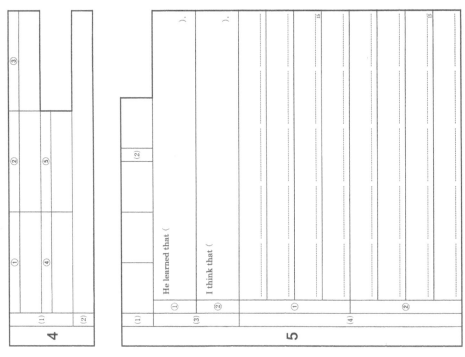

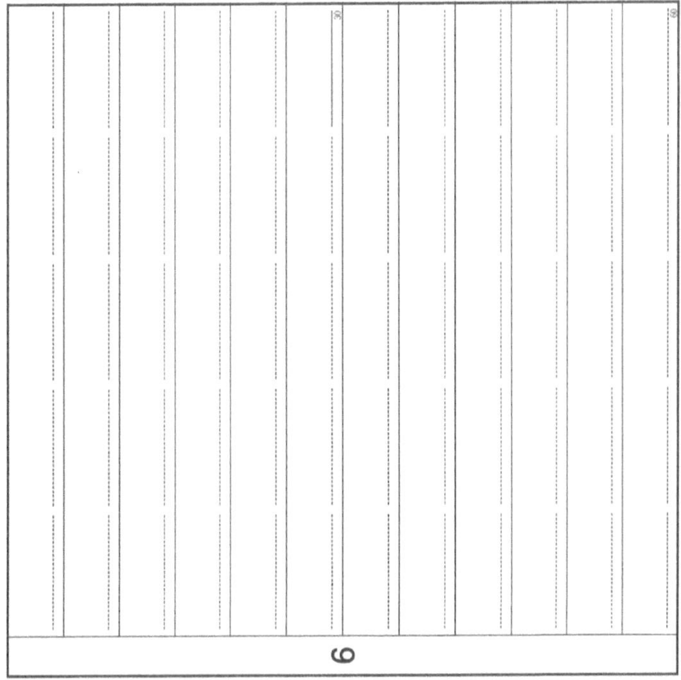

常総学院高等学校　2022年度

◇理科◇

※ 169%に拡大していただくと，解答欄は実物大になります。

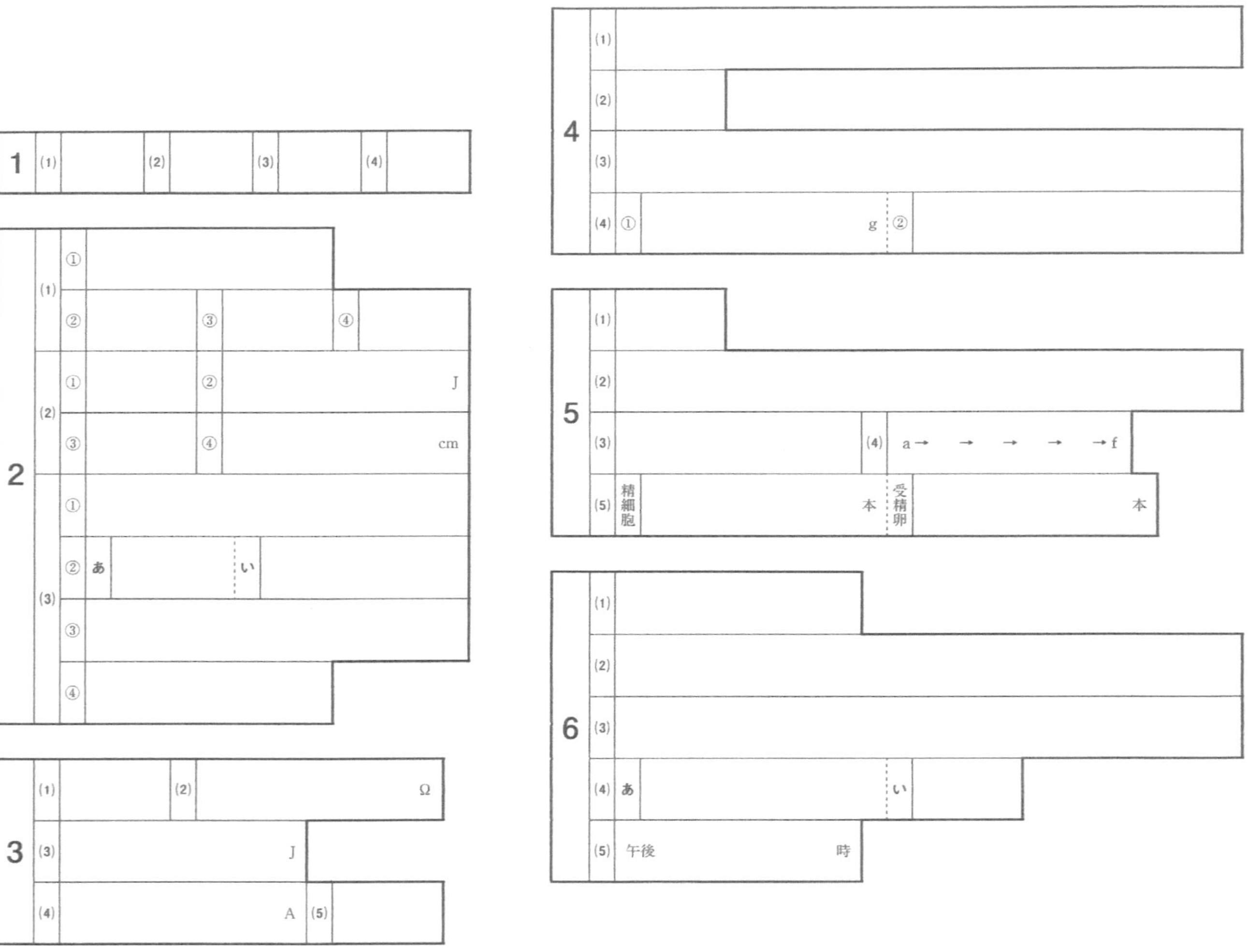

常総学院高等学校　2022年度

◇社会◇

※ 169％に拡大していただくと，解答欄は実物大になります。

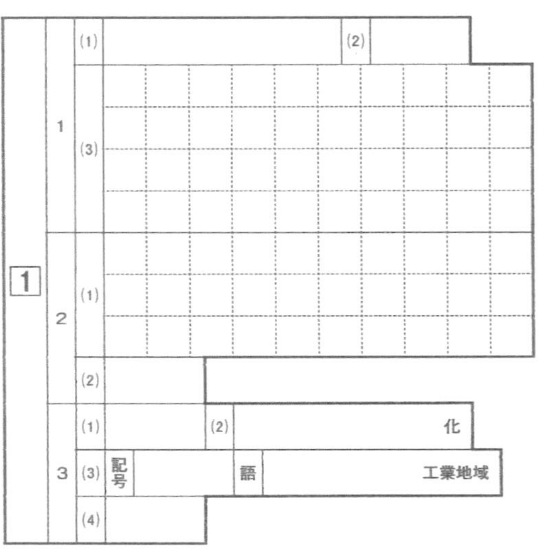

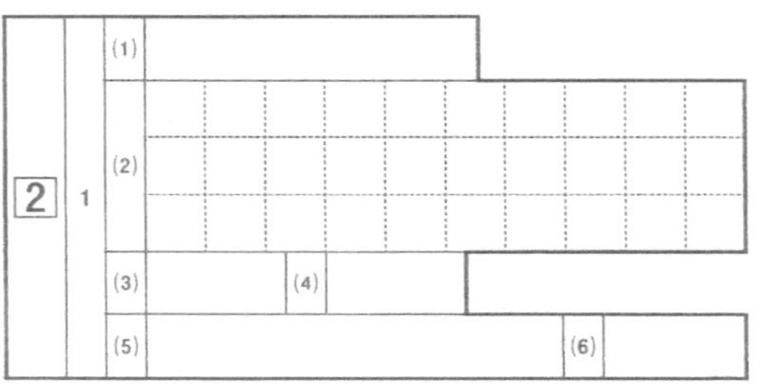

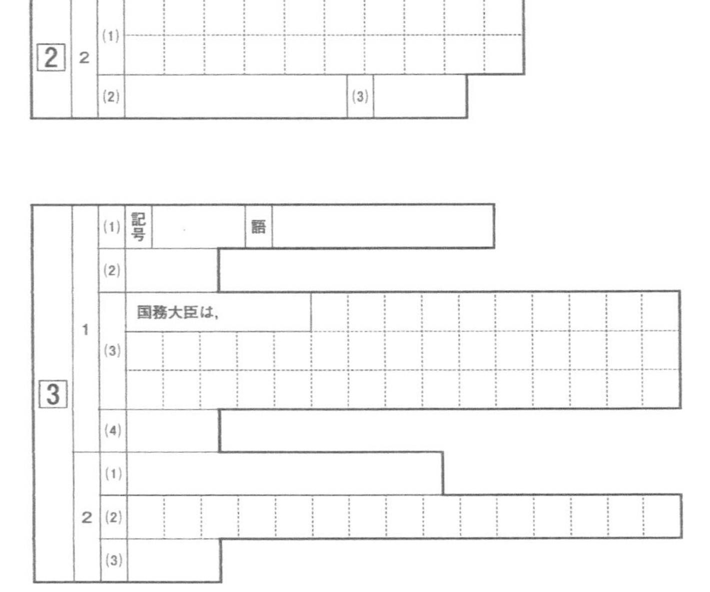

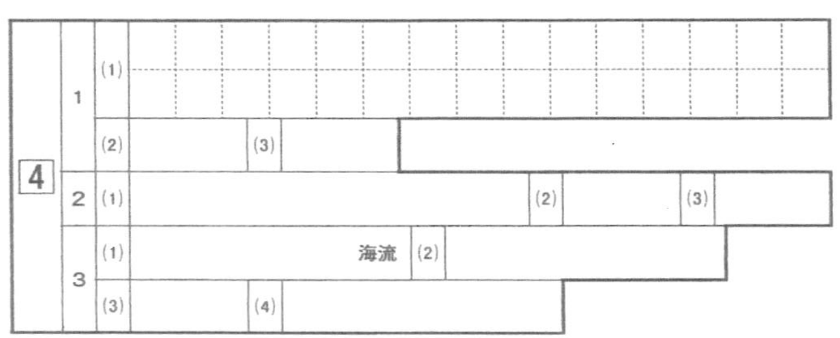

◇国語◇

常総学院高等学校　２０２２年度

※１８２％に拡大していただくと、解答欄は実物大になります。

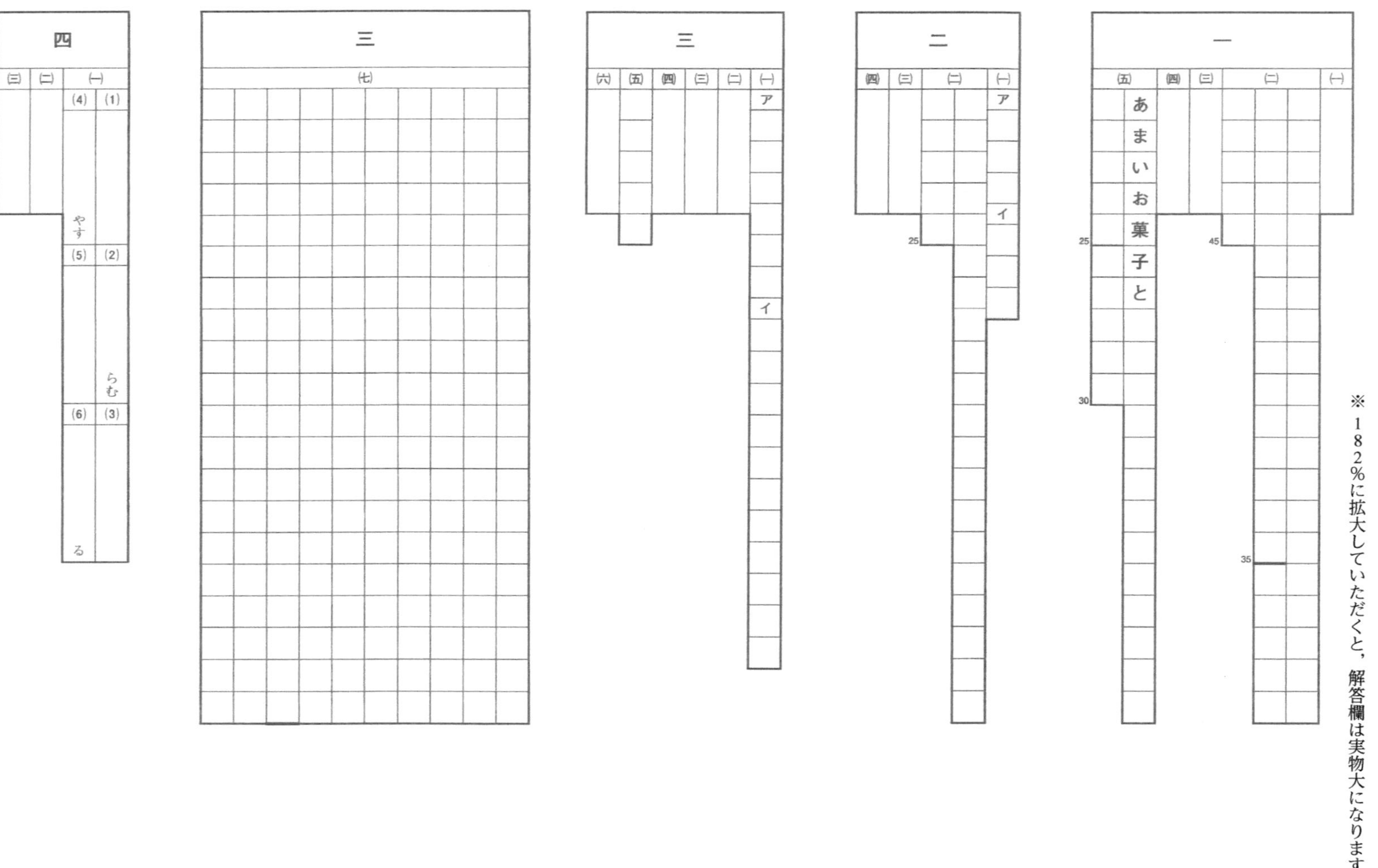

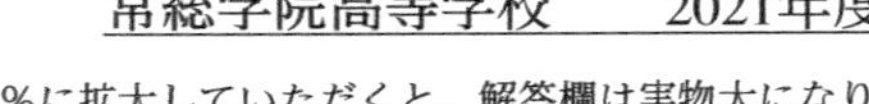

常総学院高等学校　2021年度

◇数学◇

※ 162％に拡大していただくと，解答欄は実物大になります。

1

(1)		(2)	度
(3)			
(4)	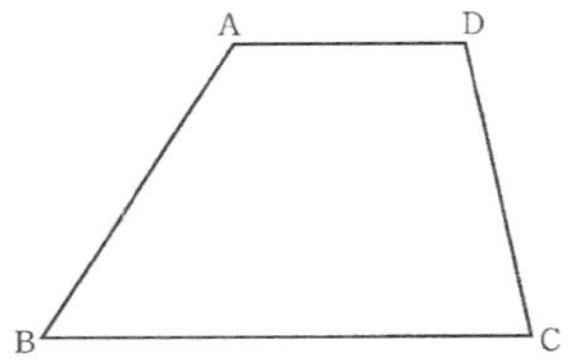 A D B C		

2

(1)	ア	イ
(2)	ア	イ
(3)	$y =$	(4)

3

(1)	度
(2)	A F D G E B C
(3)	cm

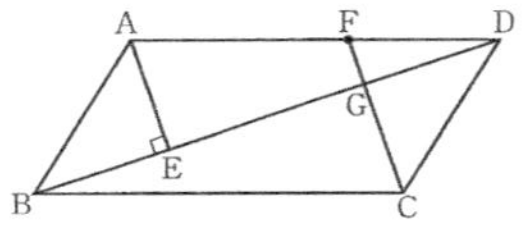

4

(1)	℃	(2)	やかん　が　℃高い
(3)	分後		

5

(1)	分	(2)	分	(3)	

6

(1)		(2)	倍	(3)	cm^3

常総学院高等学校　2021年度

※ 148%に拡大していただくと，解答欄は実物大になります。

◇英語◇

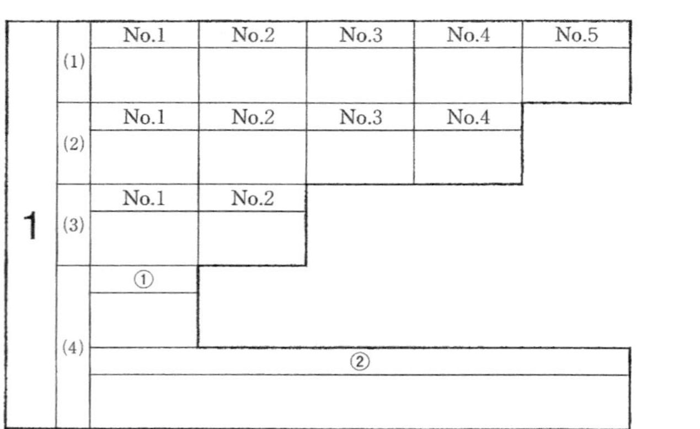
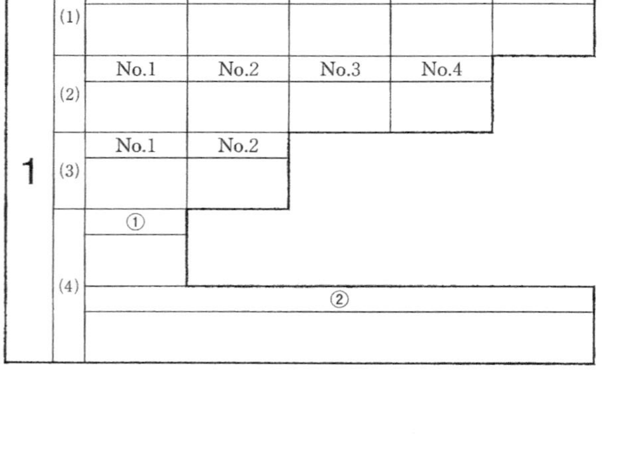

1						
	(1)	No.1	No.2	No.3	No.4	No.5
	(2)	No.1	No.2	No.3	No.4	
	(3)	No.1	No.2			
	(4)	①				
		②				

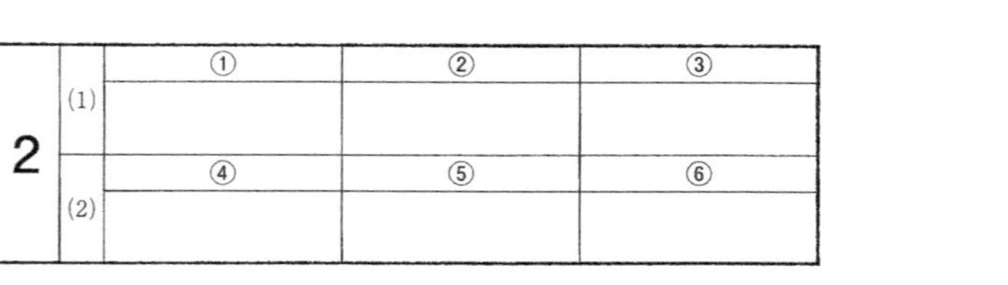

2				
	(1)	①	②	③
	(2)	④	⑤	⑥

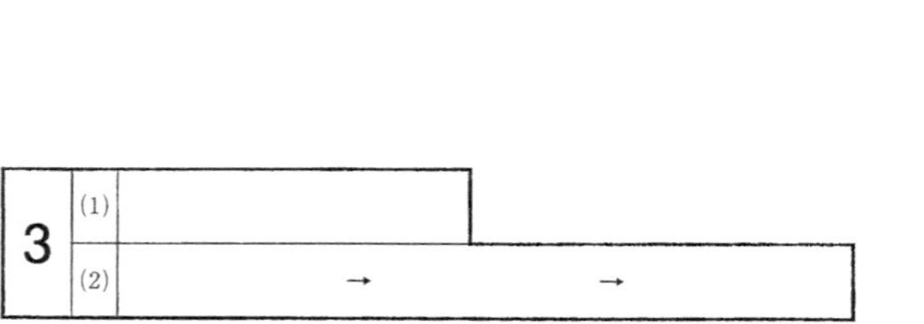

3		
	(1)	
	(2)	→ →

4						
	(1)	①	②	③	④	⑤
	(2)					

5			
	(1)		(2)
	(3)	①	
		②	
	(4)	①	15
		②	15

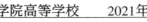

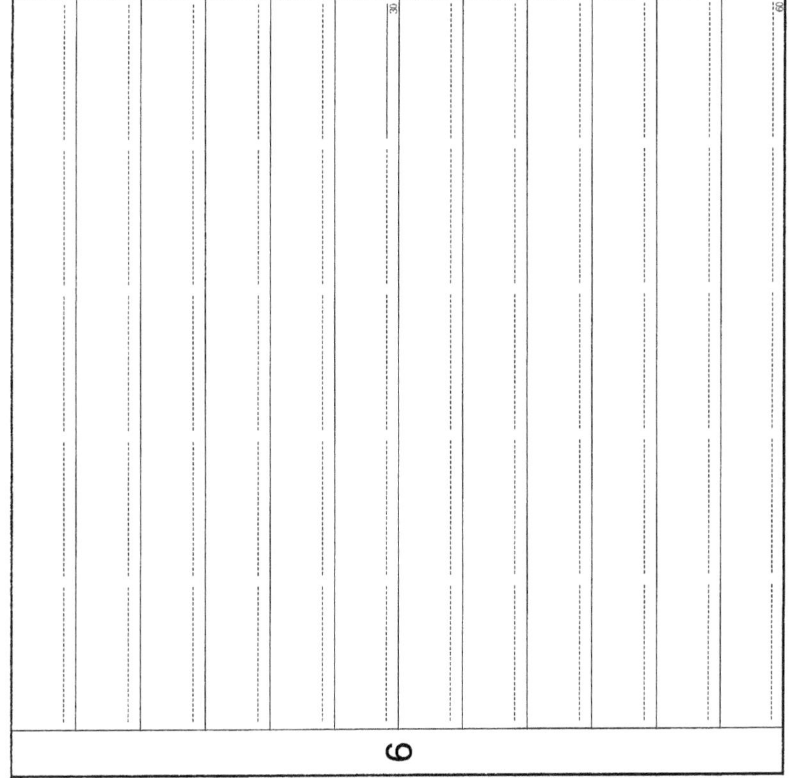

常総学院高等学校　2021年度

◇理科◇

※ 163％に拡大していただくと，解答欄は実物大になります。

1	(1)		(2)		(3)		(4)	

2					
(1)	①		②		
	③	種類			
	④				
(2)	①	cm/s	②		
	③		④		
(3)	①		②		
	③		④		

3					
(1)					
(2)					
(3)		(4)		(5)	

4						
(1)	あ					
	い					
(2)		(3)		(4)		
(5)						

5						
(1)	g/cm^3	(2)		(3)	N
(4)	cm	(5)			

6				
(1)		(2)		
(3)		(4)		
(5)	あ		い	

常総学院高等学校　2021年度

◇社会◇

※ 164%に拡大していただくと，解答欄は実物大になります。

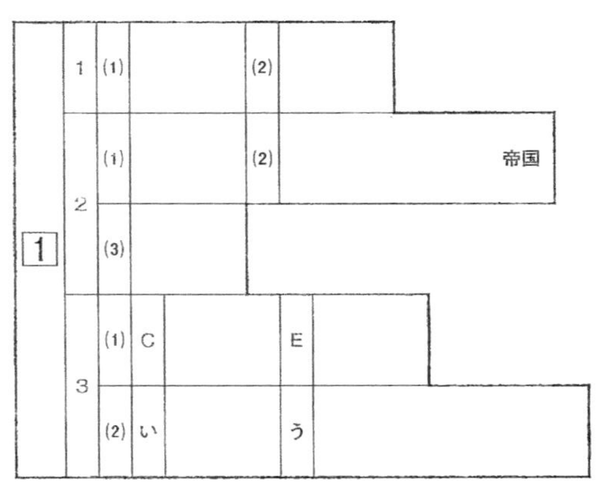

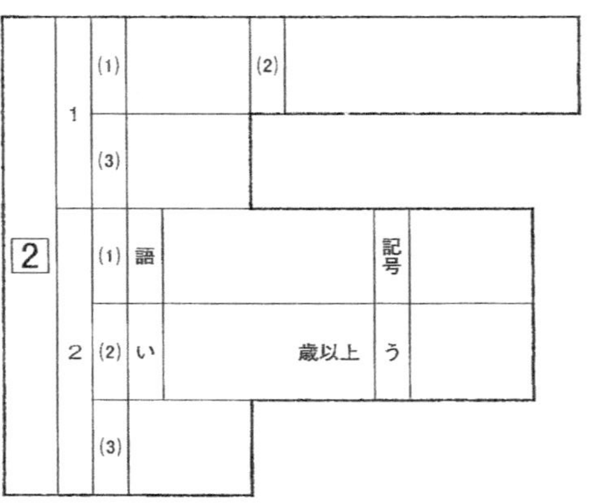

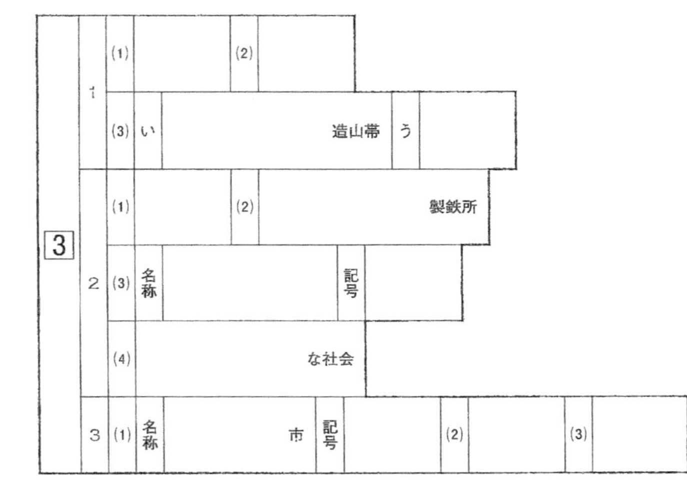

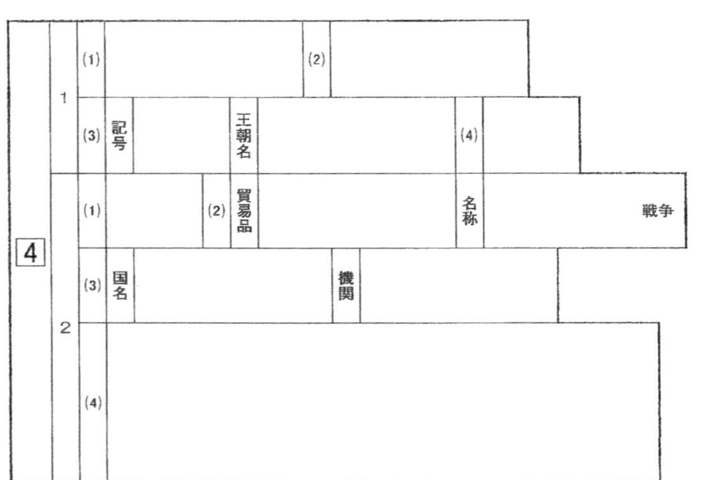

◇国語◇

常総学院高等学校　２０２１年度

※１３４％に拡大していただくと、解答欄は実物大になります。

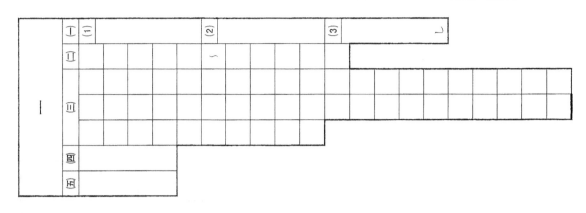

一

㈠ (1)　(2)　(3)　し

㈡ 〜

㈢

㈣

㈤

二

㈠ (1)　め　(2)　(3)

㈡

㈢

㈣

㈤

三

㈠

㈡

㈢

㈣

㈤

㈥

四

㈠

㈡

㈢

㈣

㈤

東京学参の

中学校別入試過去問題シリーズ

＊出版校は一部変更することがあります。一覧にない学校はお問い合わせください。

東京ラインナップ

あ　青山学院中等部(L04)
麻布中学(K01)
桜蔭中学(K02)
お茶の水女子大附属中学(K07)
か　海城中学(K09)
開成中学(M01)
学習院中等科(M03)
慶應義塾中等部(K04)
啓明学園中学(N29)
晃華学園中学(N13)
攻玉社中学(L11)
国学院大久我山中学
（一般・CC）(N22)
（ＳＴ）(N23)
駒場東邦中学(L01)
さ　芝中学(K16)
芝浦工業大附属中学(M06)
城北中学(M05)
女子学院中学(K03)
巣鴨中学(M02)
成蹊中学(N06)
成城中学(K28)
成城学園中学(L05)
青稜中学(K23)
創価中学(N14)★
た　玉川学園中学部(N17)
中央大附属中学(N08)
筑波大附属中学(K06)
筑波大附属駒場中学(L02)
帝京大中学(N16)
東海大菅生高中等部(N27)
東京学芸大附属竹早中学(K08)
東京都市大付属中学(L13)
桐朋中学(N03)
東洋英和女学院中学部(K15)
豊島岡女子学園中学(M12)
な　日本大第一中学(M14)
日本大第三中学(N19)
日本大第二中学(N10)
は　雙葉中学(K05)
法政大学中学(N11)
本郷中学(M08)
ま　武蔵中学(N01)
明治大付属中野中学(N05)
明治大付属八王子中学(N07)
明治大付属明治中学(K13)
ら　立教池袋中学(M04)
わ　和光中学(N21)
早稲田中学(K10)
早稲田実業学校中等部(K11)
早稲田大高等学院中学部(N12)

神奈川ラインナップ

あ　浅野中学(O04)
栄光学園中学(O06)
か　神奈川大附属中学(O08)
鎌倉女学院中学(O27)
関東学院六浦中学(O31)
慶應義塾湘南藤沢中等部(O07)
慶應義塾普通部(O01)
さ　相模女子大中学部(O32)
サレジオ学院中学(O17)
逗子開成中学(O22)
聖光学院中学(O11)
清泉女学院中学(O20)
洗足学園中学(O18)
搜真女学校中学部(O29)
た　桐蔭学園中等教育学校(O02)
東海大付属相模高中等部(O24)
桐光学園中学(O16)
な　日本大中学(O09)
は　フェリス女学院中学(O03)
法政大第二中学(O19)
や　山手学院中学(O15)
横浜隼人中学(O26)

千・埼・茨・他ラインナップ

あ　市川中学(P01)
浦和明の星女子中学(Q06)
か　海陽中等教育学校
（入試Ⅰ・Ⅱ）(T01)
（特別給費生選抜）(T02)
久留米大附設中学(Y04)
さ　栄東中学(東大・難関大)(Q09)
栄東中学(東大特待)(Q10)
狭山ヶ丘高校付属中学(Q01)
芝浦工業大柏中学(P14)
渋谷教育学園幕張中学(P09)
城北埼玉中学(Q07)
昭和学院秀英中学(P05)
清真学園中学(S01)
西南学院中学(Y02)
西武学園文理中学(Q03)
西武台新座中学(Q02)
専修大松戸中学(P13)
た　筑紫女学園中学(Y03)
千葉日本大第一中学(P07)
千葉明徳中学(P12)
東海大付属浦安高中等部(P06)
東邦大付属東邦中学(P08)
東洋大附属牛久中学(S02)
獨協埼玉中学(Q08)
な　長崎日本大中学(Y01)
成田高校付属中学(P15)
は　函館ラ・サール中学(X01)
日出学園中学(P03)
福岡大附属大濠中学(Y05)
北嶺中学(X03)
細田学園中学(Q04)
や　八千代松陰中学(P10)
ら　ラ・サール中学(Y07)
立命館慶祥中学(X02)
立教新座中学(Q05)
わ　早稲田佐賀中学(Y06)

公立中高一貫校ラインナップ

北海道　市立札幌開成中等教育学校(J22)
宮　城　宮城県仙台二華・古川黎明中学校(J17)
市立仙台青陵中等教育学校(J33)
山　形　県立東桜学館・致道館中学校(J27)
茨　城　茨城県立中学・中等教育学校(J09)
栃　木　県立宇都宮東・佐野・矢板東高校附属中学校(J11)
群　馬　県立中央・市立四ツ葉学園中等教育学校・
市立太田中学校(J10)
埼　玉　市立浦和中学校(J06)
県立伊奈学園中学校(J31)
さいたま市立大宮国際中等教育学校(J32)
川口市立高等学校附属中学校(J35)
千　葉　県立千葉・東葛飾中学校(J07)
市立稲毛国際中等教育学校(J25)
東　京　区立九段中等教育学校(J21)
都立大泉高等学校附属中学校(J28)
都立両国高等学校附属中学校(J01)
都立白鷗高等学校附属中学校(J02)
都立富士高等学校附属中学校(J03)
都立三鷹中等教育学校(J29)
都立南多摩中等教育学校(J30)
都立武蔵高等学校附属中学校(J04)
都立立川国際中等教育学校(J05)
都立小石川中等教育学校(J23)
都立桜修館中等教育学校(J24)
神奈川　川崎市立川崎高等学校附属中学校(J26)
県立平塚・相模原中等教育学校(J08)
横浜市立南高等学校附属中学校(J20)
横浜サイエンスフロンティア高校附属中学校(J34)
広　島　県立広島中学校(J16)
県立三次中学校(J37)
徳　島　県立城ノ内中等教育学校・富岡東・川島中学校(J18)
愛　媛　県立今治東・松山西中等教育学校(J19)
福　岡　福岡県立中学校・中等教育学校(J12)
佐　賀　県立香楠・致遠館・唐津東・武雄青陵中学校(J13)
宮　崎　県立五ヶ瀬中等教育学校・宮崎西・都城泉ヶ丘高校附属中学校(J15)
長　崎　県立長崎東・佐世保北・諫早高校附属中学校(J14)

公立中高一貫校
「適性検査対策」
問題集シリーズ

総合編　作文問題編　資料問題編　数と図形編　生活と科学編　実力確認テスト編

私立中・高スクールガイド
THE（ザ） 私立
私立中学＆高校の学校生活がわかる！

〈ダウンロードコンテンツについて〉

本問題集のダウンロードコンテンツ、弊社ホームページで配信しております。現在ご利用いただけるのは「2025年度受験用」に対応したもので、**2025年3月末日**までダウンロード可能です。弊社ホームページにアクセスの上、ご利用ください。

※配信期間が終了いたしますと、ご利用いただけませんのでご了承ください。

高校別入試過去問題シリーズ

常総学院高等学校　2025年度

ISBN978-4-8141-3025-2

[発行所] 東京学参株式会社

〒153-0043　東京都目黒区東山2-6-4

書籍の内容についてのお問い合わせは右のQRコードから　⇒

※書籍の内容についてのお電話でのお問い合わせ、本書の内容を超えたご質問には対応できませんのでご了承ください。

2024年5月30日　初版